HUMANITIES AND SOCIETY

英国工人阶级的形成（上）

Edward P. Thompson

[英国] E.P.汤普森 著　钱乘旦 等 译

译林出版社

图书在版编目（CIP）数据

英国工人阶级的形成／（英）汤普森（Thompson, E. P.）著；钱乘旦等译．—南京：译林出版社，2013.1（2023.9重印）
（人文与社会译丛）
书名原文：The Making of the English Working Class
ISBN 978-7-5447-3395-3

Ⅰ.①英…　Ⅱ.①汤…②钱…　Ⅲ.①无产阶级－研究－英国　Ⅳ.①D756.161

中国版本图书馆 CIP 数据核字（2012）第 269143 号

著作权合同登记号　图字：10-2017-284 号

英国工人阶级的形成　［英国］E.P.汤普森／著　钱乘旦　杨　豫　潘兴明　何高藻／译

责任编辑　张海波
特约编辑　陈秋实
装帧设计　胡　苨
责任印制　董　虎

原文出版　Vintage Books, New York, 1966
出版发行　译林出版社
地　　址　南京市湖南路 1 号 A 楼
邮　　箱　yilin@yilin.com
网　　址　www.yilin.com
市场热线　025-86633278
排　　版　南京展望文化发展有限公司
印　　刷　江苏凤凰扬州鑫华印刷有限公司
开　　本　880 毫米 × 1230 毫米　1/32
印　　张　33
插　　页　4
版　　次　2013 年 1 月第 1 版
印　　次　2023 年 9 月第 7 次印刷
书　　号　ISBN 978-7-5447-3395-3
定　　价　（上下册）168.00 元

前　言

这本书的书名长一点，但能够很好地表达本书的宗旨。我使用“形成”，因为这是一个在动态过程中进行的研究，其中既有主观的因素，又有客观的条件。工人阶级并不像太阳那样在预定的时间升起，它出现在它自身的形成中。

“阶级”一词使用了单数，而不用复数，其理由正是本书探讨的一个问题。单数和复数自然不同，复数可以进行描述，其含义既清楚又不清楚，它把一些不连续的现象松散地联系在一起：这里是裁缝，那里是织工，堆积在一起而形成工人阶级的复数。

但我说的阶级是一种历史现象，它把一批各各相异、看来完全不相干的事结合在一起，它既包括在原始的经历中，又包括在思想觉悟里。我强调阶级是一种**历史**现象，而不把它看成一种“结构”，更不是一个“范畴”，我把它看成是在人与人的相互关系中确实发生（而且可以证明已经发生）的某种东西。

不仅如此，对阶级的看法还有赖于对历史关系的看法。如其他关系一样，历史关系是一股流，若企图让它在任何一个特定的时刻静止下来并分析它的结构，那它就根本不可分析。最精密的社会学之网也织不出一幅纯正的阶级图形，正如它织不出“恭敬”与“爱慕”这些概念一样。关系总要体现在真人身上，而且还要有真实的背景。我们不能有两个泾渭分明的阶级，其存在各自独立，然后再把它们**拉进**彼此的关系中去。我们不能有爱而没有恋爱的人，不能有恭敬而没有地主与长工。当一批人从共同的经历中得出结论（不管这种经历是从前辈那里得来还是亲身体验),感到并明确说出他们之间有共同利益,他们的利益与其他人不同(而且常常对立)时,阶级就产生了。阶级经历主要由生产关系所决定,人们在出生时就进入某种生产关系,或在以后被迫进入。阶级觉悟是把阶级经历用文化的方式加以处理,它体现在传统习惯、价值体系、思想观念和组织形式中。如果说经历是可以预先确定的,阶级意识却不然。我们可以说具有相似经历的相似职业集团对问题会作出**合乎逻辑**的相似反应,但决不能说这里面有"规律"。阶级觉悟在不同的时间和地点会以相同的方式出现,但决不会有**完全**相同的方式。

有一种说法很有诱惑力,即假定阶级是一个"东西",但在马克思自己的历史著作中,这并不是他的本意。然而这个错误却使许多后来的"马克思主义"著作受到损害。有些人说:"它",即工人阶级,是确实存在的,而且几乎可以用数学方法来精确测定,例如有多少人对生产资料是处于某种关系之中等等。一旦这种假定确立起来,阶级觉悟也就推导出来了:如果"它"适时地了解到自己的地位和真实的利益,那么"它"就应该有阶级觉悟(但实际上却很少有)。这里有一个文化上的上层建筑,通过它,人们极缓慢地意识到这一点。这种文化上的"落后"与走形使人不能容忍,所以就很容易产生某种替代的理论,即党团派系、理论家等等,由他们揭示阶级觉悟。但这种觉悟并非现实中的觉悟,而是理论上应该如何如何的觉悟。

在意识形态的分界线上,另一边也每天都在犯同样的错误,其中一种说法是完全否定阶级的。由于把肤浅的阶级概念强加给马克思,而这种概念又很容易被击破,于是就有人说:关于阶级的任何概念都是胡思乱想出来的,是强加于证据之上,而阶级根本就没有发生过。另一种说法则靠一个奇妙的转换把阶级的动态观点变成了静态观点:"它",即工人阶级,是存在的,而且可以多少准确地界定为社会结构中的一个部分;但阶级觉悟却不是个好东西,它是精神不正常的知识分子发明出来的,因为,在发挥着不同"社会功能"的集团间破坏其和谐共存(由此而延缓经济成长)的任何东西都是"不合理的失调现象"。[1] 问题应当是:如何才能最好地"处理和疏导"它的抱怨。

如果能记住阶级是一种关系,而不是一个东西,那就不会这样来思考问题了。"它"之存在,既没有典型化的利益与觉悟,也不像病人躺在整形医生的手术台上那样让人随意塑造。我们不会像某位作者那样本末倒置地来看问题,他在研究阶级问题时,一头栽进了方法论的牛角尖,而不去考察真实历史背景下的真实阶级地位,于是我们听说:

> 阶级的基础是与地位有关的权力差异,即与其权力预期值有关的社会功能结构。……个人由于发挥了与权力有关的社会功能而成为一个阶级的成员,……他属于某个阶级是因为他在一个社会组织中占有某种地位,也就是说,阶级的身份来自对社会功能所承担的责任。[2]

问题的关键是:这个人如何才能进入某种"社会功能"?还有,那个特别的社会组织(连同其财产权和权力结构),是如何出现的?而这些,就是历史问题了。如果让历史停留在某一点上,那就不会有阶级,而只会有一堆人加上一堆经历;但如果在社会发生变化的一个适当的时间段上来观察这些人,就能看到其相互关系及思想与建制的模式。阶级是人们在亲身经历自己的历

---

① 持这种观点而又与本书所述时期相关的一个例子,可在塔尔科特·帕森斯教授的一位同事的著作里找到,即 N.J.斯梅尔策的《工业革命时期的社会变化》(1959)。

② R.达伦多夫:《工业社会中的阶级与阶级冲突》(1959),第148—149页。

史时确定其含义的，因而归根结底是它惟一的定义。

我对某些社会学家在方法论上的见解也许理解不深，但我希望，我这本书至少对理解阶级有所贡献。我相信，阶级是社会与文化的形成，其产生的过程只有当它在相当长的历史时期中自我形成时才能考察，若非如此看待阶级，就不可能理解阶级。这本书可以看做是英国工人阶级从步入青春到早期成熟的一本传记，1780 至 1832 年间，多数英国工人开始意识到他们之间有共同利益，他们的利益与统治者和雇主们对立。统治阶级当然也不是铁板一块，他们在这些年中之所以还能抱成一团，是因为面对反叛的工人阶级，他们间的某些对立化解了（或降到相对次要的地位上）。因此，在 1832 年，工人阶级的存在是英国政治生活中最重要的因素。

本书的写作如下：第一部考察 18 世纪留传下来的人民传统，这些传统在 18 世纪 90 年代严酷的雅各宾骚动中发挥了作用。第二部从主观因素转向客观因素，即工业革命时期不同工人集团的亲身经历，而在我看来，这些经历的意义特别深远。这个部分还企图对工业中新产生的劳动纪律的特点作出评价，以及卫斯理宗与劳动纪律有什么关系。第三部谈人民激进主义的历史，从卢德运动开始，到拿破仑战争结束时那些可歌可泣的年代。最后，还对 19 世纪 20 和 30 年代的政治理论和阶级觉悟的某些方面进行探讨。

因此，本书不如说就是一组论题彼此相关的论文集，而不是首尾相连的叙述文。在选择这些论题时，我常常意识到我正在向流行的正统观点挑战，比如说，这里有费边社的正统观点，它把工人群众看成是自由放任政策的被动的牺牲品，只有少数一些卓有远见的组织工作者不在其例（其中最突出的是弗朗西斯·

普雷斯)。经济史学家以经验为基础,他们也有他们的正统观点,他们把工人看成劳动力,看成移民,看成一系列统计数字的原始资料。此外,还有所谓的“天路历程”正统观点,它在这一整段历史时期中上下搜索,要找出各种各样的先行者——诸如福利国家的先驱、社会共和国的前辈、以及(最近流行的)理性工业关系的早期实例等等。当然,所有这些正统说法都有一定的道理,它们都扩大了我们的知识面。但对第一、第二种观点我要说:它们很容易忽视工人群众的主观能动性,忽视他们在创造历史的过程中自觉作出的贡献;对第三种观点我要说:它用后人的眼光来看待历史,而不顾及历史本来的面目。只有成功者(即他们的愿望预示了后来的发展的人)才被记住了;走不通的路,迷失的事业,还有那些失败了的人则统统都被忘记。

我想把那些穷苦的织袜工、卢德派的剪绒工、“落伍的”手织工、“乌托邦式”的手艺人,乃至受骗上当而跟着乔安娜·索斯科特跑的人都从后世的不屑一顾中解救出来。他们的手艺与传统也许已经消失,他们对新出现的工业社会持敌对态度。这看起来很落后,他们的集体主义理想也许只是空想,他们的造反密谋也许是有勇无谋;然而,是他们生活在那社会剧烈动荡的时代,而不是我们;他们的愿望符合他们自身的经历。如果说他们是历史的牺牲品,那么他们现在还是牺牲品,他们在世时就一直受人诅咒。

我们在作判断时,就不能把这一点作为惟一的标准,即人的活动是否被后来的历史发展所证实。不管怎么说,我们自己也不是在社会进步的最终点上,工业革命时期,人们失败了的某些事业,也许能让我们看清至今仍须整治的某些社会弊病。此外,还有两个特别的原因使这个时期尤其引人注目,就是:第一,在这个时期,人民运动特别注重平等与民主的原则,我们虽然时常夸耀我们的民主生活方式,但在那些关键的岁月里发生的事,却又常常被人们忘记或忽视;第二,今天这个世界,大部分地区仍存在工业化带来的种种问题,存在着为建立民主而带来的各种问题,这些问题,和我们在工业革命中的经历相比何其相似——那些在英国失败了的事业,说不定会在亚洲或非洲取得胜利。

最后,我要对苏格兰和威尔士的读者说几句道歉的话。我没有涉及他们的历史,这不是出于沙文主义,而是出于衷心的敬意。因为阶级既形成在经济中,也形成在文化中,所以我十分当心,不把英国的经验普遍化(我确实谈到了爱尔兰人,但不是在爱尔兰的爱尔兰人,而是到英格兰来的爱尔兰移民)。苏格兰的经历尤其和我们一样,它既激动人心,又充满痛苦,雅各宾派在苏格兰的宣传鼓动甚至更加激烈,更加英勇。但苏格兰的事毕竟不同,加尔文教不是卫斯理宗,虽然在 19 世纪初很难判断哪一个教派更不好。英格兰没有像高地移民那样的农民,群众文化也相当不同。很可能,直至 19 世纪 20 年代,都可以把英格兰和苏格兰的经历分得一清二楚,因为到这时为止,双方的工会和政治联系都是时断时续的,而且很不成熟。

本书写于约克郡,因此常常使用约克西区的史料。我要感谢利兹大学,感谢 S. G. 雷布尔德教授,是他们使我在几年以前开始研究这个项目,而最后就写成了这本书;我感谢利维霍姆基金会,是它给了我高级研究员的身份,使我能最终完成这本书。我在给学生上课时,也从学生那里学到许多东西,这本书中提出的那些问题,有许多就曾和他们讨论过。我还要感谢各部门主管,是他们准许我引用了手写的资料和有版权的资料,有关这方面的情况,将特别写在全书的最后。

我还应该感谢其他许多人,如克里斯托弗·希尔先生、阿萨·

布里格斯教授和约翰·萨维尔先生，他们对本书的部分书稿作出过指正，虽说他们并不对我的观点负责。R.J.哈里斯先生在编辑本书时极有耐心，因为本书突破了一套丛书的限制，而最初这本书是写给那套丛书的。佩里·安德森先生、丹尼斯·巴特先生、理查德·科布先生、亨利·科林斯先生、德里克·克罗斯利先生、蒂姆·恩赖特先生、E.P.亨诺克博士、雷克斯·拉塞尔先生、约翰·雷克斯博士、E.西格斯沃思博士和H.O.E.斯威夫特先生都曾在不同方面给予帮助。此外，我还要感谢多萝茜·汤普森夫人，她也是历史学家，而她又是我的妻子，本书的每一章都曾和她讨论过，我们之间的关系使我能够借用她的观点，也能借用她笔记本上的资料。她的贡献不表现在这一点或那一点上，而表现在看问题的整体方法上。

1963年8月，于哈里法克斯

目　　录

（上册）

第一部　自由之树

“你们正在和人类的敌人作拼死的斗争，不仅为你们自己——因为你们可能看不到那完美的自由之日；你们斗争，也是为正在吃奶的孩子。”

——1796年伦敦通讯会对派往各地巡回代表的指示

“恶人婊子正在统治，不受限制。”

——威廉·布莱克，1798年

第一章　成员无数 17

“让我们的成员无数!”这是伦敦通讯会“指导原则”中的第一条。1792 年 3 月,当通讯会书记开始与设菲尔德的一个类似组织建立通信联系时,就引用了这一条原则。[①] 伦敦通讯会第一次会议是两个月前在河滨马路附近一家酒馆(埃克塞特大街的“钟声酒吧”)里召开的,9 名“心地善良、勤劳清醒的人”参加了会议。伦敦通讯会的创建者、第一任书记是托马斯·哈迪,他后来回忆这次会议时说:

> 吃过面包和奶酪、喝完黑啤酒、如平时一样吃完晚饭、吸过一袋烟后,我们就谈起了时局是如何艰辛、生活必需品是如何昂贵……这样,就提出了把我们聚到一起来的那件事——**议会改革**,对这个阶级的人来说,这是件需要慎重考虑和认真对待的大事。

那天晚上,在场的 9 个人中有 8 个成了创始会员,交纳第一个星期的一便士会费(第 9 个人考虑了一番,在第二个星期也参加进来)。哈迪(他也是司库)口袋里装着协会的全部资产 8 个便士,回到他在皮卡迪利大街 9 号的家里,他将用这些钱去买信纸,以便和国内那些思想相同的组织建立联系。

两个星期后,有 25 个会员参加进来,司库手里也有了 4 先令 1 便士的经费(6 个月后据称已有 2000 多名会员)。入会手续很简单,只要对三个问题作肯定的答复就算通过了考察,其中

① 《托马斯·哈迪自传》(1832),第 16 页。

最重要的一个问题是：

> 你是否完全相信：国家的福祉需要每一个成年人——只要他头脑清醒、又没有犯罪的前科，就有权参加议会的选举？

18 协会成立的第一个月中，曾接连五个晚上辩论同一个问题："我们，作为手艺人、小店主和机匠，有没有权利去争取议会改革？"他们考虑再三，"在心中斟酌有可能想到的每一种观点"，最后认为有权利这样做。

两年后，1794 年 5 月 12 日，皇家执行吏和弓街两名巡捕加上内政大臣邓达斯的私人秘书，还有其他一些大人物光临皮卡迪利大街 9 号，将鞋匠托马斯·哈迪以叛国罪逮捕。当官员们搜查房屋、砸开一个衣橱、在哈迪夫人(她正怀着孕，因此始终躺在床上)的衣物里乱翻、包走了四大方巾的信件和一米袋的传单、书籍和手稿时，哈迪一家人默默地在一旁看。就在这同一天，国王向下院发出一份特别信件，专门谈各地通讯会的煽动活动；两天之后，下院任命了一个秘密委员会，专门审查哈迪的文件。

枢密院亲自把哈迪提审了好几回，哈迪对这几次提审很少记叙。但哈迪的一个同监难友把他自己受这举国最高机构审理的情况用戏剧形式重现出来，以飨读者。约翰·塞尔沃尔这样记叙道："我被叫进去，看见全班人马都守在那里，下巴深陷在讲稿和手稿中……它们都乱糟糟地堆在一起。"大法官、内政大臣和首相(皮特)都在那里：

> 检查总长(钢琴伴奏)：塞尔沃尔先生，你叫什么名字？
>
> 塞(略显悲哀地)：约翰。
>
> 检(钢琴伴奏继续)：……姓名以两个"l"还是以一个"l"结尾？
>
> 塞：两个，不过也无所谓。(谨慎而又阴郁地)你别自找

麻烦了，我不会回答问题的。

皮特：他说什么？（从房间另一边飞快地环视一眼，目光敏锐，然后坐到大法官身边。）

大法官（声调温柔，几乎是耳语）：他说不想回答问题。

皮特：什么？——什么？——什么？（尖锐地）……[2]

约翰·塞尔沃尔于是把背对着那些达官贵人，“欣赏起一幅水彩画来”。首相叫他走开，然后把一个14岁的男孩亨利·伊顿叫进来提审，伊顿曾和塞尔沃尔家住在一起。这孩子立场十分坚定，竟“发表起政治演说来，他言词尖锐，谴责皮特先生，说他向人民征收太高的捐税……”[3] 19

用后来100年的标准来判断，冲突双方在这时都没有经验，都不清楚自己应该扮演的角色。他们把后来那种大规模的非个人冲突预演成稀奇古怪的个人冲突了，[4] 礼貌与敌视并存，在阶级仇恨的怨怒中，仍留有表现个人善意的余地。塞尔沃尔、哈迪和其他10名犯人被关在伦敦塔，后来又转到新门监狱。在新门监狱，塞尔沃尔有一段时间关在陈尸所里；哈迪太太在“教会与国王派”暴徒围攻她的家时受了惊吓，结果难产而死。枢密院决心把叛国罪的诉讼进行到底，而对叛国犯的最高定罪是先上绞刑，乘他还没死的时候砍断绳子，剖腹掏肠（当着他的面焚烧内脏），然后再砍头、分尸。一个由体面的伦敦市民组成的大陪审团对此没有兴趣，经过9天的审判，哈迪被开释（那天刚好是

② 《民友报》，1795年4月4日。可对照枢密院关于提审塞尔沃尔的记录：“本院书记官问他姓名如何拼，答：随便怎么拼都行，他是不会回答的……”财政部司法处档案，第11.3509号，第83帧。

③ 《晨报》，1794年5月16日。

④ 后来，当雅各宾派约翰·宾斯未经判决就关进格拉斯特城堡时，内政大臣夫妇还携带二女去探望他。

1794 年的火药阴谋纪念日）。[5]陪审团长在宣布过“无罪”之后就晕了过去，而伦敦民众则情绪激昂，把哈迪拉到街上去凯旋游行。霍恩·图克和塞尔沃尔也随后获释（其他人的案子也就此了结了）。但民众的庆贺却稍嫌早了一点，第二年，对改革派——或“雅各宾分子”的高压政策反而加倍了。到 90 年代末，整个运动似乎都已被打散，伦敦通讯会被取缔，潘恩的《人权论》被查封，群众集会也被禁止了。哈迪在大菜市附近开了一家鞋店，请以前的老改革派来照顾他的生意，以示不忘他过去的功苦。约翰·塞尔沃尔隐退到南威尔士一座孤独的农场上去。初看之下，
20 “手艺人、小店主和机工”终究是没有权利争取议会改革的。

一般认为，伦敦通讯会是英国第一个确定的工人阶级政治组织。为了不故弄玄虚（因为设菲尔德、德比和曼彻斯特的协会都成立在伦敦通讯会之前），有必要对这个问题下一个明确的定义。有些人说，自美国独立战争以来，就时常出现一些有工人阶级参加的讨论团体；而另一些人则认为：把伦敦通讯会看成是“群众激进”团体，也许比“工人阶级”团体要准确得多。

从哈迪的情况来说，他肯定是个工匠。他 1752 年生，曾在斯特林郡学鞋匠手艺；他也在卡隆铁工厂做过瓦匠（在给制铁商罗巴克盖住房时，脚手架倒下来，差一点被砸死），因此也见识过一点新工业的东西。他在美国独立战争之前不久到伦敦，当时还是一个年轻人。他选择了一个职业，那是众多职业中的一个，在这些职业中，帮工们都指望能自开门面，幸运者还可以自己成为开业师傅——如哈迪最终做到的那样。他娶一个木匠兼建筑

---

[5] 1605年 10 月 5 日，天主教徒企图炸死英王詹姆斯一世，是为火药阴谋案。——译注

工的女儿为妻；他的同事、担任过伦敦通讯会主席的弗朗西斯·普莱斯后来则成为裁缝铺老板。当时，帮工与小业主的分界线模糊不清，1795年，鞋匠帮工协会曾罢工反对哈迪，那时他已经是小老板了；弗朗西斯·普莱斯在成为裁缝业主之前，则帮助组织过1793年缝裤业帮工的罢工。具有独立身份的工匠（其工场也就是“店铺”）和小店主、小生意人之间的分界线就更加模糊；从这些人那里再跨一步，就是个体经营的雕刻师如威廉·夏普和威廉·布莱克，以及印刷工、药剂师、教师、办报人、外科医生和非国教的牧师等等。

因此伦敦通讯会的一端深入到皮卡迪利大街、舰队街和河滨大街四周的咖啡店、酒馆和非国教教堂里去，在那里，自学起家的帮工有可能和印刷工、小店主、雕刻师及青年讼师们并肩而坐；它的另一端，特别是在泰晤士河东岸和南岸，就一直插到比
较老的工人集团中去，比如说外滨的码头工、斯皮特菲尔兹的丝 21
织工、索斯沃克的非国教古老据点等等。200年来，“激进的伦敦”与只有两三个基本行业的北中部中心区相比，社会与职业方面表现出更多的多样性，也显示出更大的流动特色。伦敦的人民运动时常缺乏一致性和持久性，而这些特点只有在整个地区都卷入共同的社会与职业冲突时才会有。但另一方面，伦敦人又比较容易接受思想的或“理想的”动机，理论宣传在这儿比在北方更容易找到听众。伦敦激进主义很早就变得城府很深，因为它需要把许多宣传运动组织成一个共同的运动。新理论新观点一般总是在伦敦先找到与民众运动结合的交接点，然后再从伦敦转到外省的中心地区去。

伦敦通讯会就是这样一个交接点，应该记得，最初的创始人住在皮卡迪利，不是外滨也不是索斯沃克。就连它最初几次会议所留下的简短记录中，都保留着一些显著的特色，表明一种新

的组织形式已经出现，而正是这些特色，能帮助我们（在1790至1850年的时代背景下）给工人阶级团体下一个定义。这些团体往往由一个工人担任书记，每周收取很低的会费，它把经济目标与政治目标混杂在一起，也就是“时局之艰辛”和议会改革混为一谈。它举行的集会既能起社会交往的作用，也能起政治活动中心的作用；出于实际需要，它特别注重会议程序；更重要的是，这些团体都决意要宣传自己的观点，把那些倒向他们的人组织起来，而这就体现在如下指导原则中，即“让我们的成员无数”。

时至今日，我们也许会对这个原则习以为常，但它却是历史的转折点之一，它体现了孤家寡人主义的结束，也体现了政治作为世袭集团或有产者独占权利的结束。接受这个原则，就表明伦敦通讯会扬弃了政治与财产权划一的古老做法——同时还扬弃了“威尔克斯和自由”时代的激进主义，在那个时代，“阿斗”尚未**自我**组织起来去争取自己的目标，而是受一个派别——哪怕
22 是激进派别的召唤而卷入临时行动，结果是加强了这个派别的力量，威胁到政府当局的存在。伦敦通讯会用一种“无限”的方法去打开宣传鼓动之门，这表明一个新的民主概念已经产生，它把古老的禁区置之不顾，而寄希望于平民百姓的自发行动和自我组织过程。这样一种富有革命气息的挑战，当然会受到叛国罪的指控。

不过，这个挑战在以前也曾有人提出过——那就是17世纪的平等派。当时，争论在克伦威尔的军官和军队鼓动员之间展开，其措词用语预示了18世纪90年代的冲突。就在普特尼辩论[6] 进入高潮时，士兵代表争辩说：是他们打赢了战争，因此应该得益，应该把选举权扩大，把他们也吸收进去。平等派雷恩巴

⑥ A.S.P.伍德豪斯：《清教与自由》(1938)，第53页起。

勒上校的说法是大家都知道的，他说：

> 我确实认为：最穷的人也和最高贵的人一样生活，因此，先生，我认为事情再明白不过了：每一个在某个政府之下生活的人都应该首先同意把自己放在那个政府之下……我要怀疑，任何一个怀疑这种情况的人还是不是一个英国人。

对此，“大人物”的代表、克伦威尔的女婿埃尔顿将军回答说：“在本国，一个人若不具备永久不变的利益，则他就无权关心或参与国事的处理……”雷恩巴勒逼他说明白一点，埃尔顿于是就激动地答道：

> 我所坚持的主要之点，是我重视财产。我希望我们不要为胜利果实而争斗不休——但每个人都应该想一想，他不应该走上取消财产的路，这关系到王国宪政的基础，你取消它，也就取消了一切。

他接着说：“如果一个人仅因为有一口气就能当选议员”，那么下院就有可能产生一个多数，他们在地方上没有利益可言，也没有永久的利害关系，“这些人为什么不会投票反对一切财产？……告诉我你们还要走多远，你们是否可以凭这条规定去保护一个有财产的人？”

剥夺别人的政治与财产权身份，这当场就引起愤怒的反响。塞克斯比[7]说：

> 我们成千上万的士兵出生入死，当然，就地产而言，我 23
> 们在这个国家里财产很少，但我们却有天生的权利。现在看来，好像是没有固定的地产就要没有权利了……我觉得我们上当了！

---

⑦ 塞克斯比是士兵代表，平等派。——译注

雷恩巴勒讥讽地插话道：

> 先生，若不把一切财产都取消，我以为是不会有自由的。假如这是一个规定……，那也就只好如此了。但我却不得不知道，长久以来士兵们为什么而战？他之所以战斗，是要让自己沦为奴隶，是要把权力给予富家，给予地主，是要让自己永世为奴！

对此，埃尔顿和克伦威尔的辩解仿佛预见了1688年的妥协。他们说，普通士兵为三件事而战：一是限制国王侵犯个人扫利与信仰自由的特权，二是争取由民意代表实行统治，即使他自己不能参与这些选举也罢，三是“做买卖挣钱买地的自由”，由此进而取得政治权利。在这种情况下，“争取自由而不摧毁财产”。

1688年以后的100年，这样一个妥协就不再受挑战了；出现一个土地与商业财产联合的寡头统治。从本质上说，它更腐败，而卖官鬻爵、官官相护的现象也更严重，其中的奥妙，又正是刘易斯·纳米尔爵士及其一派学者所津津乐道的。平等派的挑战彻底失败了，但平等派复活的幽灵却时常在人们脑海中出现，它好像是海峡旁的一块巨岩，旁边有天主教徒和詹姆斯党的大漩涡，“宪法”这艘船就要在这两者之间穿过。直到18世纪最后二三十年，“18世纪共和分子”的温和的共和、自由主义立场似乎就限制在埃尔顿所设立的范围之内。[⑧] 看一看18世纪90年代改革派与政府之间、以及各改革力量之间的分歧，就似乎看到了普特尼辩论的重演，只不过那英国“最穷的人”、“有天生权利”的人变成了《人权论》，而成员“无数”者的鼓动在伯克眼中就恰似那“猪狗的一群”正在威胁一般。对改革派实行恫吓威胁的半官方组织取名叫“保卫自由与财产、反对共和派和平等派”协会，

---

⑧ 见卡罗琳·罗宾斯：《18世纪共和派》（哈佛大学，1959）。

连约克郡温和的改革派克里斯托弗·威维尔牧师也深信:若改革 24
以普选作为原则,“就不可能实现,除非再打一场内战”,尽管他对改革的忠诚是无可置疑的:

> 在政治争端激烈时,把选举权交给残暴无知的民众,会导致动荡和混乱。……如果选举因最无耻的舞弊而丧失信誉,因最狂暴的骚乱而受到损害,那么在一系列这样的选举之后,就可以预期民众的动乱和贪婪最后会使民族变得十分可憎,乃至为克服民主放纵所带来的难以忍受的祸害,人们就必须到专制权力的保护下去……寻求庇护。⑨

他在 1792 年又写道:“如果潘恩先生能把下层阶级唤醒,他们的参与就可能是很粗野的,而我们现在拥有的一切,无论是私人的财产还是公众的自由,就都要受那帮无法无天凶野狂暴的乱民去摆布了。”⑩

这就是过去那场辩论的继续,人们表现出同样的抱负、同样的恐惧和同样的紧张冲突;但现在它是在新的背景中,使用新的语言和新的论点,力量平衡也发生了变化。我们应设法理解双方——既理解持续的传统,也理解变化的背景。写历史总要有开头,人们于是就常常只看见新的东西。我们可以在 1789 年开头,于是就把英国的雅各宾主义看成是法国大革命的副产品;我们也可以在 1819 年开头,以彼得卢为标志,于是,英国激进主义就仿佛是工业革命的自发后果了。法国大革命当然有助于新的宣传运动,运动在工人群众中也很有基础,它形成在新的经历

---

⑨ C.威维尔 1797 年 12 月 16 日致约翰·卡特赖特信,载威维尔:《政治文件》(约克,1804),第 5 卷,第 381—382 页。

⑩ 同上,第 5 卷,第 23 页。

里，出现在成长中的工业制造业地区。但问题仍然没有解决：到底有哪些因素是由这些事迅速引发出来的？可以很快看到的是城市工匠和小生意人的悠久传统，这些人和法国的“小人物”非常相似；乔治·鲁德博士曾经证明：“小人物”正是巴黎民众中最变化无常的革命因素。[11] 我们还可以看到：这个复杂的连续传统实际上可以一分为三，一是非国教传统，以及卫斯理的宗教复兴使它发生的变化；二是人民中各种模糊观念形成的一种传统，它们结合成英国人“关于天生权利”的思想；三是18世纪的“下层民众”中有一种若有若无的传统，对这种传统，威维尔曾经恐惧不安，而哈迪则想把它组织到委员会、分会和严肃认真的游行示威中去。

---

⑪ G.鲁德：《法国大革命中的民众》(1959)。

第二章　基督徒与地狱魔王 26

“非国教”这个词很容易使人感到迷惑，它容纳了太多的派别，太多的对立思想和神学倾向，在变化的社会背景中，竟可以形成那么多不同的表现形式。最古老的非国教是独立派、长老派、公理会、教友会和浸礼会；它们在光荣革命后经历了相同的发展趋势，随着迫害日益减轻、宽容日益加大，教徒们的热情日渐减少，财富逐渐增加。1670 年，斯彭河谷的织布工和农民曾在夜晚秘密聚会，聚会地点是一个叫“秘宅”的农庄，或“教堂山附近的那所谷仓”。一百年后，人们看到在同一个地方建起了一座坚固的教堂，一个富裕的教堂执事约瑟夫·普里斯特利出现在那里，他在日记中虔诚地记道：

> 世界是美好的，我在这个位置上做了一些好事。去利兹时，我向上帝奉献了语言；我打算送给穷苦的基督徒四五石小麦，今天，应该好好地责备我没有让上帝指引我的所有思想，事情太急促了，来不及这样做。……

下一周他又这样写：

> 今天上午我……和几个军官一起吃饭，他们都对灵魂拯救不感兴趣。我读“以赛亚书”第 45 章，甚喜，让奥巴代亚兄弟把一石小麦分给穷苦的基督徒。[①]

这位普里斯特利牧师仍算是一名加尔文教徒，不过已经有了一点获罪感（“奥巴代亚兄弟”当然也是加尔文派）。他的堂弟，也

① 弗兰克·皮尔：《斯彭河谷的非国教徒》（海克蒙德威克，1891），第 136 页。

叫约瑟夫·普里斯特利的，这时正在达尔特里学院读书，他在理性启蒙精神启发下，已经对自己的亲戚和教会感到严重不满了；
27 他后来成为一神派教徒，又是科学家和政治改革派。1791 年，伯明翰的“教会与国王”派暴徒捣毁的就是这位普里斯特利博士的书房和实验室。

这些是非国教传统中一个很小的侧面。非国教徒虽然得到了信仰上的自由，但他们在公共生活里却仍受到宣誓法和市镇团法的限制，在整个 18 世纪，他们继续为公民自由和宗教自由而努力。18 世纪中期，许多年轻而有文化的牧师为自己宽宏大量的理性神学感到骄傲，过去受迫害时那种加尔文主义的孤芳自赏气质没有了，相反，他们通过阿里乌斯派和索西奴斯派的“异端邪说”而逐渐滑向一神教；从一神教，再走一步就是自然神论了，但在 18 世纪 90 年代以前，很少有人走出过这一步，而且，在 18 世纪下半叶，更少有人愿意或敢于公开承认自己对基督教有怀疑——迟至 1763 年，70 岁的小学校长彼得·安内特还被上枷收监，理由是他翻译了伏尔泰的著作，把宣扬“思想自由”的论著用通俗形式出版。不久之后，怀疑论的“罗宾汉辩论会”又被当局封闭。自由主义的思想原则正是站在索西奴斯教和一神教的立场上来加以论证的，在这方面著名的人物有普赖斯法师，他在美国革命时期写《论公民自由》(1776)，几个月内就达到销售 6 万册的可观数量；他在有生之年还做过一个欢呼法国大革命的传教演说，由此而使伯克大受刺激。除此以外，著名人物中还有普里斯特利博士本人，以及十几二十个名气稍小的人，其中一些如博尔顿的托马斯·库珀和剑桥的威廉·弗伦德等等，都曾积极地参加过 18 世纪 90 年代的改革宣传运动。

到这里，问题似乎很清楚了，但它却是虚假现象。自由主义思想在非国教的教士、教师和受过教育的城市人口中十分流行，但很多牧师比他们的信徒走得远。与其他非国教派别相比，力量上衰落最明显的是长老派，而长老派又恰恰是最有一神教倾向的一派。18世纪中叶，长老派和独立派(合在一起)的力量，在西南部(如德文郡、多塞特郡、格洛斯特郡、汉普郡、萨默塞特郡和威尔特郡等)、北方工业区(主要是兰开郡、诺森伯兰郡和约克郡)、以及伦敦和东盎格利亚地区(主要是埃塞克斯和萨福克 28
郡)势力最大，浸礼派虽说也在争夺其中的某些据点，但同时又在贝德福郡、白金汉郡、肯特郡、莱斯特郡和北安普顿郡根基深厚。因此，长老派和独立派似乎在商业中心和毛织业中心最强大，而浸礼派占领的地盘中，小生意人、小农场主和农业工人则占很大一个比例。[2]正是在规模最大的老毛纺中心即西部地区，那种开明"理性"的宗教——趋向于否定基督的神性并且有一神教倾向的宗教——发展得最快，但又最容易向一神教丢失其信徒的忠诚。到18世纪末，德文郡有20多所长老派聚会厅关闭了，研究非国教徒历史的学者在1809年曾这样说：

> 德文郡曾是阿里乌斯教的摇篮，后来则成了阿里乌斯派非国教徒的坟墓。那个人口众多的郡、现在留下来的长老派信徒还不到她出生时可以见到的1/20。[3]

但在其他地方，情况就有所不同，非国教组织常把自我管理和地方自治的原则贯彻到近乎无政府的状态，任何中央权威——哪怕是教堂间的协商和联合，都会被看成是由"违背基督教的行为造成的"：

> 这种背叛行为对人的公民自由与宗教自由十分有害，

---

② D. 博格和J. 贝内特：《非国教徒史》(1809)，其中第3卷第333页的估计是：1760年非国教各派的"主要力量"是生意人，而在某些郡是农场主，"各业机匠构成其城市教团的一大部分，农业工人构成其乡村教团的一大部分。"

③ D. 博格和J. 贝内特：《非国教徒史》(1809)，第4卷，第319页。

> 尤其是对古老而勇敢的清教徒和非国教人士十分有害，因此，诸如宗教会议、大会、理事会、教规这一类的词，都会使一个真正的新教徒感到震聋发聩。④

在加尔文教传统较深厚的地方，如兰开郡和约克郡的部分地区，教团组织奋力反抗，抵制向一神教发展的趋势。顽固的教会执事、理事会成员和奥巴代亚们折磨他们的牧师，调查他们的异端言行，开除他们出教，或者与他们决裂，另组比较正宗的教派。
29 (托马斯·哈迪最早的组织能力，就是在罗素街王冠巷长老派教团的派别斗争中取得的。)但“穷苦的基督徒”、即普赖斯法师曾予以启蒙而普里斯特利执事曾赠予小麦的那些人，他们又如何呢？斯彭河谷是人口稠密、工业正迅速发展的一个中心地区，人们本以为，非国教教派会因为它们在迫害时期坚持斗争而最终获益的。但“穷苦的基督徒”似乎既不受官方教会的影响，也不受以前的非国教影响。1757 年，约翰·卫斯理骑马途经邻近的赫德斯菲尔德，他在《日记》中写道：“在英格兰，我从未见过这么野的人，我们骑马走过时，满街都是男男女女、老老少少，似乎要把我们吞吃掉一般。”

一神派的理性基督教崇尚“直率”、怀疑“热情”，对伦敦小生意人、小店主及其他大城市的同类集团有一定的吸引力。但它太冷漠、太孤僻、太文质彬彬，和小康阶层的舒适价值观联系太紧，对城乡穷苦人的吸引力就不大。它的语言和腔调都构成障碍，约翰·纳尔逊曾对卫斯理说：“在约克郡，只有一种布道中用，就是以前那种像打雷一样轰击人们的良知的布道。在这个郡，和风细雨的布道比不布道还要坏。”以前加尔文禁止福音主义的热情，从而给自己设立了屏障。受迫害的派别很容易孤芳自赏，

---

④ J. 艾维米：《英吉利浸礼会派史》(1830)，第 4 卷，第 40 页。

这就更加强了加尔文教义中最僵硬的条文。但“萨伏依信纲”(1658)中有这样一句话:“上帝的选择对糜烂的群氓并非不可及”,而“穷苦的基督徒”和“糜烂的群氓”当然就是指同一些人。从另一个角度看,穷人的“野”是他们生活在天恩之外的表现,而加尔文教义中上帝的选民又有萎缩为亲族集团的危险。

还有其他原因促成了这一过程,有些人直接到共和时代平等派的失败中去寻找原因。当初,千年至福派主张由圣人进行统治,他们的希望破灭后,穷苦人清教思想中的现实理想和宗教理想就断然分开了。还在复辟之前的1654年,浸礼派教徒总会
就(针对他们中的第五王国派)发表了一个宣言,称自己不“知道 30
圣人凭什么指望”在最后的审判到来之前,就“把现世的统治权放入他们之手”,在那之前,他们应该“耐心地忍受现世之苦……而不是攫取它的政府统治权”。[⑤] 共和国末期,反教律论的叛逆传统“从它所有的要求上退了下来”,激烈的新教派别以前曾经是热情的(甚至是无情的)社会整治者,而现在他们却乐意说:“就让稗子(如果是稗子)和小麦混在一起吧……”[⑥] 掘土派杰勒德·温斯坦莱的话有助于我们理解这种感情的变化,即如何从“外在的王国”转变成“内在的王国”:

> 灵魂和创造精神并非一体,它们相分相离,一个管外在的王国,另一个引导他搜索并守候内在的王国,这内在的王国,锈腐不可蚀,窃贼不能偷,它广延无边,而身外的王国则必定会从你那里消失。[⑦]

理解这种后撤——**以及在后撤之后还剩下什么**,对于理解

⑤ A.C.安德伍德:《英国浸礼教派史》(1947年),第84—85页。

⑥ G.休恩斯:《英国历史上的反教律主义》(1951年),第146页。

⑦ 《丛林之火——温斯坦莱……文集》,L.汉密尔顿主编(1944),第30—31页。

18世纪的情况以及后来工人阶级政治活动中一个持久的因素非常关键。在某种意义上,变化表现在新型的组织机构中,这些组织可以归结为两个词,即“**清教**”的生存活力和非国教的保护性退却。但也应该看到,这些教派在决意耐心地忍受“现世之苦”、放弃其取得“政府统治权”的希望时,却也能够把政治上的无所作为与一种蛰伏的激进主义结合起来,那激进主义就保存在布道演说和宗教论文中,同时也保存在民主的组织形式中,一旦遇到比较合适的环境,它就会再次燃烧成燎原之火。这种情况在教友派和浸礼派那里表现得最明显,但到18世纪90年代,教友派在英国境内总数还不到两万人,竟不像是个教派的样子了,而这个教派,以前居然出现过像李尔本、福克斯和潘恩这样的人。这一派曾经是昌盛得过分了,他们持续不断地向美洲移民,结果失去了一些精力最旺盛的人。他们以前曾反对国家、反
31 对权威,现在却萎缩成徒有形式,如不肯宣誓、不戴帽子等等。它的传统充其量也只对中等阶级的社会责任心比较有用,对民众运动则没有什么用处。虽说在18世纪中期,仍有些教团相当谦恭,比如在塞特福德的凯奇巷会议厅聚会的那一个(就在监狱旁边,里面还有脚手枷),汤姆·潘恩年轻时就在那里(据他自己说)接受了“极好的道德教育”;但是,当潘恩在1791年把他们自己关于为人类造福的某些说法糅合进《人权论》的毫不妥协的论调中去时,教友派却很少有几个人愿意站出来表态的。1792年,约克郡教友派季度大会要求会友们在“我国现在出现的不安定形势下,保持真正的心灵平静”,他们不应该组织政治协会,也不该滋生“对国王和政府的不满,我们在他们领导下生活,享受特权,深感厚爱,这就很值得我们感激和顺从了。”⑧

---

⑧ 鲁弗斯·M.琼斯:《晚期的教友派》(1921),第1卷,第315页。

但他们的先辈却很不“顺从”,也不使用“感激”这个词。“外在王国”和“内在王国”的冲突意味着他们否定统治权,只有在两者的共存不可避免时才有例外;这样,人们就拼命讨论哪些做法“对得起”良心,哪些做法是“昧”良心。浸礼派的言行可能是最始终如一的,他们的理论最符合加尔文教义,他们的信徒中普通老百姓也最多。在班扬[9]那里,我们尤其能看到潜伏的激进主义,这种激进主义在整个 18 世纪保存下来,而到 19 世纪则一次又一次爆发出来。《天路历程》和《人权论》一样,是英国工人运动的基本教材;班扬和潘恩,加上科贝特和欧文,为 1790 至 1850 年的运动提供了最丰富的思想素材。成千上万的青年人最早是在《天路历程》里读到有趣的故事的,他们会同意后来宪章派托马斯·库珀的说法:那是他们的“书中之书”。[10]

《天路历程》说:“我寻找那纯洁无瑕、永不磨灭的遗产……它存放在天国,平安无虞……它将在天定之时授之于人,那些人,是一直在孜孜以求寻找它的。假如你想知道它是什么,那就先来读一读我的书!”书中有温斯坦莱“锈腐不可蚀”的王国;有 32
圣人们在彼岸世界的千年国度——不过圣人们却必须先“耐心地忍受现世之苦”。书中有那些在普特尼败下阵来、对 1688 年的解决方案毫无发言权的人,他们发出了“悲叹之声”——“我奈其何?”书中有教皇老头,基督徒们认为他的先辈已经俯首帖耳,而他自己现在也已经“神经失常、关节僵直”,只能坐在山洞口对朝圣者说:“你们中会有更多的人被烧死,否则你们就无可救药”——“当朝圣者们经过时……他独自狞笑,啃着指甲,因为他

⑨ 约翰·班扬(1628—1688):英国小说家,所著《天路历程》用寓言故事表达清教徒的理想与挫折。——译注

⑩ 见 Q.D. 利维斯:《小说与读者》(1932),第 2 章。

已经不能扑过去抓住他们了。”书中有穷苦的非国教徒内心的精神世界，那些身为“裁缝、皮贩子、肥皂匠、酿酒商、织工和补锅匠”，同时又是浸礼派传教士[11] 的内心精神世界，这个世界阴暗苍白，饱受感情奔放与冲突之苦，这些冲突是由外部世界的障碍引起的，比如说有魔堡、噬血巨人、大槌、杀人妖精、万难山、疑心寨、名利场、迷魂地等等，整条路上“到处都是陷阱、圈套、机关和坑道”。书中有基督徒的死敌贵族，有“淫乐老爷、奢侈老爷、虚荣老爷、荒淫老爷、贪婪爵士，和贵族中所有那些其他的人”。书中还有耻辱山谷，班扬的读者们就置身在这山谷中：“这道谷无人涉足，只有那些喜欢朝圣生活的人才会走进去”。怜悯翁在这里说：

> 我就喜欢这种地方，这里没有车马的喧哗，没有轮轴的滚动，我觉得，人在这种地方，障碍就少，他可以潜心思索，思其所是，究其所源，省其所行……人在这种地方，可以思考，可以开发心灵，净化灵魂，直至他的两眼如“希实本[12]的鱼池”一样清澈。

伟心公于是带着虽受迫害、遭挫折却仍旧自豪的心情答道：“此话不假，我曾好几次穿行谷中，每次到这里，都特别爽快。”

但精神世界——正义与精神自由的世界，却始终受到另一个世界的胁迫。首先，它受到国家权力的威胁，地狱魔王在书中出现时，我们就似乎看到一个童话的世界：

> 他身披鳞甲，如鱼一般(这是它最感到自豪的)；它有翅膀，像飞龙一样；他的足如熊，腹部出烟火。……

---

[11] R. M. 琼斯：《神秘宗教研究》(1923)，第418页。另见J. 林赛，《约翰·班扬传》(1937)。

[12] 圣经中古以色列的一个地名，在死海东北。——译注

当这魔王遇到基督徒（“面带讥讽之色”）时，他却又像是一个形容窘迫的乡村法官了。他不断变换自己的论点和威胁之词，想要叫班扬答应不再在野外进行传教活动：魔王张开嘴——那嘴“像狮口一般”，声嘶力竭地喊道：“我愿让一切人生还，但你们必须转过身去，返回原处”。只是在劝说无效之后，他才张开两腿，“跨在路上”，口称“我以魔穴发誓：你们不可越此线一步。”魔王阴险狡诈，竟可在基督徒的朝圣伙伴中找到盟友，这些人数量很多，也很有欺骗性，他们是基督徒抗拒腐蚀的另一个威胁。班扬一点点地抛出种种骗人的借口，让魔王与非国教徒找到妥协的余地。这里于是出现算盘精先生、手遮天先生、金钱迷先生、普救世先生，他们都师出一门，“为师者居图利城，那是北方贪心郡的一个市镇”。算盘精先生责备那些“道德感太强”的人说： 33

算盘精先生：咳，他们这些人……无论风雨只管赶路，我却愿坐等顺风之时；他们主张孤注一掷为上帝不惜赌本，我却愿抓住时机保我性命，保我财产；他们主张坚守信念，置他人之全体反对于不顾，我却愿多存疑窦，窥察时机，不可让它影响我的安全；他们喜好宗教，尤在其卑微低贱之时，我之喜欢它，则非得待它足踩金履、身披霞光、欢呼之声不绝之时。

手遮天先生：算盘精先生，暂说到此罢。……我们应圆滑如蛇，审时度势者为上。……

普救世先生：对此我们都无异议，故不必再多说了。

金钱迷先生：确实不必多说，君不见，凡既不信圣经又不讲理智者（而我们是二者皆有的），就一定不懂他自身之自由，亦不谋他自身之安全。

这一段非常精彩，竟把 18 世纪非国教派别的发展情况预示了许

多。班扬知道，在某种意义上，算盘精先生的朋友确是圣经、理
34 智二者皆有的，他们以安全、舒适、启蒙与自由为辩解的理由，所丢掉的是完美的道德与热情；看来，一旦斗争的传统被遗忘，拒腐蚀的精神似乎也就难以维持了。

《天路历程》还不只这些，如韦伯所说，这本书的“基调”是“来世不仅更重要，而且在许多方面比现世生活中的所有利害关系更确定”。[13] 这就提醒我们，相信来世生活对穷人来说不仅是一种安慰，而且是对现实苦痛的一种感情补偿。卑贱者不仅可以想象得到“报偿”，而且可以想象压迫他们的人将遭受拷打，从而享受对压迫者实施报复的欢乐。此外，在强调班扬寓言中的积极方面时，我们对它明显的消极方面言之不多，那就是宗教盲从、逆来顺受、自私地追逐个人灵魂得救等等——消极面与积极面不可分割地交织在一起，这种冲突的情况一直到 19 世纪还表现在非国教徒谦恭的言词中。在班福德看来，《天路历程》似乎是一种“悲伤的抚慰，好像是从坍塌的太阳上发出的光芒”。当形势好转、群众运动高涨时，传统就表现出明显的活力，基督徒在真实的世界上与魔王作战；当失败来临，群众态度冷漠时，消沉的意气就上升，助长穷人的宿命论思想。这时，基督徒在耻辱山谷中受难，他逃出毁灭城，远离车马的喧哗，寻找通往精神天国之路。

还有，由于害怕妥协会腐蚀传统，班扬在清教徒严禁享乐的情绪之外，又加上他自己对“羊肠小道”的形象描述，从而突出了加尔文派“上帝选民”所抱有的那种宗派嫉妒心理。到 1750 年，那些声称最关心“穷苦的基督徒”的派别，却最不欢迎新信徒参

---

[13] 马克斯·韦伯：《新教伦理和资本主义精神》(1930)，第 109—110、227 页。亦见 A. 凯特尔：《英国小说导言》(1951)，第 44—45 页。

加，也最缺乏福音主义气质。非国教夹在两种对立的倾向之间，两种倾向都得不到广泛的群众支持。其中一种倾向宣扬理性人道思想，主张细腻的讲道，这对穷人来说是太深奥太文质彬彬了；在另一种倾向中，又有严格的上帝选民，他们不与不同教派 35
的人结婚，排斥违反教规的人，排斥一切异端邪说，他们对那些注定要受上帝惩罚的“糜烂的群氓”避而远之，对此，哈勒维指出：“前一种加尔文教正在解体，后一种加尔文教正在僵化。”[14]

就连班扬的浸礼派教会也同样深刻地分裂着，“阿明尼乌派”的浸礼总会让位给热情洋溢的“加尔文派独立浸礼会”（其据点在北安普顿郡、贝德福郡和林肯郡），但其标准的加尔文教义又阻碍了它的宣传活动。[15] 直到1770年，独立浸礼派才摆脱他们自己的教条限制，发表了一份传阅信件（从北安普顿郡发出），为的是使福音主义与“上帝选民”的概念能彼此调和找到一条可行之路。信件说：“到基督那里寻求解救的每一个灵魂……都应该受到鼓励。……来投奔基督的灵魂不必担心它不被上帝挑选，因为只有当选的灵魂才会到基督这里来。”恢复的过程很慢，后来它重新面向穷人，是因为它要与卫斯理宗竞争，而不是出于内在的动机。事情发生在18世纪60年代。约克郡的矿工丹·泰勒5岁起就在煤窟里干活，后来又皈依卫斯理宗。他想找一个带福音主义色彩的浸礼会团体，但到处都找不到。他于是自己修建聚会堂，把石头从赫布登桥旁的野地里挖出来，亲自背到

[14] 哈勒维出色的总结，见《1815年的英国人民史》（企鹅版），第3卷，第28—32、40—48页。

[15] 博格和贝内特前引书，第3卷，第332—333页；艾维米前引书，第3卷，第160页以下。

工地上。[16]然后，他从纺织城镇赫普顿斯托尔（内战时的清教据点）出发，南下林肯郡、北安普顿郡，与桀骜不驯的浸礼派团体取得联系，最终（在1770年）组建了浸礼派新教团。此后若干年，他巡行25000英里，布道20000场，与卫斯理、怀特菲尔德一样不应为人忘怀；但究其所源，他既非总会派也非独立派，他在精神方面也许继承了班扬的传统，但实际上是白手起家。

当我们谈论普赖斯法师和丹·泰勒时，不应该忘记他们**确曾**
36 享有信仰自由。他们不受宗教裁判所的威胁，也没有“巴比伦红衣妓女”[17] 的地牢恐吓。老的非国教教派内部纷乱，教会自治与分离的倾向清楚地表明：最出人意料、最旁门左道的思想也许会在林肯郡的一座村庄、中部地区的一个集市、或约克郡的一个矿井里突然出现。卫斯理在1768年的《日记》中写道：在萨莫塞特的毛织业城镇弗罗姆，“各种观点的人混杂在一起，有再洗礼派、教友派、长老派、阿里乌派、反教律派、摩拉维亚派等等”。苏格兰的商贩和工匠还把其他一些派别带到英格兰，18世纪最后几十年格拉斯派（即桑德曼派）取得一些进展，他们热衷于教会纪律，相信“普通生活中的那些差别不应在教堂中出现”，主张成员可以共同享有某些财产。批评他们的人说：他们清高孤傲，“不管贫苦无知的悲惨大众”。[18] 到18世纪末，在伦敦、诺丁汉、利物浦、怀特黑文和纽卡斯尔都出现了桑德曼派小团体。

---

[16] 约翰·卫斯理在其《日记》（1766年7月31日）中写道：“一批叛教的卫斯理宗信徒，先投靠加尔文派，又投靠再洗礼派，在赫普顿斯托尔造成混乱。”

[17] 非国教徒对埃拉斯都主义的称呼——首先是指教皇和罗马天主教会，但时常用来指英国国教及所有向国家及世俗权力出卖信仰贞操的教会。科贝特回忆说：“小时候我深信：教皇是个大块头女人，穿一件可怕的长袍，因沾了新教徒的血而染得通红。”《政治纪事报》，1821年1月13日。

[18] 博格和贝内特前引书，第4卷，第107—124页。尽管他们很严厉，但比起其他非国教徒来，桑德曼派对某些社会风俗却比较容忍，而且还允许信徒看戏。

非国教派别的思想史上，充满了改组、分化和冲突，这种情况使人感到，政治激进主义的种子正潜藏其中，一旦撒播于合适的社会土壤上，立刻就会生根发芽。托马斯·斯彭斯是桑德曼派家庭出身，1755 年曾对纽卡斯尔哲学会发表过一个演讲，其中概括了他的农业社会主义的全部思想；但直到 18 世纪 90 年代，他才开始认真地进行公开的宣传活动。汤姆·潘恩是教友派，但他在刘易斯镇当税收员过着无聊的生活时，却几乎完全表现不出他那强烈反正统的政治观点，那时，时局不允许这样做，政治似乎只是“骗子手的把戏”；但在到美洲（1774 年 11 月）后的一年内，他就发表了《常识》和《危机》杂志上的那些论文，其中含有《人权论》里的所有论断。他写道：“我对君主制深恶痛绝，因为它降低了人格。但直到最近我都未曾以我的想法困扰过别人，37
也未曾在英国发表过只言片语。”发生变化的不是潘恩，而是他从事写作的社会环境。《人权论》的种子是英国的，但只有美国革命和法国革命带来的希望才能使它扎下根来。

如果说某些老的非国教派别带头复活了福音主义——而不把它归功于约翰·卫斯理的话，那么到 19 世纪，非国教就应该具备更理智更民主的形式了。但首先深入“穷苦的基督徒”，用一道简单的启示“你们只须拯救灵魂”就打破加尔文教的禁忌的，却仍旧是约翰·卫斯理——那个在政治上是强硬托利派、在组织手段上采用祭司方法的人。

> 妓女、酒鬼、窃贼们，
> 　　听我呼唤，你们这些被放逐的人！
> 他张开双臂，拥抱你们，
> 　　他的慈悲专门接纳有罪的人：
> 正人君子不需要他，
> 　　他搜寻迷途者，拯救所有这些人。

来吧，我有罪的兄弟，来呀，

尽管你们在负罪的重荷下呻吟！

他流血的心脏为你们洞开，

他展开的躯体将你们收进；

他在呼唤，招呼你们同行：

来吧，我有罪的兄弟，来呀。

福音主义在国教内部复苏，这本来就有它的道理。清教强调“神召天命”，按照韦伯和托尼的说法，它特别能说明兴隆勤勉的中等阶级和小资产阶级的经历。比较接近路德教的英国圣公会清教传统与排他性的“神选”理论却不大相符，作为“国立”的教会，它对穷人的灵魂负有特别的使命，即培植他们服从和勤勉的美德。18 世纪，国教内部死气沉沉，物欲横流，结果竟违背卫斯理的初衷，使福音主义在独特的卫斯理派教会中复苏。但卫斯理宗的来源又给它留下深刻的印记：班扬、丹·泰勒以及后来的原教旨卫斯理宗等穷人的非国教都是**穷人的**宗教；而正统的卫斯理主义却始终保持着原来的面目，它是一个**为穷人**的宗教。

38 怀特菲尔德和其他那些早期的露天传教士既是传教士，也是福音主义者，他们在当时比卫斯理本人还要著名。但在组织、管理和制定规章制度方面，卫斯理却最有活力，也最有能力。他把民主与法纪、把信条与热情结合得恰到好处，他的成就主要不表现在狂热的宗教复兴大会（这种大会在泰伯恩刑场[19]为主要特征的那个世纪并非罕见），他的成就，主要是组织了一批能独立维持的卫斯理宗派团体，分布于贸易集市中心，及采矿、纺织

[19] 原文 Tyburn。它是旧时英国伦敦的刑场，位于泰晤士河支流泰伯恩河岸边。——译注

和劳作人口中，其成员民主地参与教会生活，既受到教会的鼓励，又处在严格的管理和纪律下。他取消一切带有小团体派性色彩的教义规章，为人们加入他的团体扫清了障碍。他写道：申请入会时，卫斯理派——

> 不强加……任何观点于人，他们可以实行特别的赎罪方法，也可以实行普遍的赎罪方法；可以执行绝对的天意，也可以执行有条件的天意；可以是国教徒，也可以是非国教徒；可以是长老派，也可以是独立派，这些都不是问题。……独立派和再浸礼派（可以）举行自己的宗教仪式，教友派也可以这样做，没有人会在这些方面和他们过不去。……我们只有一个条件，惟一的条件，就是真正追求灵魂的拯救。[20]

但一旦进入卫斯理宗团体，皈依者就要严守纪律，其章法之严可以与狂热程度更高的加尔文教派相媲美。卫斯理要求本派教徒做"特殊的人"，不与教外人结婚，衣着要有别，言行要庄重，不与那些仍留在"撒旦王国"里的人交往，哪怕他们是亲戚也罢。教徒举止轻浮、亵渎神圣、赌咒发誓、不参加小组会议等都是被驱逐出教的理由。它的团体组织连同忏悔会议、班组结构、除夕礼拜及家访活动等等，使之成为一个世俗的修道会，其中如骚塞所注意到的那样，有一支"精神警察"在随时警惕着堕落的迹象。[21]领导职务由商贩和劳动人民担任，但这种"基层"的民主完全不适用于有关教义和教会管理的事，卫斯理背离非国教传统最远之处，就是他反对地方自治，以便他和他的教士对教会实行集权统治。

---

⑳ R.骚塞：《卫斯理生平及其宗派的兴起》(1890)，第545页。

㉑ 同上，第382、545页。

39 然而恰恰是在非国教传统最深厚之处——布里斯托尔、约克郡西区、曼彻斯特、纽卡斯尔等地,卫斯理宗在穷人中的进展最迅速。18世纪60年代,普里斯特利执事和奥巴代亚还在海克蒙德威克支持一个加尔文独立派教会,离此地两英里远,伯斯托尔的石匠约翰·纳尔逊却已经把大批纺织工、矿工吸引过来,听他讲关于个人获救的新的神启了。纳尔逊在前往石矿干活的途中,要路过非国教牧师的住所,他与他们交换图书,争论有关罪恶、神恩获救和宿命论的教理。(这类争论到后来就逐渐稀少了,那时正统的卫斯理宗神学理论变得比较随波逐流、不讲理智而懒散无益。)纳尔逊在伦敦时听卫斯理在荒草地讲过道,然后便皈依了,他的《日记》和普里斯特利执事的就完全不同:

> 一天夜里,……我梦见我在约克郡,穿着工作服往家走,路过保尔·钱皮恩家时,听见里面哭声震天,仿佛许多人在悲伤地哭。……突然,他们尖叫起来,一个个滚来滚去。我问出了什么事,他们说,撒旦跑到他们当中来了。……于是,我想我见到它了,形状像一头红色的牛,在人群中冲撞,好像一头野兽在谷子地里冲撞一样。但它不去牴他们中的任何一个人,而是径直向我跑来,仿佛要把角戳进我的胸膛。这样,我就大叫:“主啊,救救我!”立时,当着千百个人的面,我就抓住它的角,扭过它的背,右脚抵在他的脖子上了。……

从梦中醒来,他浑身出汗,疲惫不堪。另一天夜里,“我的灵魂充分感觉到上帝的爱,这使我在他面前哭泣”:

> 我梦见我在约克郡,从戈默索尔山顶去克莱克希顿,走到半路,我觉得看见撒旦正向我走来,形状像一个高大的黑人,头发就像蛇一样,……但我还是往前走,扯开衣服,露出胸脯对他说:“瞧吧,这就是基督的血。”然

后，他就像兔子那样飞快地逃走了。

约翰·纳尔逊是个诚实的人，他被强征军役，但不肯服役，于是他和他的妻子在干活时就受到暴徒袭击，挨石子块。但看起 40
来，纳尔逊的撒旦比班扬的魔王更是一种纯粹的幻想，尽管后者腹中冒火，身披鱼鳞。这种幻想带有宗教狂热和受压抑性欲的潜在因素，而这——和宗教的皈依所经常带来的感情喷发——就是卫斯理宗复兴运动的显著特征。[22] 班扬在一个治安法官、堕落分子和为尘世原因丧失原则的真实世界里，揭露魔王的挑战。而卫斯理教徒那里的撒旦，则是寄居于灵魂之中、从躯体脱离出来的一种力量，它通过内省被人们发现，或者呢，它像是一个与阴性的基督之爱相对立的阳性形象，浮现在群众的歇斯底里中，这种歇斯底里就形成了复兴运动的高潮。

从一方面看，这个撒旦似乎是 18 世纪穷人凄凉悲苦的化身；从另一方面看，又可以把它看成是堵塞在社会生活的宣泄口上，同时又被清教否定现世生活的教义紧紧压缩着的那种力量，在对人类精神实施邪恶的报复。可以认为：卫斯理宗是脱胎于这样一种传统，它往上可以追溯到 17 世纪的“喧嚣派”，这一派的近亲摩拉维亚派曾经相当深刻地影响过卫斯理。对“爱”的崇拜现在达到一个平衡，平衡点的一边是某种所谓的“社会宗教”，另一边则是受阻碍的社会冲动与性冲动的病态表现。在这里，一方面有对“妓女、酒鬼和窃贼”的真实同情，另一方面则是对罪恶与忏悔的病态偏见；一方面是对真实恶行的真诚悔恨，另一方面则是对内心反省的过分追逐；一方面是早期卫斯理派团体中的真诚的友爱，另一方面则是在公众生活中找不到宣泄的那种

[22] 见 W. E. H. 莱基：《18 世纪英国人民史》(1891)，第 3 卷，第 582—588 页。尽管本世纪出现许多关于卫斯理宗的著述，但莱基和骚塞的记叙仍是基本读物。

力量被释放在伪装为神圣的手淫冲动中；一方面，这种宗教为地位卑下的人找到了用武之地，让他们做地方上的传教士或小组负责人，教他们读书写字，给他们自尊心，使他们取得演说与组织工作的经验；另一方面，这种宗教又反对追求智识、敌视艺术价值，辜负了他们在知识追求上的信托。它有对“爱”的崇拜，但又害怕爱的实际表现形式，无论是在性爱，还是在具有社会内容的爱方面都是这样，而后面这种爱，是有可能影响到与当局的关
41 系的。这种崇拜的标准祈祷语言是带有性虐待狂色彩的性升华，如“流血的爱”、受伤的身体、羔羊的血等等：

你指导我绕开迷人的陷阱，
　　让我的心永远血淋淋。
你是我的爱、我的欢乐、我的担忧！
　　你是我永恒的命运。
你是我忠诚的挚友，
　　爱我吧，爱我直至永久。

在伦敦，一个雅各宾激进主义的雕刻工曾去过“爱的花园”，发现“一座小教堂……建在其中，那曾是我在绿茵上玩耍的地方”：

教堂的门紧紧关闭，
门上写着“不可为”这几个字……

园中“那鲜花应开放之处却立着墓碑”：

教士们身穿黑袍正四处走动，
在我的欢乐与愿望上放置荆棘丛。

近年来，人们对卫斯理宗带给工人运动的正面影响说得很多，因此有必要提醒大家：像布莱克、科贝特、利·亨特和黑兹利特这些人的看法是完全不同的。从一些流行的说法中人们可以设想：卫斯理宗对激进主义和工会运动的组织者来说，无异于是一个

养育所，而这种说法又都是从“托帕德尔烈士”乔治·洛夫莱斯的形象中得来的：他有“一小批神学藏书”，具有直率的独立精神等等。但实际情况却要复杂得多。在某个层次上，很容易证明正统卫斯理宗的反动性——甚至可以说是奴颜卑膝——卫斯理本人对政治极少干预，但就在那少数的几次干预中，他就曾写文章反对普赖斯法师，反对美洲殖民地。他从不放过任何一个劝说信徒屈从顺上的机会，而劝说的方法是靠迷信而不是说理。[23]他去世时(1791)，刚好是对法国大革命的初期热情高涨的时候，但以后历届卫斯理宗大会却都继承其创始人的传统，重申他们“对国王的忠诚和对宪法的爱慕”(利兹大会，1793)。卫斯理去世一年后制定的章程说得很明白：“任何人不得书写或发表对政 42
府不敬的言论。”[24]

在这个层面上，卫斯理宗表现为一种倒退的、或“稳定的”力量，在此可以看出哈勒维关于卫斯理宗在18世纪90年代阻止了英国发生革命的著名论文是有道理的。但在另一个层面上，下面这种说法又是人们熟悉的，即卫斯理宗间接地助长了劳动人民的自信心理和组织能力，这个观点早在1820年就由骚塞提出来了：

> 也许，卫斯理宗使下层阶级了解到如何组织协会、如何管理自己、如何筹款、如何开展国内各地的联络工作等

---

[23] 有关卫斯理在政治上的见解，马尔德温·爱德华兹在《约翰·卫斯理及18世纪》(1933)中有简要论述。

[24] 转引自哈勒维前引书，第3卷，第49页。哈勒维还有如下评论：“这一举动保证……不受欢迎的雅各宾原则不致损害卫斯理宗的宣传工作。”但雅各宾的原则在1792年实际上是颇受欢迎的(见下文第102—113页)，因此比较真实的说法是，卫斯理宗的宣传旨在使这些原则不受欢迎，而这对英国人民的自由是不利的。亦见E.霍布斯鲍姆对哈勒维的批评文章《卫斯理宗与革命的威胁》，载《今日历史》，1957年2月号。

> 等，这些都可以算是它在无意中带来的种种弊病。……

晚近一点，这种观点也表达在韦尔默思博士那几本有趣的书籍中，当然读过这几本书的人应该清楚地记得骚塞那句名言："在这方面，它只是助长了这个过程，而其他原因则使它产生"。[25]卫斯理宗对工人运动的"贡献"，多数不是由卫斯理宗大会做出，而是在它之外做出的。

事实上，在卫斯理宗的早期历史上，我们始终可以看到一种民主的精神正在形成，它与卫斯理所规定的教义与组织形式相对抗。在诸如是否让俗人充当传教士、是否脱离国教、是否实行团体内部的自治等等问题上，卫斯理不是反对，就是随大流，或是在事后才加以承认。卫斯理不能回避他自己的宗教福音主义所造成的后果，假如穷苦的基督徒开始相信他们的灵魂和贵族、资产阶级的一样好，那么这种想法就会把他们引向《人权论》所宣扬的观点。白金汉公爵夫人早就看出了这一点，她对卫斯理宗的亨廷顿伯爵夫人说：

> 43 感谢夫人为我提供了卫斯理宗传教士的消息。他们的教义令人生厌，充满对上司无礼傲慢的情调，它始终想把一切等级都拉平并消灭所有的差别。若说你的心就像匍匐在地上的那帮坏东西一样充满罪恶，那真叫人恶心。[26]

斯莫利特在他出色的喜剧中有一个马车夫汉弗莱·克林克尔的形象，他身上就体现着类似的情形，因为他在对伦敦的乌合之众宣教讲道。成百上千名步约翰·纳尔逊之后尘的俗人教士都在

---

[25] 骚塞前引书，第 571 页。

[26] 转引自 J. H. 怀特利：《卫斯理英国》(1938)，第 328 页。

以不同的方式学习此道，国教方面的人对此不断发出担忧之声。1800 年，一个反雅各宾的小册子作家斥责那些“嘴上没毛的小家伙、机工或小工”在矿泉地、哈克尼、伊斯林顿草地等等地方布道，各教派的布道者中有一个是卖旧布的、一个是磨刀的、一个卖羊头的、一个漆马车的、一个造轧布机的、一个脚夫、一个拔牙的、一个造假发和针刺放血的、一个制作马裤和一个挑煤的。林肯主教从这里看出了严重的威胁，他说：“同样的手段可以用同样的效率既推翻教会，又推翻国家。”[27]

从传教发展到形成组织，其中有两个问题需要注意：一是非国教传统中的某些自治因素对卫斯理宗有短期的渗透作用，二是卫斯理宗独特的组织形式如何向工人阶级结社团体过渡。关于第一点，卫斯理不仅（如人们有时认为的那样）把他的神谕带给现有各教派之外的“邪教徒”，他还为老的非国教徒被禁锢的感情冲动提供了一个出气孔。非国教徒中，有牧师甚至整个教团都加入卫斯理教会的现象，其中有一些人在经历了宗教复兴后，由于不满卫斯理的集权管理而返回原来的教派，到 18 世纪 90 年代，非国教也就开始它自己的福音主义复兴了。不过仍有一些人勉为其难地留在卫斯理宗教会内部，其原有的传统就在僧权至上的卫斯理派组织形式下争斗下去。关于第二点，卫斯理宗不仅提供了小组聚会、有组织地征收一便士会费以及发放“证件”等形式，因此时常被激进组织和工会组织所借用；它还提供了有效的集中组织的经验，包括地区一级的组织和全国一级 44
的组织，而这些正是非国教派别所缺乏的。（卫斯理宗年度大会制定“纲领”，成立安排日程的组织委员会，会议进程经过精心的安排，所有这些，看来不得不算是它对后来劳工运动的另一些

---

[27] W. H. 里德：《首都异教团体的兴盛与解体》（1800），第 45—48 页。

"贡献"。)

因此,18 世纪晚期的卫斯理宗,一方面为它内部的外来民主倾向所困扰,但同时,它又身不由己地成为其他组织形式的楷模。卫斯理在世的最后十年中,来自内部的民主压力仅仅因为他德高望重而受到束缚——同时也因为大家都相信这位年长的独裁者离他的"好报应"不会太遥远。持不同意见的团体提出过几十个要求,比如大会应由选举产生、地方要有更大的自治权、和国教教会彻底决裂、地区会议和季度会议可以有俗人参加等等。卫斯理死时,恰好是激进浪潮高涨之时,于是他的死就像是一支"信号枪",各种组织方案都拿出来热火朝天地进行讨论,而这种气氛本身竟如所争论的问题一样重要。亚历山大·基勒姆在他写的一本小册子《自由进程》中说:"我们反对迫害成性的暴君行径,也反对巴比伦大妓女的血腥行为,然而在我们的措施中,我们却步其后尘。"[28] 他制定了影响深远的自治方案,在教派内部全力宣传,他散发小册子,在小组会、地方传教士会议上进行讨论,而这种讨论本身也就成了进行民主教育的一个重要方面。[29]

1797 年,基勒姆领导卫斯理宗的第一次分裂活动,成立了卫斯理宗新教团,其中采用的就是他那种比较民主的组织方案。这个教派的主要力量在工业中心,而且(很可能)在带有雅各宾

---

[28] 《卫斯理教徒中的自由进程》(阿尼克,1795)。

[29] 见《致卫斯理派教徒书》(曼彻斯特,1796);E. R. 泰勒:《卫斯理宗与政治,1791—1851 年》(剑桥,1935),第 2 章;W. J. 沃纳:《工业革命中的卫斯理运动》(1930),第 128—131 页。

色彩的手工工匠和织工中力量最大。[30] 基勒姆本人同情改革，45
尽管他把自己的政治信仰隐藏起来，但他在正统卫斯理教派里的对手们却竭力要把它抖出来，宗派大会在谈到他的分裂时，曾对爱尔兰教徒这样说："我们失去的是基督教世界的所有捣乱分子，所有那些拥护潘恩思想的人……。"哈德斯菲尔德的新教团被人叫成"汤姆·潘恩卫斯理派"；在利兹有一个基勒姆派的主要教堂，关于它的一项记录使我们可以猜到基勒姆派的组成情况，其中说："在埃比尼泽街头，中等阶级陌生人别指望会涉足的地方，在密集、贫穷而难以驾驭的人口中"，该教堂有 500 名会众。有些地方，新教团和真正的雅各宾派组织有关，这绝不仅仅是人们的一种猜测，比如，在哈里法克斯的纺织村庄布雷德有个礼拜堂，其中有一个读书俱乐部，定期举行讨论会，居民们在小组会上不仅讨论基勒姆的《自由进程》，而且讨论潘恩的《人权论》。40 年后，为哈里法克斯卫斯理派写历史的人仍掩饰不住他对"那帮讨厌的黑心肠人"的厌恶，因为他们最终竟夺过了礼拜堂，赶走了正统派的巡行牧师，买下了地产，把它变成了他们自己的"雅各宾派礼拜堂"。[31]

新教团进展得并不顺利，基勒姆 1798 年去世，他的门徒受 18 世纪 90 年代后期政治上总体反动的影响而受到削弱。到 1811 年，新教团只能说它有 8000 名会众了。不过，它的存在使

---

[30] 基勒姆在设菲尔德、诺丁汉、曼彻斯特、利兹、哈德斯菲尔德、普利茅斯码头、利物浦、布里斯托尔、伯明翰、伯斯莱姆、麦克尔斯菲尔德、博尔顿、威根、布莱克本、奥德姆、达林顿、纽卡斯尔、阿尼克、桑德兰、里彭、奥特利、埃普沃思、切斯特、班伯里等地最受支持，见 E. R. 泰勒前引书，第 81 页；J. 布莱克韦尔：《亚历山大·基勒姆传》(1838)，第 290、343 页。

[31] J. 布莱克韦尔：前引书，第 339 页；E. R. 泰勒前引书，第 85 页；J. 雷：《有关利兹卫斯理宗的一些情况》(约 1853 年)，手稿，藏利兹资料馆；J. U. 沃克：《哈里法克斯的卫斯理派教会》(哈里法克斯，1836)，第 216—223 页。

人们怀疑哈勒维的论点。卫斯理去世时，卫斯理宗各派团体估计总共有 80000 人，即便假定其中每一个人都和其师祖一样持托利党观点，那也不足以抵挡革命的潮流。事实上，无论卫斯理宗年度大会做出过什么决议，都有迹象表明：1792 和 1793 年的激进浪潮浸透了非国教，而且渗进了大多数卫斯理派团体。1792 年利物浦市长在给内政部写报告时，大概就分析得很透彻：

> 这些地方只有卫斯理派和其他派别的聚会堂……所
> 46 以，乡下的年轻人就在这帮人的指导下长大，这帮指导
> 者不仅无知，而且我认为，我们近来有很多理由可以相
> 信：他们对我们的美好的宪政是怀有恶意的。[32]

只是在 1795 年**以后**的反动时期，卫斯理宗才在工人群众中迅速发展，最明显地表现出它是一支稳定与倒退的力量。这些年中，它被基勒姆派的分裂掏去了民主与理智的内涵，又承受着更严格的纪律约束，所以看起来就像是改换了头面，它既成为政治反动的**结果**，同时也是这种反动的**原因**。[33]

在整个工业革命时期，卫斯理宗从未消除专制与民主这两种倾向间的紧张关系。在分裂出去的教派——如新教团和(1806 年以后的)原教旨卫斯理宗那里，可以最强烈地感觉到它的第二次震动。此外，如霍布斯鲍姆博士指出的那样：卫斯理宗在与官方教会决裂这一点上，执行着 19 世纪法国反教权主义的职能。[34] 农村矿山中，礼拜堂和教堂的区分可能会促成政治和产业的分化。紧张关系在很长时间中似乎是掩盖着的，但一旦

---

[32] 转引自哈蒙德夫妇：《城市工人》(1925)，第 270 页。

[33] 见本书，第 11 章。

[34] E. J. 霍布斯鲍姆：《绿林好汉》(1956)，第 146 页。

它当真爆发,它有时就掺进了道德感情的因素——古老的清教战神在这儿再次举起战旗,而世俗领袖在这方面就很难插手。只要撒旦是个不确定的东西,而且不含固定的阶级色彩,卫斯理宗就会把工人群众推进一场道德的战争,这场战争发生在教堂与酒馆间,发生在邪恶者与悔过者间,发生在迷途的人和获救的人之间。塞缪尔·班福德在其《早年记事》中,记叙过他和他的伙伴们那种传教士的热情,带着这种热情,他们步行去参加附近村庄中的祈祷会,“在那些地方魔鬼还有许多根据地”,“而祈祷者多一个就多一份对‘魔鬼的权力’进行的攻击”。(在奔宁山脉的另一边,同样的热情引人创作出这样的圣歌:“俯身下视布雷德福,魔鬼潜伏在巢穴中。”)仅仅几年之后,科贝特就开导高地兰开郡的织工说:撒旦并不在对立村庄的酒馆中,他在“那东西”和
腐败的旧制度中。他把地狱魔王和利物浦勋爵、和奸细奥利弗 47
迅速地等同为一体,如此才把织工们引向彼得卢。

非国教传统中还有两点值得一提,虽说这两点在 18 世纪影响都不大,但 1790 年以后却重要起来。首先,公有制思想和尝试始终存在,并和教友派、卡米撒派、尤其是摩拉维亚派关系密切。博尔顿和曼彻斯特一小批教友派因和本派意见不合,最后乘坐“安妈妈”号在 1774 年离开英国,到美国建立了第一批震颤派公社;40 年后,罗伯特·欧文从震颤派的成功中受到鼓舞,把他们的理想用世俗的形式加以推广。[35]卫斯理因为接触了摩拉维亚派才改变信仰,但摩拉维亚派在 18 世纪的英国却从来没有完全扎根。许多英国人加入了他们在富尔内克(帕德西)和达金菲尔德、费尔菲尔德(在曼彻斯特附近)的公社,还有些人参加在伦敦的摩拉维亚派教团,但这些社团却一直依赖从德国来的传

---

[35] 见 W.H.G.阿米塔奇:《人间天国》(1961),第 1 卷,第 3、5 章。

教士和行政人员。当第一批卫斯理宗团体形成并与摩拉维亚兄弟会发生联系时，后者与前者的区别仅在于：它们是“安静的”，它们不主张“热情”，它们实行公有制的理想；“[富尔内克]仪式中的那种安静平和、甜蜜沉稳的特点给人印象深刻，就好像是在指责[卫斯理宗]宗教复兴聚会上那种热烈、嘈杂和喧嚣的做法似的。”摩拉维亚派的影响有三个方面：一是通过他们的教育活动表现出来，像理查德·奥斯特勒和詹姆斯·蒙哥马利（激进派诗人、设菲尔德《虹报》主编）这些人，就是在富尔内克接受教育的；二是展示他们公社的明显成功，这些公社——加上那些震颤派的公社，时常被19世纪的欧文主义者所模仿；第三，他们在卫斯理宗团体内部永久地造成一种公有的理想——表达在诸如“兄弟会”、“姐妹会”等等词语中，这种理想在卫斯理公开否认他和摩拉维亚派有任何联系之后很久，还一直存在。[36]

48 公有制传统有时还和另一个潜伏的传统联系在一起，即千年王国论的传统。英国革命中狂热的新教徒——如喧嚣派、第五王国派等，从来就没有完全消失，他们对革命圣经作严格的解释，预言一个新的耶路撒冷将从天而降。马格尔顿派（即卢多维克·马格尔顿的追随者）到18世纪末仍在伦敦的田园上讲道；震颤派由之而发源的那个博尔顿小团体，主持人是女修道院长简·沃德利，她传教时“全身震颤”，走过聚会厅，口称：

> 忏悔吧，上帝的天国就在眼前！古老预言中的新天地即将到来，……当基督重新出现，真正的教会在光辉荣耀中建立起来时，所有那些反基督的东西——牧师、教

---

[36] 见C.W.托尔森：《摩拉维亚派和卫斯理宗》(1957)；阿米塔奇前引书，第1卷，第6章；J.劳森：《就帕德西的进展情况致青年书》（斯坦宁利，1887)，第15章；C.德赖弗：《托利激进派》（牛津，1946)，第15—17页。

> 会、教皇等等，都将一扫而空。[37]

一切突发事件，如里斯本1755年地震，都会引起如启示录一般的期待。在卫斯理宗的核心内部，也存在千年王国派的不稳定因素。卫斯理在相当程度上相信巫术、相信地狱的存在和圣经卦（即任意翻开圣经，从经文中寻求启示的做法）。有时，他还会预言最后的审判迫在眉睫。卫斯理兄弟在早期创作的一首圣诗里使用了千年王国的一个现成的比喻：

> 你在这里立起帐篷，
> 　　送来了新的耶路撒冷，
> 你显现自己和你的圣人，
> 　　把我们放上你光辉的座轮。
>
> 伟大的千年时代由此开始，
> 　　救世主啊，你在欢呼声中降临；
> 你的旗帜在天国中飘扬，
> 　　带来了欢乐，永无止尽。

尽管正式的千年王国论并不受提倡，但卫斯理宗那种启示录式的宗教复活大会却刺激了人们的想像力，为1790年以后流行的
千年至福论预言铺平道路。在伦敦、布里斯托尔和伯明翰，有斯 49
韦登伯格的新耶路撒冷派小教团，它们吸收了一批工匠，为后来发展出更加注重智识同时又更加神秘的千年王国论信仰作好了

---

[37] E. D. 安德鲁斯：《震教派的人们》（纽约，1953），第6页。

准备。[38]

历史学家和社会学家近年来对千年王国运动及其空想成分比较注意了，但他们喜欢谈论这派人如何不切实际、如何"思想偏执"，因而也就多少掩盖了他们的重要性。科恩教授在《追求千年的王国》这本有趣的研究著作里，通过多少带有感情色彩而选择出来的证据，说明关于"上帝选民"的狂妄想法，及"向往千年至福的运动"在现实中定期受到挫折的感觉其实是普遍存在的，当救世运动得到群众支持时——

> 原先分散在民众中的偏执狂团体似乎就突然集合起来，合为一个新的实体，变成集体的偏执盲信。[39]

人们不禁要问：这个"集合"的过程是不是真有？即便有，历史的问题仍未解决：为什么种种抱怨、种种期待乃至精神上的失常会"集合"成有力的运动，它只形成于某个特定的时间、以某种特别的方式出现？

我们决不可把纯粹的"想入非非"及盲信与虚构想象混为一谈，比如对巴比伦的想象，对走出埃及的想象，对天国和与撒旦进行斗争的想象等等。几百年来，少数派团体就是在这些想象中形成他们的经历，注入他们的期待的。此外，某些团体采用的夸张的臆想，其实并不是反映他们的客观动机，也不反映他们实际的意向。这个问题很复杂。我们所说的"想象"，绝不仅仅是

---

[38] 卫斯理的学说见骚塞前引书，第 367 页；约瑟夫·南丁格尔：《卫斯理宗述描》(1807)，第 443 页以下；J. E. 拉顿伯里：《卫斯理兄弟的圣餐颂歌》(1948)，第 249 页。关于斯韦登伯格教，见博格和贝内特前引书，第 4 卷，第 126—134 页；R. 骚塞：《英国通信》(1808)，第 3 卷，第 113 页以下。关于 17 世纪千年王国派的终结，见克里斯托弗·希尔：《约翰·马森及世界末日》，载《清教与革命》(1958)。有关 18 世纪传统的某些迹象，见 W. H. G. 阿米塔奇前引书，第 1 卷，第 4 章。

[39] N. 科恩：《追求千年的王国》(1957)，第 312 页。

一些包藏着真实目标的语言形象，想象本身就证明它有强大的主观动机，它在历史的能动性方面和客观一样“真实”，一样有效，就如我们在清教历史上一再看到的那样。它表明人们是如何感受、如何希望的，他们如何爱、如何恨，又如何在自己的语言结构中保存了某些价值观念。但因为这些美好的想象有时明显地指向虚幻的目标，因此就不能轻率地下结论，说它暗示了“在现实中定期受到挫折的感觉”。除此之外还应该考虑到，对苦难 50
及贫穷的“逆来顺受”有时也意味着现实中的受挫感，正如千年至福派的那种感觉一样。一旦出现这些现象，无论何时我们都应该尽力区分哪些是贮藏及释放于语言中的精神能量，即使它再癫狂也罢；哪些则是真正的精神失常。

整个工业革命时期，在穷人的非国教那里，都能看见这种“外在王国”与“内在王国”的冲突。其一端是千年至福论，另一端是寂静教。若干世代的穷人，只能在教堂和主日学校受到一点教育，还有就是旧约和《天路历程》。他们的想象与社会经历不断发生互换，那是主观意念与客观现实正在对话。这种对话，有时富有成果，有时一无所获，有时在顺从中表现出受虐待的快感，但很少是表现为“思想偏执”的。卫斯理宗的历史表明：对病态的缺陷进行“美化”，是社会反动时期穷人中最常见的一种变态，而偏狭的狂热则在革命热情高涨时最容易发生。法国革命刚爆发时，潜伏已久的千年王国派暗流露出了地面，表现了出人意料的力量：

> 对真正的千年至福派来说，现在正是一个机会，过去隐藏的东西突然显露出来，控制了外部世界并正在改造

它。[40]

想象与现实再次混淆，千年至福论触动了布莱克，它四处飘荡，不仅在伦敦工匠雅各宾激进分子和非国教徒之间漫游，而且飘游到中北部的纺织村庄和西南部的乡村中去。

但在多数人那里，外在的经历与内心的王国却保持着平衡，那内心的王国，尘世的权力无法触及，旧约的召唤正储藏其间。托马斯·哈迪是个严肃甚至刻板的人，他最关心的就是组织工作中的细小问题。但当他回忆起自己以叛国罪受审的情况时，他
51 却自然而然地去引用“列王纪”中的说法，那是大多数普通英国人所能理解的语言：

> 人民说：“我们与大卫有什么份儿呢，与耶西的儿子并没有关涉。以色列人哪，各回各家去罢。……这样，以色列人背叛大卫家，直到今日。”

非国教传统是引发英国雅各宾派宣传鼓动的诸因素之一，对它很难作出适当的总结。它的多样性否定了它的普遍性，而这种多样性本身就是它最大的特点。相互竞争的宗教派别和不断分裂的小教堂形成纷纭复杂的局面，这就是19世纪种种工人阶级文化的温床。这里有一神论派或独立派，其工匠追随者人数少但影响大，在不屈不挠的思想传统下培育成长；这里有桑德曼派，威廉·戈德温的父亲就是这一派的牧师；有摩拉维亚派，以及它关于公有制的传统；有英厄姆派、马格尔顿派、斯韦登伯格派，这后一派的发祥地是冷浴泉地附近的一家理发店，它出版一份杂志叫《天国与地狱》。黑兹利特曾注意到，有两位非国教牧师在烟斗里装满覆盆子叶，想靠抵制一切征税品来消灭“腐败的

---

[40] 卡尔·曼海姆：《意识形态与乌托邦》(1960)，第193页。见本书第116—119、382—388页。

旧制度”。这里有从威尔士迁居过来的加尔文教卫斯理宗,有在国民誓约派环境下长大的苏格兰移民,比如亚历山大·萨默维尔是反谷物法运动的著名政论家,他就是在贝里克郡一个农业工人家里长大的,受家庭教育成为严格的苏格兰分离派。印刷工扎卡赖亚·科尔曼是《鞣匠街革命》这本书所着力塑造的主人公,他在墙上挂着他画的伯德特、卡特莱特和萨德勒笔下的班扬像:“他并非喧嚣派或宗教复兴分子,而是所谓的温和加尔文派,也就是说,他把加尔文教视为无可置疑的信条,但在实行中每有为难之处,他就把它缓和下来。”还有一些奇特的小团体,如霍克斯顿的古代自然神派,他们谈论梦境,谈论(像布莱克一样)脱离肉体的灵魂与天使对话,而且(也像布莱克一样),“几乎马上就折服于法国大革命的更有力冲击之下”,变成一群“**政客**”。[41]

信仰自由是老百姓从共和国那里保留下来的最宝贵财产。当时,统治农村的是乡绅,统治城市的是腐败的市政团,统治国 52
家的是腐败之中最腐败的团体,但教堂、酒店和家庭却是自己的,在“没有尖塔”的宗教崇拜地,有思想生活的自由空间,也有作“成员无数”民主试验的自由空间。在伦敦的非国教背景上,加上皮毛的自然神论和真诚的神秘主义作陪衬,布莱克就不再是没有受过教育、整日胡思乱想的天才人物了,而那些只知道当时的高雅文化的人却以为,他正是这样一种人。[42] 实际上,是他独创而且权威性地表达了民众中悠久的传统呼声。如果说伦敦

---

[41] W.H.里德前引书,第90页。

[42] 戴维·V.欧德曼在《反帝国的先知布莱克》(普林斯顿,1954)一书中,帮我们在这样的背景下来看待布莱克,为做到这一点,他对伦敦雅各宾的思想生活作了许多阐述。(有关布莱克的“喧嚣”派前辈和马格尔顿派前辈)可见A.C.莫尔顿《永恒的福音》(1958)。

某些雅各宾激进派对路易十六和玛丽·安托瓦内特[43]被处死表现得出奇地镇静，那是因为，他们记得自己的祖先也曾处死过一个国王。骨子里带有班扬精神的人，都不会对布莱克的许多箴言大惊小怪，比如说：

最毒的毒药，
在恺撒的桂冠上。

许多人也像布莱克那样，发觉自己在理性的自然神论与百年来哺育于"内在王国"中的精神价值间左右为难。潘恩的《理性时代》在大镇压时期出版后，许多人一定与布莱克同感，他当时在兰达夫主教（为答复潘恩）而写的《圣经辩词》一书的最后一页上加注道：

我现在觉得，汤姆·潘恩是比主教更好的基督徒。

如果这样来看待非国教，那它就是一种思想传统了，从这种传统中，出现许多创新的思想和创新的人。但决不可以为，"老的非国教徒"作为一个整体愿意与人民站在一起。托马斯·沃克是曼彻斯特一个改革派，他自己虽是国教徒，却为废除宣誓法和市政团法而努力。他对"老的非国教徒"的胆小怕事嗤之以鼻：

非国教徒……作为一个整体常常丧失原则。出于害怕或者其他一些原因，他们时常是温和过度，乃至对那些
53 冒险最大、为人民权利做事最多的人来说，他们与其说是朋友，不如说是敌人。[44]

这似乎表现了伦敦与工业中心的冲突。曼彻斯特的非国教徒、伯明翰的"古老会议"和莱斯特的"大会议"成员中，有一些是地方上最大的老板。他们之支持公民自由与宗教自由，不下于他

---

[43] 即法国国王路易十六的王后。——译注

[44] T. 沃克：《关于曼彻斯特的一些政治事件》（1794），第 125 页。

们对自由贸易信条的支持。他们对院外宣传和压力集团这类政治活动形式作出了很大的贡献,在18世纪70年代和80年代尤其如此,而这些又预示了19世纪中等阶级政治活动的模式。但他们对公民自由的热情随着《人权论》的出版而消退;而18世纪90年代初的那些审判与迫害过去后,能保持这种热情的人就凤毛麟角了。但在伦敦,在大城市的个别区域,非国教的许多工匠在这一时期却由非国教通过自然神论而转向世俗理论,霍布斯鲍姆博士曾写道:

> 世俗主义是把伦敦劳工史串连在一起的一条意识形态之线,它从伦敦雅各宾派和普莱斯开始,发展到反宗教的欧文派和合作运动者、反宗教的新闻工作者和书商,再发展到追随霍利约克成群结队去参加布雷德洛创办的科学官活动的自由思想激进分子,最终成为对教堂那一套公开表示厌恶的社会民主同盟和伦敦费边派。[45]

在工人运动中,几乎所有理论家都是从伦敦传统中出来的——如若不然,比如像利兹的印刷工布雷那样的人,那他就一定是伦敦技术工人的雷同品。

不过,这份花名册却揭示了事情被遗忘的一面,即存在于卢德派、存在于布兰德雷思和年轻的班福德、存在于十小时工作日运动参加者、存在于北方宪章派及独立工党等等身上的道德力量。传统差别有一些可以追溯到18世纪宗教形成的过程之中。18世纪最后几年民主思想复苏时,古老的非国教已经失去了多数民众追随者,那些仍旧依附于它们的工匠,也已经感染了利己的启蒙思想价值观,以致像弗朗西斯·普莱斯这样的人接受了有

---

[45] 霍布斯鲍姆前引书,第128页。

54 限度的功利主义哲学。但在没有非国教因而卫斯理宗得以取胜的外省广大地区，它却几乎完全摧毁了古老传统中民主、反专制的因素，而在人民与革命传统之间插进了幼稚的感情冲动，以作为对官方宗教的一种补充。但卫斯理宗的反叛又确实是诚心诚意而且出于强烈道德感的，南与北之间，理智与热情之间，世俗主义与敬神的言论之间充满了冲突，这些冲突将长期延续于 19 世纪，而其中的每一种传统，若无另一种作为补充，就都不会强盛下去。

第三章 “魔鬼之窟” 55

然而,“妓女、酒鬼和窃贼”这些“魔鬼之窟”中的居民,他们的情形又如何呢? 福音主义者为他们的灵魂费尽心机。如果我们对历史的变革感兴趣,那么我们必须考查这清晰的少数。但这个少数是从不那么清晰的多数中浮现的,这些多数的意识在此时可说是“亚政治的”,即由迷信或不自主的非宗教状态、偏见和爱国主义所构成。

就清晰度而言,这群不那么清晰的一帮人的思想几乎没有留下什么记载。但我们在像戈登暴乱这样的危机时刻仍可见其一斑。不过,危机不是典型的情况,从犯罪档案中觅其踪迹是一种有诱惑力的做法。但在这样做之前,我们必须提醒诸位不能作以下的假设,即 18 世纪后期“穷苦的基督徒”可分为悔过的失足者以及杀人犯、盗贼及酗酒者等两种类型。

人们很容易不切实际地把工业革命时期的人分为有组织的即上教堂的好人和放荡的坏人,因为资料档案至少从四个方面促使我们得出这样的结论。那些可查到的事实通常出于贬损的目的而以耸人听闻的形式出现。如果我们相信最卖力的调查者之一——帕特里克·科克洪的话,那么在世纪之交时仅伦敦就有 5 万名妓女、5000 多名酒馆主和 1 万名窃贼。他对范围更大的犯罪阶层总数的估计为 11.5 万人(连前面那几类人在内),而当时伦敦的人口还不到 100 万人。那些人中包括收赃者、伪造货币者、赌徒、奖券商、奸商、河边行骗者以及形形色色的其他人,如拾荒者、寻衅滋事者、携棒胁迫者、摩洛哥人、宰客的车夫、苦

力、逗熊者和流浪艺人等。他还估计全国该阶层的总数达1320716人(含100万领取教区救济者),但是,这些估计不加区
56 分地将吉普赛人、流浪者、失业者、流动商贩和梅休笔下街头小贩的祖辈们都混同在内。据深一步的考察,科克洪所说的妓女是指那些“淫荡和不道德的女人”,包括“下层社会中数目巨大的未婚同居者”(这种现象出现在穷人要离婚是绝对不可能的那个时候)。①

因此,上述数据仅是一种模模糊糊的估计,它既反映了有产阶级的心理状况(他们以为任何没有固定工作或财产的人必然要靠不正当的手段来维持生计——这当然也不是毫无道理),同时也反映了无产者实际的犯罪行为。科克洪作调查的时间与他得出的结论一样重要,因为这些调查是在法国大革命后的恐慌气氛中进行的。在此之前的20年中,上层阶级对人道主义的关注有了重大发展,我们可以从霍华德、汉韦、克拉克森和弗雷德里克·艾登爵士的著作中,从小乡绅及非国教的商人对教俗自由越来越强烈的关心中,看到这一点。但是,“在法国革命引起的首次震撼之后,工人阶级的觉醒使上层阶级发抖了”,雪莱夫人弗朗西丝在她的《日记》中这样说,“每个人都感到有必要把自己的房子收拾好……”②

更确切地说,大多数有产者感到有必要把穷人的房子收拾好。他们提出的解决方法也许不同,但他们的这些方法背后的动机是基本相同的:科克洪主张加强治安,汉娜·莫尔提倡印制半便士小册子和建立主日学校,卫斯理宗再次强调秩序和服从,

① 帕特里克·科克洪:《论伦敦治安》(1797),第vii—xi页;《关于酒馆的调查与状况》(1796),附录部分;《论贫困》(1806),第38—43页。

② R.埃奇库姆编:《弗朗西丝·雪莱夫人日记,1787—1817》(1912),第8—9页。

巴林顿主教倡导建立较人道的“改善穷人状况协会”，威廉·威尔伯福斯和约翰·鲍德勒博士则主持建立“除恶倡教协会”。在这里，要传递给劳苦大众的信息很简单。伯克在发生饥荒的1795年归纳道：“应当告诫他们要忍耐、苦干、自制、节俭和信教，其余都是无稽之谈。”农业宣传家阿瑟·扬写道：“据我所知，要使一个 57
国家充斥准备闹事的暴民之最妙的方法莫过于保留广阔的公地和每月只做一次礼拜……。难道法国的原则进展还不够快，以至于你们还要再助一臂之力吗？”③ 维多利亚时代中等阶级的敏感是在18世纪90年代由那些看到矿工、陶工和刀匠们在阅读《人权论》时被吓坏的乡绅培育而成的，其鼻祖就是威廉·威尔伯福斯和汉娜·莫尔。正是在这些反革命的年代里，人道主义传统被歪曲得不成样子。霍华德在18世纪70和80年代揭露的存在于监狱中的虐待行为又在18世纪90年代和19世纪第一个10年再度出现。塞缪尔·罗米利爵士在19世纪的最初10年发现他改革刑法的努力遇到敌意和恐吓，（他回忆道：）法国革命造成“上等阶层……对所有革新的恐惧”。科克伯恩勋爵在回忆（他在苏格兰的青年时代）时说：“每件事听起来都与法国革命有关。每件事，不是这件或那件事，而是千真万确地每件事都沉浸在这个事件中。”英国在这些年里笼罩在这幅精神紊乱的大幕之下，这使布莱克怒火中烧：

皆因英格兰的压迫者
　　遍布城镇村头……
他们玩弄伎俩
　　逼得穷人缺盐少油，
他们在举行游行和典礼之前

③ 《林肯郡农业概览》(1799)，第439页。

先将人们剥夺得一无所有，
对耶和华的赞颂
来自饥寒交迫者之口。④

有产阶级这样的倾向不能使他们准确地观察社会（如我们在科克洪的例子中所见的那样），这增强了当局那种自然的倾向，即把酒馆、集市和大群人的聚集视为令人厌恶之物——是闲散、争吵、诽谤和恶习之源。18世纪末这种“捏造”事实的倾向还源于其他三个方面：第一，我们可举出新生的工厂主阶级所持的功利主义态度，这个阶级因需要在工业城镇实行劳动纪律而对许多传统的娱乐活动和轻浮态度怀有敌意。第二，卫斯理宗
58 本身的压力以及大量痛心疾首的罪人存在使得报刊发表了许多悔过的自传。一个悔过自新的水手在这样的一篇悔过自传中问道：“全能的上帝啊，您为何容忍这样一个不肖之子？”在他放荡不羁的青年时代，他——

曾去赛马、通宵玩乐、跳舞、逛集市、上剧院，而且他是如此不顾他的创造者的忧虑和他母亲的劝告，以至于数次酗酒。他惯于唱渎神的歌曲、说笑话、发表荒唐可笑的讲话……

而对于普通水手而言

他的歌、他的酒杯和他的情人（也许是一个街头妓女）构成了他的快乐三部曲。他很少思考，难得阅读，从不祈祷……。如果给他讲上帝的召唤，他会告诉你，他已听够了水手长的召唤……。如果你谈论天堂，他希望

---

④ 关于抨击穷人娱乐活动和传统的进一步讨论，见本书第401页以下的部分。另见V. 基兰：《福音派教义与法国革命》，载《过去与现在》，第1期，1952年2月号。

> 他能在桅杆顶上搭一张舒适的床铺；提到地狱么？他会开玩笑地说起被置于舱板之下的情景。

“啊，我的孩子，这样的一个罪恶缠身的人竟会成为一个宣讲拯救的人，这真是一个奇迹啊！”⑤

如果我们要弄清楚“快活的水手”或学徒或桑盖特的女佣对于当局或卫斯理宗传教士的看法，那就必须把这样的文献当作是中了邪，因此必须倒过来看。要是不这样做的话，历史学家也许会据此认为18世纪的某些方面苛严无比，而这些方面却使得普通百姓的日子能过得下去。而且，当我们考查早期工人阶级运动时，这种证据还得到第三个方面的补充。这个运动的第一批领导人和编史者是自学成才的工人，他们通过自我训练的努力来提高自身素质，这要求他们不去涉足那逍遥自在的酒馆世界。弗朗西斯·普莱斯写道：“我不会像许多其他人那样上酒馆。我仇视酒馆和开酒馆的商号。我不饮酒，也不同意花任何时间去与傻瓜谈天说地。”⑥ 这种自尊的品性经常使他们形成相应狭隘的观点。以普莱斯为例，他便接受了功利主义和马尔萨斯主义的学说。由于普莱斯是早期运动最卓著的记录者，因此他
本人对穷人们短视、无知和放荡的憎恶必然给那些记录打上烙 59
印。而且，改革家是在他们自己的队伍中发动启蒙、秩序和自制的斗争。这样，温德姆就能够在1802年不无理由地宣称卫斯理宗教徒与雅各宾激进派结成联盟来废止人民的娱乐活动：

> 依前者之见，所有乐事都要禁止，以使人们作好准备，接受其狂热的学说。而依雅各宾激进派之见，至关重

---

⑤ 乔舒亚·马斯登：《一个水手的早年生活素描……》（赫尔，无出版日期，约1812年？）。至于对18世纪水手的不同看法，见R. B. 罗斯：《18世纪的一次利物浦水手罢工》，载《兰开郡和柴郡文物协会》，第68期，1958年。

⑥ 格雷厄姆·华莱士：《弗朗西斯·普莱斯的一生》（1918），第195页。

> 要的是赋予下等阶层的气质以一种更为严肃和认真的性格。他们将此视为帮助人们接受其信条的手段。⑦

有些人愿意强调工人运动的前辈是有理智而守法的，他们有时就会缩小其较粗鲁、较狂野的特征。我们要警惕这一点，我们要对罪犯、士兵、水手们的社会态度和酒馆生活作更多的研究；我们在考查事实时，不应带有道德化的目光（“穷苦的基督徒”并不总是美丽的），而是应该用布莱希特那套价值观，即宿命论、对国教说教的冷嘲热讽和不屈不挠的自我保护等等那样的眼光，来加以看待。我们还必须记住民谣歌手的“地下场所”和集市场所，它们将各种传统传到了 19 世纪（传给了音乐厅，或狄更斯笔下的马戏团，或哈代笔下的小贩和娱乐主持人），因为尽管存在着来自官员、工厂主和卫斯理宗教徒要求查禁的压力，“非清晰者”以这些方式保存了某些有价值的东西——即自发地追求欢乐和互相忠诚的能力。

“亚政治”传统以两种形式影响早期工人阶级运动，对此我们可以加以区分：一种是骚乱及暴民现象，另一种是深入人心的关于英国人“与生俱有的权利”观念。关于第一种形式，我们必须意识到人民对于犯罪的态度持久不变，这种态度有时会相当于不见诸文字的法典，与国家的法典截然不同。两种法典都认定某些行为是犯罪：一名杀害妻子或孩子的罪犯在去泰伯恩刑场的路上将受到打骂；拦路的强盗和海盗会在流行民谣中出现，
60 半是英雄神话，半是对年轻人的劝戒。但是，其他犯罪得到了所有人的主动宽恕，如私铸钱币、偷猎、逃税（窗户税和什一税）或

⑦ 温德姆是在一次关于纵狗咬牛之娱乐的辩论中说这番话的。毫无疑问，卫斯理宗教徒和雅各宾分子在这个问题上联合起来。见 L：拉齐诺维奇：《英国刑法史》（1948—1956），第 3 卷，第 205—206 页。

逃避兵役、劳役等。走私者经常与当局发生冲突，双方都知道不成文的规矩。当局或许会扣押一艘船或袭击一个村庄，走私者们也许会拒捕，“但是，走私者的战术不会超出防卫，或有时进行一些救援，否则的话对方必然采取报复手段……。”[⑧] 在另一方面，其他一些犯罪行为却激起了普遍的谴责。这些犯罪容易进行，但对某些人的生活造成损害，如偷羊或偷窃野外帐篷中宿营者的衣物等。[⑨]

成文法典与不见诸文字的民众法典之间存在着差别，这在任何时候都是常事。但是，两种法典之间的差别从未像在18世纪下半叶那么泾渭分明。人们甚至能够看到这些年头的阶级冲突是以泰伯恩刑场的方式进行的：一方是囚船和监狱，另一方是犯罪、骚乱和暴民行为。戈德史密斯曾描绘了一幅很久以前就为人熟知的图画：

每位反复无常的法官都引用新法令，
法令压迫穷人，富人左右法令。

而拉奇诺维奇教授在他的《英国刑法史》中所作的研究为这幅图画增添了令人心碎的证据。把越来越多的侵害财产罪定为死罪的是议员而不是法官（这是一个很重要的保留），从王朝复辟到乔治三世去世的这些年中，死罪增加了约190项。换句话说，每年增加一项以上的死罪。其中不少于63项死罪是在1760至1810年之间增加的。不仅小偷小摸，而且连最原始形式的工业反抗——砸毁丝织机、拔除圈占公地的篱笆、放火焚烧柴垛等都要处以死罪。确实，治安力量完全不足，“司法”机关不健全，而

---

⑧ 保罗·斯旺斯顿警官：《一名士兵生平的……回忆录》（年代不详）。

⑨ 关于不见诸文字的流放者传说之研究，见拉塞尔·沃德：《澳大利亚传说》（墨尔本，1958），第2章。

且，在18世纪后期死罪增加的同时，一些陪审团不愿定罪，实际
61 被处死的罪犯的比例也在下降。[10] 但是如果死刑是缓期执行的话，一般都改为在囚船中活受罪或流放。前往泰伯恩刑场（后来是新门监狱外的断头台）的队列是18世纪伦敦的主要典仪。“泰伯恩市集”的所有象征：立在囚车上的罪犯——男犯身着华丽服装，女犯身着白色素衣；他们洒向人群（民谣歌手和叫卖的小贩）的数篮鲜花和橘子、他们的“临终讲演”（甚至在受刑者抛下手帕以示意刽子手开始行刑之前就已售出）等都是伦敦大众文化的核心仪典。

商业扩张、圈地运动和早期工业革命都是在绞刑架的阴影下进行的。白奴离开英国海岸赴美洲种植园，后来又赴范迪门兰。与此同时，布里斯托尔和利物浦由于黑奴贸易的利润而发迹起来，来自西印度种植园的奴隶主在巴思的婚姻市场上用他们的财富打入名门望族之列。这并不是一幅令人赏心悦目的画卷。在底层，警官和狱吏在发犯人财——血腥钱、关押费及向犯人出售烧酒而赚钱。鼓励捉贼的比例奖赏制使人们夸大被告的罪行。穷人失去了土地权，因贫困和缺少防范犯罪的手段而走上犯罪道路；小商人或小业主因害怕入债务监狱而造伪证或作非法交易。当无法认定有罪时，治安法官拥有广泛的权力将流浪汉、强壮的无业者或未婚母亲移交给监狱（或“教养院”）。这

---

[10] 见拉齐诺维奇前引书，第1卷，第1、2部分。拉齐诺维奇博士指出，1749年至1758年间，527名在伦敦和米德尔塞克斯被判处死刑的犯人中有365人被处死，而在1790至1799年间被判处死刑的745人中只有220人被处死。因而被判死刑者与被处死者之间的比率大约从三比二降为三比一，而且在19世纪第一个十年继续下降。另一方面，被处死者大部分是犯了侵害财产罪，如1785年在伦敦和米德尔塞克斯被处死的97人中，只有1人犯谋杀罪，43人犯盗窃罪，其他人均犯了侵害财产罪（作伪证、窃马等）。他归纳道，这些数字反映了全国的情况，而且“在1785年，死刑几乎专门用来惩治经济罪”。

种监狱是由腐败官员管理的、邪恶与疾病横行的地方，它的条件比其他最恶劣的监狱都更使约翰·霍华德感到震惊。对财产的最大侵害，其实就是一无所有。

法律受到仇视，但也受到忽视。只有最死硬的罪犯才会引 62
起公愤，或引起那些将人送上绞架的告密者的注意。对抗有产者法律的运动不仅以个别的犯罪形式，而且以零星分散的暴动方式进行，其中许多参与者得到某种赦免。当威维尔提醒卡特赖特少校注意那些“无法无天的狂暴之徒”的“野蛮行为”时，他并不是在作不着边际的警告，英国人以他们的动乱不羁而著称整个欧洲，伦敦人桀骜不驯的举止使外国旅游者感到吃惊。在18 世纪和 19 世纪初，由面包价格、路税、通行税、间接税、“救济费”、罢工、新机器、圈地、强征兵役劳役和许多其他令人不快的事引起的骚乱不断发生。对特定的弊端采取的直接行动在一方面形成“暴民”伟大的政治起义：18 世纪 60 和 70 年代的威尔克斯激进运动、1780 年的戈登暴乱、1795 和 1820 年伦敦街头骚扰国王事件、1831 年的布里斯托尔暴乱和 1839 年的伯明翰斗牛场暴乱都是这样，另一方面又汇合成有组织的、持久的非法行动或准暴动：比如 1811 至 1813 年的卢德运动、1816 年的东盎格利亚暴乱、1830 年的“最后劳工暴动”、1839 和 1842 年的丽贝卡暴乱和 1842 年的“活塞暴乱”等。

当我们考查卢德运动时，我们应当更加注意第二种即准暴动的形式。这是由特定条件引起的一种直接行动，它通常有良好的组织，得到当地居民的保护，而且我们应当特别小心不要把它看成一种普遍形式。第一种形式直到现在才开始受到历史学家的注意。吕德博士在他的《法国革命中的群众》一书中认为：“当‘暴民’这个术语是指受雇于人、为他人利益服务的群伙时……应当对它三思而后用，而且只有在特定场合下才有道理使用”。历史学家经常随意使用这个术语，不肯作进一步的分析，或者是显示对它的反感(用来影射因抢劫的欲望造成的犯罪因素)。吕德博士提出在探讨 18 世纪后期英国和革命时期法国的暴乱时，“革命大众”也许是个更有用的术语。

加以区分是必要的。18 世纪英国的暴乱有两种不同的形
63 式：一是某种程度上大众自发的直接行动；二是群众之“上”或之外的人故意利用群众作为一种压力工具。第一种形式还没有得到本应得到的注意，它以更显而易见的大众支持为基础，并由更悠久的传统验证其合法性，这不是“暴乱”一词可表达的。最常见的例子是面包或食品暴乱，这种不断重复发生的暴乱在 19 世纪 40 年代以前几乎在城乡各处都可以看到[11]。它很少只是以打开谷仓或抢劫商店为高潮的暴乱，它得到更古老的道德经济学的支持而合法化，这种准则告诫人们：任何哄抬食品价格、靠人们日常必需品来牟取暴利的不公正手段都是不道德的。

在城乡社会中，消费者的意识高于政治或工业对抗。最敏感地反映公众不满的指示器是面包价格，而不是工资。手工业者、个体工匠或像康沃尔锡矿工这样的团体(在那里，“自主”矿工的传统直到 19 世纪仍左右着工人的反响)能确保他们的工资受习惯法的控制或依靠他们自己讨价还价来确定。[12] 他们在公开市场上购买口粮，因此，甚至在食品短缺时期，他们也期望价格要受习惯法的控制。(供求关系的天然“法则”认定短缺必然引起价格上涨，但这个法则完全没有得到普遍接受，更古老的面

[11] 至于暴乱事件，见 R. F. W. 韦尔茅斯：《卫斯理宗与 18 世纪的人民》(1946)。

[12] 康沃尔的“份子工”或“计件工”是一种直接契约工，其中少数人在 18 世纪后期还伴以捕沙丁鱼、租种小块土地等不同工作(如一些约克郡铅矿工人所做的那样)，见 J. 洛：《工业革命时代的康沃尔》(利物浦，1953)，第 26—27 页。

对面讨价还价的概念依然存在。)任何大幅度的价格上涨都会突然引起骚乱,一整套繁琐的法律和习惯制约着“面包法定标准”,即面包的大小和质量;[13] 在惯用的计量单位存在的情况下,就连试图在销售小麦时推行标准的温切斯特计量单位也会引起骚乱。北德文郡农业协会于1812年在比迪福德市场推行标准的温切斯特蒲式耳制,协会一位领导人就收到一封恐吓信:

> ……冬夜还没有过去,所以你这个家伙不会活着回家
> 的。如果你碰巧逃脱了握着这支笔的手,那么一根划 64
> 燃的火柴同样能叫你送命。我不认识你家里的人,但他们统统都会丧身火海的。倘若你的尸体还能找得到,而且还含有水分,畜生还能吞得下的话,它就会被扔给狗吃……[14]

食品骚乱有时是相当厉害的,如1764年发生在诺丁汉郡古斯市集的“奶酪大骚乱”,当时所有奶酪都被扔到街上碾踏;或像1788年发生在同一座城市的那场骚乱,其起因是肉类价格高居不下,当时肉店的门窗都被拆下,与肉店主的帐簿一起堆在市场上焚烧。[15] 但是,就连这种暴力也带有远比饥饿复杂的动机:零售商由于肉制品价高质劣而受到处罚。在更多的情况下,“暴民们”表现了自我约束的精神,控制在传统的行为方式范围内行事。约翰·卫斯理一生中也许只对骚乱行动作过一次评论,当时他在日记上记下了爱尔兰詹姆斯镇暴民的行动,他说,暴民们——

---

⑬ 关于这个复杂问题,见C.R.费伊的《谷物法和英国社会》(剑桥,1932),第4章。

⑭ 引自“某个托马斯”的信件,载1812年3月25日斯克瑞致内政部函,内政部档案,第42.121号。

⑮ J.布莱克纳:《诺丁汉史》(诺丁汉,1815),第383—384页。

> 整天都在行动,但他们只与市场上的投机商打交道。投机商们收购了远近各地所有的谷物,打算装上一艘停泊在码头上的荷兰船,而使穷人挨饿。但是,暴民们把所有谷物都运到市场上,按平时的价格替货主出售。他们在做这些事显示出可想象的镇定和沉着,没有殴打或伤害任何人。

1766年,霍尼顿的饰带工人从农场主的房屋里夺取谷物,运到市场上出售,然后将售粮款、甚至连口袋一起还给农场主。[16] 同年在泰晤士河谷地区的村庄和城镇(埃宾顿、纽布里、梅德斯通等),大批自称为"监察员"的工人来到这里对所有食品实行平价。(这个行动是由在收税路上工作的工人发起的,他们呼吁"以一个声音行动,一起到纽布里去降低面包的价格"。)[17] 1783年发生在哈利法克斯的事再现了民众威胁与自我约束相结合的
65 模式,镇外从事编织业的村民集合起来,由退伍士兵、铸币匠托马斯·斯潘塞率领,颇有秩序地(列成两人一排的队伍)前往市场。谷物商们受到围困,被迫将燕麦以30先令一车、小麦以21先令一车的价格出售。当斯潘塞和一个同伙后来被处决时,一支强大的武装队伍开出来,以防备有人营救他们。葬礼车来到位于卡尔德河谷的斯潘塞家所在村庄时,参加葬礼的人挤满了数英里的道路。[18]

这样的"骚乱"被普遍视为正义之举,其领导者被看做英雄。在大多数情况下,他们最激烈的行动是强迫按平价或低价(与法

---

⑯ 见R.B.罗斯:《18世纪价格暴乱、法国革命与雅各宾高潮》,载《国际社会史评论》,1959年第4期,第435页。

⑰ 财政部司法处档案,第11.3707号。

⑱ H.林·罗思:《约克郡铸币匠》(哈利法克斯,1906),第108页。

国的"低税"相类似)出售食品[19],销售的收入归还货主。而且,他们需要的准备工作和组织工作比表面上看起来的要多。有时,"暴民们"控制市场达数日之久,等待价格跌落。有时在采取行动前先散发手写的(18世纪90年代则用印刷的)传单。有时妇女控制市场,一群群的男子则在路上、码头和河边拦截粮食。采取行动的号令通常是由一位用竿高举面包的男子或妇女发出的,上面饰有写着标语的黑色缎带。1812年9月发生在诺丁汉的一次行动就由几位妇女发起,

> 她们将一只半便士面包固定在渔竿顶上,面包上有用红赭石绘成的条纹,系着一块黑纱,象征着……"披着丧服的悲惨饥荒"。[20]

1795年是这种"骚乱"频发的危机年头。这一年欧洲发生饥荒,食品极度短缺。广为接受的古老传统因少数人推崇的雅各宾意识而变得更坚强了。随着价格猛涨,直接行动遍及全国。在诺丁汉,妇女们"走进每一家面包店,对店里的面包自定价格,然后放下钱,拿起面包扬长而去"。格洛斯特市长担忧地写道:

> 我有充足的理由担心迪恩森林矿工们的到来。他们这些天里在他们相邻的城镇活动,削价出售属于磨坊主和面包坊主的面粉、小麦和面包。

在纽卡斯尔,大众在市镇官员在场的情况下强行出售食品:黄油 66
8便士一磅、小麦12先令一布尔、土豆5先令一车,没有发生暴力冲突。在威斯贝奇,从事修渠、筑堤的乡村"挖土工们"("最蛮横的一种人,他们人多势众令人生畏")在市场发动骚乱,领头者用草叉叉着一个6便士面包。在卡莱尔,藏在一座仓库里的粮

---

⑲ 见R.B.罗斯前引书。

⑳ J.F.萨顿:《诺丁汉志》(诺丁汉,1880),第286页。

食被发现，库里的粮食连同一艘船上的粮食一起被运到市政厅，以18先令一担的价格出售。在康沃尔，“锡矿工们”涌向乡村，强制推行他们的“最高限价法”。[21]

这样规模的行动（以及许多其他行动）表明一种极为根深蒂固的行为和信仰模式，它们开展得如此广泛，以至于枢密院（它从1795年的5月至10月间十分关注粮食供应问题）几乎无法保证粮食能安全地从一个郡运到另一个郡。城乡之间的某些冲突因素在增强，乡村地区的人们相信他们的谷物将会被运进城市，而他们自己将会挨饿。农民们拒绝将粮食运往市场，害怕粮食会被低价售出。在港口，人们扣下粮船，因为他们担心粮商要把粮食运往国外。官员们默许发生在本地区的扣押粮食的行动，在威特尼，“居民们扣押了将运往国外的粮食，将它运回来，按低价售出”。许多小麦在剑桥被扣，并在市场上售出。在约克郡西区，卡尔河和艾尔河上的驳船被暴民阻截、扣押。在伯福德，人们阻止一船粮食运往镇外，并按8先令一蒲式耳的价格售出，有官员担心伯明翰的居民也许会前来攻击伯福德。在韦尔斯，“大批妇女”阻止粮船驶往伦敦。[22]

旧的家长制道德经济学使这些大众行动具有合法性。尽管
67 以前有关打击投机商和囤积居奇者的法律到18世纪末时已大部分废除或取消，但它在人民的传统中，在一些主张家长式统治的托利党人心中却活力不减，这些托利党人至少包括一名高等

㉑ 关于诺丁汉，见J.F.萨顿前引书，第207页；关于格洛斯特、威斯贝奇和卡莱尔，见内政部档案，第42.35号；关于纽卡斯尔，见E.麦肯齐：《纽卡斯尔史记》（纽卡斯尔，1827），第72页；关于康沃尔，见洛前引书，第104—105页，至于后来的行动，见第142、158—162、181—184页。另见W.P.霍尔：《英国激进主义，1791—1797》（纽约，1912），第202—215页。

㉒ 枢密院档案，第A56/8号；内政部档案，第42.35/7号。

法院法官(凯尼恩),他在1795年公开表达他的观点,认为投机和囤积行为仍然是违反习惯法的。[23] 在大众心目中,这些触犯习惯法的行为包括所有蓄意提高食品价格的剥削行为,尤其是代理商、磨坊主、面包坊主和所有中间商的所作所为。1795年来自雷特福德的一份传单这样写道:"那些残忍的磨坊主、面包坊主等,还有面粉商都联合起来随心所欲地提高面粉价格。他们的目的是在一个充裕的国家里制造人为的饥荒。"一份由利兹某些农业工人提交的请愿书这样写道:"谷物商和我们称之为贩子的那种人和磨坊主们把谷物吃进,囤积起来,然后再按他们自定的价格卖给穷人。"[24] 人们相信大磨坊主们在囤积粮食,抬高价格。伯明翰市斯诺山有一座以蒸汽为动力的大面粉厂,它在1795年受到袭击。而伦敦著名的阿尔宾面粉厂则两度失火,化成一片废墟,有谣传说第一次由纵火引起,因为据信厂主使用多种手法掺假;旁观的人"幸灾乐祸","欢庆的歌谣印制出来,人们当场吟唱"。第二次火灾时(1811年),"群众在火焰前欢呼雀跃"。[25]

这样,人们在18世纪末的几年里,最后一次竭尽全力恢复旧的道德经济,以对抗自由市场经济。在这里,他们得到了旧式治安法官的一些支持。治安法官们威胁要对投机商们提出起

㉓ 古老的法令于1772和1791年废除。关于18世纪90年代的复杂形势,见费伊前引书,第4章,D.G.巴恩斯:《英国谷物法史》(1930),第5章。

㉔ 费伊前引书,第44页;1795年7月20日利兹致波特兰公爵的请愿书,载内政部档案,第42.35号。

㉕ C.吉尔:《伯明翰史》(牛津大学出版社,1952),第1章,第128页;R.骚塞:《英国通信》(1808,第2版),第3卷,第179—181页;《阿尔弗雷德报》,1811年10月25日。

诉,加紧对市场的控制,或者发布惩治购买青苗的投机商的公告。[26] 1795 年斯品汉姆兰决议主张根据面包价格而在工资以外
68 发放补贴,就应该放在这个背景上来看。在习惯正在消失的那些市场地区,家长主义者们试图在救济方面将其恢复。但是,古老的习惯势力挣扎不了多久了,在 1795 年与 1800 年之间,只有为数不多的投机行为受到起诉。1800 年,大量私立起诉协会成立,它们给主持定罪者发放奖酬。对投机行为的一次影响重大的定罪是由高等法院裁定的,这显然是为了使凯尼恩勋爵感到满意。[27] 然而,这是实行旧的家长主义式保护消费者措施的最后一次尝试了,此后,习惯法的控制就完全崩溃了,这在很大程度上归因于大众对由奉行保护主义的地主和奉行自由放任主义的商业巨头组成的议会所怀有的不满情绪。

仅在考察这一种形式的“暴民”行动时,我们便会遇到无法预料的复杂性。这是因为在每次这种形式的大众直接行动的背后,我们都能发现某些具有合法性的权利概念。在另一方面,以更接近吕德博士所下定义的含义利用“暴民”(即“受雇于人的、为他人利益服务的群伙”)的做法在 18 世纪就已司空见惯,而且,人们不大注意到的是,当局本身早已这样做了。1688 年的

---

[26] 参见内政部文件第 42.35 号中格洛斯特一个头面居民的委员会决议(1795 年 6 月 26 日),其中威胁要对霸市、囤积行为起诉;以及《布莱克本邮报》1795 年 7 月—9 月的引文,载 G. C. 米勒:《布莱克本——一个产棉镇的演变》(布莱克本,1951),第 23、60—63 页。

[27] 费伊前引书,第 55 页;巴恩斯前引书,第 81—83 页;J. 阿什顿:《19 世纪英国的曙光》(1906),第 240—241 页;W. 斯马特:《19 世纪经济年鉴》(1910),第 1 卷,第 5—6 页;米勒前引书,第 94、103 页;J. A. 兰福德:《伯明翰世事 100 年》(伯明翰,1868),第 2 卷,第 101—102 页;尤其要见 J. S. 格德勒:《关于霸市、囤积和投机之恶果的考察》(1800),第 209—215 页。沃里克伯爵曾在上院提出一项动议,要求授予治安法官以确定谷物价格的权力,但未获通过。他宣称,在上个月里,“霸市、囤积和垄断的案发次数不少于 400 次”。《议会史》,第 35 卷(1800),第 839 页。

解决方法毕竟是一种妥协。受益者们为了巩固其地位，能轻易地激起大众一方面对天主教徒（潜在的詹姆斯党人）产生厌恶，另一方面对非国教徒（潜在的平等派分子）表示反感。在一个治安力量十分薄弱的国家里，暴民是对地方官员的一种相当有用的补充。约翰·卫斯理早年时经常遇到一些在地方官员特许下行事的暴民，他的第一批野外布道者们也是这样。他们所遇到的最具暴力性的行动，有一次发生在 1743 年，地点是在文斯布里和沃尔索尔。据卫斯理叙述，暴民们反复无常，连他们自己打算做什么也搞不清楚。暴民的头目们“是镇上的好汉”，但只能辨认出其中一人是“本分的屠夫”，另一人是“闹市上的职业拳击手”，这两个人都突然改变立场，站到卫斯理一边来。当我们得知暴民们得到当地官员和教区牧师的支持时，事情变得更清楚 69
了。这些官员和牧师因卫斯理在当地的布道者（“一个砌砖工和一个管子工兼釉工”）“离间”矿工对国教会的“感情”而表示愤怒，称这些布道者为“呆狗”。事实上，按照卫斯理的说法，“一些先生……威胁要把那些不来参加的矿工赶出他们主持的宗教仪式”。[28] 约翰·纳尔逊在他的《日记》中给我们提供了一个发生在格里姆斯比的例子，那个小镇的一名国教会牧师——

> 命一个人敲打镇鼓招摇过市，自己则在鼓前行走，聚集尽可能多的暴民，给他们酒喝，要他们跟他一起去为国教战斗。

在纳尔逊正在布道的那所房子门口，教区牧师对暴民们大声喊道：“推倒这所房子！推倒这所房子！”

但是，与地方上反映出的民众对个别问题的想法相比，伦敦

---

[28] 卫斯理：《日记》（人人版），第 1 卷，第 438—444、455 页；《关于卫斯理宗在文斯布里兴起和发展的报告》（1744），第 8 页。

的暴民就更重要。伦敦暴民始终存在于18世纪的政治史中,而威尔克斯在18世纪60年代竟能完全消除政府代理人对他们的控制。从某种意义上说,这是一种处于演变中的暴民,正在成为具有自我意识的激进群体,非国教和政治教育的酵母已在产生作用,使得人民倾向于维护大众自由,对抗当局和参加“社会抗议运动,而运动中潜在的穷人与富人之间的冲突……已昭然若揭了……”[29] 斯皮特菲尔兹的丝织工和他们的学徒长期以来一直以其反政府骚动而著称。吕德博士在他的《威尔克斯与自由》一书中注意到工业冲突曾多次转变为威尔克斯信徒的示威,示威者的口号也转变为共和或者革命口号,比如“让国王见鬼去吧!让政府见鬼去吧!让法官见鬼去吧!”,“史无前例的、最光荣的发动革命的时机到来了!”等等。在将近十个年头里,伦敦和南方似乎(按一个评论家之语)是“一个无人管辖的疯人院,一
70 伙赤贫的、闲散的和发狂的暴民成了它的主宰,而激励他们的仅仅是**威尔克斯**这个字眼……”。[30] 这些人是威尔克斯的支持者,他们

> 在圣乔治草坪、海德公园角、伦敦市长官邸、议会广场和圣詹姆斯宫示威;他们在伦敦城、威斯敏斯特和索思沃克的街道上高呼或书写“威尔克斯与自由”的口号;他们在伦敦交易所殴打行政司法官哈利和一名普通行刑队员,当时他们正试图焚烧《苏格兰人报》第45期;他们打碎布特勋爵和埃格勒蒙特勋爵家的窗玻璃,污损奥地利大使的靴子;他们男男女女在伦敦城内街道上招摇过市,在伦敦塔外焚烧勒特雷尔上校、桑威克勋

---

[29] G.吕德前引书,第237页。

[30] G.吕德:《威尔克斯与自由》(伦敦,1962),第50、173页。

> 爵和巴林顿勋爵的模拟像。这些人就是当时人和后来的历史学家所称的那种“暴民”——如此称呼他们，不是出于懈怠或偏见，就是由于缺乏更确切的知识。……[31]

他们只是普通人——商人、仆人、挑煤工、水手、工匠和各种各样的工资劳动者。他们在议员竞选场所举行示威支持威尔克斯，而每当威尔克斯在选举中获胜时，他们就拥着他到街上去庆祝胜利。

吕德博士洗刷了伦敦百姓只是流氓和“犯罪分子”的恶名，这是正确的。他还将被雇来支持反威尔克斯的候选人普罗克特的流氓和具有自发性激情的拥护威尔克斯的多数人区分开来，而两者间的差异是巨大的。但是，在对历史学家的“偏见”提出抗议时，吕德的抗议显得过头，因为18世纪60和70年代的伦敦百姓还几乎没有开始建立自己的组织或拥立自己的领袖，几乎还没有和他们的“老板”不同的理论，而且在某种意义上，威尔克斯操纵和指令他们“为他人利益服务”，这些利益是指那些富有的伦敦商人和制造业主的利益，他们是威尔克斯最有影响的支持者。威尔克斯本人对来自下层的追随者发出的欢呼声也讥讽地表示蔑视，据说，当他注视着竞选台下欢呼的人群时，就曾问他的对手勒特雷尔上校：“难道你认为除这群人之外还有别的笨蛋或无赖吗？”当我们想到支持威尔克斯的商人们占据了伦敦城政府中的关键职位时，百姓的自由意志倾向与老板们利用暴民的手段之间的反常关系就显得更加突出。因此，那些袭击大人物的座车、打碎他们住宅窗户玻璃的伦敦人知道，他们是在得到特许的情况下行动的——正如沃尔索尔的矿工一样。事实

[31] G.吕德：《威尔克斯与自由》，第181页。

上，追随威尔克斯的百姓们处于大众政治意识产生的半道上，当他们最流行的口号是“自由！”时，许多人还十分动摇不定，他们
71 也同样会转过身去袭击“异己”分子，或打碎那些在“爱国”的时刻未能好好表现的公民家的窗户玻璃。[32]

这在1780年的戈登暴乱中表现得最清楚，我们在此看到群众的宣传鼓动迅速经历三个阶段。在第一阶段中，“革命群众”被广得人心的新教协会很好地组织起来，秩序井然地跟随在巨幅旗帜后面行进，向议会两院递交一份反对天主教信仰自由的请愿书。走在示威队伍前排的是“地位较高的商人……衣着考究的体面人……极为安静有序、举止文雅”。这是个非国教的伦敦，吉本描绘了其中一些狂热的“清教徒”，“好像他们是生活在克伦威尔时代……从他们的坟墓中爬了出来”。由于下院拒绝就请愿书进行辩论，加上乔治·戈登勋爵的长篇演说，人们于是感到愤怒，由此进入第二阶段。这个阶段可称为得到特许的自发行动阶段，其发展方向是暴民的暴力行动。参与者们满怀“一种朦胧的愿望——要向富人进行清算，仅此而已”。一些“地位

[32] 关于普罗克特其人，见吕德：《威尔克斯与自由》，第59—60页。吕德博士是这一重要领域的最早先驱者，指出他在分析中的缺陷也许是忘恩负义之举。但应当注意的是他对伦敦工匠的非国教传统不感兴趣，对辩论俱乐部和酒馆结社也几乎不感兴趣，而这些却正是群众的思想和组织中心。而且他对民谣歌本零售商和“叫卖者”的地下政治也兴致索然。要想进一步了解伦敦平民的政治，可见G.吕德：《18世纪伦敦“暴民”》，载《历史杂志》，1959年，第2期；露西·S.桑德兰：《城市及反政府行动，1768—1774》（1959）和《18世纪政治中的城市》，载《献给刘易斯·纳米尔爵士论文集》（1956），R.佩尔斯和A.J.P.泰勒编；至于酒馆生活，见M.D.乔治：《18世纪的伦敦生活》（1928），第6章。

较高的商人”退出了,而工匠、学徒、仆人及一些罪犯充斥街头。[33] 自从共和政体和1688年以来,“禁止天主教”的呼声一直在民众意识中引起共鸣,而且无疑也把这许多人卷了进去,对这些人的亚政治反响,笛福在多年前就曾这样描绘过:“一群不屈不挠的家伙,他们愿为反天主教事业流尽最后一滴血,而不知道天主教是一个人还是一匹马。”暴乱所攻击的第一批目标是天主 72
教教堂和富裕天主教徒的住宅,然后是当局的显要人物——包括高等法院法官曼斯菲尔德和约克大主教,暴民们相信他们同情天主教解放事业。接下来是袭击监狱,释放囚犯,最后以袭击银行而达到高潮。在整个第二阶段,“得到特许的”暴民意识继续存在,支持威尔克斯的伦敦市官员们因采取了消极或不介入的态度而引人注目。这一方面是由于他们害怕引起公愤;另一方面,是因为他们对无秩序状况的实际默认会加强他们对抗国王及政府的力量。只是当第三阶段开始时,“特许状”才予收回。当时暴民们既袭击银行,又行为放荡:酗酒、纵火、摸钱包等无所不为。持消极态度的伦敦市长最终向总司令发出一封急信,要求“骑兵和步兵援助地方政权”。威尔克斯议员本人也出来驱散银行门前台阶上的暴民。暴乱得以迅速平息,这个事实表明:市府官员原先持有的态度是消极的。

这样,我们在此看到了受人操纵的暴民和革命群众的混合体。乔治·戈登勋爵试图仿效威尔克斯,但他根本不具备威尔克斯那种判断准确的冒险精神和对群众情绪的精确认识。他触发

[33] 见G.吕德:《戈登暴乱》,载《皇家历史学会会刊》,1956年,第5辑,第6卷,及克里斯托弗·希伯特:《暴民之王》(1958)。吕德博士不像希伯特先生那样强调罪犯和妓女在暴乱的最后阶段卷入的程度,吕德博士分析了一些受审囚犯(其中大多数是工资收入者)的案例,希伯特先生则更依赖于暴乱目击者的陈述。另见J.P.德·卡斯特罗:《戈登暴乱》(牛津,1926)。

了一场自发性的暴乱，而支持威尔克斯的市府官员对此给予特许。一群群暴民推举自己的临时领袖，这让人回想起哈利法克斯的铸币匠托马斯·斯潘塞。这些临时领袖有詹姆斯·杰克逊和伊诺克·福斯特等人。杰克逊是一个钟表齿轮工，他骑在一匹拉车的马上，手舞一面红黑二色旗。福斯特则是马戏团的大力士，他将怀特查珀尔区一所房屋的地板掷出窗户来逗乐暴民。不过，这种混合体再也没有在伦敦出现。1780 年，尽管伦敦人举止过激，但他们处于自由派的辉格党人保护之下，辉格党人将他们视为对抗国王特权的一支力量。伯克对使用军队平息暴乱表示遗憾，福克斯则宣称他“更情愿受暴民、而不是受常备军的统治”。但在法国革命之后，所有辉格党人不再敢冒险接受危险性如此之大的破坏行为，市府官员们也不再宽恕这种行为。改革派自己则致力于创立一种有组织的舆论，放弃了发动暴民的策略。19 世纪的激进主义者和宪章派自豪地用“动员”这个术语
73 来描述他们非暴力的、品行端正的示威。

18 世纪暴民的最后一次重大行动发生于 1791 年的伯明翰，这次行动的方式使得我们在归纳“革命群众”的概念时须特别小心谨慎。[34] 伯明翰也许是中等阶级非国教教派的最大中心，其新老一神论派大会包括了该地区最大的一些雇主。非国教徒在这座城市的经济、文化和社团生活中所起的作用是如此之大，以致“教会与国王”派长期以来吃尽了苦头。这并不是由于该派力量不足，而是由于它的权力和威望不够。暴乱的表面原因是中等阶级改革派(其中许多人是非国教徒)于 1791 年 7 月 14 日举行的庆祝攻陷巴士底狱的晚宴，那天夜里和后来的三

[34] 以下我所作的描述主要引自 R.B.罗斯所作的权威性研究《1791 年的普里斯特利暴乱》，载《过去与现在》，1960 年 11 月号，第 68—88 页。

天中，“横冲直撞、形似乞丐、厚颜无耻、庸俗低级、喧闹不宁、愚蠢笨拙的伯明翰暴民”在城里和周围地区横行霸道，攻占了两座一神论派教会和一座天主教会的会所，焚烧或洗劫了富有的非国教徒（或假定的同情者）的多座住宅和商店，还释放了市监狱中的囚犯。非国教徒是主要的受害者（尤其是那些与改革事业有联系的人），但（罗斯先生评论道）“富有的非国教徒遭受攻击的原因究竟是由于他们是非国教徒，还是由于他们有钱？这并不总是能搞清楚的”。攻击者的口号，从“教会和国王！”到“禁止天主教！”都有。

毋庸置疑，大众确实对一些富有的非国教徒心怀不满，（比如，其中一名受害者威廉·赫顿由于担任伯明翰小额债权法院的专员职务而特别不得人心，这个法院负责执行小额债务的偿付。）但伯明翰暴乱中有许多情况尤其令人疑惑，这使人想起近50年前约翰·卫斯理在沃尔索尔暴民手中所受的待遇。首先，几个地位显要的托利党市府官员和教士之间存有确凿的共谋关系，他们鼓动暴民举事，将他们引向会所，只是半心半意地加以干预，拒绝起诉肇事者，还可能替暴民指出“合法”的攻击目标。74
其次，重大行动中破坏力强的暴民人数不多，除了参加周末抢劫的矿工及其他来自周围村庄的暴民之外，进行抢劫的暴民人数很少被估计在250人以上。而许多重复的描述都谈到一个约30名纵火犯构成的强硬核心，这些暴民造成了大部分严重损失。再次，有证据表明，这个强硬核心（也许还不是由本地人组成的）按照一个明确的行动计划行事，并十分了解伯明翰显要人物的宗教信仰和政治信仰情况。暴民们也许受到“宗教偏执思想”的激励（如普里斯特利所指责的那样），巴士底日庆祝活动肯定成了他们的借口。但是，这是一场在当地部分国教会特许下出现的歧视性发作，它应当被视为“这样一个事件：乡村‘绅士’

动员城市暴民去拔除咄咄逼人和功成名就的伯明翰资产阶级口中的非国教利齿”。与此同时，它是“由旧的宗教敌意与新的社会政治不满偶然相汇聚而引起的一场潜在阶级仇恨和个人违法行为的爆发”，[35] 暴民的行动超出了原先所预期和允许的界限。

但是，如果根据伯明翰的暴乱就说这是城市贫民对法国革命或“雅各宾”思想的普遍敌对情绪，那就是一个严重的错误。正如我们将看到的那样，对法国革命最初阶段的欢迎在很大程度上来自中等阶级和非国教团体，直到 1792 年，这些思想才通过潘恩所著《人权论》这个媒介，赢得了广泛、众多的追随者。因此，普里斯特利暴乱是在潘恩的宣传真正开始造就新民主意识之前的一次处于演变中的暴民行动，具有迟发的、倒退的性质。当然，暴乱在 1792 年之后的许多年里继续发生，其原因要么是具体问题，如班福德在他的《一个激进派的一生》的开头就列举了一系列发生在拿破仑战争结束时的暴乱：布里德波特暴乱、比迪福德暴乱、布里暴乱、纽卡斯尔暴乱、格拉斯哥暴乱、伊利暴乱、普雷斯顿暴乱、诺丁汉暴乱、梅瑟暴乱、伯明翰暴乱、沃尔索尔暴乱等；要么是激进派宣传鼓动引起的造反高潮（尤其是 1831 年发生在布里斯托尔、梅瑟、诺丁汉和德比的暴乱和 1839 年发生在伯明翰的暴乱）。在布里斯托尔暴乱中，我们再次看到
75 了戈登暴乱和普里斯特利暴乱的一些特点：劫掠主教邸宅和市长官邸、释放狱中囚犯、抢劫和焚烧不得人心的居民的住宅和商店。但是，当局没有在暴民背后发现任何阴谋，至多不过是发现了一个冲动的、具有自由思想的商人查尔斯·戴维斯，他到处奔走，挥舞雨伞顶上的帽子，高呼“打倒教会！让它们见鬼去吧！”，

---

[35] R.B.罗斯前引书，第 84 页。

他尽管费尽心机还是被处以绞刑。[36] 这些暴乱不是在“教会和国王”,而是在“国王和改革”的口号下发生的,国王被并列于后面这句口号之中的原因是据信他偏爱主张改革的内阁。受到攻击的主要目标并不是非国教徒,而是地位显赫的国教徒(其中许多人是西印度奴隶主)。同时,我们不应根据民主倾向对暴民有影响就错误地认为布里斯托尔暴乱是一次有政治意识的革命行动,正如 1819 年的曼彻斯特是自我约束的新型工人阶级运动出现的标志一样,1831 年的布里斯托尔是旧的、向后看的行为模式长期存在的典型。无知和迷信已从保王党分子那里传到激进派事业中,但是,我们能从布里斯托尔暴民的口号中对戈登暴乱和普里斯特利暴乱有所了解,布里斯托尔暴民在把一大抱取自教堂图书馆的文稿书籍投入火中时高呼“**不烧书就没有改革**”。[37]

按照暴民是“受雇于人、为他人利益服务的群伙”这个概念,真正的**暴民**是那些自 1792 年以来用于恐吓英国雅各宾分子的“教会与国王”派[38]。当这些暴民有时被指令攻击富有和杰出的改革派时(如攻击曼彻斯特的托马斯·沃克),他们保持了沃尔索尔矿主和格里姆斯比牧师的传统,而且他们被“他人利益”十分严密地组织起来(有时还从“他人利益”那里得到报酬),因而很难说他们代表了真正独立的群众情绪。而且,尽管许多地方的教士和治安法官们授予反雅各宾暴民以完全的特许权,但是参
加者大多是一小撮经过挑选的街头流氓,他们从未发动像 1791 76

---

[36] 另一个相似的特点是:群众的**特许**意识来自“被吓垮”并拒绝随军行动的官员,也来自人道指挥官布里尔顿中校,他骑马行进于高呼“国王和改革”的人群中。见某“公民”(约翰·伊格尔斯)《布里斯托尔暴乱》(布里斯托尔,1832)。

[37] 关于目击者的叙述,载《布里斯托尔时报》,1931 年 10 月 30 日。

[38] 见本书第 112 页以下。

年伯明翰暴乱那么大规模的广泛暴力行动。在中心城市(突出的有设菲尔德和诺里奇),“教会与国王”派暴民只取得了十分有限的成功,而且在伦敦以任何规模雇用这些暴民都是不可能的。1794年,被囚的雅各宾分子被宣告无罪释放,这是像威尔克斯时那样大规模群众胜利的信号。1795年,伦敦百姓已怀有革命情绪,并(通过伦敦通讯会)正寻求新的组织和领导者。也许,具有决定意义的冲突发生在1797年10月镇压雅各宾派的高潮时,当时托马斯·哈迪拒绝在一次海军大捷时张灯庆祝,有人试图摧毁他的住宅,但被100名担任守卫的伦敦通讯会会员击退了,“他们中的许多人是爱尔兰人,而且装备精良”。这是一次历史性的胜利,正如一名“守卫者”回忆的那样:“那天夜里保卫哈迪住宅的战斗是我参加过的历时最长、打得最漂亮的一次战斗。”当哈迪回顾这个事件时,他自己的观点是坚定的:“我不喜欢暴民统治。”[39] 我们还可以看看四年后一个具有讽刺意味的相关事件:1801年,伦敦又一次张灯结彩,不过这一次是庆祝英法和约的草签。这回,暴民们以砸碎一位好斗的反雅各宾派办报人家的每扇窗户来发泄他们的感情,因为他拒绝张灯庆祝和平。民众守卫者没有出现,甚至连市政府在派人保护时也行动迟缓,而这位办报人就是威廉·科贝特。[40]

---

[39] 约翰·宾斯:《回忆录》(费城,1854);哈迪前引书,第85—86页。

[40] G.D.H.科尔:《威廉·科贝特生平》(1924),第76页。战争于1803年5月再度爆发,得到科贝特的全力支持。

第四章　生而自由的英国人 77

1797 年，保卫哈迪住宅的人是在作最后的战斗了。此后若干年中，法国入侵成为现实可能，群众的爱国主义感情无疑对残存的雅各宾分子构成了暴民恐怖的威胁。仰仗其广泛的选举权，威斯敏斯特在 1806 年仍有可能通过广为行贿收买人心来击败激进派。弗朗西斯·普雷斯看到诺森伯兰公爵的仆人们“身着华丽的制服，向密集的流浪汉抛撒一块块面包和奶酪”：

> 这些游民——都是来自圣贾尔斯和威斯敏斯特的陋街背巷、来自波里季群岛和其他龌龊地区的可怜虫，他们不择手段地抢面包和奶酪块，喊叫、赌咒、殴斗和谩骂，女人和男人都这样，据说这些人就代表着威斯敏斯特的选民，我看这真是导致堕落的最卑劣一步。

群众还能得到啤酒，人们将酒桶的顶盖敲进去，“运煤工们用他们长尾宽边的帽子将啤酒从桶里舀出来……但人群向前挤，挤翻了酒桶，啤酒顺着街沟流淌，一些人便想法从沟中捞点出来。”普雷斯在一旁观看，对这种“可耻的场面”感到震惊。但在第二年(1807)，普雷斯和他的朋友们组织了一个激进选举委员会，该委员会在人民中工作得卓有成效，使威斯敏斯特选出两名激进派议员——弗朗西斯·伯德特爵士和科克伦勋爵。① 从那时起，“激进伦敦”的传统就几乎没有中断过。伯德特能够在 1810 年

① 附加手稿，第 27850 号第 19—20 帧、第 27838 号第 19—20 帧，G. D. H. 科尔、A. W. 菲尔森：《英国工人阶级运动》，第 79—80 页。见本书第 13 章。

按照威尔克斯的模式来制定策略，并借助大众的支持来与政府抗争。在各主要地方中心城镇，1812 年时的情形亦大致相当
78 （一位设菲尔德人在日记中注意到）：“暴民们讨厌所有的人，只把一名彻底的改革派除外。”② 1815 年战争结束时，无论在伦敦或在北方及中部的工业地区，都不可能再动用“教会与国王”派暴民去恐吓激进派了。

在 1815 和 1850 年之间，激进派、欧文主义者和宪章派不时抱怨人民冷漠。但是，如果我们将常见的选举骚动略而不计，改革派一般还是能得到工人群众的支持，在大城镇举行选举时，正式投票前在“投票站”用举手表决方式进行的公开选举中，一般都使最激进的候选人取得压倒性多数。改革派不再惧怕“暴民”，而当局则被迫建造简易棚房，小心防范“革命群众”。这一类历史事实太清楚了，以致很容易被视而不见，或者是见多不怪，然而，它却表明群众的不清晰的“亚政治”态度之着重点发生了重大变化。

着重点的变化与流行的关于“独立”、爱国主义及英国人的“天生权利”等观念有关。1780 年戈登暴乱和 1791 年伯明翰“教会与国王”派暴乱的参与者在这个问题上是相同的，即他们以朦胧的方式感到自己在维护“宪法”，使之免遭那些威胁其“天生权利”的外来因素的损害。他们长期以来受到这样的灌输：1688 年革命的解决方法是英国独立和自由的保障，这个方法就体现在由国王、上院和下院构成的宪政制度上；宪政即自由，这个定式已被确立，而无耻之徒则可能玩弄这种说法。但摧毁普里斯特利博士宝贵的图书馆和实验室的那伙暴民，也可以沾沾自喜地把自己看做是“生来自由的英国人”，爱国主义，民族主

② T.A.沃德：《回顾过去》(1909)，A.B.贝尔编，第 192 页。

义、甚至连偏执的行为和高压手段都披上了自由的外衣。即便是腐败的旧制度,都在称颂英国的自由;贵族、蛊惑家和激进派都交口称赞自由这个词,而不是民族荣誉或者权力。以自由的名义,伯克谴责法国革命,潘恩则支持法国革命。随着英法战争(1793)的开始,爱国主义和自由充斥所有诗人的诗作:

不列颠人维护其遍布海外的帝国, 79
　　维护其古老的名誉。
向妒忌的世界宣称,
　　这个民族依然勇敢和自由。

决心征服否则宁可死亡,
　　忠于其法律、自由和国王。[3]

由于担心入侵,就产生了大量以此为主题的传单和民谣,这为华兹华斯那自豪而响亮的爱国主义十四行诗提供了适当的背景:

这是多么不可思议,
不列颠的自由洪流,
从那黑暗的蛮荒时代,
伴随一片赞誉,
流向浩瀚的世界之海,
"涛声铿锵,不可阻挡",……

的确"不可思议",但在这个时期,新闻自由、公众集会自由、工会组织自由、政治组织自由和选举自由要么受到严格限制,要么已被搁置。那么,普通英国人的"天生权利"包含哪些内容呢?玛丽·沃斯通克拉夫特的回答是:"财产安全!关注……英国自

③ 《反雅各宾报》,1798年1月1日。

由的明确性”。[4] 然而，自由这个词的内容要丰富得多：首先，当然是不受外国支配，在这片弥漫着爱国主义的自我陶醉的迷雾之中，还包含一些不那么明确的概念，而腐朽的旧制度对此感到有必要加以奉承，但事实却表明这些概念在长时期中对它是危险的。这些概念有：摆脱专制主义（立宪君主制）；不被任意逮捕，由陪审团进行审判及法律面前人人平等；不准任意进入和搜查住宅；某种限度的思想、言论和信仰自由；由议会反对派的权利及选举、竞选骚动等等提供的让别人代理参加的自由（或某种自由的假相）——在当时，尽管人民没有选举权，但他们有权示威和在竞选场所欢呼、嘲笑；以及旅行、经商和出卖本人劳动力的自由。其中的任何自由都不是无意义的，它们加在一起就包含和反映了一种共识。当局不时地也具有这种共识，而且它始终要重视这种共识。[5]

如同“道德共识”这个不确定的概念一样，**限度**问题对理解
80 这一时期是至关重要的，限度是指英国人不准备被“推出”、当局又不敢逾越的那种界限。从任何肯定的意义上说，普通英国人的态度并不像反专制主义者那么民主。他感到自己是个人主义者，虽没有多少确定的权利，但受到反专制侵扰的法律保护。更加不明确的是，他感到光荣革命提供了一个有权发动暴乱来反对压迫的宪法先例。这确实是 18 世纪的一个矛盾现象，无论在理论还是实践上，立宪主义都是“这个时代的幻像”。传统主义分子和改革派的政治理论都处于由 1688 年解决方法、由洛克或布莱克斯通等人确定的辉格党限度之内，在洛克看来，政府的主要目标是维护国内和平和保护个人及财产安全。这样的理论若

④ 玛丽·沃斯通克拉夫特：《为人权辩护》(1790)，第 23 页。

⑤ 见 E. 哈勒维前引书，第 1 卷，第 193—212 页。

掺入自私和偏见，也许会被有产阶级用来认可惩治侵害财产的最血腥的法律，但决不能用来认可侵犯个人权利和财产权利、不受法治制约的**专制**权力。因此，血腥的刑法与**自由的**、有时是谨慎的行政管理和法律条文解释并行不悖，这使许多外国观察者颇为吃惊。18 世纪对于宪政理论家、法官和律师来说的确是一个意义重大的世纪。穷人在陷入法律纠纷时常有不受保护之感，但是，正如哈迪、霍恩·图克、瑟尔沃尔和宾斯所发现的那样，陪审制度**的确**提供了某种保护。威尔克斯能够轮流运用法庭和暴民来与国王、议会和政府进行公然对抗，创立了新的重要先例。行政没收权和任意逮捕或搜查权并不存在，甚至在 18 世纪 90 年代，每次引进"大陆"特务制度的企图、每个中止人身保护法的行动、每次收买陪审团的企图都在改革派自身队伍之外引起强烈的抗议。在看到泰伯恩刑场和镇压行动的记录时，如果有人开始怀疑这种限度的价值，那么，他应当把哈迪及其同伴的审判案与 1793 至 1794 年间米尔、杰拉尔德、斯克文和帕尔默等在苏格兰法庭上所受的待遇作一对比才是。[6]

这种立宪主义为"生而自由的英国人"那种不怎么明确的反 81
响染上了色彩，英国人除了自由自在的权利之外几乎不要求其他权利。在 18 世纪，没有一种制度像征兵制那样受到痛恨，常备军极不受人信任，皮特的镇压措施中也很少像在工业城镇附近修建兵营那样引起人们的强烈不满。改革派提出个人在自卫的情况下有携带武器的权利，从军被视为一种有失体面的职业。"在专制君主制下，"一位小册子撰写者写道：

在那种行使统治权的暴君叫他不幸的臣民"吃草"，他

---

⑥ 见本书第 124 页以下。有关证据在科伯恩勋爵那本有学术价值的、生动的《苏格兰叛乱审判之考察》中得到全面的探讨。

> 的臣民就吃草的地方，暴君们当然能征召一支杀人的屠夫队伍，去毁掉他的同类；但是，在像英国这样的国家里，它至少**自封是自由的**，若有如此众多的人为了每天区区6便士的微薄收入而主动放弃自由人享有的特权和赐福，自愿卖身沦为最丢人的、最低下的**奴隶**，这会成为一件令人大为吃惊的事……⑦

在1794年8月的三天暴乱中，霍尔本、伦敦城、克拉肯韦尔和肖迪奇用于征召士兵的"征兵房"被袭击和捣毁。⑧ 在1812年，编织工为争取保护性立法而发动的宣传活动达到高潮时，曼斯菲尔德支部的书记得知工人代表正拟出一个条款，授权对涉嫌破坏所拟规章的厂主住宅进行检查和搜查，他惊慌地写道："要是保[堡]垒被弄塌了也就是每一个英国人的房子是他的保垒那么强大的提[堤]坝也永远弄塌了，我们那么多的人们都为它流了血也白流了"。⑨ 直到19世纪，人们仍在反对建立一支有效的警察力量，改革派打算承认：一支较有效力的**预防性**警察力量是必要的，他们赞同增加更夫和保护财产的守夜人，而任何由中央指挥的、拥有更大权力的警察力量则是：

82 一种暴政制度；一支有组织的密探和告密者的队伍，其目的是毁掉一切公众自由，破坏一切个人幸福。所有其他警察制度都是专制主义的诅咒……⑩

---

⑦ 无名氏：《关于和平时期常备军的失策和关于兵营的违宪和非法措施的信件》(1793)。约翰·特伦查德的《英国常备军史》(1698)在1731年、1739年和1780年再版，并载入雅各宾派的《慈善家》杂志(1795)。

⑧ 见吕德：《威尔克斯与自由》，第14页。S.麦科比：《英国激进主义，1786—1832》(1955)，第91页。据说有"该死的母狗"之称的妓女引诱男子进入房内，强征"入伍"，见H.M.桑德斯：《诱骗者》(1794)。

⑨ 《诺丁汉选邑档案》，第8卷(1952)，第152页。

⑩ J.P.史密斯：《记成功的试验》(1812)。

1818年议会委员会认为边沁提出的设置警察部的建议是“一个将使每座房屋中的每个仆人都成为监视其主人的密探，使社会上所有阶级相互监视的计划”。托利党人担心教区权利、特许权利和地方治安法官的权力会遭到压制；辉格党人害怕国王或政府权力的增加；像伯德特和卡特莱特这样的激进派成员则更喜欢公民的自愿建立组织或住户们轮流值勤的做法，激进的民众直到宪章运动时期仍将所有警察力量都视作压迫机器。一次十分突然的民意调查结果表明，人们反对建立“一个不可抗拒的最高法庭，如其他国家所谓的‘高等警察署’那样，那是由专制主义创造的……一部机器……”。⑪

对增加中央权力所持的敌意中，我们看到教区防卫、辉格党理论和民众抵抗奇妙的大杂烩。乡绅和普通百姓都珍视地方权力和习俗，对抗国家的侵犯。对“那玩意”和“大官”的敌意，在很大程度上造成了托利党与激进派之间关系的紧张，这种紧张状态从科贝特一直持续到奥斯特勒，并在1834年反对《济贫法》时达到了顶点。(具有讽刺意义的是：着力宣传国家的政治与行政权的，主要是中等阶级功利主义者，而在他们国家主义旗帜的另一面却书写着经济上的自由放任主义。)甚至在18世纪90年代中期镇压雅各宾派登峰造极之时，说恐吓行动系“个别”公民的“自愿”组织所为的神话(如里夫斯的反雅各宾协会或威尔伯福斯的除弊协会等)，依然可以招摇过市，同样的神话在拿破仑战争之后被用来迫害理查德·卡莱尔。战争期间，国家向“官方”报刊提供补助金的做法做起来全然不能理直气壮，遇到的麻烦也很多，而且外交上也连连碰壁。战后派遣密探和从事煽动的奸

---

⑪ 《泰晤士报》，1823年1月31日，见拉齐诺维奇前引书，第3章，第354—364页。

83 细的做法表明人们真正地忍无可忍，连许多坚决反对男子普选权的人都滋长了这种愤怒之情。

此外，除不受国家干预之外，真正使人民感到庆幸的还有富人和穷人在法律面前一律平等的信念。颇具感情色彩的读物，如《新编新门日志——或作恶者喋血记》，就记载着足以证明这一信念的有关贵族和显要人物被押到泰伯恩受刑的案例。地方志编纂者们颇为得意地记下这样的案例：利兹“飞扬跋扈的庄园恶霸”因一怒之下杀死他手下的一个佃农而于1748年被处死。激进派对此也许大可讽刺挖苦一番。霍恩·图克就说过：如果法律对富人和穷人一视同仁，那么伦敦的酒馆也一样，“但是它会以一种抱歉的方式来欢迎，除非你有足够的钱来支付寻欢作乐。”[12] 不过，就连雅各宾激进分子也深信法治是“生而自由的英国人”独特的遗产，那使他们免遭专制权力的侵害。伦敦通讯会在1793年的一份“演说辞”中试图确定英国平民和革命前法国平民的地位差别：“我们的人受法律保护，而他们的生命掌握在所有拥有官爵头衔的个人手中。……我们是**人**，而他们是**奴**。”

诚然，这种防卫的思想滋生出更大的权利要求，威尔克斯完全知道怎样弹奏这首曲子——这位维护他个人权利的斗士在不知不觉中变成向国王和大臣提出挑战，要求得到那些没有先例的权利的生而自由的公民。1776年，威尔克斯已经走得很远了，他在下院为“最下贱的修理工、最贫穷的农民和日班工人”的政治权利进行请愿，这些人——

> 拥有重要的权利，关系到他个人的自由、他妻子儿女的自由，他微不足道的财产和他的工资……而在许多商

[12] T.沃克：《关于曼彻斯特的一些政治事件》（1794），第87页。

业和制造业中，工资是由议会权力加以调节的。……因此，在一定程度上参与制定与其利益密切相关的法律……这种权力就连地位低下但是很有用处的人都应该有。

这当然还是艾尔顿（或伯克）的观点，不过财产权已被赋予更自由的含义。威尔克斯依照习惯诉诸于传统和先例，将这个观点 84
完善了：

若下院没有真正的代表性，我们的政体在本质上就始终有缺陷……其他一切想恢复由我们祖先创立的纯朴自然的政府的药方都是不会奏效的。

“纯朴自然”、“我们的祖先”都是些至关重要的词，在长达20年的时间里，改革派内部就在争论如何完美地解释这些词。**哪种**模式是纯朴自然的？改革派应提及**哪些**祖先？对于美国的缔造者来说，打破先例的束缚就似乎足以发现某些“不言自明”的真理，然而对约翰·卡特莱特少校（1740—1824）、即在《独立宣言》问世的同一年出版《抉择》的那个人来说，却有必要拿出撒克逊人的先例来，支持他关于每年召开议会、平均划分选区、支付议员薪金以及给予成年男子普选权的论点。这位“善良、头发花白的少校”（因为他在几乎半个世纪后才出名）很早就将这些要求确定为先进的政治改革派的主要目标，从1776年直至宪章运动及至更后，[13] 他从未背离过这些要求。少校不知妥协、行为坚定又勇敢无畏，始终致力于他全心投入的事业，从他在波士顿和林克斯的邸宅发出信件、呼吁书和小册子，经受住了审讯、骚动、内讧和镇压。在拿破仑战争结束之前，他就在北部地区着手

[13] 卡特莱特少校还进而提倡秘密投票（但并不是宪章派人士的第六点要求），以及取消议员的财产资格。

创建新时代第一批改革组织——汉普登俱乐部。他那当牧师的哥哥也正是在这一地区发明了动力织布机,从而加速了另一个变革的过程。但是,尽管少校的原则和建议比他长寿的生命活得更长,但他的论点却没有这样。

等一会儿,我们将看到原因所在(答案可以用两个词表达:汤姆·潘恩)。但首先我们应说明在法国革命前的20年中,一个新因素**实际上**已加入到公认的立宪进程中去。报刊已确立了尚不明确的权利,它独立于国王、上院和下院之外。围绕威尔克斯的《苏格兰人》所发生的骚动既反映了这些权利是不稳定的,又
85 表明了大批公众维护这些权利的感情。“论坛”[14] 这种院外压力集团也在18世纪下半期兴起,它用发行出版物、召开大规模集会和提交请愿书的方法来发动“院外的”舆论,争取实现有限的目标。用不同的方式使用论坛和请愿的团体多种多样:有威尔克斯的支持者、怀威尔的郡联合会、新教协会(它在戈登暴乱之初出现)、“经济”改革派、废奴派人士和要求取消加在非国教徒身上的限制的宣传组织等。威尔伯福斯或怀威尔可能只期望将他们的鼓动范围限于绅士或自由持有农,但他们树立了先例,榜样具有感召力。立宪政体的复杂机器中又增加了一个新齿轮,厄斯金和怀威尔运用人们所熟悉的关于控制和平衡的机械形象,[15] 倡导“人民运动中的时钟规则”。约翰·卡特莱特少校走得更远,他主张为了最终目标,在各阶级中制造的混乱越大越好。(他在给怀威尔的信中写道:)

旧的训练年轻弓弩手的方法是要求他向月亮放箭,其

---

[14] 在这里,我使用了亨利·杰夫森的术语,他撰写的两卷本《论坛》(1892),至今仍是惟一对该机构所作的全面研究。

[15] 见阿萨·布里格斯:《改良时代》(1959),第88页起。

> 目的是使他获得足以把箭射到足够距离的力量,由此,我始终认为,对于普选权原则的自由讨论最有可能实现所有值得为之奋斗的改革。

尽管少校用先例和传统这样的术语来表达他的观点,但他相信在“成员无数”中作鼓动的方法。在 1797 至 1799 的镇压年代,这位波士顿的士绅给北约克郡改革派怀威尔发出一封信,指责他谨小慎微。他对怀威尔写道:“我并不怎么害怕你的自耕农,却对你的**绅士**感到恐惧。……使我感到幸运的是到目前为止所有的**绅士**都站在**另一边**,只有一人除外。因此,我的努力并未受到他们的地方会议的损害,我还随时可以畅所欲言。”

> 我感到好像唯有高效兴奋剂和最强烈的刺激才能唤起人的旺盛的力量。……除非我们的呼吁能使所有人理解、我们讲述的真理能不受阻挡地征服人们的心,否则我们将一事无成。……如果你只为了过得去就提出没
> 有号召力的权宜之计,我真希望某些与你共同谋事的 86
> 意志坚强者能将你从这种境地中拯救出来……[16]

所以,宪政争论中的相似观点也许会掩盖宣传口径和方法上的巨大差异。但是,所有在潘恩之前主张改革的人都是从“宪政的腐败”着手的,我们一般可以从他们写作中引用的历史先例上看出他们激进的程度。威尔克斯派的(其实主要是贵族派的)“权利法案支持者协会”(及其后继者“革命协会”〈1788 年〉和“人民之友会”〈1792 年〉)满足于引用 1688 年解决方法的先例;1780 年创立的、进步的宪法知识会则广泛引用《大宪章》以及更

⑯ C.威维尔:《政治文札》,第 5 卷,第 389—390、399—400 页。

早的先例，将盎格鲁—撒克逊人和美国人的范例都囊括在内。[17]杰布博士、卡特莱特和卡佩尔·洛夫特为该协会撰写的小册子使托马斯·哈迪能够提出改革理论。在法国革命之后，群众结社的理论家们主要关注盎格鲁—撒克逊人的“十户区”组织、贤人会议和有关阿尔弗雷德统治的传说。对于许多雅各宾派成员来说，“纯朴自然”和“我们的祖先”成为几乎任何形式的宪法革新，为此可以随便拼出一个撒克逊人的先例。约翰·巴克斯特是肖迪奇的一名银匠、伦敦通讯会的领导人之一，在接受叛国罪审判时曾与哈迪是同牢房的难友。他在1796年抓住时机出版了长达830页的《新编公正英国史》，在书中将撒克逊人的先例几乎等同于自然状态、高尚的蛮荒时代和原始社会契约。巴克斯特推测“最初的政体肯定是自由的”，历史就是这种政体的堕落史，“不列颠人最初被罗马人征服，然后被撒克逊人征服，而后他们又被丹麦人征服，最后全被诺曼人征服……”。至于1688年革命，其“作用仅在于驱逐了一个暴君和确认了撒克逊人的法律而已”，但是，还有许多这样的法律有待于恢复：除男子选举权之外，巴克斯特最热衷的就是不设常备军，以及每个公民拥有携带武器的权利。他努力提出一系列宪法方面的论点，最后得出结论，说人民有权对抗宪法。

然而，正如克里斯托弗·希尔先生在研究“诺曼枷锁”论时所
87 表明的那样，这些详尽而往往华而不实的关于宪法的争论其实有真正重要的意义。[18] 就连老古董似的争论也包藏着政治着眼点上的区别。从匿名作者的《英国宪法史论》(1771)到18世纪

⑰ 宪法协会在18世纪80年代后期沉寂下来，但有霍恩·图克作为该协会的杰出会员，它在1790年后最为活跃。

⑱ 载P.萨维尔编:《民主与工人运动》(1954)，第42—54页。

90 年代初，较先进的改革派都喜欢引用撒克逊人的先例，而在这之前很久，汤姆·潘恩就已经出版了他的《常识》(1776 年)，他的论点却并不助长引用先例的风气：

> 一个法国杂种率一帮武装匪徒登陆，自立为英国国王，违背当地人的意愿。显然，这是十分卑鄙下流的开端，肯定不具有任何神性。……事实是，古代的英国君主制不堪入目。

但是，《常识》是在美洲土地上出版的，而且正如我们将要看到的那样，直到法国革命和《人权论》出版之后，此类对传统观念的嘲弄才传到英国，“如果说王位的继承是在征服者的后代中进行，那么民族就是在被征服者的后代中延续，应当将自身从这种耻辱中解救出来。”与此同时，“诺曼枷锁”理论显示出惊人的活力，甚至在 1793 年之后，当潘恩逃往国外，《人权论》也以煽动性诽谤的罪名遭到查禁时，它还在英国雅各宾派的圈子中得到复兴。

这在某种程序上是出于需要。对潘恩的迫害反映出立宪主义传统所能允许的自由限度，在当时，完全不去求助于“我们的祖先”是危险的。当设菲尔德的改革派亨利·约克在 1795 年受审时，他的辩护集中到这一点：“在几乎每一次演说中，我都竭尽全力反驳托马斯·潘恩的信条，他否认我们宪政的存在。……我始终反其道而行之，我认为我们有完美的宪政”，“即从我们的撒克逊祖先和不朽的阿尔弗雷德那非凡的心灵中孕育而出的高尚政府”。甚至连约翰·巴克斯特也感到最好与大不敬的潘恩脱离干系，而巴克斯特所说的“撒克逊人”就是指雅各宾派和无套裤汉：

> 正如我们十分尊重托马斯·潘恩先生的观点一样，我们也同样不能同意他关于我们没有宪政制度的说法。他的错误似乎是因为他的目光仍停留在诺曼征服上而造

成的。

但这又不仅仅是出于需要。按照传说，撒克逊人的先例为
88 君主立宪制、为以男子普选权为基础的自由议会和法治提供了合法依据，而像卡特莱特少校和巴克斯特这些以“爱国者”和立宪主义者面目出现的人，就要接过时代流行的口号。[19] 如果事情都像潘恩在《常识》中那样直筒筒地提出，那改革派就不得不完全停止关于宪法的辩论了，而将其要求放到理智、良心、自身利益和“不言而喻的”真理上去。对于许多18世纪的英国人来说，由于他们是从立宪主义文化中汲取思想养料，所以这种想法令他们感到震惊和不安，而且其含义也是危险的。

然而，我们有必要彻底了解这种流行的口号，因为，就连巴克斯特用不适当的撒克逊言词将它打扮一番的时候，它仍含有某些传统的绝对神圣性，比如尊重君主制度、尊重世袭原则、尊重大地主和现存教会的传统权利以及基于财产权而非人权的代表制度等。一旦陷入有关宪法的辩论，甚至当这些辩论是用来推进男子普选权的主张时，改革派便纠缠于振兴宪政的零星琐事之中。要发动一场民众运动，就有必要完全跳出这些框框，提出更为广泛的民主要求。我们可以看到在1770至1790年之间存在着一种辩证的反论，正是通过这种反论，立宪主义的流行词句把自己引向毁灭或变为超然之物。那些在18世纪时读过洛克或布莱克斯通评论的人发现他们二位对未作改革的下院中派

---

[19] 这种流行口号还在不相称的场合出现，18世纪后期一则广告说：“最古老、忠诚、民族的、宪政的、合法的消遣：逗熊”。外省雅各宾协会在1792至1796年间，通常把自己叫作宪政会或爱国会。约翰·瑟尔沃尔的遗孀在编写她丈夫的传记时，痛苦地说他是“一个撒克逊家族的后裔”，而约瑟夫·杰拉尔德在作出危险的应急提议即召开国民公会时，将“我们撒克逊祖先”的“人民大会”引做先例。

别和利益的运作进行了尖锐的批判。[20] 因此，他们做出的第一个反应是用 18 世纪自身的理论去批判其实践，稍后一点就有第二个反应，就是使这些理论站不住脚。潘恩正是在这个时候，以 89
他的《人权论》参加进来的。

法国革命树立了一个内容更为广泛的先例：它按照理性和事物的本源拟就了一部新宪法，而将“贫乏、陈腐和可畏的习俗、法律和法令”撇在一边。最先剧烈动摇先政论基础的不是潘恩，而是伯克。一方面是法国的榜样，另一方面是孜孜不倦的改革派在寻找 1688 年之前或诺曼征服之前先例，这两方面合在一起，就使旧的基础崩溃了。在《法国革命感想录》中，伯克在先例的权威之外又增添了智慧和经验的权威，在尊重宪政之外又增添了尊重传统，即“那些活着的、死去的和将要出世的人们之间的伙伴关系”。制衡行使某种特定权力的理论转化为制衡人的不完善本性的概念：

> 建立国家的技能是不能先天传授的。……人的本质是复杂的，社会目标就更为复杂。因此，任何简单地控制或支配权力都不能适应人的本质和人的事务的特性。人们在统治方面的权利……通常是在善的差异上取得平衡，并且有时在善与恶之间、有时在恶与恶之间达成妥协。

激进改革派“过分关注人权理论，以致完全遗忘了人的本质”。“由于他们过于匆忙，蔑视自然进程，他们就糊里糊涂地跟着每

[20] 在对潘恩的缺席审判中，厄斯金用布莱克斯通著作中的段落为潘恩作辩护。而设菲尔德改革派约克在公众示威中宣读洛克的文摘。坦普尔法学会学人：《托马斯·哈迪审判案》(1794)，第 108 页。

一个设计师、每一个冒险家、每一个炼丹士和每一个庸医走。”[21]

这个论点是从人的一般道德本质中推断出来的。但我们反复地观察到这个事实:腐朽贵族的道德本质倒不如民众(即“猪猡的一群”)的本质那么令伯克感到惊恐。伯克强烈的历史感使他指出:“自然进程”是十分复杂和迟缓的,所以任何革新都充满了看不见的危险,普通人也许与这个进程毫不相干。”如果说潘恩对伯克的警告不屑一顾是错误的(因为他撰写《人权论》是为
90 了回击伯克),那么他在揭示构成他独特论辩基础的阶级利益惯性时却是正确的。学术界对他们两人的评价很奇怪,伯克作为一个政治哲学家的名望被抬高了,近年来更是如此;潘恩则被贬低为一名大众宣传家。事实上,这两位作者的理论体系都不足以使他们跻身于大政治理论家的行列。他们两人都有宣传家的天才,他们的言论都不如所用的**腔调**那么出色。潘恩缺乏阅读深度和文化可靠性,而且由于他傲慢而急躁,于是就撰写平庸之作,令学术界人士摇头叹息、不屑一读。而普通人对伯克洞察力的印象倒不如对那句划时代的轻率之言——“猪猡的一群”的印象那么深刻,然而这个无意中说出的短语却反映了潘恩所不会有的感情上的迟钝。伯克的这个失误打破了18世纪政治文化的沉寂状态。此后出现了义愤填膺的大众小册子,其争论点几乎可以用五个词来概括,即伯克的两词短语和潘恩的三词旗帜。大众小册子的撰写者靠乏味的创造力以不同的讥讽词汇来对待伯克的主题,他们把自己的小册子和期刊的名称叫作《猪食》、《猪肉》、《橡树子和山毛榉子——由老休伯特采集的》、《大众政治——猪猡的大杂烩》(撰写者则是“猪呼噜兄弟”、“猪猡”和“作呕物”等等)。再接下来就是猪圈、猪倌和咸猪肉等词,不一而

---

[21] 《法国革命感想录》(人人版),第58—59、62、166页。

足。《猪猡的一群致尊贵的埃德蒙·伯克》(1793)这样写道:"你这家伙在最脏的猪食槽边狼吞虎咽的时候,咱们这帮数不尽的猪猡从日出到日落忙着拣几粒橡树子填肚皮。"从来没有任何词 91
汇使得"生而自由的英国人"感到这么愤怒的——他们也从来没有作出过如此冗长的答辩。

由于《人权论》是英国工人运动的奠基之作,我们必须更仔细地考察其论点和口气。[22] 潘恩是在英国写这本书的,但作为一个享有国际声誉的美国人,他在美国那令人振奋的实验和反传统的宪政气氛中生活了近15年。潘恩在第二部的序言中写道:"我想知道一部以不同于为英国所熟悉的思维和表达风格写成的著作是否会被人们接受。"从一开始,他就不赞同立宪主义论点的体系:"我为**活人**的权利而斗争,反对由文字假定的死者的权威去支配、控制和限制这些权利。"伯克期望"根据发霉的羊皮纸的权威,永久性地托付后代的权利",而潘恩却断言每一代人都有资格确定其权利和新的统治形式。

至于说英国宪政,这类东西并不存在。至多,它只是"先例的堆砌物",是一种"政治教义"和"按照先例、却不参照先例原则的统治,是所能建立的最恶劣的制度之一"。除了法国和美国的统治制度之外,所有统治制度均从征服和迷信那里获取权威,其基础建立在"专制权力"之上。而且,潘恩专门抨击使这种权力得以延续的方式,即世袭原则,因为它是迷信的表现。"一帮匪徒在一个国家中横行霸道,强征特别税。他们的权力由此得以

[22] 潘恩在1787年返回英国,仍十分注意桥梁建筑方面的试验。《人权论》第1部于1791年出版,第2部于1792年出版。最近出版的潘恩传记是A.O.奥尔德里奇的《理性的人》(1960),内容详尽但无奇,几乎未增添任何使我们更多地了解潘恩对英国的影响及他与英国的关系的内容。此外还应阅读蒙丘尔·D.康韦那本生动但有偏见的《生平》或H.N.布雷斯福德在《雪莱、戈德温和他们的圈子》中的简述。

确立,匪徒头目设法改头换面,用君主的名称替换强盗的恶名,这就是君主制和国王的起源。”至于继承权,“继承政府就是继承人民,就像继承畜群似的”。“国王一个继承一个,不是作为有理性的人,而是作为动物……做一名普通的机匠还需要有某些技能,但当一个国王只要具备人的动物本能——一种自动呼吸的能力就行”:

> 英国将派人去荷兰、汉诺威、策尔或布伦瑞克以每年100万的代价请人来,这些被请来的人既不懂英国法律和语言,也不知它的利益所在,他们的能力甚至难以胜任教区巡捕,而英国将因此嘲弄自己,这一天,竟不会太远了。

他问道:“这些人还留着做什么用?”

> 官吏、养老金领取者、大内侍从、御厨总管、库物总管和
> 92 其他名份的老爷们能够找到许多理由来表明君主就等于是他们的俸禄,这笔开支来自国家。但是,如果我去问农民、制造业者、商人、生意人……普通劳动者:君主为他做了些什么,他无法给我任何回答。如果我问他君主是什么,他相信那是一种类似于某种挂名闲职的东西。

一般而言的世袭制也遭到同样的漠视:“世袭的统治者像世袭的作家一样不合逻辑。”

所有这些都是亵渎(还具有某些胆大包天的意味)。潘恩甚至将神圣的《权利法案》说成是“一部错误和侮辱性的法案”。潘恩并不是持有这种想法的第一人,许多18世纪的英国人在私下里也一定持有同样的想法。他是第一个敢于以这样的大不敬的精神表达自己想法的人,他用一本书打破了持续百年之久的禁忌。但是潘恩的作为远不止这些。首先,他倾向于一种国家理

论和阶级权力的理论，尽管其方式显得混乱而模糊。在《常识》中，潘恩跟着洛克将政府视为一种“不可避免的罪恶”。在18世纪90年代，洛克那模棱两可的学说似乎分为两半，一半是伯克，另一半是潘恩。伯克以经验和传统来看待政府，考察其运作；潘恩则为被统治者说话，认为政府的权威来自征服，在划分为阶级的社会中加以继承。阶级大致可定义为：“这个国家的人属于两个明确的阶级，即缴税者阶级和收锐者及吃税者阶级。”至于宪政，从中得到好处的有：

> 廷臣、官吏、养老金领取者、选邑持有人和政党领袖……，但它对于这个国家99%的人来说只有坏处。

这还引起了有产者和无产者之间的冲突，“当富人掠夺穷人的权利时，这就为穷人树立了去抢夺富人财产的榜样”。[23] 按照这一论点，政府成为宫廷的寄生物，税收是一种掠夺形式，其目的是为年金领取者和征服性战争服务，而“整个世俗政府就由每个市镇和乡村的人民通过教区官员、市镇官员、每季开审的地方法庭、陪审团和巡回法庭等方法，毫不费事地转让给了所谓政府的 93
那个东西”。因而在这一点上，我们看到了近似于无政府主义的理论。所需要的与其说是改革，倒不如说是取消政府，“正式的政府一经取消，社会立即开始起作用”。

在另一方面，代表制度成为政府，“社会”就通过它起作用，从而展示出新的前景，当潘恩撰写《人权论》第2部中至关重要的第5章时，这些前景突然在他的心中燃起火焰。在赞美了工商业、抨击了殖民统治（后来还建议用国际仲裁来取代战争）、谴责了刑法（“司法残暴”）、痛斥了封闭性的特许状、特许公司和专

---

[23] 以上这三段文字引自潘恩：《致演说者的信》（1792），第19、29、69页。其余的均引自《人权论》。

卖权并宣称反对税收重赋之后,他停下来专门声讨土地贵族的罪恶:

> 为什么……伯克先生把上院说成是土地利益集团的支柱?如果这根支柱陷入地下,原来的土地财产将继续存在,相同的耕作、播种和收割将继续进行。贵族并不是在土地上劳动的农民,而只是地租的消费者……

这使他提出意义深远的、给人印象深刻的建议:削减政府、陆军和海军的费用;减免税金和济贫税;开征累进所得税(年收入2.3万镑时每镑的税收额提高到20先令[24])以增加税收;将征收和节省的资金用于改善穷人的状况。他提议设立家庭补助金:为所有儿童提供普及教育的公共基金,设立养老金——“不是作为恩赐和恩惠,而是作为权利”,(因为领取者只是领回他所交纳税金的一部分)、产妇津贴、新婚夫妇津贴、贫困者丧葬津贴以及在伦敦建造工场和宿舍以帮助移民和失业者:

> 通过实施这个计划,济贫法那种折磨人民的工具就会被废弃。……垂死的穷人将不再沦为各教区的牺牲品,在离开人世前被从一个地方拖到另一地方。寡妇将会得到抚养孩子的生活费……孩子将不再被视作增
> 94 加父母亲痛苦的负担。……由苦难和贫困造成的轻罪数目将会下降。穷人和富人将会乐于支持政府。暴乱和骚动的原因及其所造成的恐惧将会消失。你们这些悠闲度日、吃穿不愁的人……你们想过这些事情吗?

这是潘恩的最杰出之处。《人权论》第1部的成功是巨大的,而第2部的成功却是非凡的。正是在第2部里,尤其是在这些段落里,潘恩在辉格党共和派的旧传统与设菲尔德刃具匠、诺

---

[24] 20先令即1镑。——译注

里季织工和伦敦手工工匠的激进主义之间架起了一座桥梁。通过这些建议,改革与他们日常经济上的困境联系起来。无论潘恩在财政方面的计算是多么的脱离现实,但这些建议给整个改革宣传注入了创见性的新动力。如果说卡特莱特少校所提出的关于男子普选权的具体要求为后来 100 年的鼓动打下了基础(玛丽·沃斯通克拉夫特的《女权论》为女性开创了更长久的斗争纪元),那么潘恩在这一章里就为 20 世纪的社会立法提供了源泉。

也许除了有关“社会”的这一章外,其余的思想观点几乎都不是他最早提出的。威廉·布莱克作出了这样的评论:“像潘恩那样沉湎于精力旺盛的才华之中的人决不是观察家”。潘恩给予英国人的是激进平等主义的新口号,它触及了“生而自由的英国人”最深层的反应,渗进了城市劳动人民的亚政治态度。科贝特不是一个真正的潘恩派,欧文和早期社会主义者也提出了新的思想,但潘恩的传统强烈地贯穿于 19 世纪的大众报刊中,其撰搞人包括伍勒、卡莱尔、赫瑟林顿、沃森、洛维特、霍利约克、雷诺兹和布拉德洛。潘恩思想在 19 世纪 80 年代受到强有力的挑战,但他的传统和口号仍在布莱奇福德身上、在劳合—乔治对大众的呼吁中具有活力。我们几乎可以断言潘恩创立了一个新的体系,激进主义在近 100 年中都没有超出这个范围,它之清晰与明确的程度,与它所取而代之的立宪主义不差丝毫。

这个体系是什么?我们看到的是对于君主制和世袭原则的蔑视:

> 我不赞同君主的和贵族的政府,而不管它们如何改头 95
> 换面。世袭的差别和等级的特权集团……必然会阻碍人类的进步。因而,我不是一个英国宪法的赞赏者。

这些文字恰恰出于华兹华斯的笔下,时间为 1793 年。此外,华兹华斯那追溯过去的诗句最充分地重现了革命年代的乐观主义。在与博普伊一起散步时，他遇到了一个“被饿坏了的”乡村女孩——

……看见这情景我的朋友
激动地说道：“这与我们为之奋斗的**那个**目标
相背离，”我和他都相信
宽容精神还在国外
它也许无法抵御，贫穷
和诸如此类的悲惨现象会很快
不复存在，我们会看到大地
实现其愿望，给那些
终日辛劳的温顺、卑微和坚忍的孩子以补偿，
所有机构永远废除
法律上的歧视，铲除
愚蠢的虚饰、淫荡的奢侈
和残忍的权力，无论是一个人还是少数人的统治；
最后，最为重要的是
将会看到人民拥有强大的力量
制订自己的法律，全人类更美好的日子
就会到来。

这种乐观主义(是华兹华斯很快就失去的)然而正是激进主义所固执追逐的，其基础就是潘恩未能停下来加以考察的那个前提，即毫无保留地相信代议制度、相信理性的力量、相信普通大众中“大量处于休眠状态的意识”(潘恩语)和“人要不是被政府腐蚀的话，那么人与人会理所当然地成为朋友，其本质自身并不具有邪恶的性质”的信条。所有这些都是以一种不妥协的、鲁莽的甚至是过于自信的腔调来表达的，还加上自学成才者对传统和教

育机构的不信任(潘恩的一个熟人评论说:“他把他自己的所有著作都熟记在心,其余的著作一概不知。”)以及靠一点经验并唤起“常识”来回避复杂的理论问题的倾向。

这种乐观主义的力量和弱点在19世纪工人激进主义中多次重复出现。但是,潘恩的著述并非特意以工人为对象,未将他们与农民、商人和专业人员区别开来。他的学说适于在“成员无 96
数”中进行宣传,但没有对富人的财产权和自由放任学说提出挑战。很显然,他本人隶属于没有代表权的制造业和商业阶级,属于像托马斯·沃克和霍尔克罗夫特这样一些人的阵营,属于宪法知识会而不是伦敦通讯会。他的累进所得税主张预示了更深远的关于财产再分配的概念,但这是针对土地贵族的,在这一点上,长子继承权习俗中包含的世袭原则使潘恩很反感。在政治民主方面,他希望消除所有世袭的差别和特权,但是他并不支持经济上的平均化。在政治社会中,每个人都必须拥有作为公民的平等权利,在经济社会中,每个人必须保留雇主或雇员的身份,国家不应对一个人的资本或另一个人的工资加以干涉。《人权论》和《国富论》应互为补充,从对方汲取养料。在这个问题上,19世纪工人激进主义的主要传统还是取自潘恩。有些时候,如当欧文主义和宪章运动达到高潮时,其他传统占据了支配地位。但每当潘恩的思想恢复元气后,其基础依然完好无损。贵族是主要的打击对象,他们的财产会受到威胁,甚至连土地国有化或亨利·乔治的单一税制及他们的地租都被视作始自“一个法国杂种”和他的“武装匪徒”的一种封建勒索。但是,无论工会成员如何艰苦地与其雇主进行斗争,工业资本仍被认为是事业的成果,不受政治干预。直到19世纪80年代,工人阶级激进主义仍基本上局限于这个体系之内。

潘恩对19世纪传统的另一个贡献是造就了真正的潘恩派,

如卡莱尔、詹姆士·沃森或霍利约克,他们都是理性主义者,潘恩在《人权论》中写道:"我的宗教是行善",就此打住,未作解释。但是他将自己视为权利的斗士,对抗"这个捏造和政治迷信、神秘和勾心斗角的时代",因此他以《理性时代》作为他最后一部著作就顺理成章了,这本书是对国家的宗教和种种形式的教士权
97 术进行的连续抨击,他不是作为无神论者,而是作为自然神论者进行写作。1793 年,他在法国断头台的阴影下写下了《理性时代》第 1 部,其中从创世行动和自然本身中看到了上帝存在的证据,号召用理性去反对神秘、奇迹和预言。该书于 1795 年在英国出版,出版人丹尼尔·艾萨克·伊顿因他的出版活动至少受到 7 次起诉,到 1812 年已被关押过 15 个月并宣布 3 年内不受法律保护。《理性时代》尽管笔调尖刻,但书中几乎不包含任何使 18 世纪自然神论者和先进的惟一神论者感到吃惊的内容。只有潘恩所求助的广大读者及他名字的巨大权威性是该书的新颖之处。第 2 部于 1796 年出版(出版者仍是勇敢无畏的伊顿)[25],它抨击了《旧约》的伦理道德观和《新约》的真实性。这篇批判《圣经》的檄文写得杂乱无章。

> 我曾通读……《圣经》,就像一个肩扛斧头的人穿越树林去伐树。树倒了,假如教士们做得到,他们可以去重新种起来。他们也许可以把树插在地上,但决不能使它再生长。

必须言明的是:木头还有其他用处。布莱克承认潘恩所持论点的力量和攻击性,用他那独到的简洁语言复述说:

> 他认为《圣经》只是国家的花招,人民从那里只能看到

---

[25] 伊顿于 1811 年出版了"第 3 部",1812 年当他年届花甲时又被处以监禁 18 个月加枷刑。T.S.豪厄尔:《国家审判集》(1823),第 31 卷,第 927 页起。

> 他的始终处于无力挣脱的地位。另一个论点认为所有对《圣经》作评论的人都是不诚实、诡计多端的无赖，他们为获取优裕的生活而接受国家的宗教……我可以列出100个这种人的名字。

但是，潘恩却不能将《圣经》的任何一部分当作“一首也许不会发生的诗”（布莱克语）来读。在镇压年代里，《理性时代》对于潘恩在英国的许多信徒来说是“一柄制造分裂的剑”。一些身为非国教徒或卫斯理宗教徒的雅各宾分子抱怨潘恩的这本书，认为它给他们的敌人提供了重新攻击“无神论者”和“共和主义者”的机会。当局认为潘恩这一次冒犯比以往几次更恶劣：他找来生活舒适的惟一神派教士和吉本怀疑论的矫饰言词，将它们译成通
俗易懂、富有挑衅性的英语，再将它们扔给那些辨别能力不高的 98
人。他对《圣经》的权威性大加嘲讽，所用论点连矿工或乡村女孩都听得懂：

> 他们称之为耶稣基督的那个人，据说是由一个幽灵通过一个已订婚、后又结婚的女子之身生出来的，他们把这个幽灵叫作圣灵。在这个愚蠢的故事讲了700年之后，他们又说这个女子是处女。……难道说现在有哪一个怀了孩子的女子会说……她的孩子是幽灵给的，而且是一个天使告诉她这回事的，她会相信吗？

当我们考察教会和主日学校在这一时期反复灌输的不开化的和罪恶的迷信时，[26] 我们可以看到潘恩的著作对许多人的心灵具有深刻的解放作用。它帮助人们从宗教顺从的泥潭中挣脱出来，这种宗教顺从会加强对市政官员和雇主的顺从。它还促使许多19世纪手工工匠坚定不移地走上思想的自立和探索之路。

---

[26] 见本书，第11章。

但是，潘恩的“理性”所存在的局限性也必须记住，它能言善辩又缺乏丰富的想象，这使我们想起布莱克关于“眼光片面”的指责。潘恩在《圣经》中只能看到“一个潦倒的纵欲者的孤独影像……他回首凝视再也无法享受的场面，大喊道：**万物皆空！** 大量的比喻和感情都含糊不清……”。

《理性时代》并不是惟一一本有关19世纪理性思想的原始资料集。18世纪90年代，许多其他论文和译作（伏尔泰、霍尔巴赫和卢梭等人著作的节译）在英国雅各宾派圈子中流传，其中最有影响的是沃尔内的《帝国之墟》，这是比较宗教学的开创性著作，比潘恩的著作更深刻、更有想像力。而且，沃尔内对教士权术演变的讥讽与对政治专制主义发展的讥讽结合起来，在该书的结论中，沃尔内提出了更普遍的宽容概念和国际主义概念，这也是潘恩所不如的。与威廉·戈德温的《政治正义论》（1793）不同，那本书的影响仅限于狭小的高层知识圈；[27] 而沃尔内的《帝国之墟》出版了便宜的袖珍本，许多19世纪手工工匠的藏书
99 中都有这本书。《帝国之墟》的第15章是对“新时代”的展望，时常以单行本的形式流传。在这一章里，叙事者看到一个文明的民族决意将自身分为两个群体：一边是那些“用有价值的劳动为社会的维持和延续作出贡献”的人，另一边是他们的敌人。绝大多数人在第一个群体之中，他们中有“农业工人、手工工匠、小生意人和所有从事有益于社会的职业者”，第二个是“一个很小的群体，一个没有价值的派别”，“只有教士、廷臣、政府会计、军队指挥官，总之是政府在行政、军事和宗教方面的代理人”。两个

[27] 戈德温的无政府主义哲学只是在拿破仑战争之后才传到工人阶级那里，当时的主要传播渠道是对理查德·卡莱尔的海盗版雪莱作品《麦布女王》所作的注释。

群体进行了一场对话：

人民：……你们为社会付出了哪些劳动？

特权阶级：没有。我们不是为劳动而来到人世的。

人民：那么你们是如何获取财富的？

特权阶级：通过劳神去统治你们。

人民：统治我们！……我们辛劳，你们享受；我们生产，你们挥霍；财富从我们这里流出，落入你们的手中。特权者们，你们这个有别于人民的阶级，另建一个国家，统治你们自己去吧。

特权阶级中有几个人站到了人民的一边（作者这样想象），其余的人试图动用军队恐吓人民，但士兵放下武器说道："我们是人民的一部分。"特权阶级又试图用教士来欺骗人民，遭到人民断然回击："廷臣和教士们，你们的服务过于昂贵，因而我们自己管理自己的事。"由于翻译的奇异影响，沃尔内的观点在英文中比法文原文显得更为激进；寄生的贵族阶层或等级的概念变为更带普遍性的富有闲散的"阶级"。战后，激进主义的社会学说就要由此而产生，它将社会分为两部分，其中一部分是"有用的"或"生产的阶级"，另一部分是廷臣、闲职官员、证券持有人、投机商和寄生的中间人。[28]

然而，沃尔内的影响产生较迟。在18世纪90年代初，潘恩左右了大众激进主义。事实上，他那善辩又缺乏想像力的思想造成了这场运动的狭隘性，当革命的法国国民公会经由恐怖变为波拿巴专政时，理想幻灭的改革派对此（以及戈德温更不切实 100
际的幻想）大加嘲讽。这种批判和嘲讽来自伯克、华兹华斯、柯勒律治等人联合的天才能力，结果就支配了许多当代学者的判

[28] 尤其要参见韦德和《女怪》的讨论，本书第770页起。

断力，而他们本身在过去的25年中，也经历了类似的革命理想幻灭的过程。

肯定无疑的是，戈德温和潘恩的一些信徒持有一种超凡脱俗的救世主般的心态，这使他们能够接受容易得出的(最终是使人幻灭的)关于人类可臻完善的概念：

> 啊，潘恩！只有上帝高于你，千千万万的人为了他们仅存的一点自由而多么无限感激你……。亚历山大们、恺撒们、斐迪南们、卡佩们、腓特烈们、约瑟夫们和叶卡特琳娜们……拼命地奴役人类。但是，留给你做的是……在欧洲摇摇欲坠的巴士底狱之上挥舞人权的神圣旗帜，砸碎千千万万的人脚上的专制主义镣铐，摧毁为千千万万的尚未出世的人准备的……压迫之枷锁。[29]

这样的心态总是在革命激情时期存在。但是，如果说雅各宾"极权主义"的神话适用于英国土壤的话，我们有必要用最浅显的事实来加以戳穿。潘恩和他在英国的追随者们并没有鼓吹杀绝他们的反对派，而是号召人们反对泰伯恩刑场和血腥的刑法。英国雅各宾派赞同国际主义，要求用仲裁代替战争，希望宽容非国教徒、天主教徒和理性思想者；主张在"异教徒、土耳其人和犹太人"身上发现人类的美德。他们寻求通过教育和宣传将"暴民"(潘恩语)由"**派别**的追随者"改造为"**普遍**自由的追随者"。

这并不意味着放弃对英国某些雅各宾派的教条理论和肤浅道德实验论的谴责，其思想在华兹华斯《远足》第3部中得到最显著的反映。这些时常是"左派"的缺陷。潘恩几乎没有历史感，对人的本质的看法并不深刻，而他的乐观主义("我不相信君

㉙ 奥斯坦德的公民兰道尔：《政治问答手册》(1795)，第8页。

主制和贵族制会在任何一个欧洲启蒙国家中存在7年之上”)使
20世纪的人感到厌烦。但是我们这个时代对辉格党和马克思
主义关于历史的解释所作的反应是如此的强烈,以致一些学者 101
在令人可笑地鼓吹要把历史的角色颠倒过来:受迫害者被视作
压迫的先驱,而压迫者却成了迫害的牺牲品。因此,我们迫不得
已才一一列举这些基本事实:是潘恩将“开放社会”的思想自由
表达作为其信念:“人类现在不应再被告知他们不应思考、不应
阅读”;也是潘恩在18世纪关于宪政的辩论中看到“民族总是被
置于问题之外”,由于要把“民族”列入问题之内,他注定要启动
那些他既无法控制又无法预见的力量,而这就是民主之所在。

102

第五章　栽培自由之树

现在，我们有必要回过头来打量一下托马斯·哈迪和他的同伴们。1792 年 1 月，他们在埃克斯特街的“钟声酒吧”碰头。我们绕了这么大的圈子，是为了打破存在于 18 世纪与 19 世纪之间，存在于工人阶级骚动史与这个国家其他阶级文化思想史之间的那道万里长城。18 世纪 90 年代发生在英国的事过多地被视作仅仅是巴士底狱风暴的反射。[①] 但是，由法国的样板作用而加速发展的那些因素——非国教的和自由主义的传统，早在英国历史中存在。18 世纪 90 年代的骚动尽管只持续了五年（1792—1796 年），但它的意义却尤为广泛深远。这场骚动改变了人民的亚政治态度，影响了阶级组合，并首创了延续到这个世纪的传统。虽然法国的事件激发和煽起了这次骚动，但它并不是一场与法国有关的骚动，而是一场争取英国民主的英国骚动，其范围之广给人以深刻的印象。[②]

法国样板击破的那道闸门是立宪主义，但时间是在 1792 年而不是 1789 年，而且流入的洪水是汤姆·潘恩。要了解这一点，

---

① 至于人民结社，见 G.S. 维奇：《议会改革的起源》（1913）；W. P. 霍尔：《英国激进主义，1791—1797》（纽约，1912）；和 P. A. 布朗：《法国革命在英国历史上》（1918）。另见 J. 德尚：《不列颠岛与法国大革命》（布鲁塞尔，1949）；H. 柯林斯：《伦敦通讯会》，载《民主与工人运动》（1954），J. 萨维尔编；W. A. L. 西曼：《法国大革命中的英国民主协会》（未发表的博士论文，伦敦，1954）。

② 当然，争取爱尔兰独立和苏格兰民主的骚动以更激烈的形式进行。见 H. W. 米克尔：《苏格兰与法国大革命》（格拉斯哥，1912）；R. B. 马登：《联合爱尔兰人》（1842—1846）。

可以看一下1792年下半年英格兰北部的形势。夏季，陆军大臣已认为形势十分严峻，有必要派副官前去巡视，以摸清军队的部署情况以及在出现紧急情况时军队的可靠程度。在设菲尔德，他“发现潘恩的煽动性学说和那些竭力扰乱国家安宁的派别分 103 子所施展的影响已远远超出我的想象”。他看到设菲尔德有一个“他们策划所有煽动性阴谋的中心”，2500名“最下层的机匠”加入了主要的改革协会(宪法会)。

> 在这里，他们阅读言辞最激烈的出版物，对这些出版物及协会的信件进行讨论，他们的信件不仅发给分布在附近城镇乡村的下属协会，也发给分布在王国其他地区的协会……③

1792年秋冬时分，威尔伯福斯(约克郡议员)从不同渠道收到令人惊愕的报告，怀威尔写给他的信中谈了“达勒姆郡下层人民的状况”：

> 伯纳德城堡中有大量的人对宪法表示不满，诸如“不要国王”、“自由”和“平等”这样的口号写在市场十字路口。不久前希尔兹和桑德兰的船工骚乱时，他们向兰布顿将军问道：“你读过汤姆·潘恩的小书吗？”“没读过。”“那么就读读它，我们很喜欢它。将军，你拥有大量财产，我们很快就会把它瓜分掉。”④

11月份，有一个人从北希尔兹直接写信给皮特，用近乎惊慌失措的笔调描述了海员的罢工和暴乱(“又及：令人震惊的是，暴民抓获了一些不大情愿与他们采取一致行动的海员和高级职员，正强迫他们一丝不挂地走在队伍前面游街示众”)：

---

③ 引自A.阿斯皮诺尔：《早期英国工会》(1949)，第4—5页。

④ R.I.与S.威尔伯福斯：《威廉·威尔伯福斯传》(1838)，第2卷，第2页。

> 我环顾四周，看到这个国家充斥着成千上万的矿工、船工、车夫和其他工人。这些蛮家伙满脑子装满平等的新学说，国家到处布满了干柴，一点火星就能引起熊熊大火。我不得不认为地方官员的懈怠是应受到严厉指责的。⑤

一位有声望的人从利兹写给威尔伯福斯的信中谈到“潘恩的那本毒书……被缩写成 6 便士小册子，大量售出和散发。……你
104 可以在屋内我的雇工的衣柜中看到这些书。士兵们都受到了影响。”威尔伯福斯在他的日记中写道：“国家的状况看来十分危急”，他还告诉利兹那位信友：“我想向坎特伯雷大主教提议……确定某一天为斋日和蒙耻日。”但从利兹传来了好消息：一群效忠国王的人在街上举行示威。

> 举着戳在棍尖上的汤姆·潘恩的模拟像，后面有一个人握着套在模拟像脖子上的绳索，并用赶车用的鞭子不停地抽打它。最后，模拟像在市场焚烧，市场的大钟缓慢地敲响。……每个人的脸上露出了微笑……街道上回响着“上帝拯救国王”的口号声……⑥

但是，设菲尔德的街道上却出现了性质完全不同的场面。人们在 11 月底举行游行庆祝法国军队的瓦尔密大捷，当地一份支持改革派的周报《设菲尔德纪事报》对此作了报道(1792 年 11 月 30 日)：在枪炮的轰鸣中，一支由五六千人组成的游行队伍拖着一头被切开的烤牛走过街道。队伍中有——

> 一幅漫画，画的是不列颠女神——伯克骑在一头猪身

⑤ 1792 年 11 月 3 日鲍迪奇致皮特信，内政部档案，第 42.22 号。

⑥ 威尔伯福斯前引书，第 2 卷，第 1—5 页。

> 上——还有一个人上身酷似某位苏格兰来的大臣，[7]下身是驴……自由之柱倒在地上，断成数块，上面刻有“真理是诽谤”的字样——阳光从云缝中投射出来，和平天使的一只手抛下《人权论》，伸出另一只手举起不列颠女神。

“这是我所见到的最冥顽不化的一群恶棍”，一位持有敌意的旁观者这样说道。

这里有一些不同寻常之处，即矿工、船工、整布工和刀匠。不仅外滨和斯皮特菲尔兹的织工和杂工（他们那五彩斑斓、喧嚣尘上的示威经常用来支持威尔克斯），而且全国城乡的所有工人都在为自己要求**普遍**的权利。正是这——而不是法国的恐怖，使有产者阶级惊慌失措。

如果我们更仔细地观察《人权论》出版前后的事，就可以看清这一点。第一个大众团体直到攻陷巴士底狱两年多以后才组成。中等阶级和上等阶级中的一般倾向是对法国革命最初发生 105
的事表示欢迎，甚至连传统主义者也宣称法国终于迟缓地向英国的“混合政体”概念看齐。非国教徒，尤其是普赖斯法师是最早利用法国样板的人，他们的做法是：援引英国的类似事件、援引从光荣革命取得的权利，对本国的“首席执政官”进行清算。要求停止剥夺非国教徒的权利（“宣誓法”及“市镇团法”）的宣传在1789至1790年的冬季达到高潮，在这场斗争（以及相反的斗争）造成的情绪激昂的氛围中，改革派的第一批外省“宪法会”和敌对贵族的第一批“教会与国王”俱乐部成立了。伯克的《法国革命感想录》（斥责普赖斯法师的一本书）是即将出现全面反应的第一个重要迹象，该书的问世先于法兰西共和国的成立和针

[7] 内政大臣亨利·邓达斯。

对反革命分子的第一次恐怖行动。确实，伯克激昂的论点使许多立场不坚定的改革派（皮特和伯克本人也曾是这种人）感到突然，甚至连传统主义者也是如此。如前所述，1791 年夏发生在伯明翰的“教会与国王”派暴乱几乎不属于“法国革命”时代。尽管发动暴乱的借口是巴士底狱纪念日的庆祝晚宴，但是雅各宾派和反雅各宾派的宣传都未能深入民众。从 1792 年 5 月起，威尔伯福斯所描述的那种利兹式的反雅各宾示威组织得更好了，示威者中掺进了更多的生活不得意者和无自立能力者，而且更公开地具有恐吓下层改革派的倾向。

然而，伯明翰暴乱标志着一个过渡阶段。[8] 当局明显地参与在内而且感到满足，这使改革派非常愤怒，使他们态度更加坚定，改革派在其他许多地方也庆祝巴士底狱的陷落，但没有发生恶性事件。暴乱还以一种讨厌的方式为改革派的活动作宣传，而这时，又恰是《人权论》的第 1 部正在赢得民众的心。兰开郡的官员发觉了由伯明翰事件造成的“普遍敌意”，并将它与“各种
106 工人和工匠中的联合意向相联系，他们对一切法律控制都表示不满。[9] 在伦敦，也许是为了对伯明翰事件作出反应，曾是威尔克斯副手的霍恩·图克在 8 月主持了“普遍和平与自由之友特别会议”，会议在茅屋酒馆举行，以传单形式发表了《致词与宣言》，直截了当地指出英国与法国榜样间的关联。

事态在 1791 至 1792 年的冬季加快了，当时伦敦和外省成立了好几个改革派协会。1792 年 2 月，含有重要“社会”一章的

---

⑧ 暴乱还有一个重要意义就是扼制了此后伯明翰激进运动的发展，假如不是因为暴乱，拥有大量小业主和工匠的伯明翰也许会与诺里季和设菲尔德一起成为主要的雅各宾中心。

⑨ 阿斯皮诺尔前引书，第 1 页。

《人权论》第 2 部出版。3 月，宪法知识会重组，[10] 霍恩·图克是主要人物，他将在改革各派之间充当积极的联络人。4 月，辉格党的一批贵族和议员创立了排他性的“人民之友会”，该会目标之一是**抵消**潘恩极端的非宪政主义，而它最大的贡献就是发表一个委员会报告，其中以费边主义式的彻底性调查了议会的代表制情况、腐败情况和受人摆布的情况。1792 年 5 月，一项禁止煽动性出版物的国王公告颁布实施，它尤其是针对潘恩而来的。那一年的夏天，奥俄军队开进法国；法国国王和王后被捕，第一场打击旧政权支持者的恐怖行动开始了。(法国)国民公会于 9 月开会，宣布当年为共和元年。11 月，约翰·里夫斯创建了他的反雅各宾协会。12 月，潘恩被宣布不受法律保护(本人缺席)，《人权论》被定为煽动诽谤之书。1793 年 1 月，法王路易被处决，2 月，英国和法国开战。

像这样把事情平平地串在一起会使人误解，值得注意的是发生在 1792 年 2 月到 1793 年 2 月这 12 个月中的戏剧性变化。这一年初，皮特很有信心地期望和平会持续“15 年”；6 个多月之后，他仍然希望英国在保持中立的情况下从法国动乱中渔利。 107
1792 年 5 月的公告表明政府方面对潘恩派的宣传首次真正感到惊慌，但这仍被视作一个纯内政问题。三个因素改变了局势：第一是 9 月大屠杀后法国革命的迅速激进化。第二是新成立的共和国的扩张主义狂热对英国利益和欧洲外交均势构成直接威胁。第三则是法国的革命激情与英国日益增强的雅各宾激进运动之间出现合流的危险迹象。1792 年 11 月，法国国民公会向

[10] 这里指伦敦(或全国性的)宪法知识会，该会在各郡设有分会。外省(如设菲尔德、曼彻斯特和德比)的宪法会与伦敦保持通信联系，通常既与伦敦通讯会也与宪法知识会通信，但它们是独立创建独立运作的。

各国人民颁布了著名的“博爱与援助”法令。在同一个月的稍后时刻，来自伦敦和苏格兰的友好代表团出席(法国)国民公会，国民公会的一位委员(格雷瓜尔)预祝新的共和国将很快会在泰晤士河畔崛起，而正在法国流亡的潘恩则被加莱市选为国民公会代表。犹豫不决的吉伦特派的扩张主义政策到12月时在萨瓦、莱茵兰、尼斯和比利时得到了进一步证实，响彻四方的口号是：“向宫廷开战，给茅舍以和平”。真正开战的时机(处决法王路易和控制斯凯尔特河)在这12个月结束时出现了，而这段时间里，皮特已由一个主张经济紧缩、和平和微小改革的首相变成欧洲反革命力量的外交设计师。[11] 这种变化并不只是发生在一个人身上，而是遍及一个阶级；贵族和工商业资产阶级都变了，后者曾在皮特身上看到了实现经济合理化和谨慎的政治改革的希望。

这些因素中的第三个因素——英国民主骚动的深刻性和激烈性，一直受到普遍的轻视。英国有产者的惊恐和反革命攻势在法王被捕和法国9月屠杀的数月之前就已开始，而在这些事件发生之后，当局的每个部门都在运用一切手段大肆宣扬断头台的受难者和法国流亡者的苦难，这不仅是出于震惊和怜悯，而且也许主要的是用来对抗英国雅各宾派的宣传。

应该说，《人权论》第2部取得了巨大的成功。人们一般都承认(1793年一本小册子)的估计是：到那一年为止，售出总数

---

⑪ 见G.莱弗布赫：《法国革命》(1962)，第274—283页。

达20万册，而当时的人口是1000万。⑫ 在宪法知识会和地方协会的资助下，第2部很快出版了6便士版本。汉娜·莫尔抱怨道："造反、不忠和邪恶的支持者们费尽全力把那些有害的小册子驮上驴背，然后不仅在茅舍和路边卸下来，并且运进矿山煤窑"。⑬ 据说在设菲尔德，"所有刀匠"人手一册。在纽卡斯尔（斯塔福德郡），据说潘恩的书"几乎每人手握一本"，陶工帮工们更是如此。"这个人口稠密的地区中有2/3以上的人做好闹事的准备，下层居民尤为突出"。⑭ 潘恩的书流传到康沃尔的锡矿，门迪普的村庄和苏格兰高地，不久以后又流传到爱尔兰大部分地区。一封信的作者抱怨道："威尔士的北部地区 108

> 到处都是卫斯理宗巡回传教士，他们详细宣讲《人权论》，攻击国王政府。⑮

一位英格兰的作者在信中写道："这本书现在与《鲁滨逊漂流记》和《天路历程》一样，变成了这个国家的必读之书。"⑯

在对潘恩作缺席审判时，总检查官抱怨道：《人权论》被"塞

---

⑫ 伯克的《法国革命感想录》售价3先令，前两年售出3万册。《人权论》第1部售价也是3先令，1791年售出5万册，到1802年，潘恩自称两部的发行数为40至50万册，到1809年据称为150万册，但这个数字包括爱尔兰的巨额售出数和欧洲的译本数。尽管R.D.奥尔蒂克告诫我们："从来没有任何一本非文学书籍……曾达到如此一个发行量"，但我倾向于接受在1791至1793年间，英格兰、苏格兰和威尔士共售出20万册这个数字（两卷总数，并包括地方俱乐部发行的节选本）。见《英国普通读者》（1957年），第69—73页。

⑬ W.罗伯茨：《汉娜·莫尔女士回忆录》（1834），第2卷，第424—425页。

⑭ 1792年11月22日J.马西信，内政部档案，第42.22号；F.奈特：《托马斯·沃克怪案》（1957），第117页。

⑮ "俱乐部备忘录"，1792年11月22日，内政部档案，第42.22号。至于威尔士的雅各宾主义，见D.戴维斯：《法国革命对于威尔士生活和文学的影响》（卡马森，1926）和M.P.琼斯：《格兰高斯的约翰·琼斯》，载《威尔士协会会报》（1909—1910）。

⑯ 1792年11月30日本杰明·沃恩信，内政部档案，第42.22号。

到各式臣民手中,甚至用来包装孩子们的糖果”。邓达斯解释道:“当大工业城镇中有大量的人倾向于接受和传播有害的学说时”,1792 年 5 月国王公告的颁布是有道理的,他明确宣称,廉
109 价的节选本加剧了危害性。全国各地都召开了精心筹划的会议支持这个公告,地方官员和教士发表效忠演讲谴责潘恩,乡绅们组成协会以“维护**古老英格兰的光荣宪法**不受侵害”。一本肆意谩骂攻击潘恩的小册子在特许经费的资助下印行 22000 本。[17] 潘恩写了言语犀利的《复函》来回击越来越强烈的攻击,其中与贵族的“人民之友会”论辩,嘲弄将请愿作为改革途径的做法。

> 我认为通过向议会请愿来改革议会是一种陈腐不堪的老生常谈,这个国家已对此感到厌恶。……权利以及对于这种权利的行使只属于民族,合适的途径是召开一个由全体人民选举的国民公会。[18]

由于海峡另一侧的国王因国民公会的缘故而被投入大狱,所以这是具有革命性的言论。但在这封《复函》出版之前,潘恩本人就为逃避逮捕跑到海峡另一边去了。他的临行赠言是“共和国元年 11 月 11 日从巴黎”发出致总检查官的信,以便在他的审判上宣读。(他说)对他的裁决意味着对“虚构之人”的裁决,将表明这实际上是对英国人民权利的裁决。

> 先生,在这个时候玩弄司法起诉是极为严峻之事。……这里已出现的可怕先例应引起你这样人的重视,不到一年前,那些人还感到他们是平安无恙的,当时他们的想法和现在在英国起诉别人的法官、陪审团

---

⑰ 1792—1793 年冬季印行,见 A. 阿斯皮诺尔:《政治与出版》(1949),第 152—153 页。

⑱ 潘恩前引书,第 56 页。出版《复函》的伊顿受到起诉,但被一个友善的陪审团(在这一次)宣告无罪。

> 和总检查官完全一样。自政府问世以来,英国政府在欺诈和腐败方面如果说还未登峰造极,那么也达到尽善尽美的程度了,你对此不可能不知道。……你(或者是我)是否会相信像教皇党先生或他那些不肖之子所具有的才能对一个国家的政府是必不可少的呢?[19]

但是,甚至在潘恩采用如此激烈的腔调之前,他的著作就已成为
区分改革派中不同侧重点的试金石了。贵族的"人民之友"竭力 110
想证明他们对 1688 年解决的忠诚,切断他们与任何有关国民公会方案的联系以及与潘恩的"飘忽不定的妄言"的联系,因为这些妄言"企图激起标新立异的精神,对这种精神,任何智慧都无法预见其结果,任何技能都无法指引其方向"(1792 年 5 月)。[20] 克里斯托弗·怀威尔是约克郡一位绅士改革派,他发表《为普赖斯法师辩护》(1791)一书驳斥伯克,但他在书中还是对潘恩的著作感到惋惜,因为它试图"挑动最下等阶级的人民以暴力和非公正的方式行事",由此造成"有害的影响"。[21] 在《人权论》第 2 部出版之后,怀威尔的语调强硬起来。在他和全国范围内的温和改革派进行通信时,他运用他的巨大影响敦促他们进行一次反宣传,以减弱"潘恩先生那不合时宜和有害主张"的影响。1792 年 4 月,他还敦促伦敦宪法知识会断绝与"大众派"的联系。

> 由于潘恩先生……主张用富人的余财作为穷人的年金,所以我认为有必要反对他那无法无天学说的极端危险倾向……

潘恩将政治要求与经济要求相联系,造成更尖锐的阶级对抗精

---

[19] 全文发表在约瑟夫·格尼的《托马斯·潘恩审判案》(1793)中。

[20] 怀威尔:《政治文件》,第 3 卷,附录,第 154—155 页。

[21] 同上书,第 3 卷,附录,第 67—68 页。怀威尔反对对潘恩作任何起诉,这是值得称赞的。

神,这无疑使怀威尔最为震惊。“对公众事业不幸的是,”他在1792年5月给设菲尔德一位绅士的信中写道,“潘恩先生采取如此违宪的立场,在下等阶级人民中建立了以共和国为目的的政党,其手法是向他们描述抢劫富人的前景”。[22]

怀威尔在伦敦宪法知识会内(潘恩本人也是会员)的支持者不如潘恩派人多,该会曾正式欢迎《人权论》第1部的出版,与此同时又通过一项决议确定对混合宪政表示支持(1791年3月和5月)。在这一年的其余时间里,温和派败下阵来,让位于毫不妥协的卡特莱特少校、具有机会主义观点同时又有冒险精神的霍恩·图克、雅各宾派律师约翰·弗罗斯特和潘恩的最亲密小圈
111 子。戏剧家托马斯·霍尔克罗夫特在给戈德温的信中欣喜地写道:“赞美你啊,新耶路撒冷,千年盛世,将和平和永恒之福赋予潘恩精神吧。”该会于1792年初春进行改组,潘恩的追随者取得了绝对的控制权,《人权论》第2部,尤其是有关“社会的主张”受到正式的欢迎,协会提出更有生气的鼓动政策。图克和弗罗斯特协助哈迪筹组伦敦通讯会,它自己的通信范围也扩大到各郡的协会和巴黎的雅各宾俱乐部(1792年5月);传单、小册子和潘恩著作的廉价版本得到出版,协会还为潘恩出庭辩护征集民众筹款。约翰·弗罗斯特以该会代表的身份于1792年11月和12月前往巴黎,出席了对法王的审判。伦敦通讯会以及曼彻斯特、诺里季和设菲尔德通讯会均表达了对潘恩的支持;博尔顿年轻的商人、一神教信徒托马斯·库珀是颇有才华的宣传家,他对《人权论》第2部的问世欣喜若狂:“它使我比以往任何时候都更加迷恋于政治。这本书满篇皆是真知灼见……尖刻抨击之处屡屡出现,更使该书增色不少。我认为该书真是一部精品……伯

[22] 怀威尔:《政治文件》,第5卷,第1、23—24、51页。

克再无还手之力，已被该书击垮了。”[23]

1792年是汤姆·潘恩极为风光的一年，在这12个月中，他的名字家喻户晓，他的书流传到不列颠岛的各个角落，那是一块试金石，将绅士改革派和辉格党贵族与那人数少但寻求同工人和工匠结成同盟、欢迎潘恩有关社会和经济的主张、希望建立共和国的激进制造商和专业人员区分开来。皮特经过长期的拖延终于作出起诉潘恩的决定，这标志着镇压时代的开始。在宣布潘恩不受法律保护（和查禁《人权论》）之前和同时，当局以执著的努力与改革派交锋。潘恩在1792年夏写给沃克的信中说："既然我们已开始动手，那就不能停下来，要继续出版廉价出版物，这将比其他任何方式都更会使宫廷老爷们晕头转向，因为这是他们所不熟悉的东西。”[24] 但是，“宫廷老爷”也使他们的出版 112
物具有进攻性，在他们自己的支持者中开动“发条”。里夫斯的“保护财产反对共和主义者及平等派协会”的出现，正好巩固加强了为对付大众团体而建立的大量地方官员和绅士的协会，这些协会在1792至1793年冬季企图重新使用暴民的暴力手段，而一年前，这种手段在伯明翰很有效。1792年12月，一群醉醺醺的暴民在有人指使下袭击托马斯·沃克在曼彻斯特的住宅，沃克和他的支持者朝天开枪，成功地保护了自己。“相同的伎俩也在一次竞选中使用”，沃克写道，“他们从各个酒馆中网罗酒徒，然后上街游行，由一个横冲直撞的家伙领头，手举一块写着‘教会与国王’的标语牌。”[25]

“火药阴谋节”式的反潘恩游行在全国各地发动，这种游行

㉓ 引自奈特前引书，第63—64页。

㉔ 布兰查德·杰罗尔德：《原文录》(1874)，第41页。

㉕ 沃克前引书，第55页。另见奈特前引书中的绝妙叙述，以及A.普伦蒂斯：《曼彻斯特简史》(1851)，第419页起。

与威尔伯福斯从利兹得到报告的那种情形相同。彭宁山区一个名叫里本登的纺织小镇上有一位富裕律师,他在1793年1月7日的日记中记载道:他付给“举着潘恩模拟像并向它射击的人10先令6便士。”[26] 赫克蒙德怀克的一个磨坊主扮作潘恩,他让自己在煤窑里阅读《人权论》时被“发现”,然后他的面具被套在一个用稻草扎的模拟像上,拖着绕村庄示众和“处决”。在附近的一个小镇上,人们费了很大力气用大锤将潘恩的木模拟像砸成碎块,抡锤人的双手都震出了血。[27] 1792年12月,

> 在十分庄严的气氛中,托马斯·潘恩的模拟像被用雪橇从林肯城堡运到绞架下,然后在众多的旁观者面前吊了起来。按常规吊了一段时间后,模拟像被运到城堡山上,吊在事先专门设置的示众架上。到了晚上,模拟像下燃起大火,在成百上千人的欢呼声中,在一个庞大的乐队演奏《上帝拯救国王》的乐曲声里,模拟像在熊熊大火中化为灰烬……

里夫斯协会的分会甚至在像布里格和凯斯特这种小市镇上也有
113 建立,其目标(以凯斯特分会为例)包括提高“警惕,采取行动,揪出那些家伙绳之以法,这些家伙出版和散布煽动性的传单和著作,参加非法协会活动或策划阴谋,企图破坏公众的安宁……”[28]

如果说《人权论》的散发是全国性的话,那么反雅各宾协会

---

[26] J.H.普里斯特利:《约翰·豪沃恩律师》,载《哈利法克斯古物协会会报》,1949年。

[27] 弗兰克·皮尔:《斯彭谷地——过去与现在》(赫克蒙德怀克,1839),第307—308页。

[28] 《斯坦福信使报》,1792年12月8日,1793年1月11日。我对雷克斯·拉塞尔先生提供的资料来源表示感谢。

的发展也是这样。因而,英国的革命势头在几乎还没有开始积聚力量之前,就暴露在反革命进攻面前,而且这种进攻得到当局财力物力的支持。乔治·勒费弗尔写道:

> 因此,每当人们闹事时,整个欧洲的领导人都认为必须使这些闹事者按照传统所教导的那样清醒过来。法国革命的成功,使得其边界以外的事态沿着与确保法国成功的事件刚好相反的方向发展。㉙

但是,这些精心组织的效忠游行,不论暂时的贿赂和放纵使它们如何显得深入人心,却越来越显示出人为的迹象。每一堆焚烧潘恩模拟像的大火都以不自觉的方式指明了乡绅的宪法和人民的权利之间的分歧。"教会与国王"派的行动,反映偏见对异己集团的乱砍乱伐,而较多地表现出这是一场政治内战中的前哨战。托马斯·沃克驱散了攻击他的暴民,这些暴民是"最无原则性派别的可怜工具",如果让人们自己管自己的事,"所有人……都将会守本份,或者依我之见,这些作为人民一分子的暴民会与我们站在一起。"㉚

沃克说的对不对?在所有问题中,这是最难回答的。我们必须再简要地叙述一下此后两年的事。

在民众情绪的每次大变化之后,冷凝和收缩的现象总会发生。这种现象在 1793 年开头几个月中有所加强,其原因有三,即处决法王、战争开始和着手起诉改革者。在改革者中,有非国教牧师威廉·温特博特姆,他仅仅由于一次布道而入狱四年,而布道的内容几乎没有超出由普赖斯法师广为传播的有关君主责任的观点;还有约翰·弗罗斯特律师,他被处以枷刑和监禁一年 114

㉙ 勒费弗尔前引书,第 187 页。

㉚ 奈特前引书,第 101、105 页。

半,其表面上的罪名是在玛丽莱本一家咖啡馆发表的言论:“我主张平等。……嗨,不要国王!”而真正的原因是他以英国代表的身份出席了法国国民公会。纽沃克一个名叫霍尔特的印刷工由于重印了宪法知识会早先的一份宣言而坐了四年牢。莱斯特的书商理查德·菲利普斯因出版同情改革的《莱斯特先驱报》而被囚禁一年半,他表面上的罪名是出售《人权论》。许多不知名的人也遭到各种不同的骚扰。当局还想尽办法十分成功地在人民团体中安插了奸细。早在1792年秋,186名曼彻斯特酒馆业主就签署了一项宣言,拒绝将他们的房间用作“任何形式的**俱乐部**或协会……有一种倾向是企图采取那些**该死的家伙所极为渴望**采取的行动,即**毁灭这个国家**”。有人登门警告那些没有签署这项宣言的酒馆主说,他们的执照将不予延期。柜台上的行会招牌上写着:“本店概不接待雅各宾分子”。曼彻斯特改革协会的书记在写给伦敦通讯会的信中说:“这个城市中的改革之敌竭尽全力遏制崇高的自由精神……。”[31]

同样的半非法形式的恐吓也在伦敦运用,伦敦通讯会的各个分会被从一家家的酒馆中逐出。“刹时间,从朴次茅斯到纽卡斯尔、从斯旺西到切姆斯福德的几乎每一个城镇中,政府都采取了清查异端邪说的行动。”[32] 伊普斯维奇的官员驱散了一个啤酒馆中“由特别下贱的人组成的”“辩论俱乐部”;威尔特郡的一

---

[31] 财政部司法处档案,第11.3510A(3)号。A.普伦蒂斯:《曼彻斯特简史》(1851),第7—8页。关于类似的对付莱斯特酒馆主的行动,见A.坦普尔·帕特森:《激进的莱斯特》(莱斯特,1954),第71页。关于各郡起诉的情况,见R.菲利普斯:《〈莱斯特先驱报〉等登载的原始文件》(莱斯特高尔,1793);《面包师亚历山大·怀特审判录》(纽卡斯尔,1793);丹尼尔·霍尔特:《〈纽沃克先驱报〉印刷商的行为与原则的辩白》(纽沃克,1794)。

[32] P.A.布朗前引书,第85页。

名小学校长因“发表反叛言论”而被解雇;在北安普顿郡的乡村中挨家挨户的效忠游说广泛进行。各个地区都派驻了密探,巡视各书店,对任何出售《人权论》的人提出起诉。至少有一名不识字的广告张贴工因张贴了拥护改革的传单而被监禁。

国外事态的发展也未能使英国雅各宾派的日子好过一点。
毫无疑问,从一开始就不得人心的对法战争重新唤起了人民中 115
间长期存在的反法传统。每一次新的处决都作了大量详尽的报道:9 月屠杀、处决法王、处决玛丽·安托瓦妮特,这些都加强了这种反法情感。在 1793 年 9 月,潘恩的朋友吉伦特派也被逐出国民公会,该派领袖被送上断头台。而在 1793 年的最后一个星期,潘恩本人也在卢森堡被投入监狱。这些经历在有思想的一代人中引起最初的深刻幻灭感,华兹华斯就是其典型代表,他们曾以热烈和乌托邦的方式将其信仰与法国的事业视为一体,1792 年出现的那种知识分子与下层改革派之间的团结再未出现过。

在 1794 年,战争狂热进一步升温。人们组成志愿军团,向公众募捐,传统集市变成了阅兵的好时机。政府对报刊的津贴增加,影响也增加,通俗的反雅各宾传单成倍增长,在埃克斯特流传的一份传单写道:

> ……至于那些不喜欢……现存**宪法**的人,让他们罪有应得:上**绞架**和**暴尸**,再架火焚烧。但不是对**潘恩**那样只烧他的模拟像,而是烧他们的身体。对此,每一颗效忠的心灵都会说“阿门”。

在伯明翰,一个名叫“乔布·诺特”的庸俗下流的小册子撰写者对改革派说道:

> 给我滚开——去想想新断头机——你也许会被记在《新门监狱日志》上——流刑也许能将你变变样子——

应当好好抬举你——你见过新断头机吗？

里夫斯的协会在伦敦各教区中影响最大，于是进行了挨家挨户的调查。在圣安妮，一本教区记录簿上记载了“居民和外来人的肤色、年龄和行业等”。在圣詹姆士，居民被召集起来谴责所有“不负责任”、不愿责成其仆人、雇工和学徒在效忠宪法的宣言上签字的家长。未经里夫斯的人鉴定的手工工人不得被雇佣，酒馆主若不举报“可疑者”就拿不到执照。里夫斯委员会的成员强制为军队征集法兰绒马甲，并将此作为检验是否效忠的辅助方
116 式。后来又从征集马甲扩大到征集“连指手套、内裤、帽子、衬衫、威尔士平纹棉布、袜子、鞋子、长裤、靴子、床单、大衣、睡衣、裙子、毯子……”㉝

战争期间如此规模的清除异端邪说的行动并不能**证明**异端邪说的广泛存在。“效忠主义”在这样的时刻总是认定“反叛”的存在，即便只把它作为一种陪衬也好。但是，大量涌现的文章、布道以及对偏僻区域的雅各宾派成员的攻击却表明：其中不仅仅是“战争狂热”，或有产阶级的一种负罪或不安感，其中必另有所含。1794年4月，一伙手持短棒的粗汉在去罗伊登的途中路过米德尔顿时恐吓年轻的塞缪尔·班福德——用谩骂、砸碎玻璃窗来对待“潘恩派”。他们捣毁“轻骑手”酒馆，改革派当时正在这里开会，在场的人均遭殴打。与此同时，家住在离现场仅几十码之外的地方官拒绝走出家门干预，教区牧师则站在小土坡上为这伙暴徒指认逃跑者：“那边有一个。……那是个雅各宾分

㉝ 这一段中的某些例子引自一本匿名小册子《和平与改革——反对战争和腐败》(1794)。关于反雅各宾派的出版物(包括乔布·诺特的小册子)，另见 R.K.韦布：《英国工人读者》(1955)，第41—51页；M.J.琼斯：《汉娜·莫尔》(剑桥，1952)，第6章。

子，还有一个！”[34] 看起来，当局似乎感受到了群众观点上的某些变化，那是一种情绪上的隐蔽变化——虽不会把英吉利民族变为潘恩派或雅各宾派，但会使它倾向于容纳和容忍煽动分子。某些微不足道的小事也足以使所有“易燃物”大火冲天，所以，必须对改革者加以监视和恐吓，必须用怀疑的目光将那些协会孤立和包围起来，必须激起无知者的偏见并赋予其合法性，尤其是对那些与下层改革派有联系、又能够接触印刷业、书店、讲坛或演讲台的专业人员更要加以恐吓。

不清晰者的态度或穷人情感结构中这种显著变化可以在人们不曾预料之处得到证实。在 1793 和 1794 年，突然出现了对千年王国的幻想，其规模是 17 世纪以来最大的。霍尔克罗夫特的“新耶路撒冷”是一个理性的奇想，布莱克的“耶路撒冷”是一种幻像（尽管千年王国派对他的影响比评论家们所注意到的要更大些），穷人和老实巴交之辈却发现理查德·布拉泽斯是一个更直率的预言家，布拉泽斯是一名领取半薪的退役海军上校。他的《预言所揭露的知识与时代》于 1794 年初出版。他的预言综合了对上帝意图的精深了解和启示录的一般内容，所用语言也是将穷人非国教中的“易燃物”和革命时代的“易燃物”合二为一：

> 所有民族都沉浸在对巴比伦妓女的愤怒之中，地球上的国王与她私通，而地球上的商人因她的倾城美貌而发财……

他的幻像之一是“一条流经伦敦的、宽阔的河沾满人血”，他预测伦敦将于某一天毁灭，是日恰逢极其猛烈的雷暴雨。约翰·宾斯在去伦敦通讯会参加会议的途中到一家啤酒馆避雨，他在那里

---

[34] 班福德：《早年岁月》(1893)，第 55—56 页。

（饶有兴致而又惊奇地）发现人们正在等待毁灭的到来。[35] 一会儿之后，布拉泽斯宣布只是由于他本人在最后一分钟干预的结果，伦敦才免去此劫难。由于他十分明显地施展了对上帝的影响，他的信徒瞬间便翻了一番。

有一本8页篇幅的小册子，它是否得到布拉泽斯的授权尚不清楚，小册子名为《布拉泽斯对于即将发生的重大事件的预测……：预言教皇的倒台；在西班牙、葡萄牙和德意志发生的革命；本国和他国某些重要人物的去世，以及令人可畏的饥荒、瘟疫和地震……》。书中说：英国将出现"巨大的悲哀和痛苦，并与难以言状的欢乐交汇在一起"，"骄横者和显贵们将会一落千丈，甚至会蒙受奇耻大辱。正义者和穷人们将在恶人的废墟上兴盛起来，宫殿将会是……，茅舍将会是……。"至于饥荒、瘟疫和地震，显然它们都是隐喻：

> 饥荒将要毁灭的只是西班牙毛虫，瘟疫将要扫除吞噬工业成果的蝗虫，而地震将要埋葬魔鬼般的海中怪兽。在这一切发生时，贫穷者、诚实者、善良者和爱国者将会欣喜欢呼。

118 "法国必将再次流血，但流出的只是肮脏之血。""意大利将把反基督者从宝座上掀下来……。"土耳其与俄国将陷入战争，最后以土耳其政府、伊斯兰教信仰、俄罗斯帝国和希腊教会的毁灭而告终。在这些显示仁慈的征兆之后，四海之内皆兄弟的时代将到来。"所有人就像是一个民族，都是一条心。……基督教徒、土耳其人以及异教徒将不再是区别人的界线"：

> 时候到了，巴比伦妓女正在倒下，将不会再爬起来。永恒光明的子孙们，向前进，启迪愚昧和黑暗的子孙

---

[35] 宾斯前引书，第47—48页。

> 们。……
>
> 这样,不会再有战争,不会再有短缺,不会再有邪恶。一切都将安宁、富足和美好。

布拉泽斯的影响也许比人们所认为的要大得多。[36] 他的一些含义不明确的预言好像都兑现了。每当法国军队获胜时,人们便会想起这些预言。伦敦通讯会的会员时常拜访他,他们也许甚至会鼓励他。一位议员已准备好为布拉泽斯预测力的真实性作证(这已屡见不鲜)。著名的雕刻家、政治改革家威廉·夏普成了他的信徒。枢密院视布拉泽斯若芒刺在背,于 1795 年 3 月将他逮捕,在此后几年里将他囚禁在一个精神病院中。像利兹的乔治·特纳这样的追随者们直到世纪之交时仍在努力要求释放他(威胁道:如果预言家依然被囚禁的话,他们就要毁掉伦敦),这样,他们就为更狂热的乔安娜·索思科特崇拜铺平了道路。[37] 对立的预言流派壮大起来,许多人在《启示录》中一遍遍搜索,而卫斯理宗和浸礼会的牧师们则努力消除这种新的异端。1798 年,一个"真正浸礼会"的传教士与他在诺里季、威斯贝克和利物浦等地穷人中的教徒进行比试,从《启示录》中寻找根据反驳其证据,要他们不要与魔鬼靠得太近,而要回到精神的朝圣路途上来:

> 当人类处在尘世和政治交往的状态中时,基督的信条 119
> 并不能使他们亲如兄弟。它召唤个人脱离尘世,只将他们视为地上的陌路人和进香客。一个基督徒,如果去干涉宪法的事,那就……像一个旅行者,正忙着去见

---

[36] 见塞西尔·罗恩:《上帝之侄》(1933);G. R. 巴莱恩:《过去揭秘》(1956),第 4 章;R. 骚塞:《唐·曼纽尔·阿尔瓦雷斯发自英国的信》(1808),第 3 章,第 223 页起。

[37] G. 特纳:《发给全世界的号召》(利兹,1800)。关于乔安娜·索思科特,见下文第 382—387 页。

他在远方的妻子和家人，那里应当是他的全部幸福所依托之处，而他竟在他所经过的每一个城镇、村庄干涉别人的内部规则……

千年王国被肯定放在死后出现，到那时：

高贵者和下贱者、压迫者和被压迫者将处于同一个完善的水平上。放纵的暴君和贫穷的百姓、身缠万贯的贵族和一文不名的乞丐都接受平等而公正的审判……[38]

出现在威斯贝克和利物浦的千年王国精神反映了一种反抗的情绪，当局将这种情绪诋毁为“标新立异的精神”，它还反映了轻信者不甚明确的社会乐观主义，它与更复杂的革命理想是同一类东西。彭斯写道：“为了那个世界，它正在降临；如果兄弟们为那个世界而奋斗，到那时全世界将坦诚相处。”“人惟有亲如兄弟才能生存，”布莱克也附和道。同样的精神是他自己写的“预言书”和关于耶路撒冷的美好憧憬的着重点：

在心灵交流之中，
我在每块土地上行走，
共同建设耶路撒冷，
大家心连心手拉手。

无论这种精神是以梦幻的或是迷信的形式出现，它都是“理性时代”到来时的一种离奇的矛盾现象。但是，在观点的变动和新理想的孕育方面，它也许和潘恩的论述一样具有持久的影响。

那些经受住了1793年开头几个月的打击和政治迫害的群

---

[38] S.费希尔：《上帝之国的一致与平等》（诺里季，1798）；《基督徒的告诫》（威斯贝克，1798）。

众团体也许是对1792年乐观精神的证明。1792年就牢固建立的团体守住了它们的大部分阵地，甚至改进了其组织。伦敦、设菲尔德、诺里季，也许还有德比和诺丁汉的情况就是如此。大部分协会的会员有所减少，许多有影响的中等阶级支持者也撤回了他们的支持。曼彻斯特协会因托马斯·沃克抗击暴民保卫住 120
宅正在等待涉嫌反叛罪的审判而大大削弱了；莱斯特的菲利普斯被投入监狱，当地宪法知识会也就解散了。但在这两个中心城镇，更平民化的协会在其受人尊敬的母协会失势之后继续存在。（曼彻斯特的地盘由沃克的宪法会和改革爱国会分享，后者据称由“最下等阶级的技工”组成。）[39]

设菲尔德协会是最强大的协会，1792年时在册会员接近2000名，似乎没有受到什么影响。4月，该会通过了一系列言辞直率的、谴责战争的决议；5月，该会宣称它为一项全国性的争取成年男子普选权的请愿书征集到了近1万个签名。诺里季是一个历史悠久的非国教徒堡垒，拥有大量的小雇主和手工工人，这些人有强烈的独立传统。也许，诺里季在地位上还超过设菲尔德，是雅各宾主义最重要的地方中心，尽管有关当地运动的档案资料还不够完备。1792年8月，当诺里季革命会资助《人权论》出一个廉价本时，它宣布拥有48个附属俱乐部。该会到10月又宣布它的“合伙兄弟”已不少于2000人。[40] 在1793年3月，诺里季仍是小规模俱乐部环绕的中心，市内有“30至40个独立的协会”，“此外乡村中还有许多协会”。[41] 但是，6月寄给伦敦通

---

[39] 备忘录载财政部司法处档案，第11.3035号。沃克的同案犯包括来自这些协会的手工工匠：染纸匠威廉·保尔、制帽匠詹姆士·奇塔姆、织工奥立弗·皮尔索尔。见J.格尼：《T.沃克等人审判案》（1794），附录，第122—126页。

[40] 财政部司法处档案，第11.3510A(3)号。

[41] 《秘密委员会报告》（1794），第140页。

讯会信函的语调却表明他们遇到了困难：

……当我们考虑到用了多少汗水、辛劳和多么忍饥挨饿来支持它时，我们怎能被说服？但地主和商人们策划了一个奴役人民的诡计，因为他们就像吃面包似的吞噬人民。贵族和统治集团的影响变得十分令人惊恐，因为他们榨干和吞噬了人民。然而一个传说正从南方传来，这使暴君们感到胆颤心惊。[42]

伦敦的情况较难确定。战争开始后，宪法知识会大大衰落
121 了，直到1793年秋季，其活动基本上限于通过正式决议的范围。伦敦通讯会也遇到了巨大的困难，在1792年的最后几个月，该会曾宣称拥有数千名会员，1793年1月（据一名密探在哈迪受审时的证词），该会采取措施，拨经费给斯皮特费尔兹分会和莫尔费尔兹分会，以支付会议室的租金。这两个分会尽管财政拮据，"但其会员数目相当于其他分会的总和"。不过在9月，事态表明有必要对莫尔费尔兹分会和另一个"位于瘸子拐林地……十分暴烈的"分会进行改组。在全国请愿方面，尽管委员会很努力（约瑟夫·杰拉尔德在高等（债务）监狱中征集到200名犯人的签名画押），但伦敦通讯会仅征集到6000个签名。[43] 1793年5月30日，（据密探说）"哈迪先生提议中止活动3个月，该提议被否决。"7月，哈迪在给利兹新成立的宪法会写信时颇为自信地说："我们已在对抗有地位、有年金者方面站稳了脚跟"：

我们在议会中受到辱骂，在公共场合受到中伤，在私下里受到迫害，在酒馆中受到骚扰，但是我们继续频繁地

---

[42] 同上，第150页。"南方"可读作"法国"。

[43] 一份奸细报告〔财政部司法处档案，第11.3510A(3)号〕列出了在1793年4月的29个分会，其中至少有16个分会积极征集签名。

> 开会,完好无损……而且我们的信条使众多的人改变信仰……[44]

这种信心并不是盲目的,因为在夏季,明显地恢复了与外省的通信,旧的协会恢复活动,新的协会建立起来,在这个过程中,是伦敦通讯会而不是宪法知识会占据了核心地位。伯明翰一个于1792年最后几个月中成立的协会在初夏时谨慎地扩展其活动,受到不同寻常的欢迎,“贵会会员人数的增加将很快洗刷掉由‘教会与国王派’暴民非正义的行动所强加在贵城头上的耻辱”。利兹一个由“一伙贫穷的技工”组成的新协会要求与伦敦宪法知识会建立“兄弟般的关系”,

> 贵族暴正[政]和对民主的忽视好像要吞没利兹城,达到了使人害怕的地步。总地来说,我们被看成更像魔鬼,而不像人民的朋友。我相信在过去的6个月中,人
> 民中那个无知的部分(由于贵族和教士的暗示)以为我 122
> 们会扑向他们,把他们毁掉。……我们的会员数达到近200名,而且还在不断增多……

7月,赫德福德郡和图克斯伯里的新组织写信给伦敦通讯会。图克斯伯里的书记本人签字时用了这样的词语:“你们的同胞、光荣的自由事业的合作者”,他描述了何以——

> 焚烧托马斯·潘恩的模拟像和现在这场战争的**幸运影响**会比大部分有力的论点对事业的好处更大。自由的朋友人数增加,探索的精神四处传播,令人惊叹不已,连老妇人都在谈论政治。

8月,伦敦通讯会恢复与德比、斯托克波特、曼彻斯特、诺丁汉和

---

[44] 《秘密委员会报告》(1794),第152、154页。坦普尔法学会学人:《托马斯·哈迪审判案》(1794),第142、144页。F.奈特前引书,第134页。

考文垂等地协会的通信联系，要求它们“指出比邮局更安全的传递我们信件的方式”，而且还提出要求，希望它们采用通讯会的名称，组建一个“统一协会”（暂不实行）。该会的会议记录表明它的会议到会人多、安排有序，成立了新的分会并接纳了新的会员。[45]

群众团体经受了第一场风暴，但它们重新出现时，侧重点和调子都有了明显的变化。潘恩的名字放到了后面，他那率直的共和主义的调子也变成了重新强调恢复宪政的“纯洁性”。（1793 年 6 月，伦敦通讯会走得是如此之远，以致用 1688 年的解决方法来看待宪政。）但是，在当局显然已打算对任何超越此范围的言论予以起诉之时，这种改变就必不可少了，而另一方面，镇压行动又导致这些协会更加激进。首先，步伐正在予以调整，但不是在伦敦，而是在苏格兰、设菲尔德和诺里季。其次，当几个坚定的专业人士如约瑟夫·杰拉尔德、莫里斯·马格罗特和约翰·瑟尔沃尔等与诸如哈迪和巴克斯特这样的手工工人在伦敦发挥领导作用时，1793 年参加协会的多数改革派却是些手工工匠、挣工资者、小业主和小商贩。他们现在反复强调两个新的
123 主题，一是经济上的苦难及纠正它的社会方法，二是模仿法国的组织形式和发表宣言的形式。

如果我们可以从哈迪保留的会议记录中加以判断的话，那么他就是一位卓有能力、态度认真的组织者，是那些数十名跟随他的志愿工作人员所推崇的光辉榜样。根据宾斯所述，哈迪“衣着朴素，谈吐直率，从不摆架子，也不装腔作势”。伦敦通讯会的一位主席莫里斯·马格罗特是酒商的儿子，他的很多童年时光是

---

[45] 《秘密委员会报告》（1794），第 148—157 页。伦敦通讯会会议记录，附加手稿，第 27812 号。

在葡萄牙和瑞士度过的,(在瑞士时,曾就学于日内瓦大学)有时被称为“法国人”。他精力充沛、胆识过人,但深深染上了英国雅各宾派的特有恶习——自吹自擂。[46] 约瑟夫·杰拉尔德和约翰·瑟尔沃尔比其他任何人都更具有全国领袖和理论家的气质,杰拉尔德是塞缪尔·帕尔博士的高足(帕尔素有“辉格党的约翰逊”和西部学术前辈之称),是他最有力地宣传了潘恩的危险主张,即召集英国改革派的国民公会。[47] 正是这种改革者大联合的威胁和一种甚至更为严重的、日益加强的威胁(英格兰、苏格兰的改革派和联合爱尔兰人的结盟)促使政府下决心采取行动。

当局的困境是立宪主义的自身矛盾造成的。当法律足以使地方官员作出即刻定罪的时候,国王的司法官员们却迟迟不愿作出重要起诉。有关煽动的法律不明确,总检查官面临的选择是可按叛国罪起诉,也可以提出较轻的煽动诽谤罪指控。福克斯的《诽谤法》于1792年开头几个月的温和时期生效,使陪审团既是案件也是案情的裁决人。这也许是福克斯为普通人民做的最了不起的一件事,上述法案是在镇压浪潮到来之前的最后时刻通过的。[48] 因此,英国政府面临着重重障碍:法律不明确;陪 124
审团制度(它两次裁定丹尼尔·伊顿无罪,1794年裁定托马斯·沃克无罪,使当局丢了面子)的存在;有一个人数不多但十分出色的福克斯反对派,其中包括大律师托马斯·厄斯金(他在几次

---

[46] 见《英国人物传记》中的记载;宾斯前引书,第42页;M. 罗:《莫里斯·马格罗特——两个半球上的激进分子》,载《历史研究院院刊》,第31期,(1958),第68页。

[47] 见约瑟夫·杰拉尔德,《国民公会——惟一能使我们避免毁灭的途径》(1793),第111页起;亨利·柯林斯:《伦敦通讯会》,载萨维尔:《民主与工人运动》(1954),第117—118页。关于瑟尔沃尔,见后文第157—160页。

[48] 该法案于1792年5月21日在上院三读通过,打击煽动性著说的公告在同一天颁布。大法官瑟洛勋爵说它预示了“英格兰法律的混乱和毁灭”。

审判中指导辩护工作)；以及公众舆论中填满了立宪主义的口号，它随时准备挺身而出抗击任何侵犯个人自由的行为。

但苏格兰法律并不相同。这里的法官很温顺或有党派偏见，陪审员也可以从容地加以挑选。而且，这里的苏格兰"人民之友会"在1792年12月召开了国民公会。1793至1794年苏格兰的审判不仅针对很有活力的苏格兰雅各宾派协会，而且也针对英格兰的协会。第一次打击发生在1793年8月，最有才华的苏格兰领导人托马斯·米尔在一次恶意中伤的虚假审判之后被判处14年流刑。法官布拉克斯菲尔德的举止比起诉本身更为恶毒，他对一位从法官席后面走过的陪审员小声说道："喂，霍纳少爷，帮我们绞死这些该死的恶棍。"在向陪审团提交的指控中，他提到米尔的能力，和"在无知的乡下佬和下等阶级中"进行宣传挑拨，"使他们扔下活计不干"：

> 米尔先生也许本来就知道根本不用把这些乌合之众放在眼里。他们有什么权利要求得到代表权？……政府……应当像一个社团。而在这个国家里，它是由土地利益集团组成的，只有这个利益集团才拥有代表权。

他告诉陪审团一个"不须予以证实的"事实："英国宪政是自创世以来最好的宪政，要使它更好是不可能的"。他的那些有学问的法官同事们颇有同感，其中一位(斯温顿勋爵)认为煽动罪包括"谋杀、抢劫、抢夺、纵火等各种罪行。……如果要寻找与罪行相当的惩罚的话，这不可能在我们的法律中找到，因为严刑已被幸运地废除了。"[49] 第二次打击在9月份，当时在邓迪任牧师的帕尔默在珀斯受审。帕尔默是一名英格兰惟一神教派牧师、剑桥

---

[49] 科伯恩勋爵前引书，第1卷，第175页起。另见米克尔前引书，第6卷；《托马斯·米尔的生平和审判》(鲁瑟格伦，1919)。

大学女王学院成员。他的“罪行”是鼓励人们阅读潘恩的著作，125
参加邓迪自由之友会(被说成是“下等织工和技工的”协会)而成为会员。法官席上假慈悲的人“以最轻的量刑”判处帕尔默去波塔尼湾服 7 年流刑时流下了大把的鳄鱼泪。

这就是两个有才华的专业人员的例子,他们都愿意无保留地与平民改革派合作。这两人都极为顽强地经受住审判,保持了尊严。苏格兰改革派在这些审判的威胁下也没有被吓倒,看起来他们有可能通过与英格兰的协会保持更紧密的团结而使自己得到某种保护,因而敦促尽早召开国民公会。哈迪、马格罗特和杰拉尔德都表示同意,会议通知提前两个多星期发出,定于在爱丁堡开会。伦敦通讯会指定马格罗特和杰拉尔德为代表,于 1793 年 10 月 24 日在哈克内举行其首次露天集会,确认这项指定。数千名支持者参加了这次集会,到场的还有一些好奇者,他们由于听到了法国雅各宾派已经登陆或“汤姆·潘恩就要来种植自由之树”这样的谣言而被吸引到会场来。大会记录忠实地记载了投票决定的代表开支标准(来回旅费 10 镑、旅途费 4 镑,在爱丁堡每日生活费 9 先令)。在此后的几个星期里,协会在严厉催促下筹集这笔“经费”。然而,这笔经费最后竟足够把他们的代表送到澳大利亚去。

会议通知发得过于急促,地方上的协会来不及筹集款项派出代表。设菲尔德的协会是个例外。11 月 1 日,该会发了一封带有嘲讽语气的信给伦敦宪法知识会,对其按兵不动提出批评:

> 这个国家中名列前茅的协会,诸如“伦敦宪法知识会”和“人民之友会”,他们以爱国自诩,但到目前为止只是以某种程度的冷漠去看待兄弟国家中最近采取的措施,这些措施是与……自由的宪法完全对立的,正如水火一样不相容……。我们这些微不足道的乡下人将它

们视为楷模，……我们几乎就要动这个念头：是掐下那些自由花蕾的时候了，……以免它们面临在严霜下枯萎的危险。……

设菲尔德的协会指定布朗为其代表赴爱丁堡，他是一名“演艺
126 人”，后来改行当律师，他还受托代表利兹协会。诺里季各协会授权马格罗特作为其代表，并提供“费用”。苏格兰的审判、法国在瓦朗西安的胜利、价格和失业率的上升以及召开一次国民公会的现实威胁造成一种新的沮丧气氛。伯明翰协会对无力派出一名代表感到抱歉：

皮特先生的屈辱战争几乎完全毁掉了这座城市的生计，迫使大批本城最优秀的居民和技工横渡大西洋。……然而，总的来说，这已沉重地打击了骄狂，消除了怨恨，挫败了改革的敌人的许多伎俩……并使许多人改变信仰，投身于自由事业。

设菲尔德协会也感受到了这场战争的影响：

我们拥有数千名会员，但其中绝大多数是工人。这场战争使他们中的许多人**完全**失业，而且几乎每个人的收入也下降了**一半**。在这个王国中，我们比其他任何人都跌得更惨。[50]

马格罗特和杰拉尔德完全明白他们所面临的危险。他们在把精神团结的“援助”抢送给他们的苏格兰同志们。要是当时不这么做的话，苏格兰和英格兰的运动就会一蹶不振。布莱克斯菲尔德主持的法院像对待米尔和帕尔默那样来对待英格兰人，而马格罗特和杰拉尔德就是在对此提出挑战。援助到得正是时候，爱丁堡的国民公会于 10 月底简短地召开，然后便在英格兰

---

[50] 《秘密委员会报告》(1794)，第 160—165 页。

代表缺席的情况下休会。当马格罗特和杰拉尔德抵达之后，国民公会急忙重新召开，会议力量比以前增强。马格罗特、杰拉尔德和苏格兰干事斯克文左右了会议进程，这次会议在 1793 年 11 月最后两个星期一直开会，直到 12 月第一个星期被冲散，其领导人旋即被捕。（在此之前，马格罗特和杰拉尔德向哈迪提出紧急申请，要求提供更多的经费以便能够去造访苏格兰各主要协会。“所有召回我们的借口都是站不住脚的，除非是出于**恐惧**。我们必须提醒你只有我们才应该害怕而不是你”。）国民公会的进程是温和的，虽然在某种程度上仿佛是在做戏。但有一些情况使之更具革命色彩：国民公会毕竟得以召开了，联合爱尔 127
兰人派观察员出席会议，法国式的程序和演讲被使用（尽管“公民”这个术语已在设菲尔德使用了很长时间），它在爱丁堡的亲法气氛中出现。会议记录所用的年号是“英国国民公会元年”，会议通过了一项决议（其条款在后来的审判上引起争论），同意在人身保护法中止实行或动用法律手段对付改革派的情况下，立即在一个秘密地点召开紧急国民公会。[51]

随后进行的审判按照对米尔和帕尔默审判的方式进行。斯克文和马格罗特为他们自己所作的无罪辩护十分出色，但他们被判处 14 年流刑。斯克文在离开法庭时说道：“大人们，我知道这两天所做的事将被重新评价，这是我的宽慰，也是所有的希望”。马格罗特出庭时有一队人陪伴着他，他们举着一棵成“M”形的“自由之树”罩在他头上，他做得很夸张，急欲得到殉难者之冠。但是，他大胆地向布莱克斯菲尔德挑战，在受审前的一次晚

---

[51] 根据起诉书，该决议在其他情况下也适用，其中包括法军在英国登陆。另见“一个与会者”：《英国国民公会……记述》（1794），第 24、34、45 页；米克尔前引书，第 7 章。

宴上，马格罗特夸耀地说他情愿让改革派在服流刑前先受鞭笞，“暴民们流一点血有好处”。科伯恩勋爵（他在马格罗特年幼时见过他）回忆道：“一个个头不高、肤色黝黑的小家伙，身着缀有银白色金属纽扣的黑色服装、长丝袜，有些像人们头脑中弱小法国人的样子，一个最冒失和最会出乱子的孩子”。[52]

约瑟夫·杰拉尔德获保释，返回伦敦向伦敦通讯会作汇报，再处理一些自己的事，然后折回爱丁堡，在 1794 年 3 月接受审判。他没有必要这样做——同事朋友们都恳求他利用保释逃走。杰拉尔德在 18 世纪 80 年代在西印度群岛留下了病根，所以体质虚弱，流刑可能意味着死刑，后来的情况证明了这一点。但他争辩说，他的“名誉不是托付”给苏格兰法院，而是托付给那
128 些“由于受我的观点影响而陷入相似危险境地的”社会上地位低下的人们。他只惹了一个麻烦，拒绝用粉把他的头发做成“保王派”的发型，出庭时“头发上没有扑粉，松散地披在脑后，他的颈部几乎完全裸露出来，身穿大翻领衬衫，这是当时的法式服装。”至于其余情况，科伯恩勋爵这样记述道：“从来没有一个犯人的言谈举止与法官们的言谈举止形成如此鲜明的对照”。[53] 当杰拉尔德坚持认为耶稣基督自己是改革派时，布莱克斯菲尔德抿着嘴向当庭的其他法官笑道：“看他在胡诌些什么，**他**早该绞死。”杰拉尔德曾受过法律方面的训练，他依其他改革派的样子

---

[52] 科伯恩前引书，第 2 卷，第 25 页。马格罗特擅长做戏的性格在他后来的生平中也得到表现。他在斯比特赫德的囚船上等候流放时，向诺里季发了一封最愚蠢的信：“谣言……说海面上有 70 艘法国船，如果这样的话……其后果也许是一次袭击。看在上帝的份上，我尊贵的朋友，可别放松啾。……”（1794 年 3 月 10 日，《秘密委员会报告》，第 81 页）。在途中，他与同船的犯人吵架，其他犯人对他不信任。他是惟一返回英国的流放犯人（于 1810 年），然他继续投身于激进政治之中，直到 1815 年去世。见 M. 罗：《莫里斯·马格罗特》，同前引书。

[53] 科伯恩前引书，第 2 卷，第 41—43 页。

为自己作辩护，在改革派的要求上丝毫未作让步，广泛引用胡克、洛克和布莱克斯通的学说为宣传改革的权利作辩解。这是一个展示立宪主义言论的立宪主义案例：

> **宪法！宪法！**这个词在我们的耳际经久不衰地回响。这是改革的敌人加在轻信和单纯的人们头上的符咒。他们像巫士一样，先将人们镇住，用巫术使人们处于昏沉状态，再见机行事。但是，当官吏和领取年金者的一生都在破坏宪法原则时，我们听他们谈论宪法，就如同听和尚宣传集中居住一样……[54]

布莱克斯菲尔德在向陪审团提出其"指控"时说道："当诸位目睹杰拉尔德先生……像你们今天所听到的这样发表演说时，我认为他是一个十分危险的社会成员。因为我敢说他的口才足以教唆人们拿起武器闹事。"杰拉尔德插说道："啾，大人！大人！用这样的口吻跟陪审团说话真是很不适宜呀。……"

杰拉尔德被判刑14年，他和斯克文在到达新南威尔士之后不到一年就去世了。[55] 布莱克斯菲尔德和"苏格兰法"的神秘由于这些判决而得到英格兰历史学家的大力称赞，这既是苏格兰司法体系作出的判决，也是英国政府作出的判决。皮特、邓达 129
斯、拉夫伯勒和瑟洛在随后进行的议会辩论中全力为审判过程的所有细节作辩护，邓达斯认为法官们在作出判决时运用了"出色的判断力"；皮特努力挡开福克斯那最具破坏力的进攻，认为法官们假如**没有**运用其判断力来惩处"如此胆大妄为的违法行

---

[54] 《约瑟夫·杰拉尔德审判案》（爱丁堡，1794），第197—198、241页。杰拉尔德于18世纪80年代也许在宾夕法尼亚的法院中工作过。见《杰拉尔德审判案》（格拉斯哥，1835），第4页。

[55] 杰拉尔德在新门和其他伦敦监狱中被囚禁了一年多，我们有理由推断他曾被给于赦免，条件是放弃他的原则。

径"和压制"对这个国家如此危险的学说"的话,他们就"铸下了大错"。(改革派则竭力指出这些学说显然与皮特本人在18世纪80年代所宣扬的学说几乎毫无二致。)而威尔伯福斯"尽管没有看过帕尔默先生的审判记录,但他却嘲讽那种对帕尔默施以人道待遇的主张","凭良心说,他不认为应该延缓宣判"。[56]

我们知道,镇压是一把两刃刀。以后10年,人们并不回顾"布莱克斯菲尔德时代",而是像德昆西那样——回顾"杰拉尔德时代"。汤姆·潘恩在海峡彼岸与国王之敌密谋的形象,也许会引起恐惧或仇恨;但是,一个疾病缠身的人自愿回来接受"审判",这种形象就不会造成同样的反应。此外,民族偏见以一种奇妙的方式有助于改革派的事业。持温和立场的"生而自由的英国人",由于认为这种事可以在苏格兰发生,却不可以在"这里"发生从而减轻了自己的负罪感。"体面的、可尊敬的"英格兰人这种感情上的突变可以通过伊顿被第三次认定无罪(1794年2月)和托马斯·沃克于4月被认定无罪得到反映。它在强度上足以抵消由罗伯斯庇尔恐怖所引起的另一种恐惧感。杰拉尔德和他的同伴们,通过自身的榜样,为拯救哈迪、图克和瑟尔沃尔的生命作出了实质性贡献。他们牺牲了自己,却为英国免受白色恐怖的灾难出了力。

苏格兰受害者们的榜样并没有吓倒英格兰的协会,而是使它们坚强起来。当约翰·弗罗斯特(这一年一直在狱中)于1793年12月19日拖着病体从新门监狱获释出狱时,他以胜利者的姿态被簇拥着穿过伦敦的街道,人群在威尔士亲王的府邸前停下来欢呼雀跃。约翰·瑟尔沃尔此时已取代杰拉尔德成为伦敦通讯会最有才能的理论家,他开设了一系列讲座,为被捕者提供

---

[56] 有关辩论的出色总结仍载科伯恩前引书,第2卷,第133—149页。

辩护基金。1794 年 1 月 17 日,杰拉尔德(他是两个协会的会
员,此时正在保释中)出席了宪法知识会的一个会议(该会已恢 130
复活动),在欢呼声中被选为会议主席,会议通过了一项“以暴政
的手段来反对暴政”的决议。杰拉尔德已提醒英格兰改革派:
“反对暴君就是服从上帝。”3 天之后,环球酒馆中挤满了参加伦
敦通讯会大会的会员,连地板都压塌了。大会提议在英格兰土
地上举行新的全英国民公会,约翰·马丁公民以主席身份发表了
一篇挑战性的演说:

> 我们还在举棋未定。现在我们必须立即为自己和后代选择自由或选择奴役。你们是否要等到**兵营**遍布每个村庄,等到**拿津贴的**黑森人或汉诺威人扑向我们之时才采取行动呢?

4 天之后,宪法知识会认定“伦敦通讯会有功于他们的国家”,指令印刷 4 万份该会的宣言予以散发。这份宣言的结果是恢复地方协会的活动,布里斯托尔协会干事在收到宣言后写道:“那天晚上,我尽我力所能地召集到一批朋友,我们阅读,我们兴奋,我们鼓起勇气……。你们的第二封信加强了我们的勇气,振奋了我们的爱国主义……而且,我们现在的会员数已增加了许多。”[57]

信件从其他停止活动的协会寄来。来自纽卡斯尔(很长时间没有音讯)的消息说:当地仍有许多“协会”存在,它们“每星期聚会一次,只接纳熟知的朋友为会员,并只采用报纸名称为其会

---

[57] 《秘密委员会报告》(1794),第 185 页起。约瑟夫·杰拉尔德:《国民公会——使我们免遭毁灭的惟一途径》,第 59 页。《伦敦通讯会宣言……1794 年 1 月 20 日》。约翰·马丁在爱丁堡的托尔布斯写信给马格罗特(1794 年 1 月 22 日):“协会在士气和数量上都迅速增长,**富人**们现在开始来到我们中间,高兴地与腰扎皮制围裙的本分人坐在一起。”财政部司法处档案,第 11.3510(B)号。

名”。显然,还有许多其他协会存在或恢复活动,它们与伦敦没有正式的通信联系,比如罗伊斯顿协会和哈里法克斯协会于1794年4月首次来信,对它们的行为中“一直采取的极端谨小慎微”表示歉意:

> 我们希望一般公众知道在这座城镇中、在这个教区里
> 131 有许多激烈反对……一切自由讨论的人。……目睹这
> 座城镇中一个宣传自由的人被罚款、戴枷或入狱,将使
> 他们感到说不出的愤怒……

在同一个月,哈里法克斯举行了一次露天集会,“来自利兹、韦克菲尔德、哈德斯菲尔德、布拉德福德和附近地区的许多朋友”参加了集会。到场者赞同(在布里斯托尔)举行一次代表大会和国民公会的计划。在莱斯特,酒馆里开办了几家俱乐部,并举办“民主讲座”。在伦敦,伦敦通讯会和宪法知识会组成一个联合委员会以召开国民公会,尽管宪法知识会要求使用其他会议名称。4月,一次成功的露天集会在白垩农场举行,瑟尔沃尔和其他人发表了演说,所通过的决议认为任何进一步试图“破坏那些尚存法律的行为……应被视作是彻底废除英吉利民族与其统治者之间社会契约之举”。[58]

这不仅是镇压、而且也是价格上涨和经济困难所造成的后果。某些证据表明,鼓动活动深入到伦敦东区的贫困地段。10月份,哈克尼的集会还是一件新鲜事,而弗朗西斯·普雷斯已经回顾说:乔克农场集会的参加者“人数众多……,各行各业的男女都有……,这是我所见到的秩序最为井然的一次……,尽管他

---

[58] 《秘密委员会报告》(1794),第185—189页;《哈里法克斯宪法会一次集会的记述》(哈里法克斯,1794);P. A. 布朗前引书,第111—117页;A. 坦普尔·帕特森前引书,第74页。

们受到弓街巡捕和各种警官、政府密探和记者的侮辱和寻衅，他们是有思想有理智的人”。[59] 也是在4月，设菲尔德举行了一次有六七千人(改革派声称有12000人)参加的集会，抗议苏格兰法院的判决。来自德比的亨利·约克主持集会。约克是一位十分年轻、口才出众但反复无常的绅士，他期望有一天“全体人民的威严声音将指使圣斯蒂芬教堂的558位绅士如何去干他们的事”。“醉汉们在夜里”袭击了设菲尔德改革派人士的住宅，协会干事戴维森于是提出一项计划，打算发“长矛给爱国者，数量要足以使他们令人可畏”。在后来对哈迪和约克的审判中，这一点 132
被大肆渲染。起诉书将它作为打算谋反的证据，辩方证人否认这一点，或指出这充其量也不过是针对“教会与国王”派暴徒的自卫意图。事实上，以上这两种意图在各协会中也许均存在。在爱丁堡，由英国国民公会残存下来的一个委员会仍在举行秘密会议，它在一个原政府密探罗伯特·瓦特的控制下度过了险关。他们制造了几把矛头和战斧，瓦特在临终忏悔中宣称他已改变立场投身改革事业，计划在爱丁堡、都柏林和伦敦同时举行起义。无论瓦特的动机如何，数十名苏格兰织工和手工工人深深卷入他的密谋之中。[60]

在皮特于1794年5月对各协会发动突然袭击之前的局势就是如此。袭击后，伦敦宪法知识会和伦敦通讯会的领导人被捕入狱，他们的书信文件被查缴，议会任命了一个秘密委员会对

---

[59] 附加手稿，第27814号。这些集会有助于确立重要的先例，因为在未经当局同意、不是为向议会请愿的情况下由普通人民召集公共集会的合法性还不够确定。见杰夫森前引书，第1卷，第277页。

[60] 《哈迪审判案》，各处；《亨利·约克审判案》(1795)，第26、80—81页；《罗伯特·瓦特审判案》(爱丁堡，1795)，第353页；米克尔前引书，第150—153页；《罗伯特·瓦特的生平与性格》(爱丁堡，1795)，第76页。

他们进行调查，[61]《人身保护法》中止实施。在诺里季，艾萨克·圣特和其他委员会成员被捕。在设菲尔德（其参加爱丁堡国民公会的代表M.C.布朗已在候审之中），亨利·约克和委员会的成员均被抓了起来，该会书记理查德·戴维森躲了起来，《设菲尔德纪事报》编辑约瑟夫·盖尔斯也被指控谋反（6月），他逃到美国去了。紧接着这些逮捕行动之后，随着这些阴谋在议会中耸人听闻地"曝光"，加上有关造反的密谋和各协会与法国人勾结的谣传，公众舆论转而敌视协会。出售民谣和传单的小贩走街窜巷，他们手中传单的标题是"叛国案！叛国案！叛国案！"。传单在伦敦城各处张贴。在"光荣的6月1日"海战胜利庆祝活动中，一群暴民袭击了哈迪夫人的住宅。一家伦敦报纸以嘲弄的笔调报道了"一个女人被她亲爱的汤米身受绞刑和车裂的幻像折磨至死"。一些俱乐部在惊慌之中解体了，而那些处于困境中
133 的俱乐部忙于为被捕者的家属筹集款项。（伦敦通讯会会员在寻求为被捕者家属筹集款项时受到起诉。）《泰晤士报》登载了一篇虚构的有关英国革命的记叙报道，将被捕者刻画为嗜好血腥权力的人。[62] 在林肯郡，"有人收买民谣吟唱者，让他们站在街头巷尾，歌颂雅各宾派的倒台……"在有教养者的圈子中，甚至连对审判一事保持缄默也会引起怀疑。[63] "教会与国王派"在诺丁汉使用异常的暴力手段搜寻雅各宾派。就像上一年的情形一样，改革派的住宅被"破门而入，里面的人被拖出来，脖子上被套上绞索，然后被扔到城边泥泞的小河沟里"。一个效忠派委员会给那些受雇开凿一条新运河以进攻雅各宾派的"民工们"支付工

[61] 关于伦敦改革派被捕的情形，见前文，第18—19页。

[62] ［詹姆士·帕金森］：《为伦敦通讯会辩护》（1795），第1—6页；《泰晤士报》，1794年9月5日。

[63] W.加德纳：《音乐与朋友》（1838），第1卷，第222页。

资，市长拒绝为雅各宾派提供保护。[64] 大约在这个时候，费尔斯沃斯的一名雅各宾派领导人被"绑在一名龙骑兵坐骑的马鞍上，一伙疯狂、偏执的人将针扎进他的双腿"。[65]

然而，伦敦通讯会远未达到解体的程度。该会建立了一个9人秘密执行委员会，其中最活跃的委员是制帽工理查德·霍奇森、书贩约翰·博恩和"公民格罗夫斯"。根据一份官方备忘录，伦敦通讯会在整个春季都在大力吸收新会员，这份备忘录也许对皮特采取行动产生了影响。到1794年5月，该会分会数目不仅达到48个，而且除了小商贩和手工工匠之外，"近来在他们中还出现了一类新的人物，即一些泰晤士河码头工人、伦敦城货栈的店员和一些贵族的仆人。"50名爱尔兰人集体加入一个分部，伍尔威奇和德普特福德的分会也建立起来。[66] 在哈迪、瑟尔沃尔和其他领导人被捕之后，霍奇森、博恩和"公民格罗夫斯"能够将大多数新会员团结起来。据报道，7月份"18个分会惊慌失措没有开会"，协会派出代表使它们恢复活动，但其余30个分会继 134
续正常运作。事实上，迫害的后果迫使该会内部进一步激进化，如果说，某些分会在8月份"进入休眠状态"，有一些会员又退出了其他的分会，那么，（按一名告密者的说法）"该会此时主要是由胆大妄为和不顾死活的人组成了"。会议上的正式话题集中到议会改革上："**现在**，推翻这个国家政府的意图得到公开承认。"在秋季，随着逮捕所造成的震撼的消失，公众情绪发生了另

---

[64] F.D.卡特莱特：《卡特莱特的生平和信件》(1826)，第1卷，第312页；布莱克纳前引书，第396—401页；萨顿前引书，第193—199页。

[65] B.布赖尔利：《费尔斯沃斯——我的故乡》(奥德姆，1895)，第14页。

[66] 1794年5月6日关于通讯会，尤其是"伦敦东区和城区"通讯会的备忘录，载财政部司法处档案，第11.3510A(3)号。根据这份备忘录，设菲尔德、布里斯托尔和诺里季的协会同期也出现相似的增长。

一个变化。被捕者的待遇有了改善，哈迪注意到新门监狱中普通犯人开始对改革派们表示尊敬。普雷斯回忆道："政府的强硬措施吓退了许多人，"

> 但是，许多人(我是其中之一)认为这是件好事，参加协会成为会员现在成了义务。……它改善了本会的品质，因为大多数参加者都具有坚定的品质和清醒的头脑，不会被轻易地驱离其目标。[67]

与此同时，该会的秘密执行委员会却遇到了麻烦。它在寻找"安全传递"与地方俱乐部之间信件往来的"合适方式"方面有困难。8月，若不是弓街巡警"抓错人"，该委员会中能力最强的委员公民霍奇森就会以叛国罪被捕，这件事(向秘密执行委员会其他未被捕委员作汇报时)"使人倍感欣慰"。此后，他只能以"**流浪者**"的落款与秘密执行委员会委员们通信。9月3日，弓街巡捕们粗暴地冲击秘密执行委员会，逮捕了执行书记。"公民格罗夫斯"抗议他们无权这样做，然后率领其他人到一个酒馆为被捕者的家属募捐。但在次日，一件更引人注目的事件发生了。哈迪的陪审长指控格罗夫斯是一名政府密探，格罗夫斯于是在
135 伦敦通讯会委员会全体会议举行的一次正式审问上为自己辩护。他的陈述真挚动人，虽稍嫌做作。他提供了许多表明他忠心耿耿的证据，也提供了许多能证明他具有雅各宾党人品质的证人。结果他成功地被宣布无罪。

---

[67] G.沃拉斯：《普雷斯生平》，第21页。对普雷斯手稿中的"历史"必须以某种保留的眼光去看待，他是在事件发生多年之后动手修史的，当时他是个不够热心的边沁改革派。这部历史在某种程度上是他本人的**辩解**，书中对"头脑清醒者"(即弗朗西斯·普雷斯之流)加以拔高，对不够温和的人加以贬斥，瑟尔沃尔的演讲被说成是"迎合当时所有下贱偏见"的"欠考虑的演讲"。只要稍微研读一下《论坛报》，其判断中的偏见便清晰可见了。

但是“公民格罗夫斯”事实上**是**一名密探，是从奥利弗到宪章运动乃至以后这一漫长时期中能力最强的密探之一。在秘密执行委员会每次开会之后，他的详尽报告便递交上来，供皮特或邓达斯或财政部司法官阅读。正是多亏了他那少有的技能，我们才能够完整地叙述这几个月发生的事件。[68]

1794 年 10 月 25 日，对哈迪的审判在中央刑事法院开庭，他被指控的罪名是叛国罪，而且似乎是为了渲染这一指控的恐怖气氛，10 天之前罗伯特·瓦特在爱丁堡被斩首，瓦特是一名货真价实的阴谋者，也许还是“双料特务”。公众和陪审团都知道受审的被捕者生死未卜。（在法庭中惟一拒绝承认诉讼严峻性的人是约翰·霍恩·图克，他佯装厌烦又不乏大不敬的机智，完全是真正威尔克斯派的派头。当被问到他是否接受“上帝和国家”的审判时，他“以很少有人能摆出的如此大度的一种架势，盯着法庭上的人看了数秒钟后摇了摇头，断然答道：‘我可以接受上帝和我的国家的审判，**但是**——！’”）庭审延续了 8 天之久，能够证明危险“阴谋”的证据看起来越来越不使人信服，而厄斯金对原告证人那口气强硬的、甚至野蛮的交叉提问，使庭审显得更加站不住脚。公众从哈迪身上又一次发现了生而自由的英国人所喜爱的那个独立自主的形象：一个坚强而具有尊严的平民，对国家权力表示藐视。哈迪夫人的去世引起了更深的同情，人们越来越躁动不安，在各郡道路上，人们拦住旅游者和邮政人员询问情况。在作出判决的前一天夜里，人们盛传哈迪已被宣判无罪，

---

[68] “秘密执行委员会”的会议记录和格罗夫斯的报告均收录在财政部司法处档案第 11.3510A(3)号之内。格罗夫斯报告的日期是从 1794 年 5 月至 10 月中旬。我无法指出报告为何终止，也许虽然他被正式宣布无罪，但他在“受审”后不再得到信任。关于他所作的观察报告，其实例可见后文，第 156 页。至于有关密探的更一般性的问题，见下文第 488 页起。

人们将厄斯金马车上的马匹卸下来，拖着他在街道上欢呼雀跃。在最后一天，当陪审团退庭达 3 个小时之久时，刑事法院附近街道上挤满了激动的人群。毫无疑问的是，法庭若宣判“有罪”，将
136 会触发一场暴乱。来自诺里季爱国会的代表名叫戴维，他正在伦敦观看审判。在宣判无罪的消息传来后，他立即坐邮车回诺里季，连夜赶路，在星期天上午举行宗教仪式的时刻回到诺里季。他径直前往圣保罗教堂的浸礼会聚会室，该教堂的主持牧师马克·威尔克斯是一位热心的改革派，他是旧式浸礼会牧师，既有自己的职业(农场主)又兼任不领薪俸的牧师职务。当戴维进来时威尔克斯正在布道坛上，他立即打住话头问道：“有什么消息，兄弟？”“无罪！”“那么让我们高唱‘赞颂万福之源的上帝’。”

政府坚持审理霍恩·图克的案子。但是诉讼过程本身甚至更使政府丢尽了面子。皮特首相被传到庭为被告作辩护，并被迫承认他参加过由怀威尔召集的支持改革的郡会议。图克被宣判无罪。紧接着，政府在 12 月作最后一次努力以给瑟尔沃尔定罪。但是，结局是在人们意料之中，但也不完全如此。瑟尔沃尔具有喜好炫耀的性格，在新门监狱中忙着写以汉普登、西德尼和暴政为主题的诗篇：

在牢狱的晦暝阴沉之中，
　　爱国者依然挺起无畏的胸膛
面带微笑，心里明白
　　神圣的德行会带来欢畅。[69]

在对瑟尔沃尔的审判快结束时，他想到要亲自向陪审团发表一

---

[69] J.瑟尔沃尔：《在伦敦塔和新门监狱羁押中写下的诗作……》(1795)，第 9 页。

通激昂的演说。他对厄斯金说:“如果我不这样做,我将被绞死”。厄斯金回答说:“如果你这样做,你将被绞死”。在宣布瑟尔沃尔无罪之后,对其他被捕者的指控也就被取消了。

也许有人希望找到直接了解各协会会员情况的途径。但是,要理清下一年的事件的头绪是困难的。首先,大多数外省协会在 1794 年夏季自行解体,或转入地下,踪迹难觅。(秘密委员会已十分清楚地表明了通信的危险性,而审判则暴露了政府密探无处不在的真相。)由于约克仍在狱中,设菲尔德协会处于瘫
痪状态。对约克的审判直到 1795 年 7 月才举行,他被以密谋罪 137
的罪名处以两年监禁。这种审判只是走走过场,在各郡中,官员们具有相当大的即决审判权,而且名声不高的改革派根本不能指望像厄斯金这样的人来为他们作辩护。[70]

而且,还必须支付辩护费。(在诺里季,有影响的公民仍然支持爱国会,马克·威尔克斯于 1795 年 4 月在圣保罗教堂举行了两次声势浩大的雅各宾派募捐布道,以支付辩护费用。)如果说这些无罪释放避免了一次普遍的恐怖浪潮的话,那么审判也反映出政府打算要走多远——哈迪从十分权威的渠道获悉:当局已草拟了不少于 800 份缉拿改革派的逮捕令(实有 300 份正式签发),打算在对他定罪之后立即使用。无罪释放使官方的宣传家不再顾及立场的持续性,伯克曾参与草拟秘密委员会报告,又每年领取 4000 镑年金,1794 年后,他就与詹姆士·里夫斯成了思想上的同路人。现在,伯克将 1/5 的选民和大部分无选举

[70] 比如,利兹的詹姆士·欣德利因出售煽动作品而于 1794 年被判处两年监禁。乔治·鲍恩于 1794 年在莱斯特被捕,数月后未受审被释放。在设菲尔德,詹姆士·蒙哥马利力图通过发行更为谨慎的《彩虹报》来继续约瑟夫·盖尔斯的事业,于 1795 年两度入狱(分别为 3 个月和 6 个月时间)。关于地方上此类迫害事件的范围及程度问题,迄今尚未作系统的研究。

权者视为“纯粹的雅各宾派，根本不可救药，始终是需要加以防范的对象”。他认为这些无罪释放的人是“凶手”，而国家的病疾则需要“以动用烙铁和刀剑的严厉恐怖手段”去医治。[71]

其次，改革派领袖中一些人已不再能坚持。宪法知识会从未恢复元气，而霍恩·图克直到1796年选举为止再未涉足于公共事务。哈迪在妻子去世后私事缠身，未能在伦敦通讯会中继续发挥积极的作用。伦敦通讯会此时纷争不已，仅为是否需要
138 制定一个新章程的问题就争论了好几个星期。一部分会员争辩道：**任何**章程都是直接民主制的障碍，另一部分会员则指出应当实行更严格的内部纪律以对付迫害。（甚至一封信中偶然使用了我们的“领袖们”一词也引起会内一片民主的鼓噪声。）在一场人身攻击的混战中，这两部分会员退出伦敦通讯会组成新的协会。约翰·博恩出任伦敦改革会书记，该会与伦敦通讯会保持着友好的关系。约翰·巴克斯特似乎策划了另一部分会员退会，组成自由之友会。该会专门做出一种夸张的自由主义姿态。一名密探形容巴克斯特：“是一个长相平庸的人，……脸庞削瘦，一头黑发梳成发辫，身着深棕色外套和棕黑色马甲，年龄约40岁”。巴克斯特显然主张采取更强硬的措施，他作过《抵抗压迫》的系列演讲：“当国家的所有权力都把持在土地财产所有者手中的时候，我们可以有把握地说他们也就把持了**生杀大权**。”托马斯·斯彭斯原来是纽卡斯尔的小学校长，由于他写了“另一部《人权论》……比潘恩的著作走得更远”，因此争取到一批追随者。他认为，贵族的土地必须没收，新的合作生产者将接管这些土地，

[71] 哈迪：《回忆录》，第42—43页；马克·威尔克斯：《阿撒利阿——或警钟鸣响》（诺里季，1795）；瑟尔沃尔：《自然权利》（1796），书信，第1卷，第40、56—57页；萨拉·威尔克斯：《马克·威尔克斯回忆录》（1821），第78—79页；E. 伯克：《致当今议会一位议员的两封信》（1796）。

"如果地主依然存在,你能想象人类可以靠改革议会来享受任何可怜的自由和幸福吗? ……一个人民的公会或议会将永远与贵族处于战争状态。"[72]

冲突是意料之中的事。早在1793年10月,伦敦通讯会的会议记录就记载了由其中一个派别提出的一项动议,号召驱逐那些宣传平等派原则的人。随着生活费用的提高和该会向伦敦东区和南区发展,"社会"问题愈来愈占有更突出的地位。1794年一本富有特色的小册子坚持认为改革的结果将是减税、改革济贫法和狩猎法、停止限制工会、为失业者提供工作、停止抓丁和在客栈中驻军。[73] 这样的要求也许会得到社会的普遍接受, 139
而斯彭斯和巴克斯特更极端的观点则不会。然而,该会显然还在策略问题上存有分歧。我们可以举两位伦敦通讯会领导层中的新人为例来表明不同的倾向。普雷斯头脑清醒,他的巨大组织能力、善于应用的思维能力和在工会组织方面的经验都与哈迪的传统一脉相承。1795年夏,他经常担任每周举行的总委员会主席之职。根据他本人说,他认为该会的主要职能是对工人进行政治教育:

> 我相信大臣们在使政府停止运转之前是不会罢手的,也就是说在他们无法将它维持下去之前是不会罢手的。在我看来,人民能够拥有或可能会拥有健全和节俭政府的惟一机会就在于接受有关代表制度优越性的

---

[72] 《伦敦通讯会通信集》(1795),第4、20—21、26、42—43页;哈迪:《回忆录》,见各处;P.A.布朗前引书,第142、151页;J.巴克斯特:《抵抗压迫》(1795);无名氏[T.斯彭斯]:《压迫的终结》(1795)。关于斯彭斯,见下文第161—163页。

[73] 无名氏[詹姆士·帕金森]:《不流血的革命》(1794)。这个表达得很有力、反映温和雅各宾派要求的优秀例子,载于科尔和菲尔森编:《英国工人阶级运动》,第48—52页。

> 教育……这样，每当大臣们的行为造成危机之时，人民便能够给那些最有可能创立廉俭和简朴政府的人提供支持。因此，我建议本会的活动尽可能沉静、非正式。

这段话很值得玩味，“廉俭和简朴的政府”是普雷斯后来的一个边沁主义术语，而伦敦通讯会在1795年的要求是：在自由平等的立场上停止压迫和授予成年男子选举权。也许，普雷斯早在1795年就很准确地说：他认为工人改革派充当的角色是议会中等阶级或贵族改革派的**附属物**。工人们不能指望依靠他们**自己**的力量来为**自己**带来改革，但应当为其他“最有可能”赢得让步的人提供支持。这在一定意义上是一个目光长远的战术妥协，它准备参与危机——比方说，等待财政混乱、食品暴动和大众动乱的出现，但不采取宣传群众的方法去加速危机。这是那些具有自尊心的小商贩或手工工匠的政策，他们宁愿架设通向中等阶级的桥梁，而不是试图填平他们自己与骚动不安的穷人之间的鸿沟。正因为如此，它反映了退出在“成员无数”中进行宣传鼓动的立场，同时代表着自我教育和艰苦组织的力量。[74]

另一种倾向的代表人物是约翰·宾斯。他是出生于都柏林
140 一个手工工匠家庭的年轻人，此时在伦敦干管子工。他也在1794年加入伦敦通讯会，很快晋升为委员会的主席和集会的主持人。他与大部分会员的观点相同，认为在无罪宣判之后，协会应当更广泛地宣传其主张，召集大规模的公众集会，这样，政府也许会“被迫同意进行改革”。事实上，宾斯所致力的改革是一种通过革命进行的变革，因此尽管改革是他们公开承认的目标，但是(宾斯在他的《回忆录》中说)：“[伦敦通讯会]许多有影响的

---

[74] G.沃拉斯前引书，第24—25页。

会员们希望推翻君主制、建立共和国。”[75]

由于一些会员退会，到1795年3月时，伦敦通讯会的分会减少到17个。[76] 更为严重的是，来自外省的信件也减少了，因而运动失去了全国中心。约翰·瑟尔沃尔也宣布退出，其表面原因是(他本人声称)他充当一名无党派演说家、政论家更能起作用，但真实原因可能是他对内部纷争感到厌烦。然而，在退会事件之后，该会显得更加团结，其活动也得到恢复。普雷斯认为公众集会将招来新一轮的镇压和人身保护法的中止实行，但盖尔·琼斯和宾斯提出的最广泛进行宣传鼓动的政策在伦敦通讯会所有分会举行的公决上占了上风。结果，一次大规模的集会于6月底在圣乔治草地举行，以支持成年男子普选权和每年召开议会的主张。即使我们把伦敦通讯会声称的10万人与会这个数字缩减下来，这次大会仍然是有史以来在伦敦举行的规模最大的支持改革的集会。公民约翰·盖尔·琼斯主持了集会，并发表了演说。他那充满激情的语言与普雷斯所作的边沁主义式的回忆相去甚远：

> 难道我们不是英国人，自由不是我们生来就有的权利吗？……你们这些想报复的大臣们，拿出你们的鞭子和刑具，安好绞架。……在每条街上修筑兵营、在每个角落建造牢房！镇压和放逐所有无辜的人。但是，你
> 们是不会得逞的。……从屠刀下流出的爱国主义圣血 141
> 将滋润自由的种子……

---

[75] 宾斯前引书，第45页。

[76] 1794至1795年冬又出现一次“叛国”恐慌，伦敦通讯会的3名会员——史密斯、希金斯和勒梅特被指控密谋用气枪射出毒镖的方法行刺国王。指控者是一个居心不良的告密者，被告在未受审讯的情况下获释。见J.史密斯：《揭露密谋者》(1795)；P.T.勒梅特：《被捕记事》(1795)；枢密院档案，第A35/6号。

与会者被这些血腥的比喻所打动，但他们保持平静和良好的秩序，直至散会。[77]

从这时起到年底，伦敦通讯会迅速发展。它冲破了具有较大局限性的手工工匠和小商小贩的圈子，越来越多地获得雇佣劳动者的支持。该会声称它在6月吸收了400名新会员，在7月又吸收了700至800名新会员。它在3月拥有17个分会，到7月底增加到41个，到10月份又增加到70或80个。与此同时，那两个由退会会员组成的协会也兴盛起来；附属研讨会和阅读俱乐部纷纷建立。自然神论和理性思潮也赢得一席之地，因而，盖尔·琼斯在第二年毫不奇怪地写下了“尽管我自称不是一个基督徒……”这样的词句。伦敦通讯会制作纪念币和纪念章来庆祝1794年的无罪判决和其他事件。瑟尔沃尔两周一次的讲座每次都能吸引数百名听众，他禁不住要在给妻子的信中炫耀一番：

> 连着两个夜晚都有近600人来。……有两个讲座尤其……震撼着腐败制度的支柱，使它每块石头都在颤动。每句话都如电流一般迅速传入人们的胸膛。那些蜂拥而来听我演讲的贵族们……不断被迫……一起欢呼喝彩。

而且，另外一些团体和酒馆俱乐部在这些协会周围产生，它们发出新的响亮的共和主义之声。一位叫“公民李”（有时又叫“卫斯理派”）的人从“梭和区贝里克街98号，英国自由之树”发出一系列煽动性挑衅性的小册子，其标题包括《国王杀人》、《英国罗伯斯庇尔的统治》和《乔治上一世的愉快统治》。（像斯彭斯一样）

---

[77] 《伦敦通讯会通信集》（1795），第4—5页及散见；1795年6月20日《论坛报》，附加手稿，第27808号；无名氏：《两项法案史》，第91页起。

他的重点放在“**教区**和**村庄**的联合”，他也是以热烈的赞同口吻
谈论断头台的几个英国雅各宾分子之一。虽然 D. I. 伊顿和其 142
他几个地方上的协会也在编写廉价小册子，但“公民李”的那些流行小说、雅各宾记事和传单也许是促使汉娜·莫尔用“廉价文库”进行反击的原因。[78]

在 1795 年 6 月之后，外省的信件也重新增多。设菲尔德在 8 月举行了一次露天集会，伦敦特地派出一位主席去主持这个集会。据称，与会者有 10000 人之多。[79] 但在另一方面，诺里季是外省最有影响的中心，9 月份，爱国会有 19 个分会在运作之中，其会员除织工、鞋匠、手工工人和小店主外，它还得到较富有的商人家族——格尼家族和泰勒家族谨慎的支持。此外，诺里季还有一批才华出众的专业人员，这些人在 1795 年间出版了一本叫做《内阁》的期刊，该刊也许是这个时期准雅各宾知识分子刊物中影响最大的一种。《内阁》所登载的一些文章用充满诗意的手法对欧洲事务和战事作细致的分析，另一些文章则对马基雅维里、卢梭、妇女权利和戈德温社会主义作学术的探讨。尽管各派重点不同，但整个诺里季在反政府情绪上却表现出惊人的一致，从浸礼派教堂到《内阁》派有抱负的学者、从“织工之徽”酒馆（即爱国会总部所在地）到格尼家的宅邸、从霍尔克汉姆的福克斯派成员科克到城郊村庄中的体力劳动者都是这样。[80] 组织团体从诺里季扩展到雅茅斯、林恩、威斯贝克和洛斯托夫特。一些相似的运动也在梅德威地区城镇如查塔姆、罗切斯特和梅德

[78] 《伦敦通讯会通信集》（1795），第 4—5、29、35 页；J. G. 琼斯：《政治旅行概述……》（1796），第 33 页；瑟尔沃尔夫人：《约翰·瑟尔沃尔传》（1837），第 367 页。

[79] 《设菲尔德克鲁克荒野公众集会进程》（设菲尔德，1795）。

[80] 前引《通信集》，第 27—28、63—64 页；《内阁》，第 3 卷（诺里季，1795）；萨拉·威尔克斯：《马克·威尔克斯回忆录》（1821）。

斯通等地兴起，参加者包括外科医生等专业人员及码头工人等等。诺丁汉的协会也有了恢复，工厂主和织袜工之间(再次)建立起某种联盟。已公诸于众的伦敦通讯会《通信集》还刊载了其他一些地区的活动，如：利兹、布拉德福德、伯明翰、莱明斯特、萨洛普郡的怀特彻奇、德比附近的墨尔本、米德尔塞克斯的桑布雷、海威克姆、特鲁罗和朴次茅斯等。

曼彻斯特历史学家普伦蒂斯说："在群众中奔忙的是一位新的指导者——**匮乏**"。1795 年是个危机的年头，在法国在英国
143 都是这样。1794 至 1795 年罕见的寒冬、战争造成的混乱和谷物歉收，这些都使食品价格飞涨。著名的斯品汉姆兰决议于 1795 年 5 月出台，按面包的价格调节工资补贴。小麦价格之高令人难以置信：伦敦每 1/4 英担［等于 28 磅］为 108 先令，莱斯特则为 160 先令，而其他许多地方还不止这些。在夏秋季节席卷全国的、史无前例的食品暴乱风潮中，民兵数次成为暴民。[81]军队中也出现不满的迹象，爱尔兰正走向叛乱；诺里季、曼彻斯特和约克西区的工厂主请愿要求停战。约翰·瑟尔沃尔就匮乏的问题作了几次最有说服力的演讲，(他声称)在雅各宾的诺里季，有不少于 25000 名工人正在要求救济；济贫税已高达每英镑征收 12 至 13 先令；斯皮特菲尔兹著名的丝织业已被挤垮：

> 甚至在我不久前的记忆中，赤着双脚、衣衫褴褛的孩子……在镇上的那个地方还很难见到。……我还记得在那时，一个吃苦耐劳的农业劳动者除了拥有一套度

---

[81] 关于 1795 年暴乱，见前文第 63—65 页。另见 1795 年 5 月 20 日《晨报》的报道：在德文郡奥克汉普顿的"暴乱"中，斯塔福德郡的民兵"全都……像一个人似的与人民站在一起"；财政部司法处档案工人，第 11.3431 号；哈孟德夫妇：《城市工人》(1920)，第 85—86 页；麦科比前引书，第 90 页；J. H. 罗斯：《威廉·皮特与大战》(1911)，第 282—288 页。

假用的公寓外，一般在镇子的近郊还拥有一座面积不大的避暑房屋和菜园，他在这里过星期一，放鸽子或种萝卜。但是这些庭园现在都衰败了。小小的避暑房屋和星期一的闲暇活动已渺无踪影。你将看到的是贫穷的织工和他的家人挤在丑陋、肮脏和有害身心的房间里，这里毫无舒适感，甚至连必要的生活设施都没有。

这就是古老的英格兰消逝的景象，这甚至比“遭遗弃的村庄”（瑟尔沃尔也关注的）更能使雅各宾派办报人和工匠们的记忆深处受到震撼。[82]

1795年10月26日，伦敦通讯会又在伊斯林顿的哥本哈根旷野召开一次大会，由公民约翰·宾斯（22岁）担任大会主席。普雷斯认为这是“不明智之举”，他拒绝正式参加大会。伦敦这时真的出现饥荒，群众情绪很高。瑟尔沃尔是主要发言者之一，144 他以相当出色的口才使人群保持平静。此时他怀有一种希望：“从奥克尼群岛到泰晤士河河口，从多佛峭壁到地角，全国……联合成一个巨大的政治协会或通讯会”。集会通过一项决议，决定向全国各主要城镇派出代表。（瑟尔沃尔本人于11月重新加入协会。）那种关于到会者达10至15万人的说法并非毫无根据。[83] 尽管动用了三座讲台或“讲坛”，“但是一半以上的与会者还是离得很远，连只言片语都听不到”。这次集会向国王提出了“抗议”：“为什么在显而易见的富足世间，我们却被迫忍饥挨饿？为什么我们不停地出力苦干却不得不遭受匮乏之苦难？……**议会的腐败**……像一个冒泡的漩涡，吞噬了我们所有的劳动成

---

[82] 1795年9月23日《论坛报》，第29期。

[83] 普雷斯通常主张压低所声称的人数，而且他（在1824年）根据丰富的有关政治骚动的经验写作时，只是说15万人这个数字“也许是一种夸大”。

果。"为两项法案作史的匿名历史学家宣称:"集会的气氛极为和谐,人们遵纪守法,秩序井然。这是一个**神圣的自由**之日。"[84]

三天之后的那个日子如果不是神圣的自由之日,那也毫无疑问是使政府感到恐惧的日子。国王在堂而皇之地去议会主持开幕式时,他的御车在途中受到袭击,人群中发出嘘声和口号声:"打倒皮特!""不要战争!""不要国王!""不要皮特!""和平!"大约 20 万伦敦人把街道挤得水泄不通。一些人将小块面包插在棍子上,再饰上黑纱,来回挥舞。一个小贩在人群中出售"每本定价 1 便士的《人权论》",他被抓了起来,又被人们救出,坐在人们高举的椅子上欢呼胜利。也许是受到一块鹅卵石的打击,国王御车的车窗被击破。据说国王到达上院被人架出御车时说道:"我的上帝! 我、我、我被人射了一枪!"[85] 第二天,当国王坚持去戏院时,街道上的人都被赶走,执行护架任务的有 200 名步兵、200 名骑兵和 500 名警察。

伦敦通讯会否认对此事负有责任,但是该会完全有可能试图举行类似于此的示威活动,却无论如何也不能指望它能控制其追随者的激愤之情。(在那场暴乱发生后的晚上,该会的一名
145 会员在一家小酒馆中对约翰·宾斯吹嘘道:他曾爬上了御车,并试图袭击国王。)不过,政府立即作出反应,颁布文告,查禁一切煽动性集会。皮特即刻提出《两项法案》。根据第一项法案,通过演讲或文字煽动人们仇恨、蔑视国王、宪法或政府的行为被定为叛国罪。根据第二项法案,所有 50 人以上的集会均须报告当地官员后才能举行,而当地官员完全有权阻止讲演、逮捕演讲者

---

[84] 伦敦通讯会:《1795 年 10 月 26 日……集会过程记述》;附加手稿,第 27808 号;J. 瑟尔沃尔:《向舆论呼吁:反对绑架和谋杀》(1796),第 8 页;瑟尔沃尔:《传记》,第 379 页起;《两项法案史》,第 97 页起。

[85] 无名氏:《实情与叛国! ——国王圣驾纪实》(1795)。

和驱散集会。而且,法典上又增添了一项死罪:拒绝服从当地官员命令者均处以死刑。一项条款对瑟尔沃尔特别有效,它使改革派的演讲室可以作为“妨害治安之屋”被关闭。

在该法案的提出(1795 年 11 月 10 日)和获国王批准(12 月 18 日)之间,是最后也是最重要的群众宣传时期。规模不大的福克斯反对派在法案通过的每一个阶段上进行战斗,它有史以来第一次、也是最后一次在全国与群众团体并肩作战。伦敦通讯会于 11 月 12 日在哥本哈根旷野召集了一次紧急集会(据称,这一次的到会者为 20 万人)[86],根据普雷斯的回忆,“这次集会与这种场合的通常情形一样,参加集会的有男人、妇女和儿童”。但是,会议的时机和带孩子到会的做法都不属“通常情形”。其中带孩子到会的做法表明了集会的非暴力性质,它成为此后工人阶级运动的传统。12 月,该会在玛丽莱本旷野举行了最后一次大规模集会,约瑟夫·法林顿在他的日记中对此作了记述。在好几个“讲坛”上发表讲话的演讲者包括威廉·弗伦德、瑟尔沃尔和约翰·盖尔·琼斯。琼斯是一位“衣着随便、举止斯文”的外科医生,他患有某种“麻痹症”,“头、肩和双臂不时地抽搐扭动”。但是,他的“嗓音很美,声音尖锐,吐字清楚……”。琼斯在讲话中发出了一个威胁:皮特将被“当众处死”。

> 没有任何骚乱发生,人们也没有作出任何越轨行为,他们只是举起双手或喝彩欢呼而已。[87]

大规模的集会在国内其他地方举行,几乎所有集会都对那两部法案表示反对。皮特说:“假如我辞职的话,我的脑袋不出 146
半年就会搬家”。约克郡发生了一个重大挫折,郡议员之一威尔

---

[86] 事实上,伦敦通讯会出版的一份“记录”称有“30 万”不列颠人与会。

[87] 《法林顿日记》(1922),J. 格雷格编,第 1 卷,第 118—119 页。

伯福斯秘密地与皮特合作，“修改《煽动法令》，使之扩大适用范围”。（他在议会对其中一项条款表示反对，以此来精心地维护其“具有主见”的名声。）同时，忠于温和原则的克里斯托弗·怀威尔打算召集一次约克郡抗议集会，他提前4天于星期五发出通知，号召西区的所有自由持有农参加下周二在约克市举行的集会：“从你们的织机那里来吧，诚实而勤劳的织工们；丢下你们在田里的活计，停工一天，健壮而有主见的自耕农们；让你们祖先的精神伴你们同来……”。威尔伯福斯在伦敦去教堂的路上收到一封发自约克郡的快信。（几天前，威尔伯福斯在他的日记中写道：“我要牢记基督徒的独特性格，在下院保持庄重，要开朗、仁慈和宽厚，同时暗中提防，保持含而不露的严肃”。）他对于在安息日旅行心存顾忌，但他轻易地克服了顾忌，驾车去见皮特。皮特说威尔伯福斯必须出席该郡的集会。但威尔伯福斯的马车并未准备妥当，皮特说：“我的车已准备妥当，乘我的车走吧。”（一位同行者说道：“如果他们发现你乘的马车是属于谁的，你将冒丢掉性命的风险。”）威尔伯福斯乘着皮特借给他的马车，向北“急行军”。全郡的人好像都在涌向约克，织工们（或“伙计们”）骑着他们的驮马前往会场。集会刚一开场便显示出强烈的反政府倾向，当时威尔伯福斯正驱车进入约克。威尔伯福斯以“无与伦比的”口才向“约克郡有史以来规模最大的绅士和自由持有农集会”发表演讲，“将力量和活力注入那些胆怯的效忠分子的沮丧心灵中”。他的独立立场和热心于基督教慈善事业的巨大声誉征服了西区非国教的自由持有农和织工，集会出现分裂，4000名自由持有农的大部分支持威尔伯福斯拥护国王和宪政的宣言，而“那个疯子桑顿上校却身着军服站起来”，向“约克的贱民们”说话，“……拥护雅各宾派。……他告诉他们有许多军人已
147 做好准备，无论他们何时举事，这些军人就加入他们。”桑顿在结

束讲话时“把军服脱下来扔向贱民”，贱民们欢呼雀跃着用椅子将他抬到市政厅。[88]

这似乎是揭示两个时代交错之时危机的历史时刻之一。除了选举集会之外，下一次在约克郡西区举行的大规模集会将是奥斯特勒于1832年举行的工厂奴隶的“朝圣”。由于约克集会分裂为忠于国王的自由持有农和无选举权的煽动闹事者，因此直到1850年为止，19世纪的社会将在竞选场所出现分裂，选民和工人各居一方。而且，它还代表了另一种分裂。福克斯说过：“整个英格兰就在约克郡和米德尔塞克斯之间形成。”事实表明，约克郡的非国教意识相当脆弱，“教会与国王”派在那里也许会受挫，但威尔伯福斯和卫斯理宗却能取得成功。在米德尔塞克斯，手工工匠和小商小贩的非国教传统正在更明显地向理性思想倾斜，而这也是“两项法案”和国教及非国教教会领袖的宣誓“效忠”造成的结果。

人们一直在论证这一点：两项法案是雷声大雨点小，有关死刑的条款从未得到强制执行，尽管人身保护法中止实行达8年之久，但未经审判被拘押者似乎在任何时候只有几十人。[89] 当然，这些雷声正是皮特所需要的，如恐吓、密探、拥有无限权力负责监视的官员以及偶尔的儆戒等。但是，在两项法案的雷声和雨点之间存有一道由英格兰陪审团组成的障碍。普雷斯在1842年作出的判断很成问题，他说：“众多的小店主和体力劳动

---

[88] 威尔伯福斯前引书，第2卷，第112—113页；怀威尔：《政治文件集》，第5卷。

[89] 在普雷斯手稿中，有一篇《约翰·奥克斯雷德自述》。奥克斯雷德是伦敦通讯会会员，1798年5月被捕。按这篇手稿的估计，在镇压高潮时期（1798—1800），约40名伦敦通讯会会员及35名联合英格兰人未经审判被囚禁。另见枢密院档案第A158号“嫌疑犯名单”。

者可以说是在不理解它们[两项法案]的情况下赞同了它们。”[90]

不过,两项法案获得了成功。起初,伦敦通讯会推行一项颇有风险的对抗政策。该会派出代表前往各郡,希望重建全国性组织。约翰·宾斯被派往重要的海军基地朴次茅斯,但又被召回,因为伦敦的委员会得知宾斯被人跟踪并有可能被捕。约翰·盖尔·琼斯奔波于肯特郡的各个城镇:罗切斯特、查塔姆、梅德斯
148 通、吉林厄姆和格富夫森德。他在罗切斯特创建了一个多达9个或10个分会的协会;在查塔姆,当听众中有人提问到会人数是否超过法案所允许的50人时,“另一人愤怒地要提问者离开房间,以**他的**离席达到减少人数的目的”。琼斯了解到,查塔姆的码头工人拒绝在支持两项法案的致国王信上签名,相反在一份抗议请愿书上签了名。普雷斯(多年以后)坚决否认任何会员赞成“在法国的支持下建立共和国”,但该会对这些海军基地的关注却使普雷斯的否认产生了疑点。伦敦通讯会会员对这些海军码头的造访也许是表明雅各宾派与1797年斯皮特黑德和诺尔海军哗变分子之间联系的线索。[91]

琼斯和宾斯以代表的身份前往伯明翰,在1796年3月11日的会议上发表演说时被捕。他们分别受审,琼斯在1797年被判入狱,但宾斯则无罪释放。(杰拉尔德原先的雇主塞缪尔·帕尔博士对这一裁决做了很大贡献。他在整个审理过程中面对面地坐在陪审团面前。当有人提出起诉的证据时,他便摆出一副强烈的、不相信的怒容,而对被告方所作的每一点辩护都面色温和,点头赞同。)与此同时,瑟尔沃尔在打着“罗马史”的招牌继续

---

[90] 沃拉斯前引书,第25页。

[91] 约翰·宾斯前引书,第63—64页;J. G. 琼斯:《赴罗切斯特、查塔姆、梅德斯通、格雷夫森德的政治旅行……》(1796),第27、87页;沃拉斯前引书,第27—28页。

举办其讲座之后，失去了演讲室，并被迫停止出版《论坛报》。他周游东盎格里亚，在诺里季举办一个系列讲座，共22次。但在雅茅斯，他和听众受到90名携带短剑和短棒的水手的野蛮袭击，这伙水手是专门从港口一艘军舰上调来进行袭扰的。伦敦通讯会其领导人或外出或被捕，又仅与各地保持不稳定的通信关系，它陷入内部的争斗，进入一个内部纷争和分化的阶段。[92]

这场纷争并非不具有创造性。它在一定程度上起源于宗教问题——或反宗教问题。这些人过去曾与国家作斗争，此时，他们中的许多人急欲用他们的思想与国教相对抗。普雷斯参与出版廉价的《理性时代》，该会大多数委员对此表示支持，导致教徒退会。[93] 一名雅各宾"叛徒"威廉·汉密尔顿·里德发表了有关该会在这些年中的一些情况，颇具权威性，书中说：分会选拔参加总委员会的代表时，常见的做法是把被推荐的人说成是"优秀的民主分子和自然神论者"，或者说"他不是基督徒"。俱乐部和阅读小组流动于小酒馆之间，飘泊不定。一个辩论会于1795年产生于跛脚门的"绿龙酒馆"，此后先后迁到芬斯伯里广场、铸子巷、小不列颠的"苏格兰改章"酒馆和荒草地的两家酒馆，最后于1798年迁到霍克斯顿，"处于城市官员的控制范围之外。直到存在的末期，它每次会议次次爆满。雄心更大的一件事是1796年春，设在白十字街尼克尔销售厅的"理性神殿"开放，会员们自 149

[92] 宾斯前引书，见各处；瑟尔沃尔：《雅茅斯暴行记》(1796)；C. 塞斯特：《约翰·瑟尔沃尔》(1906)，第127—129页。

[93] 詹姆斯·鲍威尔是另一名在1795至1796年间被选入总委员会(还曾当选为执委)的密探。他在1795年9月24日报告说："该会卫斯理宗教徒召开一次大会，递交一封信件，宣读了这封信，信中要求将无神论者和自然神论者开除出会"。当他们的决议被拒绝后，他们退会并组成了"教俗自由之友会"。鲍威尔认为6个整分会和其他数百名单独会员会随他们一起退会。枢密院档案，第A38号。

行装修,并建立了一个图书馆。它未能兴盛起来,但为一代人之后的欧文主义奠定了基础。[94]

在我们结束描述之前,我们可以停下来考查一下这些协会,看看它们是哪类团体。我们可以举设菲尔德和伦敦的协会为例,因为它们力量最为强大,而且人们对它们的了解也最多。

设菲尔德协会与伦敦通讯会一样,源自"五六名机工……谈论食品惊人高价"的聚会。它发展得很快,到 1792 年 1 月,已拥有 8 个分会,"它们在不同的房屋里各自开会,开会时间则定在同一个晚上"。"所有人凭票入场……,秩序极为井然。"各分会每两星期开会一次,大会每月举行一次,"有数百人出席"。1400 人订购了简装本(每本定价 6 便士)的《人权论》第 1 卷,人们"在设菲尔德的许多工场里如饥似渴地阅读"。在该会问世 4 个月后的 1792 年 3 月,它宣称拥有近 2000 名会员。5 月,该会采取了一种新的组织方法:

150 即把它们分解为 10 人一组的小团体或会议,每 10 人任命 1 名代表;10 名这种代表组成另一个会议,以此类推……直到最后减为合适数目以形成委员会或最高理事会。

这些小团体用撒克逊的方式叫作"十人团"。从一开始,当地乡绅就对这个由"最低等级的人"组成的协会感到惊恐不安,但对温和的改革有好感的局外人报告中总是强调在开头的几个月里该会会员行为理智而有秩序。1792 年 5 月怀威尔收到一封信,写信者再次向他保证该会会员都是"品质优良者……具有出色的理解力,渴望接受知识"。会员中有一些教友派教徒(但协会

---

[94] W. H. 里德:《首都异端协会的兴起与解体》(1800),第 5、9—12、22—23 页。

并不承认)和“许多卫斯理宗教徒”：

> 出于偶然的原因,有一个人列席了其中一次会议,会议按部就班地、有秩序地进行。开头由主席宣读会议记录……然后几名会员轮流选读其中某些段落,……以指导会议进程,全都拥护自由,赞成进行和平的改革……”[95]

在1792至1794年间的所有协会中,设菲尔德协会在处理通信事务方面最下力气,也最为迅捷。(由于从技术上讲,建立全国性协会是违法的,因而通信以及各协会间相互正式接纳各自会员为荣誉会员是维持全国性协会的途径。)尽管正如我们所见到的那样,会员们欣赏演讲中的表演才能,但协会领导人像M.C.布朗和亨利·约克却都是设菲尔德本地的帮工或技工。设菲尔德是一个由小工场师傅和技术高超的、收入相当优厚的技工构成的城镇,“不存在市镇权力机构”(如高等代理副官长所抱怨的那样)。1792年,两名地方官都住在城外,其中一名的宅邸离城14英里,另一名“去年对圈地暴乱采取了一些措施,人群焚毁了他的部分财产。自那时起,他就很少住在这一地区”。[96] 因此,该地的贵族影响甚少,它有大量熟练的、有文化的工人,有民 151
主独立的传统,是雅各宾分子进行宣传鼓动的理想中心。在为数不多的专业人员中,有好几位怀有善意,“一个教友派医生”是首批会员之一,两位非国教牧师在约克受审时为被告提供证词,

---

[95] 菲茨威廉文件(藏设菲尔德档案馆),第F44(a)号;怀威尔:《政治文件集》,第5卷,第43—50页;H.麦克拉克伦:《西奥菲勒斯·林赛书信集》(1920),第132页;《对于设菲尔德及周围地区改革之友所受恶毒指责的彻底反驳》(设菲尔德,1793);《秘密委员会报告》(1794),第85、116、119页;W.A.L.西曼:《设菲尔德的改革派政治》,载《亨特档案学会会刊》,第7卷,第215页起。

[96] 阿斯皮诺尔前引书,第4—5页。

而一些家境殷实的刀具师傅本人就是改革派。尽管组织出色，但设菲尔德刀匠们似乎没有在他们之中找到一位突出的雄辩家。然而，从他们的委员会中派出的证人，在审理哈迪和约克案件时，以其团结一致、不怕威吓、不落入盘问圈套而给人留下了深刻印象。一位证人在审讯哈迪的法庭上阐述了协会的目标是：

> 当一个人每天启迪人民，向人民展示理性，告诉他们所受一切苦难的原因时；当工作、每天苦干十三四个小时，却无力养家糊口时；这就是我对此的理解，去向人民说明这种状况的原因和他们无力养家糊口的原因。

另一位证人在审讯约克时受到盘问，他说："我到这里来不是为了接受教训，而是要说出真相"。他们中的一些人有可能在1793至1794年的萧条（和衰退）中策划武装起义，但毫无疑问的是，他们义无反顾地反对战争，而且最早站出来支持帕尔默和米尔。

设菲尔德拥有一个显而易见的有利条件：这里有一位能干的出版商和编辑约瑟夫·盖尔斯，以及一份支持协会的周报《设菲尔德纪事报》。（设菲尔德一度还发行过更合知识界口味的刊物《爱国者》。）《纪事报》于1787年创办，在1794年的发行量（一度）高达每周2000份。"民主"精神对政治和举止装束都产生了影响。"民主派"也是服装改革家，他们在乡间徒步行走，不乘马车，取消包括"先生"、"阁下"在内的一切正式头衔，而且如果他们是雅各宾分子的话，就把头发剃得很短。外省的民主刊物，如《设菲尔德纪事报》、《曼彻斯特先驱报》、《剑桥通信》（由一神派改革人士本杰明·弗劳尔编辑出版）和《莱斯特先驱报》为地方报刊编辑工作确立了新的标准，不再用剪刀浆糊式的裁剪转载伦敦的报刊文章，而是登载有独到见解的评论文章。盖尔斯首倡

的方针还在《曼彻斯特先驱报》创刊号(1792 年 3 月 31 日)中作了表述:

> 我们将不给有关**上流社会**生活的文章留什么版面,也 152
> 不给谈论宫廷服装或宫廷密谋,谈论狩猎宴会、酒会或交往宴会的文章留什么版面,因为只有上流社会追求享乐的人才对这类文章感兴趣。……

盖尔斯的报纸、书店和小册子印刷所是设菲尔德运动的一个组成部分。[97]

设菲尔德协会的基础从一开始就是刀具业的"下层业者和工人"。[98] (尽管有人提及周围乡村中的宣传活动,但各委员会似乎都没有矿工或农业劳动者参加。)当然,伦敦协会的会员种类要多得多,该会从数十个团体中吸收会员,沿袭了马车制造工会所和"自由辩论会"(瑟尔沃尔就是在这里学成出家的)及被里德称为"异端协会"的后来那些会社的做法。伦敦通讯会到那时为止是这些团体中最强大的,而许多团体则始终继续在其自己的圈子中活动。

伦敦通讯会由"分会"组成,每个分会拥有 30 名会员,拥有 45 或 60 名会员就另组分会。每个分会派一名代表出席每周一次的总委员会会议(也派出没有投票权的副代表),分会可以召回其代表,并有权在原则问题上要求请示。保存完好的会议记录表明总委员会与各分会之间意见交流很活跃,不断地作出决议,他们对委员会的权力十分警惕。在另一方面,1794 年后,出于对密探的害怕,有相当大权力的代表会议让位于一个执行委

---

[97] 见唐纳德·里德:《报刊与人民》(1961),第 67—73 页;F. 奈特前引书,第 72 页;和 J. 泰勒:《设菲尔德宪法会》,载《亨特档案学会会刊》,第 5 卷,1939 年。

[98] 菲茨威廉文件,第 F44(a)号。

员会,或总委员会所属的通信委员会,该委员会大约有 5 名成员。[99]

要精确地估计该会会员人数是十分困难的,其中以 1792 年秋、1794 年春和 1795 年的后 6 个月会员人数较多(也许在 1795 年后 6 个月最多)。协会自己多次宣称会员多达数万名,而历史
153 学家提出的数字又过于谨慎。(经常有人认为,会员人数从未超过 2000 名,但有充分的理由认为设菲尔德和诺里季的会员都超过了这个数字。)1795 至 1796 年任委员会领导人的两名会员在他们各自的回忆录中作了相互矛盾的记述,无助于弄清这个问题。弗朗西斯·普雷斯曾担任总委员会临时主席,他说 1795 年夏该会拥有 70 个分会,有 2000 人实际上**出席**每周的例会。约翰·宾斯谈得比较详细。(据他的陈述)协会收入有时超过每星期 50 英镑,如果每星期收取 1 便士,这意味着有 12000 名会员定期出席会议。由于许多会员难得缴费,或只是偶而到会,他认为出席周会的会员**平均数**为 18000 至 20000 名,“大多数是……小店主、工匠、机工和劳工”。当他担任总委员会临时主席时(1795—1796 年间),到博福特大楼瑟尔沃尔的演讲室出席会议的分会代表和副代表的人数平均为 160 至 180 名。

两人的记述都是事后几十年才写成的。普雷斯的记述更可信,但由于他旨在淡化协会内“鼓动者”的作用,因此就存有偏见;宾斯的偏见在于将他的青年雅各宾分子涂上浪漫的色彩。一个问题是对每个分会人数的估计,在开头几年里,分会应在 45 人时一分为二的规定没有得到遵守,保存下来的各分会

---

[99] 更充分的描述,见 H. 柯林斯前引书,第 110 页。全部调查过程,见西曼博士未出版的论文。规章本身作过数次变更,以上描述主要基于从起初两三年会议记录中得到的印象。

1792—1794 年档案表明，人数最少的有 17 人，最多的有 170 人，而哈迪在枢密院所作的中肯和有保留的答复(1794)中称，他所在的分会有 600 名会员，但是，其中仅有 50 至 60 人参加每周的会议，这样的缺席率在群众运动中并非罕见。马格罗特在英国国民公会(1793 年 12 月)上宣称协会拥有 12000 至 13000 名会员，几乎可以肯定这是夸张之辞。1794 年 5 月，一个消息灵通的密探(也许是"公民格罗夫斯")报告说："他们自称的数字高于 18000 人……但这显然完全不可信。"在这期间(他报告说)协会每季度的收入是 280 英镑(每个会员每季度缴纳 13 便士)，这表明缴纳会费的会员数约 5500 人。1795 年秋季，另一名密探(鲍威尔)定期报告各分会每星期发布的新会员和到会会员人数，这些报告表明普雷斯关于每周定期到会者人数不足 2000 人的估计是精确的，它一定有好几次记在协会的记事录上。1795 154
年底，(鲍威尔报告说)"协会的概况已从各分会记事录上总结出来，确实有 10000 人以上登记在册。"但是，由于这个数字包括了许多自 1794 年起离会的人和"许多报了名，缴纳了 13 便士会费，却再未在协会中露面的人"，因此他认为这是个"不实的记述"，这样，普雷斯和宾斯之间的差距被缩小了一点。皮特决不是个傻瓜，不会因害怕一个从未超过 2000 人的团体而批准两项法案并支持不受欢迎的叛国案审判。就 1794 年初和 1795 年末而言，以下数字是可信的：积极的会员至少有 2000 名，缴纳会费者为 5000 名，登记在册的会员为 10000 人以上。[100]

---

[100] 分会档案和鲍威尔的报告，载枢密院档案，第 A38 号；"枢密院审案卷宗"，载财政部司法处档案，第 11.3509 号；格罗夫斯，见财政部司法处档案，第 11.3510(A)号；普雷斯记述，见附加手稿，第 27808 号；宾斯：《回忆录》，第 45—46 页；一名会员：《英国国民公会记述》，第 40 页；《伦敦通讯会通信集》(1795)，第 29、35 页。1795 年 6 月至 11 月间，入会的新会员为 2600 人。

协会非常谨慎地处理日常事务和财政问题，极为关注民主原则。10月会议曾提名马格罗特和杰拉尔德出席1793年的英国国民公会，在这次极为重要的会议上，有一位代表自愿“**不取报酬**（即自费）去出席国民公会，他的提议以“违背本会原则”为由被否决。在协会缺乏经费的时候这样做，目的是强调按劳付酬的原则，从而避免协会的事务被那些有钱有空的人所控制。另一方面，宾斯回忆道：“在我任代表期间，每当因公出差，他们都慷慨地支付我的费用”。[101]

有关分会工作的记述也各不相同。普雷斯最感兴趣的是追溯不走极端、符合法律的那条路线，最强调的是教育活动。他的伦敦通讯会绝不是皮特眼中的那种，而是一个尚未成熟的工人教育协会。他所在的分会在一所私人房宅中开会：“我和许多好提问、聪明而正直的人见面，……我们订阅图书。……我们举行星期日晚会……阅读、交谈和讨论。”

> 周会的程序通常是这样安排的：主席（每个人轮流担任
> 155 主席）朗读某一本书……到会者应邀对这本书发表自己的见解，发言人数由主席决定，但发言者不用起立。然后，主席读那本书的下一部分，再请到会者发言。接着，主席读该书的其余部分，第三次请人发言，那些在此之前尚未发过言的人就要说些什么了。随后，便进行全体讨论。

“协会的教育作用确实很大，它促使人们读书，而不是在酒馆里消磨时光。它教他们进行思考，尊重自己，愿意教育子女，并提

---

[101] 伦敦通讯会会议记录，附加手稿，第27812号；宾斯前引书，第36页。

高了他们自己的判断水平。”[102]

所有这些记叙都很出色，它对一个阶级作政治自我教育的第一个阶段作了绝妙的记载，并且包含着一些很重要的真实情况，它部分是确切的。但是，我们不能忘记普雷斯也是在摆好姿势让詹姆斯·穆勒给他自己画像，如同白人笔下的汤姆大叔一样。当时的密探报告中却有一种生动的笔触，而这恰恰是普雷斯所缺乏的。一个伦敦搬运工人说：“几乎每个人都在说话，总是吵吵嚷嚷的，直到代表站起来大伙才安静下来。大伙越来越吵闹，不愿等待，然后代表站起来努力让大伙平静下来。”而且，我们知道各分会并非**总是**于星期日在私人住宅中开会，许多位于贫困区的分会开会时从一个酒馆赶到另一个酒馆。W.H.里德是这样对18世纪90年代后期的俱乐部会议进行描述的与会者：“唱着歌，教士总是歌词辱骂的对象”，人们“抽烟斗吸烟卷”，“桌上放满了定价1便士、2便士和3便士的出版物”。这似乎与普雷斯的记述同样可信(但内容并不一致)。[103]

在协会的社会组成问题上，我们不必有任何疑问。它首先是一个手工工匠的协会。保存下来的分会登记册上有丝织工、钟表匠、鞋匠、细木工、木匠、裁缝等。一个分会的登记册上有98名会员，其中包括9名钟表匠、8名织工、8名裁缝、6名细木工、5名制鞋工、4名鞋匠，木匠、洗染工、理发匠各3名，商人、丝带整饰工、屠宰工、袜商、雕刻工、砌砖工、袜片剪裁工、制裤工、
床架工、烧瓷工各2名，文具工、制帽工、面包匠、家具工、锁匠、 156
金属丝工、乐师、外科医生、铸工、釉工、锡盘工、漆工、书贩、镌版

[102] 附加手稿，第27808号；G.沃拉斯前引书，第22页；R.伯利：《英国雅各宾派》(1924)，附录Ⅱ，第5页。

[103] P.A.布朗前引书，第73页；里德前引书，第8页。普莱斯的记叙也许描述伦敦中心地区的手工工匠和小生意人，其他记叙则描述伦敦东区和南区的各分会。

工、绸布商、仓库工及农业工人各1名，余者未作分类。[104] 如果说协会最活泼的几位宣传家，如盖尔·琼斯和瑟尔沃尔是医生或记者的话，那么委员会的大部分委员是手工工匠或小生意人：阿什利是制鞋工、巴克斯特是帮工银匠、宾斯是管道工、约翰·博恩是霍尔本的书商、亚历山大·加洛韦是精密机器工（后来成为伦敦机械业大雇主之一）、托马斯·伊万斯是印刷所调色工，（后来是）拥有专利的背带商、理查德·霍奇森是制帽业师傅、约翰·洛维特是理发匠、勒夫曼是金匠、奥克斯莱德是书籍装订师傅，而其他委员则可确认为制鞋工、面包商、车工、书贩和裁缝等。1794年6月，"公民格罗夫斯"向他的主子揭露了协会的社会组成情况：

有一些人看外表是体面的工匠，他们能力强但仍待提高，虽然勇敢却又谨慎，这一类代表人数极少。另外一些人显然身份低得多——无疑是帮工。尽管他们似乎没有能耐也不发言，但他们看上去很坚定……对所有的提议只要带有一定程度的大胆，就一概投票支持。最后一类人……人数最多，是由社会最低层人物构成的——连看起来顺眼的都很少，其中有一些穿得又脏又破，另一些简直就是邋遢的贱货，任何受过良好教育的人哪怕是只坐在他们身边，都需要很好地控制住自己必然会有的自尊心；我还在中央刑事法庭的巡回法庭上看到有些体面得多的人在庭审结束时因无人愿意充当起诉人竟被宣布释放。这些人似乎都很暴躁，拥护任何会导致混乱和无政府状态的事。[105]

---

[104] 枢密院档案，第A38号。

[105] 财政部司法处档案，第11.3510(A)3号。

英国雅各宾派的人数比人们所公认的要多，而且与在法国发动革命的“小人物”更为接近。事实上，与其说他们近似于雅各宾派，倒不如说他们更近似于巴黎“各区”的无套裤汉。无套裤汉狂热的平等主义构成了1793至1794年间罗伯斯庇尔革命战争专政的基础。[106] 英国雅各宾派的堡垒此时还不是新兴的纺织城镇，而是老工业城镇中具有较悠久思想传统的城市手工工匠：这样的老工业城镇有诺里季，该城的毛织业的优势地位还没有被 157
约克西区所取代；有斯皮特菲尔兹，该城喜好闹事的学徒恶名远扬，其丝织业因受到兰开郡棉织业的竞争而蒙受损失；还有设菲尔德，该城许多刀具业帮工正处于向小师傅的过渡之中。正像共和二年的巴黎一样，制鞋匠始终充当引人注目的角色。这些手工工匠把潘恩的学说推向了极端，主张实行绝对的政治民主，彻底反对君主制和贵族，反对国家和税收。在热情高涨之时，他们是运动的坚强核心，这场运动一方面获得了数千名小店主、印刷商、书商、医生、教师、雕刻师、小师傅和非国教派教士的支持，另一方面又赢得了搬运工、拉煤工、劳工、士兵和水手的拥护。

该运动只造就出两位颇具影响的理论家，而他们又反映了运动核心的冲突。绸缎商的儿子约翰·瑟尔沃尔最为重要，他连接着华兹华斯、柯勒律治的世界和斯皮特菲尔兹织工们的世界。在这场运动衰落之后，毁谤“可怜的瑟尔沃尔”成了一种习惯，在19世纪早期，他被打扮成一个令人怜悯的人物，头脑空空，总是害怕受到起诉，而这种害怕又并非空穴来风，靠讲授演说术谋生。此外他还有平庸诗人的名声，这是他的另一个不幸——尽

---

[106] 参见A.索布尔：《共和二年巴黎的无套裤汉》（巴黎，1958），第2卷。关于法国革命时“区”的社会基础的有益探讨，见R.科布：《法国革命中的人民》，载《过去与现在》，第15期，1959年4月。

管这个罪名在我们周围日日发生，但历史学家和批评家们却不能宽恕这一点。德昆西是“在极端厌恶雅各宾主义……和尊崇皮特的英名”的年代中长大的，他说过，“像瑟尔沃尔那样可怜而空洞的皮鼓”这样的话，这句话就表达着下一代有知识的激进派所持的流行观点。这个观点后来一直伴随他，直至今日。

然而，在杰拉尔德和马格罗特受审之后，运动需要有人站出来充当雅各宾派的杰出领袖，空洞的皮鼓是不行的。这个领袖要面对叛国罪审判，坚持到两项法案颁布之时乃至以后(图克和哈迪没有这样做)。要做到这些，领袖也许需要具备一点演员的气质。像演员那样装腔作势是英国雅各宾派(哈迪除外)的恶习，而且有时他们的做作看上去显得滑稽可笑。但是，那是一个花言巧语盛行的时代，一个“暴发户”的花言巧语还不如一个伯
158 克的花言巧语编织得好。自由论坛(的确是真正自由的论坛)的华美词藻如果用来给雅各宾派鼓劲的话，那肯定能够得到谅解。而且，在1793至1795年之间发表的政治性文字中，瑟尔沃尔既有勇气也很谨慎。他在1793年这个年头里一直与伦敦当局进行公开的斗争，以维护发表演讲和进行辩论的权利。在被从一个个演讲厅驱逐之后，瑟尔沃尔最终得到了在博福特大厦的一处房屋(受到一个赞助人委员会的帮助)，将这处房屋用作他发表演讲和1794至1795年间协会一般性活动的中心。[107] 哈迪被捕后，他立即重振协会。当密探来旁听他的演讲时，他就把话题转到密探制度上；当有人试图挑起暴乱时，他带领听众平静地离开演讲厅。他修改过激的决议，提防挑唆活动。他对人群的支配能力很强，据说在最后一次反对两项法案的示威中与会者高喊“士兵们、士兵们！”的口号时，他宣讲协会愿与军队保持亲善

[107] 见C.塞斯特，前引书第74页起。

关系的意向，使人们打消恐惧，转而与之团结起来。

瑟尔沃尔在1795和1796年发表的演讲和撰写的著作无论在深度和观点的一致性上都领先于其他活跃的雅各宾派成员，他清楚地表达了英国对法国事件的一种估价：

> 我为法国革命感到自豪的是这场革命所坚持和宣传的原则，即：古代的流弊并不会因其产生于古代而转化为美德……，人拥有法令和惯例都不能剥夺的权利……，思想应有自由……知识分子有权运用其知识……，社会的一个等级无权掠夺和压迫社会的其他方面，无论它犯这种掠夺罪的时间有多长……这些都是我所钦慕的原则，尽管这些原则有过激之处，但它们使我对法国革命欢欣不已。

瑟尔沃尔在罗伯斯庇尔恐怖时期站出来宣称：“法国发生的过激和暴力不是革命新学说的产物，而是由旧专制主义有组织的残酷行为所导致的复仇、腐败和猜疑等旧时陋习所引起的后果”。他认为自己对法国革命的支持既与无能的吉伦特派又和山岳派不同，他既批判“哲学家的愚蠢”，也批判“精力旺盛的党派的暴行”。但在罗伯斯庇尔死后，他立即就“皮特和罗伯斯庇尔性格 159
的相似性”发表演讲：

> **罗伯斯庇尔**不公正地压迫富人，以维护他在穷人中的声望；**皮特**则忽视由于战争及随之而来的税收而压迫穷人，以维护他在富人中的威望。……**罗伯斯庇尔**制订出一部自由宪法，并建立暴政来直接反对它；**皮特**称颂另一部**自由**宪法，但践踏它的所有条款。[108]

这样做也需要勇气。

---

[108] 《论坛报》，1795年4月25日，5月23日；C.塞斯特前引书，第173页起。

瑟尔沃尔一周两次的演讲稿发表在《论坛报》上，他运用了后来科贝特所采用的方法，将政治教育与对时事的评论相结合。他阐述了国际主义的恢宏精神，通过描述科希秋什科领导下的波兰民族独立斗争遭到镇压的情形来唤起读者。瑟尔沃尔的激进主义大体上局限于潘恩所确定的范围之内，但与潘恩相比，他更强调经济和社会问题。他道出了手工工人依靠适度劳动而获得独立生计的要求，谴责这种法律：它责备“贫穷的帮工联合起来”，“……而富裕的厂主、包工头和垄断者……却可以随心所欲地相互联合”。[109] 他放弃了“平均财富”的主张，指责遥远的土地国有化计划或乌托邦大同世界是“纯理论的货色”。瑟尔沃尔称赞独立开业的企业主，因为他们可以靠“自己的汗水”提高自己的地位。但是，“如果不同时实行公正的分配，生产就是一件可鄙的事。……如果财产能够妥善地进行分配，那么少量的劳动就足以得到必需品和舒适的生活。”与妥善的分配为敌的是“土地垄断”、圈地运动和“资本积累”，他从《人权论》发展到《自然权论》：

> 我坚持认为**每个**男子、**每个**女子、**每个**儿童应当从劳动果实的总分配中得到更多的东西，而不仅仅是得到食物、破衣和烂床破被。而且，也不需要从 6 岁工作到 60 岁……每天工作 12 到 14 小时。他们有权——一种神圣和不受侵犯的权利——得到舒适的条件和娱乐生活……有权得到一些闲暇时间以进行这样的讨论，有权得到使他们的**权利**获得理解的途径或信息。……

160 这些“权利”包括“与雇主利润成比例的……分享产品的权利”和

---

[109] 尽管结社法直到 1799 年才通过，但此举的作用只是加强了**现存**立法打击工会的力量。

受教育权利，根据后面这项权利，劳工的孩子可以跻身于“社会最高层”。此外，瑟尔沃尔还提出了很多汇入19世纪工人阶级政治洪流的思想和建议(《论坛报》和《自然权论》到19世纪还为激进派人士们所阅读)，他努力为劳工们去寻找八小时工作制作为传统“准则”的出处。

我们可以说瑟尔沃尔为**手工工匠**提供了始终如一的思想体系，他在《自然权论》中作的进一步考察包括对于“财产的起源与分配”和“封建制度”的分析。像潘恩一样，当他在批判私人资本积累本身时望而却步的时候，他又寻求限制实行“垄断”和“商业”剥削，着力描绘小业主、小商人、手工工匠和劳工的理想社会。在这个社会中，他们的劳动条件和时数、他们的健康状况和老年生活都受到保护。[110]

瑟尔沃尔将雅各宾主义发展到了社会主义和革命主义的边缘。他的矛盾并不存在于他的思想里，而是存在于他周围的环境中，这是所有直到宪章运动时期及以后时期的激进主义改革家所处的两难境地。无代表权者的组织面临着迫害和压迫，他们如何实现其目标呢？像宪章派所称的，是成为“道义的”还是“实力的”力量呢？瑟尔沃尔不赞成普雷斯的教育渐进主义政策，认为它从属于中等阶级。他同意进行无限制的鼓动，但反对地下革命组织的极端行为。这就是他(和此后的改革派)所面临的困难境地，他们要在发表反抗言论和不战而退之间作出选择。在1792和1848年间，这样的两难境地不时重现。雅各宾派和宪章派是广大民众威胁的化身，但他们不愿进行任何实际的革命准备工作，在某些重要关头，他们总是在自己的支持者中失去

---

[110] 《论坛报》，第3卷；塞斯特前引书，第175页起；J.瑟尔沃尔：《自然权论》(1796)，第1、2篇。

信心,要么就是受到其对手的嘲弄。

当然,伦敦通讯会的一些会员准备走得更远,不用说,从事
161 非法行动的团体总有许多方面是不为人知的,因为它们都很小心,几乎不留下文字记录。但是,伦敦通讯会中的革命派始终以某种形式与托马斯·斯彭斯的名字相联系,斯彭斯是纽卡斯尔的一名穷教员(他早在1775年就在那个城市提出了他的土地国有化理论),于1792年12月来到伦敦。他因出售《人权论》当即被捕,但被无罪释放。他出版和销售小册子,起初是在法官巷的一家店铺,而后搬到小栅门街8号,再后来转移到牛津街9号,最后用手推小车叫卖,顺便还销售热汤(热黄樟汤)。普雷斯回忆道:他"身高不到5英尺,十分诚实、朴实和真诚可靠。他热爱全人类,相信人变得善良、聪明和幸福的时代将会到来。他对待人世的方式很不现实,简直到了令人难以想象的程度。"在整个18世纪90年代,他制作传单,大幅印刷品,发行《猪肉》期刊(1793—1796年),还用粉笔书写标语。1794年5月至12月,他在人身保护法中止实行期间入狱。在1795至1797年间,他除了出售传单、小册子之外还铸造雅各宾的纪念币。1801年他再度入狱,获释后,规模不大的斯彭斯协会仍是一个鼓动中心,并一直坚持到他于1814年去世及以后一段时间。

从斯彭斯使用的社会改造良方和拼音书写方法(他用这些书法出版了他在1801年受审的记述)来看,人们会轻易地将他视为怪人。但在1794年的叛国罪审理过程中,有人提出证据说他的店铺与武装操练有关;而在伦敦通讯会的后期,好几名领导人是地道的斯彭斯派,包括托马斯·埃文斯和亚历山大·盖洛韦。斯彭斯用潘恩的观点抨击世袭贵族,并由此得出结论:"我们必须不仅剥夺个人的和世袭的贵族权力,而且要毁灭它的基础,即私有地产":

> 通过阅读我的小册子，公众在精神上做好了准备……几个先遣教区只要宣布土地归它们所有并召集一个各教区代表大会，其他邻近教区将……照它们的样子去做，并派遣代表出席会议，由此，一个美好、强大的新共和国将生机勃勃地在瞬间诞生。战争的力量和资源立刻以这样的方式转到人民的手中……，暴君将变得软弱无害……岁入和地产是产生暴君的来源，将这些剥 162 夺，他们的权力就永不能再增长，永不能颠覆我们自由的圣殿。

至于斯彭斯本人是否直接参与暴动密谋(与一般的煽动行为不同)，人们还不清楚。但是，他对那些地下活动方式深信不疑，诸如秘密印刷品、匿名传单、炭画的路标和酒馆俱乐部，也许还有食品暴乱等等。在受审时，斯彭斯称他自己为“亚当的被剥夺继承权的子孙们的义务辩护者”。他的宣传几乎不可能在城市赢得大量追随者，也从未深入到任何乡村地区。然而，斯彭斯的一个追随者托马斯·埃文斯最早使斯彭斯的农业社会主义有了更广泛的适用范围，埃文斯所著《拯救帝国的基督教制度》在对法战争结束时出版，他在书中要求：

> 所有土地、水源、矿山、房屋和所有永久性封建财产都必须归还给人民……并像教会那样，以伙伴关系来进行管理。

其强调的重点仍放在“封建”财产上，与商业或工业的财富相对。但是，关于阶级的定义比潘恩所下的任何定义都更加清楚：

> 首先，在公平和公正的基础上解决人民的财产，即国有资产问题，这个解决方式将使所有人受益……并在各个方面引起真正激进的改革。所有不包含这项解决方式的改革努力**只能会导致实际上的毁灭**……，将不会

触动社会上相关的阶级。

埃文斯的著作确实属于战后时代，但他是伦敦通讯会的最后几位书记之一，这使我们意识到斯彭斯派作为在战争期间惟一成功地保持不变的英国雅各宾团体所具有的重要意义。而且，另一个传统尤其与这个团体有关。为《**女权**》和性别解放奋斗的人主要限于一个知识分子小圈子里，包括玛丽·沃斯通克拉夫特、戈德温、布莱克(后来还包括雪莱)等人。斯彭斯是向劳动妇女宣讲自己著作的雅各宾派宣传家之一，他写的一篇评论潘
163 恩的《农业正义论》的文章的标题是《婴儿之权利，或不可剥夺的**母亲**分享自然物**之权**，该权为哺育和抚养后代的必不可少之条件》，该文以一位妇女和一位贵族间的对话形式发表。由于妇女发现她们的丈夫"令人遗憾地忽视和不重视他们自己的权利"，因此妇女不得不声称："我们妇女要自己争取自己的权利"。在后来的一本小册子中，斯彭斯为平民百姓争取自由离婚的权利：

> 这个问题在这个国家得到人们衷心的理解。人们认为婚姻之神的锁链应……在发生革命时首先予以砸碎，家庭生活事务应交由爱神掌管。尽管爱神有些异想天开，但他不像狱吏般的上帝那么严厉。

"如果人们不能使他们家庭中的弊端得以消除，那么政府的改革和公共弊端的消除又有何意义？"[111]

---

[111] 普雷斯文件中关于斯彭斯生平的资料，附加手稿，第27808号；O.D.拉德金：《托马斯·斯彭斯和他的团体》(1927)；A.W.沃特斯：《1801年对斯彭斯的审判》(利明顿温泉，1917)；A.达文波特：《托马斯·斯彭斯的生平、著作和原则》(1836)；托马斯·斯彭斯：《猪肉：婴儿的权利》(1797)、《将社会复归至其自然状态者》(1801)；科尔和菲尔森前引书，第124—128页；T.埃文斯：《拯救帝国的基督教制度》(1816)，第14、33页；和《斯彭斯传》(曼彻斯特，1821)。

普雷斯在两项法案颁布后写道:“一些会员认为再开会是危险的,另一些会员认为这样做是徒劳的。整个局势迅速走向衰落。……在会员减少之后,协会的事务反而增多了。”总委员会派出代表巡视那些停止活动的或懒散的分会:“我记得我不得不在一个晚上如此巡视三个分会之多,并对其玩忽的状态予以训斥。……与地方上的通信数量也十分庞大。”[112]

协会感到它被密探所包围。(宾斯说过:)如果瑟尔沃尔走进一家牡蛎餐馆或红烧牛肉馆,“他可以想象屋内半数以上的厢座里坐着政府密探”。乔治·坎伯兰是布莱克的朋友和做雕刻活的同事,他写道:“人们听到的消息只是**英国**在绞杀爱尔兰人、猎捕黑奴、食旺代人的肉,并做起了人肉买卖。”他只要走进一家咖 164
啡馆要一份早餐,立即就会有“某个陌生人穿戴讲究地坐到我的厢座对面的座位上”。[113] 瑟尔沃尔在雅茅斯遭到水手的袭击之后,继续巡回演讲。他又在林恩、威斯贝克、德比、斯托克波特和阿什比德拉朱什等地的会议上遭到“水手、武装团伙和龙骑兵”的袭击(地方官员还拒绝提供保护)。瑟尔沃尔被聘为《德比信使报》编辑,但两个星期之后被迫辞去该职。

瑟尔沃尔最终弄到崩溃的边缘。那些在他奔波于东盎格里亚和北部地区时接待他的“手工工匠、小店主、非国教教士、教师”受到各方的恐吓。1797 年,法国入侵的担忧日益增强,武装

[112] 附加手稿,第 27808 号。普雷斯于 1796 年夏退出执行委员会、1797 年 3 月退出总委员会并于 1797 年 6 月退出该会。鲍威尔的密报(枢密院档案,第 A38 号)表明两项法案通过之后协会吸收新会员的工作几乎停顿了。16 个分会在 1796 年 1 月没有开会,2 月份定期参加各分会会议者仍有 1094 人,3 月份为 826 人,5 月份为 626 人,6 月份为 459 人,而 11 月份只有 209 人。普雷斯在 1796 年 12 月仍被任命为助理书记。

[113] 宾斯前引书,第 44 页;D. V. 厄尔德曼前引书,第 272 页。

忠诚协会和自愿军团纷纷组建，它们像反对法国人那样反对国内的密谋团体。[114] 瑟尔沃尔在1796年已开始与年轻的柯勒律治通信，柯勒律治在布里斯托尔宣讲万民平等理论，他很喜欢瑟尔沃尔的《自然权论》。他在1797年给一个朋友的信中写道："他无所畏惧、口才出众、诚实可靠。如果黑暗和风暴降临的话，瑟尔沃尔最有可能对下层阶级产生巨大的影响力。"但在1797年夏，瑟尔沃尔的情绪低落，7月他在斯多威造访柯勒律治，与柯勒律治和华兹华斯一起在乡间徒步远足，对他们的平静生活羡慕不已：

……这是多么美好啊，
我们友善地相互帮助，
边翻松小园中的土地，
边亲切交谈，放松双肩，
时而把锹插在土中，有人热切地提议，
有人倾听，掂量着每句富有想象的话语，
思考着适宜的回答……

这是抒情歌谣兴起的年代，诗人们是政府密探监视的对象，他密报了他们与"一个黑发平头、戴着白色帽子的矮小壮实的人"热烈交谈，这个人是雅各宾分子。瑟尔沃尔决心放弃公共生活：

噢！让我远离公共生活的厮杀，
165 (在这里理性的警记不再听到，
他吹起真理的号角，
却唤醒争权的暴徒，
制造最疯狂的混乱和流血。)

---

[114] 1797年2月，法国人确在彭布罗克郡菲什加德附近的海岸进行了小规模登陆。见E.H.S.琼斯：《对英国的最后一次入侵》(加的夫，1950)。

啊！让我远在与世隔绝的山谷中，
垒筑我的小屋。塞缪尔，我最挚爱的朋友，
能与你在一起与你经常亲切交谈，
也许是人间最大乐事。

然而，柯勒律治已对“真理的号角”感到厌倦，正打算砸烂他自己的“煽动号角”。他以友好但坚定的口气回答瑟尔沃尔说：“在目前，我认为你住在这里是弊远大于利。”[115]

与此同时，宾斯和琼斯正在候审，伦敦通讯会拒绝退让。在1796年大选中，威斯敏斯特组成了一个非正式的辉格党——激进派联盟，福克斯在竞选场地宣称：“英国历史上从未出现过比这个(政府)更令人憎恶的政府。……这个政府在对外战争中比路易十四断送了更多的生命，又想在国内比亨利八世加害于更多的无辜者。”在此后的10年中，福克斯反对派(纳米尔派历史学家对它竟无法理解)与陪审团制度一起是英国自由的最后一道防线，福克斯本人毫无困难地进入威斯敏斯特的议会，而伯克的“杀人犯”之一霍恩·图克也获得了近3000张选票。[116] 在诺里季，教友派上层人士巴特利特·格尼在爱国会的支持下与陆军大臣温德姆展开竞选。与在威斯敏斯特一样，这里的选举权范围很广。格尼赢得了当地自由民的大部分选票，但被从伦敦输入的外来选民击败。在瑟尔沃尔看来，如果格尼不是一个软弱无力、不住在当地的侯选人，“劳动自由民们”本来是会赢得选举的——格尼本人甚至连竞选场所都不去。在诺丁汉，克朗普顿

---

[115] J.瑟尔沃尔：《主要作于隐居期间的诗歌》(赫里福德，1801)，第30、129页；塞斯特前引书，第142页起；内政部档案，第42.41号；E.布伦顿(编)：《柯勒律治研究》(1934)。

[116] C.J.福克斯获5160票、A.加德纳爵士4814票(均当选)，约翰·霍恩·图克2819票(未当选)。

在雅各宾派的支持下获得了数目可观的选票。[117]

166 协会在1796年底开始瓦解。它在那一年的秋天仍有力量出版一份颇有分量的《道德与政治杂志》,虽然普雷斯明智地警告说,此举将耗尽协会的财源。该刊在很大程度上靠汲取瑟尔沃尔的思想源泉维持出版。尽管协会的新书记约翰·博恩(从改革协会重新返回)在1797年1月印制一份通知发给所有会员,谴责他们不参加协会活动,但是在这个月仍有18个分会缴付会费。这年夏季,协会开创了露天政治宣传的悠久传统,它以非国教和卫斯理宗的户外传教士为榜样,每个星期天都在伦敦城路附近,在伊斯林顿、霍克斯顿、海克内、霍恩塞、贝斯诺尔草地等处发表演说,其内容将雅各宾派的宣传与自然神论和无神论糅合在一起。(里德说)他们还开始有计划地渗入互济会,这一发展对非法时期的工会历史具有重大的意义。1797年7月,他们在圣潘克拉斯召集公众集会,公然反对两项法案,与会者人数可观,但集会被市政官员驱散,讲坛上的6名会员(包括宾斯)被捕。与外省的通信渠道继续保持畅通,诺里季爱国会在7月写道:"我们仍然坚守岗位……还是准备公开活动,而不准备放弃它……"。然而,通信更加困难了,该会启用了5个新地址,这些都是不被怀疑的店主的地址,而且"我们有时将还会像上面做的那样变更地址"。在7月逮捕行动之后,斯彭斯派的托马斯·埃文斯出任书记。11月,总委员会的一次会议发表一项声明谴责"意志薄弱者",这些人散布群众结社一事无成的观点。声明还

[117] 瑟尔沃尔:《自然权论》,第1篇,第25—29页。诺里季:H.霍巴特获1622票、W.温德姆1159票(均当选),巴特利特·格尼1076票(未当选)。诺丁汉:卡林顿勋爵1211票、D.P.科克1070票(均当选),克朗普顿医生560票(未当选)。

保证要使伦敦通讯会坚持到底，但在声明上签字的仅有 7 人。[118]

然而，有证据表明，伦敦通讯会此时至少分为两派：一派坚持以准合法的形式存在下去（仍公开发表其会议记录），另一派则建立非法组织。有些人也许两派都参加了，比如约翰·宾斯，他的兄弟本杰明，还有约翰·博恩等。历史学家对地下活动的证 167
据嗤之以鼻，但是在 1796 至 1801 年的情况下，如果没有地下活动，人们反而会感到惊奇。其实，工人们对这类活动并不陌生，通信员定期来往于英国各地，从事违法的工会活动。尽管当局窜改文件，再加以挑选，造成耸人听闻的样子，但是，没有证据表明 1799 年由《秘密委员会报告》提交的文件是伪造品。

雅各宾派的“地下活动”使我们联想到英国流亡者在巴黎的聚居地和苏格兰织工的暴动（特拉仑特，1797 年），但更重要的是想到英格兰雅各宾派与联合爱尔兰人之间的关系，后者所进行的愤怒的暴动于 1798 年剧变为一场公开的战争。但对英国来说，最具意义的革命征兆是 1797 年 4 月和 5 月发生在斯皮特里德和诺尔的海军哗变。毫无疑问，哗变前那里的食品、工资和纪律状况令人震惊，但是也有一些证据表明雅各宾派直接进行了煽动。有些哗变者本身就是通讯会会员。理查德·帕克勉强地出任诺尔“海上共和国”的“司令长官”，他本身就代表着受过教育的“吃份子粮的人”，他们将《人权论》的声音和组织委员会的经验带入了舰队。11500 名爱尔兰水兵和 4000 名爱尔兰陆战队是革命的又一个因素。一个参加哗变的人在写给“海军部高级专员”的信中说：“要是我理解你们的套话和漫长的公告，我

---

[118] 《伦敦通讯会道德与政治杂志》，1796 年 11 月号；枢密院档案，第 A.38 号；内政部档案，第 65.1 号；伦敦通讯会通信集，附加手稿，第 27815 号；里德前引书，第 17—20 页。

就瞎了眼”，

> 一句话，马上把那些我们应得到的东西发给我们，其他的等我们去抓我们国家的流氓和故[敌]人时再发。

这也许曾是大多数哗变者的语言。但在那个事态紧张的星期中，泰晤士河被封锁，哗变者中有人谈论将舰队开往法国（确有几艘舰只在绝望中最终去了法国）。水兵们行动的突出之处并不是他们的“绝对忠诚”或雅各宾主义，而是他们情绪发生变化时的“野蛮和放肆的本质”。理查德·帕克在其遗言中正是就这种易变性忠告朋友们：

> 要记住：永远不要为下层阶级去奔忙，因为他们无知、自私、忘恩负义，针尖大点小事都会把他们吓住，他们
168
> 会在某个时刻把一个人捧为领袖，而后他们又会尽情欢呼雀跃地看着他走上绞台。我在对你们说这些话时心里感到疼痛，但……我的经验证明了这一点，而且我很快就要成为其例证。

但在同一时刻，他宣称他将作为“一名人类事业的烈士”而死去。[119]

这些重大的哗变和第二年发生的爱尔兰暴乱的确是具有世界意义的事件，表明英国**古老政权**的控制是多么靠不住。对英国舰队来说，宣称“理性时代最终到来”，就是威胁要颠覆整个世界的权力大厦，因为这支舰队是欧洲扩张的最主要工具，是横亘在革命法国和它的头号对手之间的盾牌。有些人认为，由于大多数水兵几乎不具有明确的政治观念，所以这只是舰上饼干供

---

[119] G.E.曼纳林和 B.多布雷：《海上共和国》（企鹅版），尤其见第 200、246、265—268 页。该书的叙述低估了雅各宾派在舰队中影响的证据，C.吉尔在《1797年海军哗变》（1913）一书中对此作了更加详尽的探讨。

给和拖延发饷之类的小事，并不是一场革命运动。这种观点是糊涂的，它弄错了人民革命危机的性质，这种危机恰恰是大多数人的不满与具有政治意识的少数人所表达的愿望相结合的产物。但在同时，伦敦通讯会对待这些哗变的态度并不清楚。有证据显示水兵们参加了查塔姆和朴次茅斯的雅各宾派会议，而且伦敦通讯会的个别会员也与军舰上的代表联系，甚至向一群群哗变者发表演说。据说，一位身份不明“着黑色服装的绅士”曾与帕克和他的伙伴联系，这个人也许就是沃森医生，他此时确在为法国入侵做准备工作。但（根据后来的一次作证），伦敦通讯会方面否认沃森为该会会员。[120]

哗变以一种最剧烈的形式使得伦敦通讯会会员中对共和国的同情和对民族的忠诚二者之间的冲突有可能产生。正是在这段时间前后，亲法国的革命派（内有许多爱尔兰移民）已经能够 169
同比较坚定的立宪改革派区分开来了，而后者中的许多人（像普雷斯）此时正在渐渐抽身。在哗变发生之后不久的 1797 年 6 月，一个名叫亨利·费洛斯的人因在梅德斯通向军队散发传单而被捕，他是伦敦通讯会的一个密使，他在一封写给身在伦敦的约翰·博恩的信中报告说：“梅德斯通协会的两个分会仍在活动（有 60 人参加会议），要求送更多的传单来（尤其是散发给爱尔兰士兵的传单）以及“波拿巴的演讲”和潘恩的《农业正义论》。在这些事件发生之后，又有两项法案获通过，规定对犯有非法起誓和

[120] C. 吉尔前引书，第 301、319、327 及 339 页起，附录 A；关于沃森，见枢密院档案第 A152 号亨利·黑斯廷斯的作证。《英国人物传记》富于激情地叙述的有关整个欧洲范围内先觉派和雅各宾共济会的密谋显然与英国毫无关系，尽管这些密谋也许对爱尔兰发生的事件具有某些影响。见阿贝·巴鲁埃尔：《有关雅各宾历史的回忆录》，Hon. R. 克利福德翻译并加注（1798），第 4 卷，第 529 页起。

企图诱使武装部队放弃忠诚的人处以死刑。[121] 紧接着,一个名叫理查德·富勒的人因向寒溪卫队的一名队员散布煽动性讲话而被逮捕、处死。

伦敦通讯会已采用新的会章,它经过修改更适合地下组织的需要,防止密探的渗入。与此同时,一个秘密委员会在霍尔本的弗尼瓦尔旅店地下室开会,这很可能是联合英格兰人的一个大本营。联合英格兰人基本上是联合爱尔兰人的附属组织,实际上,这两个组织在英格兰几乎难分彼此。该组织用切语或暗号进行联络,密使们都使用口令和手势:

> ……你伸出你的左手与他的左手相握,然后用你的拇指揿压他食指的第一关节,他也同样做,这就是可靠的讯号——其中一个人说“团结”,另一人答“真理”——或一个人说“自由”,另一人说“死亡”……

在伦敦,新加入这个组织的人中包括约翰·宾斯、本杰明·宾斯和德斯帕德上校。有一个分部在威尔克洛斯广场的“公鸡与海神”酒馆开会,密探由此报告说“参加会议的人以挑煤脚夫为主”。如果说该组织在伦敦的成员主要是泰晤士河畔的爱尔兰劳工的话,那么据称它还在利物浦和曼彻斯特拥有不少于50个分部,
170 此外还在兰开郡东南部的纺织村庄中拥有一些分部。[122] 该组织在曼彻斯特还成功地打入了军队,组织一些轻龙骑兵举行宣誓:

> 面对上帝,我某某,发誓不服从上校,只服从……人民,不服从长官,只服从联合英格兰人委员会……,尽我最

---

[121] 这部惩治非法宣誓的法案就是后来打击卢德派和“托帕德尔烈士”的那一部。

[122] 一个受审的囚犯于1798年5月作证说曼彻斯特协会“由于该协会内的绅士和机工之间的争吵”而在1796年“大为衰弱”。机工们好像进而组建了联合英格兰人的分部,内政部档案,第42.45号的另一份证词上列出了29个分部。

> 大的努力用武器去帮助这个国家和其他国家建立共和政府，帮助法国人登陆以解放这个国家。

(这段誓言在发音上都表现出爱尔兰风格。)但是，当秘密组织显然已扩大到爱尔兰人的圈子之外时，密谋者们的观点似乎在1798年春发生分歧。一方面，本地雅各宾派似乎在利用各种伪装继续活动，1797年夏季，罗奇代尔和罗依顿的"自由之友会"大概与曼彻斯特的一个自称为"向曼彻斯特和附近地区工人传播知识会"的中心有来往；1798年2月，在博尔顿，一个密探(通过宣誓)成功地加入了联合英格兰人，当地领导人"推荐一个对改变政治信仰大有作用的图书俱乐部"。在索恩利，一位爱尔兰牧师于1798年2月接待一个同胞，他是共济会成员(一位"奈特·坦普勒")，夸口说曼彻斯特的联合英格兰人拥有两万名成员。(这位教士写信给当局说)"由于我是神父"，所以这个人感到可以信任他，并把秘密告诉他。博尔顿的一位牧师同一个月里在写给波特兰公爵的信中说："他们似乎并不完全赞同法国干涉——一些人说他们能够管好自己……"[123]

1797至1798年冬季，爱尔兰教士奥科依格里神父使用"琼斯上尉"的名字往返于兰开郡、爱尔兰和法国之间。1798年初他来到伦敦，当时约翰·宾斯正设法在肯特的几个港口寻找一个愿意将奥科依格里和阿瑟·奥康诺带到法国去的走私者，他们3人均被捕。在奥科依格里身上查出一份文件，讨论在入侵发生时如何在英国迎接法国人。尽管英国人怀有许多不满，但是他们也担心法国人会把英国削弱为一个省，因而，法国人被告知，他们在登陆之后应发布一项公告：1. 不列颠诸岛将建成"几个 171

[123] 《秘密委员会报告》(1799)；各种史料载于财政部司法处档案，第11.333号和4406号；枢密院档案，第A152、A158、A161号；内政部档案，第42、43/6号。

独立的共和国”;2. 每个共和国将选择自己的政府形式;3. 所有投靠入侵一方的人将发给武器;4. 除征收必要的入侵开销费用之外,不得再征收其他捐税;5. 法国应索取的仅限于那些被反法同盟夺走的船舰和海外属地。被捕后,奥科依格里表现出大无畏的英雄主义气概,拒绝供出同谋者,终遭处决。宾斯受神灵庇护,被认定不犯有叛国罪,在被指控犯有较轻的罪行之前,他就化名藏匿于“德比郡和诺丁汉郡,我在那里有许多朋友”。[124]

同情爱尔兰暴动的不仅限于像宾斯这样的爱尔兰人,伦敦通讯会于1798年1月30日发布《告爱尔兰民族书》,该文件由伦敦通讯会主席 R. T. 克罗斯菲尔德和该会书记托马斯·埃文斯签署:

致慷慨和英勇的民族

> 希望本《告爱尔兰民族书》能使你们相信我们是多么真诚地同情你们所遭受的一切苦难。……希望各民族……懂得“现存状况”始终是所有时代、所有国家的专制主义所推崇的格言。而当一个民族允许政府违背真正的自由原则时,侵犯行为将愈演愈烈,罪恶将滋生出罪恶,亵渎之举将接踵而至,权力将产生出权力,直至**所有民族**的自由操纵在专制寡头的手中……

这是一篇激动人心的檄文,洗刷了英格兰人全体参与镇压爱尔兰人的罪名,该文还呼吁驻爱英军士兵拒绝充当“奴役爱尔兰的代理人”。它使协会能够体面地“当众下台”。1798年4月,埃文斯和其他幸存的委员们被捕,当时他们还在激烈争论法国入侵时应采取什么行动。托马斯·埃文斯认为法国政府背叛了革

---

[124] 《秘密委员会报告》(1799)各处;财政部司法处档案,第11.333号;枢密院档案,第A152号;宾斯前引书,第4—6章。

命事业,似乎“更想建立一个广泛的军事专制政权,而不是宣传共和原则”。因而,他提议会员们应加入志愿军。克罗斯菲尔德医生赞同埃文斯的指责,但宣称伦敦通讯会不应以虎制狼,这时,弓街巡警结束了这场争论。[125]

前一天,德斯帕德上校和联合英格兰人的3名成员被捕。 172
我们对1799年秘密委员会关于该组织的力量的言过其实的报告完全可以不予理会:

> 英格兰各地曾与伦敦通讯会保持通信联系的协会中,大部分……采纳了建立联合英格兰人协会的同样计划……,它们所赖以行动的有害原则,由于在社会最下层阶级中建立俱乐部而进一步扩大了影响,在俱乐部中人们唱的歌曲、发表的祝酒辞和使用的语言都具有极端的煽动性质。

但在同时,历史学家们没有理由毫不犹豫地接受普雷斯的说法。按照他的说法,联合英格兰人是一个死胎,其成员人数从未超过一打。[126] 普雷斯长期以来不仅反对非法组织,而且反对任何形式的群众鼓动活动,他赞成安安静静地进行教育工作。他在1797年退会,肯定不会再取得密谋者的信任。表明该组织在兰开郡存在的证据很充足,财政部司法处文件和枢密院文件中密探的报告也谈到几个伦敦分部的活动。有**两名**密探声称他们曾参加一个总委员会,其中有来自肖迪奇、霍克斯顿、伯思诺尔草

---

[125] 见H.柯林斯前引书,第132页;R.霍奇森:《伦敦通讯会总委员会的活动》(新门,1798);《秘密委员会报告》(1799),附录,第70—73页;H.C.戴维斯前引书,第92—93页。

[126] 附加手稿,第35142号,第42—46页起。也许,普雷斯的说法已被接受,因为该组织在性质上是一个地下组织,几乎没有留下任何文件,因而对于历史学家来说,并无客观存在的真实情况可言。

地各分部的代表，代表们在艾平森林接受军训（1798年9月）。还有一个名叫“自由之子”的组织与之相竞争。[127] 据奥科依格里随身所带的“英格兰秘密委员会致法国督政府函”中宣称：“幸运的是，我们没有领袖”：

> 一些人数不多的富人的确通过言论表白他们是民主的朋友，但他们没有行动。他们认为自己与人民不同，而人民也认为他们对人民有利的话是不公正的和没有意义的。……
>
> 我们现在只是在不耐烦地等待那位在意大利的英雄和那些伟大民族的勇敢战士。数不尽的人将在他们到来时高兴地大声欢呼……[128]

173 真实情况是复杂的。一方面，“数不尽的人”远未采纳“英格兰秘密委员会”所声称的立场，他们到1798年时卷入因预计法国会发动入侵而引起的爱国热潮。事实上，这些年头的志愿军运动也许并没有使法国人感到惊恐，但它是教会和国家镇压国内雅各宾派的一支辅助力量。[129] 普雷斯的下述看法也许是正确的：他认为在当时伦敦的极端主义者圈子中存在一些天生的密谋分子。他们生活在一个偏执妄想的酒馆世界中，与现实的交往不多，其宣言（如果法国人相信这些东西的话）将使人误入歧途。理查德·沃森医生（似乎）就是这样一个人物，他原是伦敦通讯会会员，我们已注意到他与海军哗变有某种形式的联系。1797年，沃森因取道汉堡向法国传递情报而被捕。“公民沃森”于1799年获释时写给法国督政府的一份备忘录中称自己为“伦敦

---

[127] 约翰·滕布里奇和金特的报告，枢密院档案第A144号。

[128] 《秘密委员会报告》（1799），第74页。

[129] 见J.R.韦斯顿：《作为反革命势力的自愿军运动，1793—1801》，载《英国历史评论》，1956年，第603页；至于自愿军的不足之处，见《城市工人》，第87—89页。

通讯会执行委员会主席、不列颠联盟成员和巴思、布里斯托尔等地协会的代表”。逃到法国后，他又以同样夸张的口吻向英国发表演说。[130]

但其他的密谋分子就比较严肃，就像德斯帕德上校于 1803 年在刑场上所表现的那样。[131] 到 1797 年时，一些极端的雅各宾分子显然开始对合法的煽动活动感到失望，从这时起的 20 多年中，伦敦的一小群民主派（斯彭斯派和共和派）将希望完全寄托于政变，也许还由法国军队提供援助，通过某种程度的暴力行动能刺激伦敦“暴民”行动起来支援他们。阿瑟·西斯尔伍德和另一个沃森医生于 1816 年所继承的正是这一传统。该团体中的几个人，包括理查德·霍奇森和约翰·阿什利（鞋匠，前伦敦通讯会书记）在 18 世纪 90 年代后期去法国避难。到 1817 年时，他们仍留在那里。事实上，该团体的两名成员在同年返回伦敦这件事本身就是向西德默思勋爵本人提出大惊小怪的报告。[132] 174

因此，雅各宾的密谋者确实存在，而且他们的执着态度足以使他们甘冒生命危险、不怕坐牢和流放。但是，他们的那种密谋具有某种偏激性质和抽象的共和主义狂热，与时代格格不入。而且，随着奥科依格里被处决、爱尔兰暴动被挫败以及伦敦和曼彻斯特的领袖们被逮捕，密谋活动已不再是**全国性**的活动了。在地下组织依然存在的地方，这些组织要么陷入孤立境地，要么开始重新植根于其所在的工业背景中。1799 年制定的特殊法规点名对伦敦通讯会和联合英格兰人进行“严厉镇压、彻底查禁”，甚至连不屈不挠的密谋者约翰·宾斯也认为全国性的组织

---

[130] 枢密院档案，第 A152 号中的多份文件；米克尔前引书，第 171、第 191—192 页；《督政府秘档》，共和七年霜月 2 日；《英国人物传记》。

[131] 关于德斯帕德，见下文，第 478—484 页。

[132] 1817 年 4 月 13 日 G. 桑斯特致西德默思函，内政部档案，第 42.163 号。

无望进一步得到发展,并试图与枢密院达成一项互不侵犯协定,尽管这一努力的结果是他成为格洛斯特监狱的客人,在狱中服刑。宾斯在被捕时,随身携带着一张“口才学校季票”,这也许是为伦敦通讯会“打掩护”的最后一批票证之一了。[133]

到1799年时,几乎所有当初的领袖们都被关入监狱或在流亡。其中埃文斯、霍奇森、博恩、宾斯、加洛韦、德斯帕德和约翰·巴克斯特都在坐牢。与30年前的威尔克斯形成鲜明对比的是,他们在监狱的境遇不尽如人意,根据托马斯·埃文斯本人的叙述,他

> 被押解到监狱,关在一个单人牢房中达许多月份之久。
> 牢房中只有麦草铺、一条毯子和一堆破布,没有书籍、
> 钢笔、墨水、纸和蜡烛,许多时间还不准生火。

他的住宅被弓街官员查封,妻子和孩子被软禁。埃文斯被囚两年零十一个月。冷泉地监狱的阿里斯狱长给予囚犯的待遇是一件丑闻,弗朗西斯·伯德特爵士带头对此予以揭露。伦敦民众的自由倾向在以下事实中得到反映,即伯德特为囚犯而进行的斗争使他赢得了只有先前威尔克斯能与其相比的声誉。在许多年里,伦敦最流行的口号是“要伯德特不要巴士底!”埃德蒙·德斯帕德上校就是在伯德特的帮助下获释的囚犯之一。19世纪激
175 进主义的历史就是从这两个人开始的。[134]

> 经验值钱几何?人们用一首歌能买到它吗?
> 或用一个街头舞蹈能买到智慧吗?
> 不,一个人只有用他拥有的一切

---

[133] 枢密院档案,第A152号;宾斯前引书,第140—141页。

[134] T.埃文斯:《基督教制度》,第4页;《理性人》,1808年3月26日;《约翰·奥克斯雷德之口述》,附加手稿,第27809号;枢密院档案,第A161号。

他的房屋、他的妻子和孩子才能买得到。

智慧在荒芜的市场上出售,没有人前来购买,

智慧在地力耗尽的田地里,农夫徒劳地耕种

收获。

威廉·布莱克在1796至1797年完成的《瓦拉——四种生物体》一书中这样写道。随着雅各宾分子转入更为隐秘的地下渠道,布莱克本人的预言也变得更加神秘晦涩、秘而不宣。许多人在不少年里仍被监禁:基德·韦克是戈斯波特的一个图书装订工,由于说了"不要乔治、不要战争"的话,而在1796年底被判处5年苦役和枷刑。(布莱克本人在1803年也差点受到同样的指控);书商约翰森被囚禁,他是戈德温的朋友;兰开郡和林肯郡对犯有煽动罪者起诉;萨默塞特的一个编篮匠因说了"我祝愿法国人取得成功"而下狱。[135] 内政部的波特兰公爵亲自发出指令,查封以酒馆为活动场所的协会,并将出售价格半便士的斯彭斯传单的小孩子关入教养院。[136] 在哈克内,行为古怪的古典学者吉尔伯特·威克菲尔德从他的藏书中寻找根据,提出这样一个观点:即劳工阶级在法国入侵中不会遭受什么损失,"在我写这些文字的住宅周围方圆三英里之内,忍饥挨饿处境悲惨的人……其数字比地球上任何可居住地区同样面积内的这种人都要多。"[137] 他与福克斯的友谊和他本人的学术地位都未能使他幸免入狱。布莱克在沃森主教写的《为圣经辩护》一书的书名页上注道:"恶棍与妓女无限制地统治,在1798年这一年,为《圣经》辩护将使人送命。"基德·韦克确实死于狱中,而威克菲尔德只是

---

[135] 财政部司法处档案,第11.5390号。

[136] 内政部档案,第119.1号第65.1号。

[137] G.威克菲尔德:《答兰达夫主教》(1798),第36页。

在临死前才获释。

镇压行动使最后一批雅各宾知识分子脱离了手工工匠和劳工。法国的情况在华兹华斯看来：

176 ……一切都被军事强权的镣铐
所窒息，文明行动中那
变换的目标、不同的作用
和高尚的品质都屈从于那
刻板、可憎和卑鄙的强权。
害怕变革的乌云笼罩不列颠；
怯懦者受到称赞、奖赏和擢升，
从一个正当的蔑视冲动
中，我又一次退入自我。

革命幻想破灭的模式就在这一代知识分子中开始产生，它预示着我们这个世纪中那种更低劣的模式。由于受挫于万民平等的幻想，悔过者们对雅各宾派思想上的谬误予以抨击。1797 年夏，诗人们在昆托克斯与瑟尔沃尔一起散步时，来到一处美丽的、群山环抱的小山谷中。“公民约翰，”柯勒律治说道：“这是谈论反叛的一个好去处。”“不，公民塞缪尔”，瑟尔沃尔答道：“这倒是个让人忘却有任何必要发动反叛的地方。”这段轶事预示着第一代浪漫派诗人在政治上的“变节”，其中骚塞最卑鄙，柯勒律治最复杂，华兹华斯最痛苦最自疑。1799 年，柯勒律治在写给华兹华斯的信中写道：“我希望你写一首无韵诗，给那些因法国革命彻底失败而失去人类进步的希望、而沉湎于自私自利地追求享乐、并以一心持家、不屑于哲学幻想为借口的人……”。在此时，瑟尔沃尔早已隐居于南威尔士的一个与世隔绝的农场中。(到达那里时，瑟尔沃尔吃惊地发现他被一个密探盯梢，这就是迫害狂吗?)正是在这个地方，华兹华斯最后一次拜访了他；也正是在这样的与世隔绝的环境中,他在《远足》中描述了独居者的生活,构思那些千年王国的幻想。[138]

在另一端,我们看到缺乏组织的、遭受迫害的工人们,他们没有全国性领袖,竭力维持某种非法组织的延续。他们的困境 177
在利兹一个协会致伦敦通讯会的一封信中得到充分的展示,这封信是在1797年10月以约100名会员的名义写成的:

> 我们大多是干活的机工由于此地的小生意人我们事业的朋友没有什么人敢公开站出来因为贵族势力很大所以能够把所有行业控制在他们手中因此有力量胁迫揭露腐败制度的罪恶的人。大约3年前这里有一个很不错的协会但我们这里治安法官很专断可怕地施加于我们的朋友们身上所以他们的士气已低落到一般以下他们心间的圣火也差不多熄灭了……。

所有酒馆老板都不敢接待他们,而且他们的会员证也"十分紧缺","因为城里没有一个印刷商敢承接我们的业务"。[139]

把这看做是结束是错误的,因为它也是开端。在18世纪90年代,某种像是"英国革命"的东西发生了,它在造就战后工人阶级意识方面具有深远意义。的确,革命冲击在其初期就被扼杀,所造成的第一个后果就是痛苦和失望。统治阶级的反革命恐慌在社会生活的各个方面反映出来 ,反映在对待工会的态度上、对待人民教育问题的态度上、对待他们的体育活动和言谈

---

[138] 瑟尔沃尔并不像一个独居者,他继续从事激进主义政治活动。战争期间他靠教授演说术维持生计;1818年11月重新出现在威斯敏斯特的激进讲坛上,《女怪》说:"人们大吃一惊,如同见到一个人死而复生似的"(1818年11月21日)。此后,他编辑《斗士报》,受到检查部门的干扰;参加1831至1832年的《改革法》宣传。但他无法与新运动相协调,其著作也缺乏早年的独创性和战斗性。

[139] 伦敦通讯会通信集,附加手稿,第27815号。

举止、对待他们的出版物和结社以及他们的政治权利的态度上；而战争期间老百姓的失望则在南方小农的颠倒的千年至福主义和卫斯理宗的新的复兴里得到解脱。1795年后的数十年中，英国各阶级深刻地离异，工人们被抛进**隔离**状态，其影响（在社会歧视和教育歧视等各方面）直到今天仍能感觉到。英国在这方面与欧洲其他国家不同：反革命情感和纪律的潮流恰与工业革命的潮流同时发生，随着新工艺和新工业组织的发展，政治和社会权利则被削弱。没有耐心而具有激进思想的工业资产阶级与
178 正在形成的无产阶级之间的"天然"联盟刚刚建立就崩溃了。伯明翰和北方工业城镇中工业家和富裕的非国教小生意人的骚动基本上发生在1791和1792年，伦敦、诺里季和设菲尔德手工工人和雇佣劳动者"不满"的高峰（不论是由雅各宾派的煽动还是由饥饿引起的）则发生在1795年。只有在1792年的几个月中，这两者才交汇在一起。9月大屠杀之后，工厂主除了极少数之外都被吓得背弃了改革事业。如果说18世纪90年代英国没有发生革命，那么其原因就不是由于卫斯理宗存在，而是由于惟一强大到足以发动它的联盟已经崩溃了。1792年后，已经没有吉伦特派可以为雅各宾派打开大门，如果像韦奇伍德、博尔顿和威尔金森[140]这样的人与像哈迪、普雷斯和宾斯这样的人一起行动，而且怀威尔的小乡绅也与**他们**一起行动的话，那么皮特（或福克斯）就会被迫承允一揽子的改革计划。但是，法国革命使地主和工厂主在共同的恐慌中团结起来，**巩固了**腐败的旧制度，而群众团体则过于弱小、过于缺乏经验而无力靠自己的力量发动革命

[140] 这三人都是当时的工业家。——译注

或改革。[141]

甚至连瑟尔沃尔在1796年出访设菲尔德时也隐约感到了这一点。他对当地"无套裤汉"的聪明才智和政治觉醒感到欢欣鼓舞,"但这是一个没有头脑的人体,很不幸他们没有领袖。"尽管有几位"具有相当财产和较大影响的人……**想**他们所想",但都没有勇气站到他们一边来。

> 如果在设菲尔德那个地方能有三四名有权有势者妥善而公开地领导这些诚实、聪颖的制造者和他们的事业(如同这类人……在诺里季所做的那样),那么地方上实施镇压的暴政将很快寿终正寝……[142]

这也并不表明瑟尔沃尔背叛了雅各宾派。他在1796年面临着一个真正的两难境地:一方面,他不喜欢在实践中所遇到的改革家们的那种家长作风(诺里季的格尼便是一例),另一方面,他也 179
不喜欢民众改革派将自己暴露于巨大的牺牲下以至于摧毁了运动或使之转入地下。

而且,运动急需受过教育的中等阶级的思想资源,但中等阶级中的一些人因对革命失去幻想而十分苦恼。通过强迫的或自愿的移民,运动在早期就失去了两位最有才能的宣传家和组织家——杰拉尔德和库珀。[143] 它也不可能永远依靠《人权论》、依

---

[141] 有关改革派与制造业界在18世纪90年代早期的联系,见E.鲁滨逊:《詹姆士·瓦特——一个英国雅各宾派》,载《剑桥历史杂志》,第11期(1953—1955),第351页;W.H.查洛纳:《约瑟夫·普里斯特利博士、约翰·威尔金森与法国革命》,载《皇家历史学会会刊》,第5辑,第8期(1958),第25页。

[142] 瑟尔沃尔:《自然权论》,第1部,第20页。

[143] 他们所著的两本最有说服力小册子是杰拉尔德的《国民公会——惟一能使我们免遭毁灭之途径》(1793)和T.库珀的《对伯克先生抨击库珀先生和瓦特先生的回答》(曼彻斯特,1792)。至于库珀移民美国一事,见D.马隆:《托马斯·库珀的公共生活》(纽黑文,1926)。

靠对法国的模仿、或穿着罗马人的宽外袍和撒克逊人的长罩衫生存下去。1795 年运动达到高潮时，它只经历了 4 年发展过程，它的注意力必须放在迫切的组织问题上，而当时的气氛则充满了对叛国罪的恐惧与指控，支持者们拖延塞责，罗伯斯庇尔则用那沉默的断头机打断他们宣言中的精彩段落。瑟尔沃尔的演讲是即兴式的，听众中总有一名国王陛下的密探。直到 1796 年的相对平静时期，他才做出最了不起的工作（非常出色），而此时运动却开始崩溃了。英国雅各宾派不成熟，吃了缺乏经验的苦头，许多演讲者故作夸张的姿态，让人看上去显得愚蠢可笑，这些都不使人感到吃惊。

如此看来，这是一部挫折和失败的记录。但是，这段经历具有更为积极的一面。许多传统而不是某一传统源自这些年头，这里有戈德温和玛丽·沃斯通克拉夫特的思想传统，雪莱后来对此重新确认；有自然神论和理性思想的传统，战争还未结束，理查德·卡莱尔就开始重新出版潘恩的所有著作；有经过发展的惟一神教派和"思想自由的基督徒"传统，它由本杰明·弗劳尔和威廉·弗伦德等人的发扬光大，载入 W.J. 福克斯的《每月积蓄》；[144] 有普雷斯和那些头脑清醒、具有立宪思想的手工工匠和小商小贩的传统（其中一些人，像哈迪、盖洛韦和普雷斯本人后来发迹
180 起来，成为小雇主或大雇主），他们在 1807 年威斯敏斯特大选中重新露面，支持图克的信徒弗朗西斯·伯德特爵士，并从那时起一直保持积极的合作。

这些传统不仅从思想中而且从人物身上得到反映。虽然一些雅各宾派成员隐退了，另一些人像约翰·盖尔斯、托马斯·库珀、"公民李"、约翰·宾斯、丹尼尔·艾萨克、伊顿和别的许多人移

[144] 见 F.E. 米内卡：《非国教徒的非国教》(1944)。

居美国，[145] 但其他人却等待每一个机会以重新进行宣传。约翰·盖尔·琼斯和约翰·弗罗斯特是战争期间伦敦辩论俱乐部的成员。在俱乐部中，他们影响了年轻一代的激进派。琼斯直到19世纪20年代一直在伦敦激进派圈子中很突出，[146] 同样的延续性在许多地方中心城镇也能看得到。很少有几个中心城镇留下了能与莱斯特的乔治·鲍恩相比的漫长记录，鲍恩于1792年任莱斯特宪政会书记，1794年被捕入狱，迟至1848年，他仍是宪章主义"实力派"的鼓吹者，奋笔疾书不已。[147] 在许多城镇里，具有相似思想的手工工匠、小生意人和反战分子继续在一起开会，杰出的雕刻家托马斯·比尤伊克回忆道："那些坚定的人类自由的鼓吹者"在纽卡斯尔的"蓝铃"、"独角兽"和读报室聚会，他们是"有见识和推断力的人"、"有教养的小生意人"、"银行业者、职员、手工工匠和代理人"。与比尤伊克联系密切的人中包括一名制鞋工、一名建筑工人、一名铸工、一名锡匠、一名编辑、一名击剑师、一名激进的绅士和几名演员。他们都团结起来谴责战争及其社会后果：

> 航运业者沉迷于富裕生活之中，乡绅们摆出贵族的架子四处招摇。他们忘记了他们过去对生活在下层的人

---

[145] 伊顿是这些人中惟一返回故国者，见下文，第605页。巴黎也有一个英国雅各宾移民的侨居地，移民中有桑普森·佩里、阿什利、戈德史密斯、马克斯韦尔医生和约翰·斯通斯等人。他们出版了反皮特的《警世者》，其中大多数人在很大程度上已失去对波拿巴主义的幻想。见S.佩里：《警世者》(1796)，第257页；J.G.阿尔杰：《法国革命中的英国人》(1889)。

[146] 受到盖尔·琼斯和约翰·弗罗斯特影响的人中有一位与弗罗斯特同名同姓者，他是新港市前市长，于1839年领导了威尔士的宪章派暴动。见D.威廉斯：《约翰·弗罗斯特》(加的夫，1939)，第13—14页。

[147] A.T.帕特森前引书，第70、74页；J.F.C.哈里森：《莱斯特的宪章运动》，载A.布里格斯(编)：《宪章运动研究》(1959)，第132页；G.鲍恩：《实力派》(莱斯特，1848)。

181 们的态度和善意、和蔼的举止,现在却无时不将他们视为垃圾。农场主的本质也发生了变化,他们笨拙地模仿绅士的样子行事,现在除葡萄酒之外不饮其他任何酒。……当这些暴发的绅士们离开市场时,他们打算把……路上遇到的所有人踩在脚下;但是,这些与他们身着红色服装……被称为"义勇骑兵"时在空虚暴躁的头脑里装满的自负和愚蠢相比,那就算不上什么了……勤勉的劳工不是这样,他们的贫穷无与伦比……。[148]

虽然小业主师傅、职员和小生意人中的许多人对乡绅、资本家和大农场主持有敌意并对"勤勉的劳动者"表示同情(这是1795年之后50年中激进意识形态的一个极为重要的特征),但是,他们像利兹的小商小贩一样被"贵族权势"吓倒了。就连具有清教般热情的贝里克,在战争期间也只与那些能够"为倾心于暴力的人树立得体的榜样",而且把对"时政之黑暗"的愤怒保持在"一定限度"内的人打交道。因此,平民雅各宾派受到孤立,退入自己的圈子中去,并被迫去寻找独立的半合法或地下组织的形式。(在贝里克所在的纽卡斯尔,数十个酒馆中的互助会在战争期间建立起来,其中许多无疑是工会活动的掩蔽所,而以前那些雅各宾分子,就在会议上"进行热烈的辩论、使用激烈的言辞"。)[149] 由于与其他阶级相脱离,所以激进的机工、手工工匠和劳工们便埋头充实他们自己组织的传统和形式,因此,尽管1791至1795年这几个年头出现了民主的波动,但明确的"工人阶级意识"应该是在镇压年头才走向成熟的。

---

[148] T.贝里克:《回忆录》,M.威克利编(克莱塞特,1961),第146—148、153页。

[149] 见下文,第419—422页。

甚至在最黑暗的战争年月，仍能感觉到民主的波动在暗中起作用。它的贡献是它确认“权利”，这是平民千年王国的倏忽闪光，它从来就没有完全消逝过。结社法所起的作用只是将非法的雅各宾派和工会更紧地拧在一起，[150] 甚至在“入侵”的狂热下，新思想和新组织形式仍在不断涌现。数万名非自愿从军的士兵的经历使人们的亚政治态度向激进方向转变，我们可以看到在 1811 年，新的人民激进主义和新的具有战斗性的工联主义 182
同时出现，这一方面是新经历的产物，一方面是对反动时期的必然反响。“**我没有忘记英国的恐怖时期**。在那里，你能发现我的政治倾向的源头”，埃比尼泽·埃利奥特曾这样写，埃利奥特是一位“谷物法诗人”，他父亲是设菲尔德一家铁厂的职员，是个雅各宾派，“义勇骑兵们时常骑马倒退着挤进他的窗户来取乐”。[151]

(总的来看)，1792 至 1796 年间的改革骚动史是一部中等阶级改革派集体退却和下层激进派急速“左转”的历史。这些经历给群众的意识形态打上了长达 50 年的印记，在这个时期，激进主义的活力不来自中等阶级而来自手工工匠和劳工。人们把群众团体的成员叫作雅各宾派，这是对的，包括瑟尔沃尔在内的一些领袖也乐意接受这个称号：

> 我毫不迟疑地采纳**雅各宾主义**这个称号，第一，因为这是我们的敌人强打在我们身上的印记。……第二，尽管我憎恶法国雅各宾派在后期犯下的血腥暴行，然而他们的原则……却与我关于理性的思想最为一致，也与人的本质——我所遇到的任何人的本质最一

[150] 见下文，第 500—502 页。

[151] 引自 1832 年 11 月 17 日《贫民卫报》，该报(回忆恐怖时期时)还说：“除了埃利奥特先生的例子之外，这种情况还在数千个例子中出现”。

致……。我用雅各宾主义这个术语来指**一个宏大广泛的改革体系，并不认为它建立在传统习俗的权威和原则上**。[151]

他们的雅各宾主义的特殊之点表现在他们对**平等**的强调上。“平等”这个词(按其在英语中的一般含义)对于那明确而肯定的学说、即主张消除一切身份差别并反映其过程的学说而言，就含有过多的否定意味。工人阶级运动在此后一些年代里将继续充实自由和博爱的传统，但是，工人阶级组织的存在，工人阶级资金的保管，都需要一支有经验的干部队伍，并形成对领导阶层的尊敬和大肆宣扬的忠诚，这就是产生官僚制度和官僚控制
183 的根源。英国雅各宾派在18世纪90年代却首创了很不相同的传统，当雅各宾派的戴尔勋爵和手工工匠及织工们坐在一起，违反18世纪的定式，以“公民戴尔”相称时，**平等**中就有了一种淋漓尽致之感。但“人总是人，不是东西”，这种想法以其他种种方式表现出来，这些方式在我们今天批评当今世界的许多做法时，还会不时地回忆起来。委员会中**每一位**公民都指望发挥一些作用，主席通常是轮流充当，以领袖自居会受到注视，委员会运作的基础是坚信每个人都有理性，都能增长自己的才干，崇拜和身份高低有悖于人的尊严，雅各宾派的这些长处，对宪章运动有很大贡献，但在19世纪后期的运动中却衰落下去，那个时候，新的社会主义运动将侧重点从政治权利转移到经济权利上。20世纪英国在阶级和社会地位方面的差别之所以很大，部分是由于20世纪工人运动缺乏雅各宾派的优秀品质。

我们没有必要强调雅各宾传统中其他具有明显重要性的方面：自我教育和理智地批评政治和宗教体制的传统；自觉的共和

---

[151] J. 塞尔沃尔：《自然权论》，(1796)，第2卷，第32页。

主义传统;以及最重要的国际主义传统。一段短短时间的鼓动,竟能将其思想传播到英国的许多角落,这的确是非同寻常。[153]英国雅各宾主义的后果中,最具有深远意义的也许就是打破了不在"成员无数"中进行鼓动的禁忌。在任何地方,只要雅各宾思想还存在,只要那里还珍藏着《人权论》,那里的人就不再等待威尔克斯或怀威尔出来做榜样、开始进行民主鼓动后才付诸行动。在整个战争期间,英格兰的每个城镇和许多村庄都有托马斯·哈迪式的人物,他们的书箱里或书架上放满了激进主义的书籍,他们等待时机,在酒馆、教堂、作坊和鞋匠铺偶尔说一两句话,等候运动的复兴。他们所等候的运动并不属于绅士、工厂主或纳税人,而是属于**他们自己**。

1849年,约克郡一位言词尖刻的讽刺家为所谓的"乡村政治家"画像,画得还相当形象。那是一个皮匠,这很典型,是他所在的工业村庄中一位德高望重的人:

> 他有一间藏书室,这使他十分自豪,藏书书目非同一般,……其中包括《伟大的普雷斯佳作》、《科贝特的两便士劣作》,还有《天路历程》……和《前进杂志》、《劳动的错误》、《人权论》、《法国革命史》、班扬的《圣战》……以及《理性时代》和一本十分陈旧的《圣经》。 184

他"当然是波拿巴的狂热崇拜者"。"当他听说革命取得成功——王室倾覆、国王逃跑、王子们四散于国外时,就像喝了一夸脱香甜的热啤酒,温暖了他那衰老的心。他认为他年轻时的梦想很快就能实现了。"他沉迷于使用一些雄伟壮观的比喻,像"自由的太阳"从"地平线"上升起等等,并声称对俄国事务了如

---

[153] W. A. L. 西曼前引书,第20页,他注意到协会在英格兰和苏格兰100多个地方存在的证据。

指掌。

> 他回顾那些简直不敢上街的日子。他会告诉你人们是如何嘲骂他、向他扔东西和唾弃他……，有人对他说如果他没有在哪个夜晚被活活烧死(连同汤姆·潘恩的模拟像一起)，那就谢天谢地了。他告诉年轻人那时候已没有什么人身保护法……总检查长像一头发怒的狮子在全国各地上窜下跳……年轻人被这些话弄得目瞪口呆。他还对别人说有一个人因说了国王生下来时没穿衬衫，而被以煽动罪处以流刑……。[154]

他所梦寐以求的革命从未爆发，但有一种革命仍然发生了。小詹姆斯·瓦特在1793年抱怨道：正是效忠派通过唆使暴民反对改革派而"弄坏"了"较低等级的人"：

> 他们几乎没有想到让人民了解他们自己的力量是多么危险，人民咒骂教会与国王派那些毫无意义的口号、调转枪口来对付他们自己的日子一定会到来。[155]

在1795年这个近乎发生饥荒的年头之后，许多地方都能感到变化。诺丁汉的雅各宾派在1794年沉默下去，但在1796年大选中已拥有足够的力量去公开对抗和击败对手。一个愤愤不平的保皇效忠派分子1798年曾写道：[156]"在进入这个城镇的大多数入口处，都立有一块告示牌，上书'所有游民都将被依法拘捕和
185 惩处'"，而现在，"游民"这个词被人用"暴君"这个词覆盖了，没有人愿意出来把它撕下来。[157] 1797年参加海军哗变的人宣称：

---

[154] E. 斯隆：《随笔、传说和小品文》(1849)，第61页起。

[155] 见E. 鲁滨逊前引书，第335页。

[156] J. F. 萨顿：《诺丁汉日志》(1880)，第212页。

[157] J. W. 卡特莱特1798年6月19日致波特兰公爵书，载内政部档案，第42. 43号。

"长期以来我们一直努力把自己看做人,现在我们做到了这一点,我们应得到人的待遇。"[158]

1812年,司各脱环顾四周,沮丧地看着苏格兰工联主义和英格兰卢德运动的势力,写信给骚塞:"这个国家的地雷就埋在我们脚下,"而皮特把"埋雷者"赶入了地下。现在的"乡村政治家"在1789年的村庄中就很难找到。雅各宾思想被赶进纺织村庄,每当价格上涨和生计艰难时,就有人在诺丁汉织袜工和约克郡剪绒工的工场以及兰开郡的棉纺织厂里进行宣传。瑟尔沃尔(而不是皮特)作出了总结:"在人口大量集中的地区苏格拉底精神一定会兴盛":

> ……垄断,及少数几个人手中积累骇人听闻的资本……使这些罪恶内部孕育出消除罪恶的种子……不管什么把人们聚集在一起……虽然有可能滋生堕落,但它却有助于传播知识,并最终能促进人类的自由。因此,每一个大工场和制造厂都是一个政治协会,议会的法案不能使它沉默,地方的官员不能将它解散。[159]

---

[158] C.吉尔:《1797年的海军哗变》,第300页。

[159] 瑟尔沃尔:《自然权论》,第1卷,第21、24页。

第二部　受诅咒的亚当

“你必汗流满面才得糊口，直到你归了土，因为你是从土而出的。你本是尘土，仍要归于尘土。”

《圣经·创世纪》，第3章，第19节

第六章　剥　　削 189

约翰·瑟尔沃尔把每家“制造厂”都看成是政治反叛的潜在中心，然而，并不只是瑟尔沃尔看到了这一点。一位贵族在1792年游历约克郡河谷时就惊讶地发现，在埃斯加思那“田园般的河谷”里新建起一座棉纺厂。他说：“哎呀，现在这里有了一座火光闪闪的大工厂，它后面的那条小河夺去了桥的上流瀑布的一半水源”：

> 随着钟声的鸣响，厂房的喧闹声震动了整个河谷；人们的话题是叛逆和平均制度，反叛随时可能发生。

工厂作为一种社会力量的象征而诞生，这种社会力量摧毁的正是“自然进程”。它对现存秩序构成了双重威胁，第一种威胁来自工业财产的所有者。这些暴发户拥有不公平的优势，他们依赖这种优势超过了仅靠收取地租为收入的地主：

> 如果人们都这样开始致富，或者说，从事商业活动的人极其容易成为富人，那么，我们这些固定收入平平的人是多么可悲呵！所有起毛工和田里的农夫们又是多么不幸呵！

第二种威胁来自产业工人大众。我们的这位访问者以不可名状的仇视态度对待他们，这种态度与今天的白人种族主义者对待有色人种的态度相去不远：

> 确实，这些人得到了工作；但是，他们全都被抛进因人多而形成的罪恶之中……这些人只要不在工厂里劳

动，就必定出去偷窃、挥霍和抢劫……[1]

在1790至1850年之间，观察家们通常都把棉纺厂和新型的工业社会等同起来，他们还把新的生产关系和新的社会关系
190 对应起来。然而，只有卡尔·马克思才以非凡的勇气表达了这一点。他宣称："手工工场给予你们一个有封建领主的社会：蒸汽机工厂却给予你们一个有产业资本家的社会。"但是，在当时的人们看来，"新"不仅新在产生了工厂主，而且还在工厂和工厂的周围诞生了劳动群众。1808年，一位地方官员写道："我们一靠近兰开郡工厂区的边缘，就遇见了一种新的人类，他们在行为方式、就业和从属关系上，全是新的。"同样，罗伯特·欧文也在1815年指出："工厂在全国的普及使全国居民有了新的特征……产生了民众基本特征的根本转变。"

到19世纪的三四十年代，观察家们仍然把"工厂制"看做新事物。1833年，彼得·加斯克尔在提及工厂劳动群众时说，他们"不过是摇篮里的赫克勒斯"，"自从开始使用蒸汽动力以来，他们才变得极端重要，'蒸汽机'把人们高度集中地聚集起来。"加斯克尔已经在工人阶级的组织中看到了最令人憎恶的"权力中的权力。"[2] 十年以后，库克·泰勒用同样的口气写道：

蒸汽机的出现没有先例，珍妮纺纱机也没有先例可循，
畜力的和动力的织机之出现更是追溯不到任何渊源，
就像朱庇特脑子中的密涅瓦一样，它们突然诞生了。

然而，引起这位观察家深切不安的却是这些"新事物"给人类带来的后果：

---

① C.B.安德鲁斯编：《托林顿日记》(1936)，第3卷，第81—82页。

② P.加斯克尔：《英国工人群众》(1833)，第6页；布里格斯：《英国19世纪的'阶级'语言》，载布里格斯和萨维尔编：《劳工史论文集》(1966)，第63页。

> “当外地人穿过聚集在棉纺厂和印染厂周围的人群时,……他不能不以近乎绝望的忧虑和担心的情感去看待这些‘芸芸众生’。这些人和他们所从属的制度一样,都是**新的**,但他们的力量在一小时一小时地增长。这是一个人群的聚集,包含着他们自身在内的这个概念所表达的某种不祥的令人害怕的东西……就像海水慢慢地上升,逐渐地上涨,它包含了从社会下层升起的一切因素,在未来某个不远的时候,将浮起到上帝才知 191
> 道的地方。这些人群蕴藏着可怕的能量……工厂的劳动群众,仅仅从他们的形成来看,并不是什么新东西,但他们的思想和行为习惯却是崭新的,是在它的条件环境下形成的,它不接受来自外部的指导和引导。③

1844年,恩格斯在《英国工人阶级状况》中做了这样的描述:在他看来,“第一批无产阶级是与工厂相联系,由工厂而产生的。工厂工人是工业革命的长子,他们从开始到今天,一直是构成劳工运动的核心。”

不论保守的、激进的还是社会主义的观察家在价值判断上存在无论多么大的分歧,都不妨碍他们提出一个相同的等式:蒸汽动力+棉纺织厂=新工人阶级。他们认为生产的物质手段以直接的、多少带有强制性的方式诞生了新型的社会关系、社会建制和文化方式,而1811至1850年的群众骚动与运动的历史显然证实了这个情景。18世纪90年代,英国民族似乎被投入了一座大熔炉,而在战争以后以完全不同的面貌重新出现。1811至1813年间发生了卢德运动的危机,1817年爆发彭特里奇起义,1819年发生彼得卢事件。在此后10年中,工会的活动大量

---

③ W.库克·泰勒:《兰开夏工厂区游记》(1842),第4—6页。

和全面地展开，欧文主义者的宣传，激进的报刊运动，争取十小时工作制运动，1831 至 1832 年的革命危机，以及此后的一系列运动最终导致宪章派的诞生。（在当时的观察家和现在的历史学家看来）也许正是这种统一的群众骚动与运动的规模和强大力量，比任何其他因素都更有力地使人感到发生了某种**突变**。

人们可以看到，18 世纪 90 年代发生的每一种激进现象都以成 10 倍的规模在 1815 年以后再次发生。一小批雅各宾派的传单导致了极端激进派和欧文主义者的期刊大批地诞生。过去，丹尼尔·伊顿曾因出版潘恩的著作而被判处监禁。现在，理查德·卡莱尔及其店铺伙计们也因同样的罪名被判刑，刑期总量竟达 200 年以上。过去，通讯会只能勉强地在约 20 个城镇里生存下来，战后，汉普登俱乐部和其他政治联盟却在许多小工业村
192 庄中深深地扎下了根。既然人们想起这种民众的骚动与棉纺织业中急剧的变化同时出现，它自然就使人认为其中有某种直接的因果关系。看来，棉纺织工厂不仅是工业革命的推动者，也是社会革命的推动者，不仅生产了更多的产品，而且生产了“劳工运动”。工业革命最初只要求人们去描述，现在却要求人们来解释。

从阿克莱特时代到“活塞骚动”及其以后的一段时间，我们在重现它的时候主要把它想象为“黑暗的、巨大的厂房”，这就是人们想象中的工业革命。这里的部分原因也许是急剧的变化作用于视觉而产生的想象——军营似的厂房，高大的烟囱，工厂里的童工，工人的木底鞋和妇女的披巾，分散在工厂周围的一簇簇居民点，就像工厂生出的鱼卵一样。（这些印象当然使人们首先想到工业，然后才会想到与工业有关的并为工业服务的人们。）另一个原因是棉纺织工厂和新兴的工业市镇——它成长之迅速，技术之精巧，纪律之奇或严格——这些在当时的人们看来，

是那么的明显和奇特。比起那些默然不知名却不断蔓延的工业区来(它们常出现在内政部的"动乱登记簿"上),这些现象为有关"英格兰状况"问题的讨论提供了更令人满意的表征。文学传统和历史传统都是从这里面产生出来的。当时的人们对工业革命的状况所做的经典描述,例如欧文、加斯克尔、尤尔、菲尔登、库克·泰勒和恩格斯等人的描述,几乎全部以棉纺织工业为基础,其中又主要以兰开郡的棉纺织工业为基础,这里列举的只是其中的一些例子。《迈克尔·阿姆斯特朗》、《玛丽·巴顿》和《艰难时世》等一些文学作品则使这种传统永世流传,人们在后来的经济史和社会史著作中也可以明显地看到这样的侧重。

不过,这里面依然有不少问题。棉纺织工业是工业革命的前哨工业,④ 棉纺织工厂是工厂制的突出雏型,这些都是不容置疑的。但是,我们决不能认为经济增长的动力与社会或文化生活的动力之间存在着某种自动的或过分直接的因果关系。在棉纺织工厂"崭露头角"(约 1780 年)的半个世纪以后,棉纺厂工人人数依然只是棉纺织业成年劳动力中的少数。19 世纪 30 年代初,单是使用手工织机的棉织工人,在数量上仍超过棉织业、 193
毛织业和丝织业纺纱和织造工厂中男女工人数量的总和。⑤ 此外,在 1830 年,成年的男性棉纺工人并非所谓的"一般工人"这种难以捉摸的工人形象中的典型,正如 20 世纪 60 年代考文垂的汽车工人也不是这种"一般工人"的典型一样。

指出这一点非常重要,因为过份地强调棉纺织工厂是一种新的事物必然会导致过低地估计政治和文化传统在工人阶级整

④ 关于棉纺织业在工业革命中占优势的原因,E.J.霍布斯鲍姆作了令人信服的重新评述。见他所著的《革命时代》(1962),第 2 章。

⑤ 根据 1833 年英国的估计数据,各类纺织业中,工厂成年工人为 191,671 人,手工织机棉织工人为 213000 人。参见下文,第 311 页。

体形成过程中所保持的连续性。工厂工人远非“工业革命的长子”，他们出现得比较晚。他们的许多思想和组织形式早已存在于家庭手工业工人当中，例如在诺里季和中西部地区的呢绒工人和曼彻斯特的窄幅衣料织工当中。直到19世纪40年代末期，(以及在北方和中部地区某些市镇，1832至1834年直至工厂大歇业之前)，除了棉纺织业地区以外，工厂工人是否“构成了劳工运动的核心”是值得怀疑的。正如我们所看到的，雅各宾主义在手工工匠当中有最深厚的根基。卢德运动的主体是小作坊的技术工人。从1817年到宪章运动，北方和中西部地区的每一次激进骚动，家庭手工业工人和工厂工人一样极有声势。在许多市镇，为劳工运动提供思想、组织和领导的真正核心是由鞋匠、织工、制鞍匠、马具匠、书贩、印刷工、建筑工人和小商贩这样一些人组成的。在1815至1850年之间，伦敦广大地区激进运动的中坚不是来自于大型重工业(当时的造船业正趋于衰退，机械工人到19世纪末才发挥作用)，而是来自于一批较小的行业与职业。⑥

事物经历的多样性，引起了一些作者对“工业革命”和“工人阶级”(单数)等术语产生怀疑。不过，我们的讨论没有必要停留在前一个提法上。⑦ 这个提法从其一般含义上来说有足够的使用价值。至于后一个提法，有许多作者倾向于使用复数来指称“工人阶级”，强调复数的“工人阶级”含有社会地位、文化程度、技术水平和生活状况等各方面的重大差异。这样做实际上是响应了弗朗西斯·普雷斯的抱怨：

---

⑥ 霍布斯鲍姆前引书，第11章。

⑦ 有关这方面争论的综述，参见E. F. 兰帕德：《工业革命》(美国历史协会，1957)。又见霍布斯鲍姆前引书，第2章。

如果工人的特征和行为是从期刊、杂志、宣传小册子、报纸以及议会两院和工厂委员会的报告中去认识，我们将会发现他们都被杂乱无章地凑在一起叫作下等人，技术最熟练、最谨慎的工人与最无知而最鲁莽的工人和穷人混同在一起了，尽管他们之间的差异很大，而且在很多情况下根本无法比较。⑧ 194

普雷斯显然是正确的。从比他们"地位更高的人"看来，森德兰的水手、爱尔兰的挖土工、犹太人水果贩子、东盎格利亚村庄作坊里的工友和《泰晤士报》的排字工人，都属于"下等阶级"（复数），而他们自己却可能相互听不懂各自说的话的意思。

尽管如此，在各种小心求证之后，我们仍可以发现，在1790至1830年之间这段时期内最明显的事实仍然是"工人阶级"（单数）的形成。它首先表现为阶级意识的成长，即各个不同群体的劳动人民之间的利益认同以及它与其他阶级利益对立的意识。其次，它表现为相应形式的政治和工业组织的成长。到1832年，已经成立了基础雄厚的、自觉的工人阶级的社会事业机构（工会、互助会、教育和宗教运动、政治组织、期刊等等），形成了工人阶级的知识传统、各种工人阶级群体社交的形式和工人阶级的感情。

工人阶级的形成不仅是经济史上，而且是政治史和文化史上的事实。它不是工厂制的自发产物，也不应当想象有某种外部力量（即"工业革命"）作用于某种难以形容的、混沌的人类原料，从而在另一端生产出一种"新人类"。工业革命过程中变动着的生产关系和劳动条件并非施加在这种原料上，而是施加在生而自由的英国人身上。这些生而自由的英国人是由潘恩传下

---

⑧ 摘自M.D.乔治：《18世纪伦敦的生活》（1930），第210页。

或由卫斯理宗铸成的。工厂工人或织袜工人也继承着班扬的传统,继承着人们记忆中的村庄的权利,继承着法律面前人人平等的观念,也继承着行业的传统。他们是民众宗教信仰灌输的对象,又是新政治传统的创造者。工人阶级被别人形成,同时也在形成自己。

195 从这个角度来看待工人阶级的形成,就是在反对目前流行的经济史和社会学各流派观点,而为当时的一个"经典"看法作辩护。由马克思、阿诺德·汤因比、韦伯夫妇和哈蒙德夫妇首先提出并加以考察的工业革命研究,现在仿佛已是学术性争论的领域。现在,人们所熟悉的"灾变论"已经一点一点地受到争议。这一论调习惯于把这个时期看做是一个经济上失去平衡、大量发生悲惨的生活和剥削、政治上受压迫和英勇的民众骚动时期;现在,学者的注意力已经开始转向经济增长率(以及从经济"起飞"过渡到自我持续不断地技术再生产阶段的种种困难)。对圈地运动的研究现在受到了重视,但原因并非因圈地而驱赶穷苦农民所显示的残酷性,而是此举成功地为迅速增长的人口提供了粮食。在他们看来,那个时期的苦难并不是由于剥削和你死我活的竞争造成的,而是由于战争、交通不便、银行和交易所的不成熟、市场不稳定和贸易周期打乱了正常秩序所造成的。群众骚动是由于小麦价格上升而同时又出现商业萧条这样一种难以避免的巧合而造成的,这可以用有关数据所揭示的"社会紧张"图表来表达。[9] 总之,他们提出,从许多方面来衡量,1840 年产业工人的状况比 1790 年家庭工人的状况更好。工业革命不是一个灾难性的、激烈的阶级冲突或阶级压迫的时代,而是一个

⑨ W. W. 罗斯托:《19 世纪英国经济》(1948),第 122—125 页。

不断改善的进步时代。[10]

现在，经典灾变论的正统观点，已经被一种反灾变论的新正统观点所取代。这种新观点以根据经验谨慎地对待证据而著称。它的著名倡导者(约翰·克拉潘爵士、多拉西·乔治博士和艾什顿教授)严格地批评了过去的学派中某些作者不够严谨的态度。新正统观点的著作丰富了历史学的学术性，修正了经典学派的一些重要论述。但是，新正统观点如今也变得陈旧了，并且在大多数学术中心扎下营盘，所以现在就轮到它们来面临挑战 196
了。这些实证主义大师的继承者们表现得意满志得、孤陋寡闻，对当时工人运动的实际状况缺乏了解。他们对正统的实证主义的基本观点比较了解，但对工业革命所引起的社会关系和文化方式的变化了解甚少。他们失去了对整体过程的认识，其中包括对那个时代整个政治和社会背景的认识。作为有价值的验证，他们绕过察觉不到的阶段到达新的普遍化(不过很难用事实来加以支持)，并从普遍化而取得一种占据主导地位的看法。

实证主义正统观点的发展往往是在批判哈蒙德夫妇的著作中实现的。确实，哈蒙德夫妇显然是想把历史道德化，从而过多地以“激愤的情感”来排列材料。[11] 后来的研究揭示了他们的著作有不少观点是错误的，或者需要验证，而且我们打算提出其他的见解。不过，为哈蒙德夫妇作辩护也就说明了他们关于劳工研究的著作及其所广征博引的史实，仍不失为有关那个时代的不朽的最重要的史料著作。不仅如此，我们还可以说，他们的透

---

⑩ 以下著作明确或不明确地提到了这些观点：T. S. 艾什顿：《工业革命》(1948)和 A. 拉德福德：《英国经济史》(1960，第 2 版)。从社会学角度进行的研究见 N. J. 斯梅尔泽：《工业革命中的社会变化》(1959)，比较通俗的小册子有约翰·瓦泽：《成功的故事》(W. E. A. 版，无出版年月)，第 12 页。

⑪ 兰帕德前引书，第 7 页。

彻叙述表现出他们对工业革命发生时的政治背景有充分的认识。在对某个棉纺织厂的帐簿进行过考察的学者看来,拿破仑战争只不过对国外市场及其起伏多变的需求发生了异常的影响而已。哈蒙德夫妇却从未忘记那也是一场反对雅各宾主义的战争。他们在《技术工人》的导言中一开始就指出:“书中所讨论的那个时期的英国历史读起来就像是一部内战史。”在《城市工人》的结论中,他们在评价其他无关紧要的价值观念的同时,表现了深邃的洞察力,从而使这整个时期的历史豁然开朗:

> 正当半个欧洲为“公民”这个词的新魅力变得如痴如狂,而另半个欧洲为此而感到无限恐慌的时候,英国却被那些认为农民的思想是对他们的宗教和文明的挑战的人们所掌握;他们有意识地试图把生活的不平等作为国家的基础,强调工人作为从属阶级的地位,并使之
> 197 永远固定下来。因此,事情就是这样:法国革命在法国人民之间所造成的分裂还不如工业革命在英国人民之间造成的分裂。……

“事情就是这样:……”这个判断可能会引起怀疑。然而,正是这样的洞察力——即在英国事实上并**没有**发生的革命却比法国事实上已经发生了的那场革命具有更大的破坏性,在某些方面显得更为分裂——为我们提供了一条线索,使我们可以看清那个时期真正的灾变性质。在那整个时期,同时发生的巨大影响不只是这两个,而是三个,那就是人口的巨大增长(英国人口从1801年的1050万上升到1841年的1810万。其中,1811至1821年间的增长率最大),工业革命在技术方面的巨大影响,而且,1792至1832年是政治上的**反**革命。

总之,同蒸汽机一起,政治环境对工人阶级意识和组织形式的形成产生了最重要的影响。18世纪末争取进行政治改革的

各种力量(如威尔克斯,城市商人,米德尔塞克斯的小乡绅,**乡绅**和“暴民”亦或是怀威尔的小乡绅和自耕农、小布商、刀具匠和其他小商贩)在18世纪90年代正处于取得部分胜利的前夜:皮特已被人冠以改革派首相的角色。如果事情按这种“自然的”道路发展下去,我们或许可以预料,不必等到1832年就会有一个结果,以大地主、大商业集团为一方,以工业家和小乡绅,以及紧跟在中等阶级宣传鼓动运动后面的工人为另一方,最后一决雌雄。实际上,即使当1792年,工业家和自由职业者在改革运动中占主导地位之时,各种力量之间依然是平衡的。但是,在《人权论》[12]取得了成功,法国革命日益激进并造成了恐怖,皮特开始镇压以后,只有下层的通讯会挺身而出,与反革命战争对峙。这些下层团体尽管在1796年还很弱小,却构成了一直持续到战争结束的“地下活动”传统。贵族与工厂主因法国的榜样而感到惊恐,又处在好战的爱国主义狂热中,他们因此结成同盟。英国的“旧制度”不仅在国家事务方面,而且在使古老的市政团能够永久存在下去方面都取得新的生命,而这些市政团则在对膨胀的工业市镇进行错误的统治。工业家则由此获得了重要的让步: 198
特别是废除即取消了关于学徒制、工资调节和工业劳动条件方面的“家长式”法令。贵族所关心的是镇压人民当中雅各宾派的“密谋”,而工厂主所关心的却是去挫败他们要求提高工资的“密谋”;反结社法就是为了达到这样的双重目标。

在战争期间,劳动人民在政治和社会方面处于**被冷落**的地位(有时,他们还不得不加入战争)。这的确并不新鲜。新鲜的是这种状况与法国大革命同时出现;与自觉性的增强和希望的

⑫ 此处所指的人权不知是1789年8月由法国国民议会通过的《人权和公民权利宣言》,还是1791年托马斯·潘恩出版的《人的权利》? ——译注

扩大(例如“自由之树”已从泰晤士河播种到泰伯恩河)发生重迭;与人口的增长发生重迭——在伦敦和其他工业地区,对人口增长的感觉一年比一年趋于明显(随着人口数字的增长,他们对主人、地方行政长官和牧师的依从趋于减弱);而且和更深刻更明显的剥削方式发生重迭。在农业和旧式的家庭工业中,剥削加重了;在新型工厂也许还有矿山里,剥削更明显了。在农业中,1760 至 1820 年之间出现了全面的圈地,一个村庄又一个村庄地丧失公共权利,无地的农民以及——南方的——赤贫劳动者沦为农场主和地主的劳工,还要向教会缴纳什一税。在家庭工业中,1800 年以后出现了小业主让位于大雇主(无论是工厂主或中间商)的趋势,大多数纺织工、织袜工、制钉工不得不外出去寻找工作,成为依靠工资收入生活的工人。就业往往得不到保证。在棉纺厂和许多矿区,这是雇佣童工(以及女工下矿井)的时代。大规模的工矿企业、工厂制及其新的劳动纪律、工厂社区——其中工厂主不仅依靠工人的劳动致富,而且能在一代人的时间里就可以眼看着致富——所有这些都使得剥削的过程明显可见,也造成了被剥削者在社会和文化上的汇合。

现在,我们可以看清工业革命真正的灾变性了;同时也可以明白英国工人阶级在这些年代形成的一些原因了。人民要同时
199 从属于两种关系的加强:这两种关系都是无法忍受的,一种是经济剥削关系的加强,另一种是政治压迫关系的加强。雇主和劳工之间的关系变得越来越冷酷,越来越少人情味。不错,这确实使工人的潜在自由程度得到增强,因为农场里的雇工或家庭工业里的帮工(按汤因比的话来说)“被放在农奴的地位和公民的地位之间”,但这种“自由”意味着他们更多地感觉到了**不**自由。他们在力图抵抗剥削的斗争中前进的每一步都与雇主或国家的力量相遇,而且通常是同时遇到两者的力量。

大多数劳动人民是从剥削的性质及其强度的变化中感受工业革命的残酷经历的。这种说法决不是用今天的眼光去推导过去而强加于证据之上的。我们可以描述一下 1818 年(即马克思诞生的那一年)某位引人注目的棉厂工人所遭受的一部分剥削过程。这是一名“棉纺帮工”向正处在罢工风潮中的曼彻斯特公众发表的一封公开信,其叙述一开始就指出雇主和工人“是两个不同阶级的人”:

> 那么,我们先来看一看雇主:他们是这样一种人,几乎没有例外。他们都出身于棉纺织作坊,没有教养,没有风度。他们只有在同曼彻斯特交易所的商人做交易中获得的那一点点知识。但是,为了弥补那种缺陷,他们会向你摆阔气,炫耀精美的宅第,成套的家具,仆从,园圃,猎马和猎狗等等,他们特别喜欢以自负的样子向外地来的商人们夸耀。他们的房屋的确是豪华的宫殿,在规模上远远超过你在伦敦附近看到的那些干净漂亮的别墅……但是,那些对自然和艺术相结合的美有真正认识的观察者会发现他们的嗜好有可悲的缺陷。他们把子女送到最昂贵的学校去培养,决意要把他们自己缺乏的东西双倍地给予后代。他们的头脑里几乎只有一个念头,即自己是他那个地区中道道地地的小君主、独裁者和专制者。为了维护所有的这一切,他们把全部时间都用在如何花最小的代价取得最大量的劳动上……。总之,我最大胆地不怕有人反对地说,那里的工厂主与纺纱工人之间的差别,比伦敦的商人首富与 200
> 他最低贱的仆人或最低级的工匠之间的差距还大,而且简直无法相比。我知道,绝大多数的纺纱厂主为了使纺纱工人永远贫困潦倒……为了从他们的口袋里拿

走剩余物而尽可能地降低工资。这就是事实。

棉纺纱厂主是这个国家中不同于所有其他业主的阶级。他们无知、骄傲、专制。那么，作为这种工厂主的工具，或者不如说是东西的那些人，又怎么样呢？喏，多少年来，他们连同妻子儿女——都是残酷主人的男女奴隶——必须忍耐。有人说这些人是自由的，法律既保护富人也保护穷人，纺纱工人如果不欢喜这份工资可以离开他的工厂主嘛。他们就是这样来对我们共同的认识横加讥讽打击的；不过，这是徒劳的。确实，他可以走，但又走到哪里去呢？为何不到另一家工厂去呢？是的。好，他去了，于是他受到盘问，“你原来在哪儿工作？他把你开除了吗？”“不，是我们不能接受那样的工资。”“那么，我不能雇你，以那种方式离开工厂主的任何人，我都不能雇用。”因为**工厂主之间有一种**讨厌的**联合**。这种联合于1802年首先成立于斯托克波特，从此以后推广到各个地区。曼彻斯特周围方圆许多英里内的大工厂主都加入了这个联合。不过，小工厂主没有参加：他们被排除在外，对大雇主来说，他们是最讨厌的人，想象不出比谁更讨厌的了。这种联合一成立，就首先制订了一条规定：任何工厂主必须查明，如果工人是被他原来的主人解雇的，便不能再雇用。这些工人怎么办呢？如果他去一个教区，那是个独立自主的坟墓，便会得到通知：我们不能救济你，如果你是同老板吵了架，又不养活你的全家，那么，我们就送你去监狱。于是，在这种情况下，工人不得不服从老板。他不能像鞋匠、木匠、裁缝那样外出觅工，他在任何市镇都找不到工作，他无法离开自己的地区。

一般说来,工人是不会欺侮人的,是谦逊而消息灵通的。他们怎样获得消息,对我来说几乎是个谜。假如没有被逼得太急,他们是驯服的、听话的;只要我们想到他们从6岁就开始从早晨5点到晚上8—9点学做工,这就不奇怪了。让一个主张服从老板的人每天早晨5点以前站在通往工厂的街上去看看这些小孩的可怜相吧,无论什么样的天气,他们的父母都要一大早就把他们从床上叫起来。再让他去看看他们吃的那一点点可怜的食物吧,他们的食品主要是掺了碎燕麦饼的稀粥,一撮盐,有时用一点点牛奶着着色,午餐则是几个土豆,一片腊肉或肥肉。伦敦机器工匠会吃这种东西吗? 他们到了工厂(迟到几分钟便要克扣一天的1/4工资),一直到晚上9点钟被关在温度极高的房间里,比今年夏天最热的那几天的温度还高。他们得不到休息,一整天只有三刻钟的时间用来吃饭,超过了这个时间就必须一边劳动一边吃饭。西印度群岛的黑奴如果在炎热的太阳下劳动还有喘息一会儿,扇扇扇子的时间,他们还有一小块自己的土地,给他们一些时间去种地。英国的纺纱奴隶却不能享受室外的空气和吹荡的微风。他们被关在八层楼高的工厂里,直到笨重的机器停止了才能喘一口气,然后回到家里去恢复体力以便第二天再劳动。他们没有时间与家人愉快地聚会,他们一个个疲劳不堪、筋疲力尽。这里一点也没有夸张,完全是事实。我还要再问一句:英国南部的机器工匠忍受得了这个吗?

当棉纺织业刚刚起步的时候,在称作蒸汽机的那些可怕的、取代了必需的人力的机器开始使用之前,有一大批当时被称作“小老板”的人；这些人有一点点资本，能采办几台机器，雇用一些劳力，包括男人和男孩子（大约20至30名），他们的劳动产品都被拿到曼彻斯特的中心市场去出售，便落到了掮客们的手中……掮客将产品卖给商人。通过这种方法，纺纱老板便可以呆在家中劳动，看管工人。原棉一般是大捆大捆地散发给各家纺织工人的妻子，由她们加热清洗，为工厂里的纺纱工做好准备。她们每周可以赚到8先令、10先令或12先令，并在家做饭，照顾孩子。但是，现在不再有这样的工作了，因为所有的原棉都用被叫作魔鬼的蒸汽机驱动的机器来拆散打松。于是，纺纱工的妻子们失去了工作，除非她们也到工厂去整天劳动，去做
202 儿童可以做的工作，每周赚几个先令，4先令或5先令。过去，如果工人同老板发生了争吵，可以离开他，到别处去寻找工作。但是，几年的功夫一切事情都变了。开始使用蒸汽机了，为了购买蒸汽机以及建造可容纳蒸汽机和六七百个工人的厂房，需要大笔资本。蒸汽机动力可以生产比小老板能生产的更多的（虽然并不是更好的）产品，并以同样价格在市场上出售。结果，这些小老板很快就破产了。大资本家通过他们的衰落取得了胜利，因为小老板是横在大资本家和工人之间对工人实行完全控制的惟一障碍。

工人和老板之间的各种争吵都起因于产品质量问题。工人按照发给他们的一定量的原棉所生产出来的棉纱束数或码数来领取工资，数量要由监工来鉴定，监工的利益决定了他们必须依赖老板，因此总是谎称产品粗糙。如果工人不服，就**必须把老板叫到地区长官**

面前去对证，而所有的地区长官，除了两名受人尊敬的教士外，全与纺纱厂主一样，出身于乡绅。纺纱厂主总是叫他们的监工去出席听证，回答询问，因为他们认为不屑于同低于他们身份的奴仆会面。地区长官的决定总是有利于工厂主的，因为他们只听监工们的陈述。工人们不敢向上级法庭申诉，因为他们花不起申诉费。

工人的这些不幸都来源于那些地区的令人诅咒的垄断，财富和权力都落在少数人手中，他们傲慢得自以为是天下的主人。⑬

这些事实读起来有相当的说服力，不过这像布鲁厄姆勋爵的"政治经济学"一样，是一面之词。所不同的是，这位"棉纺帮工"描述的事实是另一类型。我们不必管他的所有判断是否都可靠。他的公开信详细诉说了工人群众对资本主义剥削性质变化的一宗又一宗不满，比如缺乏传统权威或义务的一个雇主阶级的兴起；主人与工人之间的隔阂越来越大；利用他们的新财富 203
和新权力进行的剥削趋于明朗化；工人失去了社会地位，尤其是失去了独立而完全依附于工厂主的生产工具；法律的偏袒和不公正；传统家庭经济的瓦解；劳动纪律、单调的劳动、劳动时间和劳动条件；丧失了闲暇时间和人生的乐趣；工人沦落到"工具"的地位，等等。

不管怎么说，工人觉得不满——而且是强烈地不满——这个事实本身就足应引起我们的注意。这有力地提醒我们，那些年代一些最激烈的冲突所围绕的争端并不是由生活费用的数据引起的。引起最强烈感情的往往不是"面包和黄油"的简单问题，而是价值观念问题，例如传统习惯，"公正"、"独立"、安全保

⑬ 《黑矮人报》，1818 年 9 月 30 日。

障、家庭经济等等,这些都面临危险。19 世纪 30 年代初爆发的骚动所涉及的各种争端,工资是次要问题:对陶瓷业工人来说,是反抗实物工资制;对纺织工人来说,是争取十小时工作制议案;对建筑工人来说,是争取合作社的直接行动;对全体工人来说,是争取参加工会的权利。1831 年东北部煤田的大罢工是为了争取就业保障、"煤田实物工资制"以及有关童工的问题。

剥削关系不只是不满和相互对立的总和。这种关系在不同的历史条件下采取与所有制和国家权力的形式对应的不同形式。工业革命中典型的剥削关系是非个人化的,也就是说,它不承认相互间的长远义务,如家长式的或服从的义务、"行业"利益的义务等等。不存在与自由市场力量的作用相对立的"公平"价格的余地,也不允许有受到社会和道德观念支持的工资的默契。对立被看做是这种生产关系中固有的特征,管理和监督职能要求压制除了能够从劳动中攫取最大剩余价值以外的一切特性。这就是马克思在《资本论》中解剖过的政治经济学。工人已经变成了单纯的"工具",是各种投入成本中的一项。

实际上,任何复杂的工业企业都不可能按照这样的哲学来
204 运行。出于对工业劳资关系和睦、对稳定的劳动力供给以及对有经验有技术的劳动者的需要,到 1830 年,棉纺织厂已经非提高管理技术不可,而且事实上也出现了新的家长制。在过去的分散家庭手工业制度下,劳动力供应过剩,总有足足一大批尚未组织起来的"劳动力"在为就业而彼此竞争,因此,上述新的想法行不通。现在,旧的习惯已经衰落,旧的家长制已被抛弃,这种剥削关系于是上升到了主导地位。

这并不意味我们可以把对工业革命的种种冷酷性的"责难"都加之于"老板"或加之于自由放任主义。工业化的过程在任何可以设想的社会条件下,必定都会带来苦难,造成可贵的旧生活

方式的解体。最近的许多研究揭示了英国的这一过程存在一些特别难以解决的问题,例如市场风险;战争给商业和金融带来的重重后果;战后的通货紧缩;贸易条款的变动;人口“爆炸”造成的空前压力等等。此外,20世纪人们所关心的问题使我们对笼罩在经济增长上的问题有所了解。可以说,工业革命中的英国遇到了“起飞”的种种问题;对运河、工厂、铁路、铸造厂、矿山和其他设施大量的长期投资是以牺牲当时的消费为代价的;1790至1840年的那几代工人为了将来而牺牲了一部分,甚至全部的消费增长的希望。[14]

有许多论点都值得密切的注意:例如关于南美市场需求的起落变动以及国家银行危机的研究向我们揭示了造成个别工业部门成长或停滞的原因。与占统治地位的正统学术观点相左并不等于反对实证研究的方法,只是反对一鳞半爪、一知半解地认识整个历史过程。首先,实证主义者把一些事件从这个过程中孤立出来进行考察。由于产生这些事件的条件是假定的,因此,不仅可以而且不可避免地要从他们自己的含义上加以解释。例如支付战费必须加重税收,战争便以这种方式加速经济增长,或 205
以那种方式阻碍经济增长。既然这是可以证明的,也就意味着这是**必然的**。但当时成千上万的英国人赞同托马斯·比尤伊克所谴责的“这场最邪恶的战争”。[15] 不公平的纳税负担、债券持有人从国债和纸币中渔利——这些都不是当时许多人所接受的设定的数据;相反,这些是激进派的大事谈论的主要证据。

然而,实证主义者还有第二个研究步骤,他们可以把这些支

---

⑭ 见S.波拉德:《投资、消费与工业革命》,载《经济史评论》,第2集,第11卷(1958),第215—226页。

⑮ T.比尤伊克:《回忆录》(1961),第151页。

离的研究成果组合在一起，又放回去重现一个由许多个相互关联的“必然”所构成的历史过程模式，亦即用零碎拼凑起来的整体。我们仔细考察信贷机构或贸易条款，发现每一件事都可以得到解释，而且每一件事都是其他事件的充足原因，这样一来，我们就抵达了一种**事后**宿命论的境界：人的能动性没有了，阶级关系的背景也被遗忘了。

实证主义者所指出的那些事确曾存在，这当然是事实。1811 年，枢密院令几乎使某些商业活动中断，战后木材价格的上升大幅度地提高了建筑成本，流行饰品的变化（例如丝带花边）可能使考文垂的织机无法开动，动力织机与手工织机展开竞争等等。不过，即使对这些明显的事实以及有关的证据也还应当提一些问题：谁的枢密院？为什么发布这样的命令？从木材紧缺中渔利的是哪些人？当成千上万的农村姑娘迷恋上了花边却又买不起的时候，为什么织机都无法开动？节约劳力的发明，靠什么社会炼金术才不致造成灾难的推动力？简单的事实——例如一场歉收——似乎不以人的意志为转移。但是，事实之所以成为事实，却要通过具体而复杂的人际关系如法律、所有权、权力而显现的。我们听到某些生动的词汇时，例如“贸易周期的潮流起落”，就应当立即提高警惕。因为在这种贸易周期背后的还有社会关系的结构，它支持着某类掠夺（地租、利息和利润），而使其他掠夺非法（盗窃、封建税等）；使某些冲突合法化（竞争、武装的战争）；同时又禁止另一些冲突（工会、面包骚动、群众政治组织等）。从未来的眼光来看，这是一种野蛮于一时的结构。

206 提出这些大问题也许没有必要，因为不能总是向历史学家所研究的社会表示怀疑。但是，所有这些问题实际上都是当时的人们提出来的，其中不仅有上层阶级（雪莱、科贝特、皮科克、汤姆森、欧文、霍奇斯金、卡莱尔），也有成千上万的工人。他们的代言人不仅对工业资本主义的政治机构，而且对其社会的和经济结构产生了怀疑。对于正统政治经济学的事实来说，他们反对了他们自己的论据和计算。早在 1817 年，莱斯特的织袜工人就在一连串决议中提出了资本主义消费不足的理论：

> 削减工资所造成的大批人的贫穷不幸，与由此必然造成的产品消费〔力〕的减少成正比。
>
> 如果全国的技工都能获得充足的工资，产品的家庭消费将立即增加一倍以上。结果，每个劳动力将很快获得充分就业。
>
> 我国技工的工资被削减到极低的水平，使他们无法靠劳动养活自己。他们为了赢得一名国外顾客而把出口产品低价在国外市场上出售，结果丧失了两名国内顾客……⑯

如果把就业工人的劳动时间缩短，如果禁止使用童工，便可以为手工工人提供更多的工作，失业者便可以获得工作，用他们的劳动直接交换产品——缩短难以预测的资本市场的循环周期——商品将会更便宜而劳动却获得更高的报酬。他们用“新道德秩序”的说法来反对自由市场的词藻。正是因为在 1815 到 1850 年之间两种不同的、相互对立的人类秩序观——一种以互利为基础，另一种以竞争为基础——彼此发生了冲突，才使今天的历史学家感到需要做出选择。

如果我们不运用最起码的想像力去理解那位“棉纱帮工”是如何看待证据的，恐怕就很难写出当年民众骚动的历史。他所说的“雇主”并不是指个人的集合，而是一个阶级。他说，“他们” 207

⑯ 内政部档案，第 42.160 号；又见哈蒙德夫妇：《城市工人》，第 303 页；奥斯特勒有关手工织工的证词，见后文，第 298 页。

否认他的政治权利。如果营业萧条,“他们”便减他的工资。假使营业兴旺,他须同“他们”和他们的国家进行斗争,以便分享经营改善带来的利益。假使粮食丰裕则“他们”得利,如果粮食短缺,“他们”盈利更多。“他们”不仅在这样和那样的个别事情上要滑头而且在根本的剥削关系上玩弄阴谋,使所有的事实都合理化。确实存在着市场的兴旺和疲软、农业歉收以及其他,但是,尽管这些原因造成了种种困难,加紧剥削的过程却始终不断。它不是直接地给劳动群众带来负担,而是曲折地反映在极不公平地分配经济得失的所有制和权力上。

近几年来,所谓的“生活水平的大争论”在学术界开展(一切学者都必须在这个争论中表示赞同或反对),妨碍了前述思路开阔的考虑。1780 至 1830 年之间,或 1800 至 1850 年之间,大多数人民的生活水平是上升了呢,还是下降了?[17] 为了弄清这场争论的意义,我们必须先扼要地考察一下这场争论的发展过程。

有关价值观念的争论从工业革命以来已经开始了。而有关生活水平的大争论却是从较近的时候开始的。有关意识形态的**混战**更是最近的事。我们先来看看这场争论中一个比较明确的观点。在《现代英国经济史》第 1 版(1926)的前言中,约翰·克拉潘爵士写道:

> 大约从“人民宪章”的起草到大博览会之间的一些时期内(即 1837 至 1851 年——E. P. 汤普逊注)关于工人生活状况恶化的传说完全破产了。实际情况是,1820

---

⑰ 使用不同的基准线会得出完全不同的解释,1780 至 1830 年的基准线支持“悲观派”的观点,而 1800 至 1850 年的基准线却支持“乐观派”的观点。这说明这场讨论很可能是没有结果的。

> 至1821年的价格下降后,工资的一般购买力(当然不是每个人的工资)显然高于法国革命战争和拿破仑战争以前。这个事实与人们一般的说法极不同,因此很少被人提及。社会史学家长期以来忽视了统计学家在工资和物价方面所进行的工作。

对此,J.L.哈蒙德在《经济史评论》(1930)中作出了回答。他的回答包括两个方面。第一,他批评了克拉潘有关农业部门收入的统计数据。这些数据是把各郡农业的平均收入数字相加后除 208
以郡数,从而得出全国农业的平均收入。但是,实际上,南方工资收入较低郡的人口多于收入较高的那些郡的人口(后者的农业收入还因靠近工业地区而贬值),因此哈蒙德便能指明,"全国平均收入"掩盖了一些郡中60%的劳工工资低于"平均数"的事实。他的第二部分的回答则以最含混的不能令人满意的态度一变而转到了对于价值(幸福)的讨论上。对于第一部分的回答,克拉潘在《英国现代经济史》第2版(1930)前言中表示,他接受哈蒙德的说法,但是,他认为必须小心谨慎地对待第二部分的回答(他说这是"用词语构成的曲线",是"较高的问题"),尽管他也承认:"从根本上说,我充分同意……决不能用物质福利的统计数据来衡量群众的幸福程度。"此外,他还指出,在批评"一切都恶化了"的观点时,"我并不是想说一切都改善了。我只是说近来的历史学家过分……强调恶化,看轻了或忽略了改善的事实。"对此,哈蒙德夫妇在《惨淡的时代》1947年的修订版中表示赞同:"统计学家告诉我们……他们满意地看到收入已经增长了,而当这种不满之声喊得响亮之时,大多数男人和女人的处境比他们在18世纪开始像秋天那样平静地发展时还好一点。当然,这种总的看法证据不足,解释起来也不容易,但大致是正确的。"对群众不满要做出解释"必须到严格的经济条件以外的领域中去寻找。”

到此为止的情况就是这样。在那个时期历史学家们的大部分丰富的想法——但不严谨——却遭到一位最著名的实证主义者的严厉批判。结果，双方都作出了让步。尽管双方之间的争论后来导致了更激烈的争论，但双方相互争吵的学者在严酷的经济条件上并没有多大的实际分歧。如果没有哪位认真的学者提出“全盘恶化论”的观点，就不会有认真的学者坚持“全盘改善论”。霍布斯鲍姆博士(悲观派)和艾什顿教授(乐观派)一致认为在拿破仑战争期间和战后的一段时期里，工人的实际工资下
209 降了。霍布斯鲍姆博士不同意19世纪40年代中期以前的生活水平有明显的全面提高，而艾什顿教授则认为经济气候在1821年以后“转暖”——出现了“明显的向上运动，仅由于1825至1826年和1831年的萧条才有所中断”，而且从茶叶、咖啡、食糖等商品进口数量的增加来看，“很难相信工人没有分享利益”。另一方面，他自己编制的奥德姆和曼彻斯特地区的物价表证明，“1831年，穷人在日常伙食上的支出不可能明显低于1791年，”但他没有提供相应的工资表。他的结论提出，工人阶级中有两个主要群体，一个是“一大批生活水平大大高于仅能维持生存水平的阶级”，另一个是“大批的非技术工人或略有一点技术的工人——特别是季节性就业的农业工人和手工织工，他们几乎把全部收入用于支付生活必需品。”“我倾向于这样的**推测**，能够从经济改善中获得好处的人数大于无法从中得到好处的人数。前者的数量正在稳定地上升。”⑱

---

⑱ 着重号是作者加的。见T.A.艾什顿：《英国工人的生活水平，1790—1830》，载F.A.哈耶克编：《资本主义和历史学家》，第127页；E.J.霍布斯鲍姆：《英国的生活水平，1790—1850》，载《经济史评论》，第10卷(1957年8月)。

实际上，从1790至1830年期间，情况并非如此。绝大多数人的状况在1790年相当糟糕，到1830年依然很糟糕(而且应当看到40年是段很长的时间)。不过，对于各个工人阶级群体的规模究竟有多大，看法不一致，以后10年的情况如何，也不见得更清楚。1832到1834年间工会活动大为开展，加入工会组织的工人的实际工资无疑有了增加。但是，在1833至1837年的商业繁荣时期，工会因遭政府、地方官员和雇主的协同打击而瘫痪；而1837至1842年又出现了经济萧条。因此，“人致从人民宪章的起草到大博览会之间”的某一个时候，比如说，从1843年的大规模修建铁路开始，情况开始逆转。此外，即使在19世纪40年代中期，绝大多数工人群体的境遇仍然悲惨，而铁路建设的衰退又导致了1847至1848年的经济萧条。看起来，这完全不是一个“成功的过程”。在工业主义得到最充分发展的半个世纪里，虽然并非全体工人，但绝大多数工人的生活水平仍然处在生存线上。

然而，当时出版的多数著作没有给人留下这样的印象。早 210
一代历史学家同时也是社会改革家(例如索罗尔德·罗杰斯，阿诺德·汤因比和哈蒙德夫妇等)，他们对穷人寄予的同情有时将历史研究和意识形态混同起来；无独有偶，我们今天所看到的一些经济史学家对资本主义企业家所寄予的同情，使他们把对历史的研究和辩护术混同起来。[19] 1954 年出版的由 F. A. 哈耶克

---

⑲ 为了不使读者对历史学家做出太苛刻的判断，我们可以摘录约翰·克拉潘爵士的说法来看看这种选择性原则可能如何来排列证据。他说：“这样的疏忽是很容易造成的，我在 30 年前曾经读过并标点了阿瑟·扬的《法国游记》，并根据标点的段落进行教学。5 年前，我又通读了这本书，却发现我只标点了阿瑟·扬提到的生活悲惨的法国人，却没有注意到他在许多地方同样提到了幸福和繁荣的法国人。”人们据此可以怀疑，10 至 15 年来，大多数经济史学家也许一直忙于在论题中补充有关幸福和繁荣方面的证据。

主编的《资本主义和历史学家》的学术讨论会的汇编的出版,是一个转变点的标志。这本书汇编了一批专家的研究成果,“几年来,他们一直在定期举行会议,讨论有关维持自由社会不受专制主义威胁的问题。”这批国际专家把“自由社会”定义为资本主义社会。因此,他们把经济学的理论同具体的辩护结合起来所获得的成果就很可悲;其中有一位作者,即艾什顿教授的文章就是这样,他把 1949 年得出的谨慎结论变形为直言不讳的陈述却又不提出进一步的证据:“总的说来,学者们一致公认,大多数人的实际工资所得是很可观的。”[20] 争论到这个阶段进入混乱状态。尽管近来有人试图努力恢复其学术性,[21] 但在许多方面仍是混乱的主张与各取对自己有利的论点进行诡辩的论战。

这场大争论可以分为两个部分。第一,要根据大量的零零碎碎的证据着手建立工资序列、价格序列和统计指数,这一点极为困难。我们在后面讨论有关手工工匠的情况时,就要考查对证据进行解释的困难。不过,我们现在已经开始遇到一连串新
211 的困难,因为“生活水平”这个词把我们从量化的统计数据(工资或消费品)带到了有时被统计学家描述为“不可计量”的方面去。我们从食品进入家庭,从家庭到健康状况,又从健康状况进入家庭生活方面,然后又涉及闲暇生活、劳动纪律、教育、娱乐、劳动强度等各个方面。于是,“生活水平”这个词把我们带到了“生活方式”上。但这两者有根本的不同。前者是对量的测度,后者是对生活质量的描述(有时也是估计)。统计数据的证据仅适用于

---

[20] T. S. 艾什顿:《历史学家看资本主义》,载《资本主义和历史学家》,第 41 页。艾什顿教授的文章《英国工人的生活水平》原载于 1949 年的《经济史杂志》,也收入该书。

[21] 关于这场争论的最有启发性的评述,见 A. J. 泰勒:《英国的进步和贫困,1780—1850》,载《历史》,1960 年 2 月。

第一部分，在处理第二部分时，我们必须主要依靠“文字证据”。之所以产生混乱情况，主要原因是从只适合于某一部分的证据中得出另一部分的结论。统计学家们常常说：“这些指数证明茶叶、食糖、肉、肥皂的**人均**消费量有所增加，**因此**，工人阶级的生活状况比较幸福了。”但是，社会史学家却回答说：“文字史料揭示，人们是不幸福的，**因此**，他们的生活水平肯定恶化了。”

这是一种简单化的做法。但是，我们必须得出简单的观点。平均的统计数据和人们的经历完全可能导致相反的结果。在用数量来说明人均生活水平有所上升的同时完全可能发生人们在生活方式、传统关系和道德约束力质的方面大大地失调。人们在消费品增加的同时，他们的生活也可能变得更不幸福，更不自由。在工业革命的整个时期内，在人数上仅次于农业工人的最大劳动人民群体是家庭雇用的仆役。他们绝大多数是同东家住在一起的仆人，从事家务劳动。他们挤在狭窄的小房子里，劳动时间很长，每周只赚几个先令。然而，我们有充分理由可以把他们列入工业革命中生活水平(指食品和衣服的消费)略有提高、处境比较幸运的群体中去。但是，那些濒于饥饿边缘的手工织工及其妻子仍然认为自己的社会地位高于这些“奴才”。我们再来看看诸如煤矿等一些行业，这些行业中的实际工资在 1790 到 1840 年之间有所提高，但他们付出的代价是更长的劳动时间和更大的劳动强度，这些养家糊口的人不到 40 岁就“精疲力竭”了。但从统计数据上看，他们的生活水平呈现为一个上升的曲线；对他们的家庭来说，恰似一种实际的灾难。

因此，漫不经心地看，显得相互矛盾的两种结论完全可能同 212
时存在。1790 到 1840 年之间，平均的物质生活水平略有提高。在这同一时期，剥削加强了，不安全加剧了，人类的苦难也增多了。到 1840 年，与 50 年前的前辈相比，大多数人的“生活改善了”,但他们已经忍受的并将继续忍受的这一略微的改善,却似一种灾变性的历程。工人阶级的意识,在政治上和文化上的表现就是从这个经历中产生的。为了探索这个经历,我们应当做的几件事是:第一,我们要考查三类工人的生活经历的变化,即农业工人、城市手工工匠、和手工织工。[22] 第二,我们将讨论有关人们生活水平中某些不那么容易“量出来”的因素。第三,我们将讨论工业生活方式的内在强制力以及卫斯理宗对他们的影响。最后,我们还要考查新出现的工人阶级整体的某些方面。

---

[22] 我之所以选择这三类工人,是因为他们的经历最能说明19世纪上半叶工人阶级的社会意识。矿工和冶金工人的影响直到19世纪末才开始充分显示出来。另一类重要的工人——棉纺工人——已在哈蒙德夫妇的《技术工人》中作了卓越的研究。

第七章　农业工人 213

我们先来考察占各种产业中人数最多的一类劳工，即农业工人。当我们考察他们从1790至1830年的历史时就会看到，要估计出“生活水平”是多么的困难。[1] 有一种说法（如哈蒙德夫妇所说的），说这方面的史料“稀少”，这种说法不完全符合事实，更为困难的往往还是如何作出解释。关于19世纪初的工资和物价，有大量的记载，不过，同一个地区或同一职业中可靠的连续性数据却比较少。只要考查一下约翰·克拉潘爵士的《现代英国经济史》中汗牛充栋的史料，有关各个地区和各种职业之间多种多样的证据，就会感到此书内容极其丰富。确实，克拉潘所写的“农业组织”和“工业组织”两章本身就是一种训练——不是训练如何解释史料而是训练如何评定史料。

这位伟大的实证主义者在全部辛勤的研究中避开一切一般化结论，而只留下一个，即神话般的“平均”。在他关于农业的讨论中，我们看到的只有“平均的农场”、“平均的小土地占有”和劳工对雇主的“平均比例”等等——这些概念往往把事情弄得更模糊而不是更清楚，因为这就把威尔士山区和诺福克谷物生产地区的证据混合在一起，尽管克拉潘自己也在竭力想把它们区别开来。继而我们又看到了“受圈地影响地区的普通农场雇工”、由于工业副业的产生而造成农业收入的“平均”减少、“形象十分

---

① 1931年的人口普查显示，在农业中就业的家庭有96.1万户，占英国家庭总数的28%。

含糊的英格兰(和威尔士)平均劳工的"大致收入,等等。我们已经看到,这样的"平均"给我们留下了一个十分奇怪的结果:1830
214 年,在工资较低的那些郡中有全国60%的劳工,这些郡低于这个"平均"水准。② 克拉潘承认:"在所有的平均数中,有50%的数字其平均数可能低于平均线。"但是,如果这些平均数本身是依据长期就业工人习惯的工资得出来的,也就是说,如果地主审查自己的账簿并且通知农业部在田里耕作或驾车的农民习惯的工资为12先令,那么我们便可以得知全体或大多数临时工的平均工资将低于这个平均线。

克拉潘在讨论辅助收入和圈地的影响时,把我们来来回回置于实证的琐碎事务(如在格拉莫根"愉快地收割"、在勒德洛有半英亩宅边园地等等)和"平均"的估计之间;正是在这一点上,我们感到同社会现实完全脱节了:

> 如果养猪和宅边园地给1824年英格兰的普通劳工带来的收入少于1794年……那么,很可能是那块土豆地的收入弥补其减少的部分,当然又是平均而言许多地方的劳工在这30年里丧失了公用地的使用权,当然使他们景况恶化,虽然我们并不清楚,就英国平均而言,由公地的大量圈占而造成的福利损失是不是相当大。在民众的回忆中,损失被夸大了;因为它在英格兰的许多地区影响并不大,在威尔士影响更小;在苏格兰,对纯农业工人的影响几乎等于零。③

那么,平均下来的结果是什么呢?这个论点的第一部分如果可

② 参见上文,第208页。全国"平均数"是从郡的"平均数"中计算出来的,各郡的"平均数"本身也受到同样的批评。此外,这些数据不是从劳工的证据中而是从雇主的证据中得出来的。

③ 摘自克拉潘:《现代英国经济史》,第126页。

以证实在同一个村庄中失之于宅边园地又可补之于土豆地的话(虽然我们还应当考虑有关的地租),那它也许还有一定的价值。但是,第二部分结论已经溶入了令人愉快的传统之中,这不是使用平均方法的例子,而是统计递减的例子,他要求我们用**没有**圈地地区的数字去冲减**已**圈地地区的数字,然后用郡的数字来除以这个弱等式中的**得数**,从而得出"由于圈地"而造成的福利方面的"平均"损失。不过,这种做法毫无意义。因为人们不可能从性质不同的数量中得出平均数,更不可能用郡的数字去除以这个数字而得出有价值的平均数。可是,克拉潘却恰恰这样做了。

实际上,他所做的事当然是想为圈地狂潮时期的"福利状况"的难以捉摸的生活质量提供无从捉摸的价值判断。不过,要 215
达到这个目的,还必须在作出判断的同时考虑其他的许多因素,包括文化的因素和物质的因素。由于这个判断就像是在由环境的细节所构成的灌木丛中长出来的一颗高大的橡树——由于它本身披上了"平均数"的伪装——因而很容易被错误地当作对事实的描述。

事实本身也不像克拉潘所说的那样已经清楚了。19 世纪大部分的农业收入顽固地不肯转换成统计数字。④ 我们不仅面临着劳力需求上明显的季节性的起落,而且还至少面临着四种不同的主仆关系:(1)按年度或季度雇用的农场仆佣;(2)基本上按年度雇用的大农场里的全日制长工;(3)按计时工资和计件工

④ 重要的是在克拉潘对工资和生活费用的比例变化进行估计时,不是依据他自己编制的数据,而是依据其他学者的成果,其中主要有西尔伯林的数据,这个生活费用的序列数据近来也受到了严厉的批判。见艾什顿在《资本主义和历史学家》中的论文。关于在把结论一般化时可能会遇到的困难方面,见 J. 萨维尔:《英格兰和威尔士农村人口的下降》(1957),第 15—17 页。

资付给报酬的临时工;(4)或多或少的有技术的专门人员,他们按工作签订合同。

第一类农业工人的数量在这个时期减少了,他们的工作最有保障,但独立程度最低。他们工资少,劳动时间长,但农场主在家中为他们提供食宿。第二类农业工人中既有条件最好的,也有条件最差的。一方面,是耕作工人或牧畜工人,他们在精明的农场主手下获得了工作保障,他们的妻子和儿女也可以优先获得充当临时工的机会,可以用较低的价格购买牛奶和粮食。在另一方面,是十来岁的农场人手,他们居住的房屋和吃的食品与早期工厂中贫穷的学徒一样差,他们住在堆干草的棚里,随时可以被解雇。在两者之间的是“生活必需品迫使他们沦为某个人的奴隶的那些不幸的人们”,住的是租来的农舍,“整年只能为某种程度的低工资而从事劳动。”⑤ 第三类农业工人内部差别很大,可分为赤贫工人;妇女和儿童其工资与赤贫工人工资相仿;爱尔兰的流动工人(甚至纺织工人或其他城镇的手艺人为收获时节的高收入也会抛开本来的工作);分级计件劳工,例如刈
216 割不同质量的草地而付给报酬的计件劳工。第四类劳工有数不清的具体做法,包括隐瞒转订的契约或全家共同收入等等,使得统计表格一团混乱。埃塞克斯一位农场主 1797 年的账簿上曾经有这样的记载:⑥

3 月 21 日:

萨姆森:水耕 29 亩	8 先令 9 便士
罗伯特:锯树梢一天	1 先令 9 便士

⑤ 农业部:《王国农业情况》(1816),第 162 页。林肯郡的一份报告把某个农场的租农舍的农民与另一个庄园里地主租给每个劳动者 1 英亩土地以种植土豆和 4 英亩草地养牛的劳工做了比较。

⑥ A. F. J. 布朗:《埃塞克斯史料中的英国史》(切尔姆福德,1852),第 39 页。

5月20日：

外来者：锄小麦地5英亩

每英亩3先令6便士	17先令6便士

7月29日：

莱特：割苜蓿草7英亩	14先令
理查森和帕维利：清池塘	2镑12先令6便士

约瑟夫·卡特谈到1823到1830年农业工人的情况时，对亚历山大·索默维尔说道："我是个扎篱笆、铺草顶的，以筑篱为业"，

> 地主说，在7年内我每年都以那种工作从他那里赚得64英镑。在大多数情况下我要有一个人来帮我，有时还要加上两名妇女；但是他没有讲这一点。在那几年里，我有些年份要付给助手20英镑，他没有讲这一点。⑦

如果这些数字"没有讲这一点"，也就不可能讲出其他因素的影响，例如实物报酬或低率报酬、宅边园地和土豆地、圈地的影响，税收、什一税、狩猎法和济贫税的影响，农村工业就业情况的变化，以及尤其值得一提的1834年前后济贫法的执行情况。在不同的时候和不同的地方可以感受到不满情绪所产生的影响很是不同。在某些地区或某些农场，除工资以外还有额外的实物报酬，这表明生活状况有一定的改善。但是，(一位农业史学家告诫我们)在更为一般的情况下，我们应当把这些补贴看做是"在农业中玩弄文雅而口是心非的交易——是一种压低工资的手段，或者在极端情况下是完全免去货币工资的制约手段。"⑧

---

⑦ A.萨默维尔：《扶犁的人》(曼彻斯特，1852)，第262页。

⑧ 有关的类似问题，见O.R.麦克格里戈尔为厄恩利勋爵的《英格兰过去和现在的农场》(1961)所写的很有价值的导言，特别见第118—121页。

克拉潘有时候提出一些间接证据，目的是加强“乐观派”的观点，而多数证据的总的方向恰好却指向相反的结论。[9] 例如在讨论圈地的影响时，他举的事例给人的印象是公地的丧失导致牛的
217 饲养业衰落；以此作为证据是矛盾的，并为各种不同的解释敞开了大门。但在这方面，1790 到 1820 年的证据显然是清楚的。温奇尔西勋爵在 1796 年写道：“凡在中部各郡旅行过而且愿意多询问的人，都会得到这样一个回答：过去这里有许多养牛的农场雇工，而现在土地都落到农场主的手中。”这不仅因后者希望扩大用地面积，而且还因“他们希望有更加依附于他们的劳动力。”[10]

事实证明，所有这些相互矛盾难以理清的证据——在济贫法的影响和种土豆的新土地两者之间；在丧失了的公用地使用权和宅边园地两者之间——“平均的”劳工在其中都显得极难捉摸。[11] 但即使没有这些平均数，我们还是可以大致地描绘出在全国许多地方正在发生的某种总的进程。我们首先应当牢记，18 世纪推动农业改良的精神并不是——像一些冗长的著作所说的那样——产生于开发贫瘠的荒地以便“为越来越多的人口提供粮食”的利他主义的愿望，而是产生于增加地租和更多利润的愿望。这样一来，他们便向劳工露出了一副悭吝鬼的面孔：

> 午前和午后给他们喝酒……不管是什么工作，这种普遍的做法，是可笑的习惯，应当立即废除。最荒谬的事

---

[9] 克拉潘前引书，第 116—117 页。

[10] 亦见农业部：《圈地总报告》(1808)，第 18 页；和《王国农业状况》(1816)，第 8—17 页。

[11] 在这一方面，哈蒙德夫妇的《农村工人》和厄恩利勋爵的《英格兰过去和现在的农业》仍然是最好的叙述。关于农民住房，衣服和食品的状况，见 G. E. 富塞尔的《英国农业工人》(1947)。

情莫过于看见农夫在寒冷的冬天每过半小时就把耕地的马停下来跑去喝酒。[12]

圈地宣传者一般都提出这样的论点，说圈地可以提高地租的价值和平均亩产量。但圈地在一个又一个的村庄摧毁了勉强维持生存的贫民经济——养牛或养鹅，从公地上拾柴草取得燃料以及其他东西。茅舍农无法从法律上证明他们的这种权利，因而极少能得到赔偿。那些能够证明自己有这种权利的茅舍农获得了一小块土地，但仍不足以维持他们的生存，相反在很高的圈地费用中，他们却要承担不相称的分额。例如在亨伯河畔巴尔顿 218
的圈地中，虽然考虑了对公用地权利的补偿，但我们发现，在近 6000 英亩被圈占的土地中，60%（3733 英亩）由 3 个人分得，其余的 51 人只得到 1 至 3 英亩的土地。我们还可以用另一种方法来分析：10 个土地所有者占有 81% 被圈占的土地，剩下的 19% 的土地由 116 个人占有。在（1794 至 1799 年）5 年的时间里，这个教区圈占的可耕地，地租平均价值从每英亩 6 先令 6 便士上升到 20 先令，增加 3 倍多。[13]

问题不在于找到一个"平均"的村庄——即用邻近的海巴斯托去和巴尔顿对冲（希尔巴斯托显然是不允许茅舍农有公地使用权利的），再以此去约分约克郡的皮克林（皮克林情况特殊，那里的房产持有人的收入比土地所有人好[14]）——问题在于要注意经济的和社会的各种趋势的结合。（无论怎样强词夺理）圈地都是按照明显的财产规则及有产者和律师组成的议会所制定的法律而进行的一种明白的阶级掠夺。在整个拿破仑战争中，进

⑫ 伦尼、布朗和希雷夫：《约克西区农业概览》（1794），第 25 页。

⑬ R.C.拉塞尔：《亨伯河畔巴尔顿和希尔巴斯托的圈地》（巴尔顿工人教育协会，1961）。

⑭ W.马歇尔：《约克郡的农村经济》（1788），第 50 页起。

行圈地的目标(提高地租)已经实现,由于亩产量的提高和物价的提高,一直维持着高额地租。在1815至1816年和1821年,当物价下降时,地租仍然很高——或像以往的情况那样,缓慢地下降——从而造成了那些在圈地运动中获得几亩土地的小土地所有者的破产。⑮ 高额地租使地主得以维持铺张的享受和炫耀性的支出,与此同时(正像科贝特所抱怨的那样),物价的提高滋长了农场主和他们妻子对社会地位的更高欲望。这就是拜伦在《青铜时代》中所挖苦的那种“农村爱国者”的极盛时期。

不过,仅仅用贪婪还不足以解释在那个年代农业劳工何以会出现地位的沦落。在地主和农场主的财富大量增加的同时,农业劳工们怎么可能被迫处于牲畜一般的生存水平上呢?对此,我们必须从当时的整个时期内反对革命的普遍论调中去寻
219 找答案。1790年以前的10年中,劳工的实际工资可能有一定的提高,尤其是在工业区和矿山附近的地区。18世纪90年代北方的某些乡绅甚至叫嚷说:“要通过一场战争来削减工资。”⑯ 法国革命引起了贵族对法国的大恐惶和阶级对立的反思,这为强化雇主与被雇用者之间的剥削关系消除了障碍。在战争期间,城市里的改革者遭到镇压,以怀威尔为代表的讲仁道的乡绅们也销声匿迹了。在普遍进行圈地的问题上,除了“贪婪说”外,还有一种新的论点,即“社会纪律说”。在托马斯·比尤伊克的记忆中,公地即“穷人多年遗留下来的遗产”依然存在着,独立劳工依然居住于其上,他们用双手为自己造起了茅舍,⑰ 而现在,这却被看做是无纪律的危险中心。阿瑟·扬把他们看做“野蛮人”

---

⑮ 关于农民土地所有制衰落的典型,见W.G.霍斯金斯:《中部地区的农民》(1957),第265—268页。

⑯ R.布朗:《约克西区农业概览》,第13页。

⑰ 比尤伊克前引书,第27页起。

的温床,“培育了为害天下的一类人”;在谈到林肯郡的沼泽地带时,他说:“那样荒野的郡培育了像沼泽一样野蛮而不开化的人。”⑱

除了自私自利所起的作用以外,意识形态也起了一定的作用。乡绅们认为,他们所谓的公益精神就是要取消茅舍农的公用地使用权,使劳工成为依附者,削减他们的补充收入,赶走小土地所有者。当华兹华斯在高度赞扬年迈的迈克尔夫妇的美德,说他们为维护“世袭土地”而进行斗争时,影响大得多的《商业和农业杂志》却从完全不同的角度来看待“自耕农”:

> 狡猾而固执的小农场主就像是院子里的母猪,他们是几乎与世隔绝的人,互不来往,也不管世界上有什么看法。

至于说茅舍农在圈地中有什么权利,他说“对他们的要求看来可以不加理睬”:

> 不过,其他的人提出了一些要求,他们的兴趣最终集中在让劳动者得到一定份额的土地上……,因为这样的恩赐必定可以大大地减少济贫税;只要 1/4 英亩的宅边地就可以让农民独立地生活着,不再需要任何援助。然而,这种慈悲的意图必须受到节制,否则我们便会把 220 劳工转变为小农场主,会把一切行业中最有用的人变成废物。如果一名劳工所得到的土地超过了他全家夜间耕种的能力……农场主就不能再依靠他来不停地工作,翻晒干草或收割庄稼……一定会受到损害,……这有时甚至会给整个国家带来不利。

至于村庄里的穷人,他们是“狡猾的无赖,他们使用种种借口去

⑱ 阿瑟·扬:《林肯郡农业概况》(1797),第 223、225、437 页。

欺骗教区”。“他们把全部本领都用在欺骗上,以便从教区官员手中弄到钱,从而可以懒惰和挥霍。”[19]

当然,也存在着一些例外。但是,从 1790 到 1810 年,情况基本如此。增加廉价劳动后备军的依附性是个政策问题——“勤勉劳作”以翻晒干草,收割庄稼,使农场主有方便可图,还要从事由圈地而来的筑路、筑篱和排涝等劳动。科贝特所说的“苏格兰哲学”和哈蒙德夫妇所说的“时代精神”得到了地主和工业家同样衷心的赞许,尽管这完全符合工业革命的状况,然而在农业中,(从最好的角度而言)这与更古老的家长制传统(即地主对他的劳工负有责任)发生冲突,也与以满足基本需求为基础的收入传统(按照年龄、婚姻和子女状况付给不同报酬的古老的习惯,这种习惯体现在斯品汉姆兰济贫制度中)发生冲突。与此同时,(从最糟的角度而言)这又得到了对低微的劳工阶层态度傲慢的封建贵族的支持和强化。劳动按照供求规律实现其自己的“自然”价格的学说早就把关于“公平”工资的想法取代掉了。在战争期间它还被以各种方式进行宣传。1800 年,一位乡村行政官员写道:“对劳力的需求必然会调节工资”。他接着又说,济贫税维持着剩余人口的生存,鼓励结婚,从而使劳动力的供应超过需求,结果降低了工资。这位官员确实是“平均”学的先驱者:

> 我们假定把全英格兰每年的济贫税和工资总数加成一
> 221 个总量,我认为如果不再征收济贫税的话,这个总量将
> 会低于**纯**工资总数,[20]

把救济与面包价格和子女人数联系起来,种种这一类济贫制度的出现,无疑有多方面的动机。1795 年建立斯品汉姆兰制度的

---

⑲ 《商业和农业杂志》,1800 年 7 月、9 月和 10 月号。

⑳ 《商业与农业杂志》,1880 年 10 月号。

决定既出于人道的动机，也出于需要。不过，以各种形式长期存在的斯品汉姆兰制和“推销员”制度却产生于大农场主要求（在对季节工和临时工有特别需要的行业中）有一支常存的廉价劳动后备军。

战争以后，重点发生了新的转移：农场主非常愿意听从马尔萨斯发出的“限制人口”的警告。济贫税从18世纪80年代每年低于200万英镑上升到1803年的400万英镑以上，1812年以后又上升到600万英镑。正像济贫法委员会在1834年所说的，“限制人口就是限制懒惰和犯罪。”地主和农场主开始对公用地的丧失痛心疾首，因为农民利用公用地来养牛，养鹅，取泥炭，可以使穷人维持着生存，而不必求告于教区济贫吏。农村恢复饲养牛群，到处扩大种植土豆的小块土地，农业部慷慨宣传分配土地。但是，要把整个进程扭转回来已为时太晚了：公用地没有恢复（尽管更多的公用地被圈占），地主也不愿意冒险把土地出租给劳工（养1头牛需要4英亩土地，最低的租金为每年6英镑）。既然农场主在战争的繁荣时期制定了节俭的原则，在小麦价格下降的时候他们必然会更加节俭。此外，退伍军人回到家乡，增加了村庄的人口，破产的小土地所有者也加入了农业工人的队伍；因圈地而常常需要的工作量减少了；纺织业向北部和中西部地区的集中进一步削弱了东盎格利亚、西部地区和南部地区劳工的地位。新的或扩大了的农村工业（麦秆编结和花边业）虽然可以在某些郡暂时起一些缓解作用，但全面的衰落（特别是纺纱业的衰落）是无法逆转的。随着家庭就业的减少，妇女充当廉价农业劳动力的情况增加了。[21]

地租的上涨或物价的下降；战债高筑和货币危机；啤酒税、

㉑ I.平奇贝克：《女工与工业革命》（1930），第57页起。

222 窗税、马税;狩猎法和看守猎场人的用具,弹簧枪,捕人的陷阱以及1816年以后的流放判刑,所有这一切都直接或间接地加强了对劳工的压榨。科贝特谴责说:“连雅各宾派都不会做这样的事情”:

> 政府会借口说这些都是‘老天爷’做的吗?……啐!这些事是法国为摧毁自由而付出的代价,**除非法国的榜样会在英国产生一个改革**。这些事就是为此而付出的代价……㉒

劳工也不可能期望去找一个“平均”水平的教区牧师做他们的保护人。在科贝特看来,这牧师是住在教堂外面的兼职神职人员,在巴思与全家玩乐,却由一名获酬低的副牧师到教堂去主持礼拜:

> 如果你同他们[教区牧师]谈谈,他们一定不会承认在我们国家有什么苦难;因为他们明白自己已从中获得了多大的好处。他们永远是傲慢和蛮横的;而反雅各宾派的时代使他们更傲慢更蛮横了……这是他们的荣耀时代。他们希望战争;他们把号角吹得最响。他们看到他们收取的什一税已处在危险之中……㉓

在将近40年的时间中,人们感到传统约束力的腐蚀作用,感到反革命的势力在农村里占绝对优势。1816年,贝德福郡的一位“哲学家”(麦奎因博士)给农业部写信说:“关于济贫税,我总认为是和工人阶级的懒惰和堕落联在一起的”:

> 社会中下等人的道德和举止自从法国革命早期阶段以来一直在退化着。平等和人权的道理还没有被遗忘,

㉒ 《乡村游记》(人人版),第1卷,第174页。

㉓ 同上书,第2卷,第96页。

而是受到了盲目的爱护，同时又不情愿地弃置在一边。他们以为各自的教区是他们的权利和遗产，他们有资格去依靠……㉔

人们好不容易才想到英国也是属于劳工的。

在南部和东部各个教区中，长期的消耗性的战斗围绕着济贫资格这个中心进行着。在公用地丧失以后，受救济的权利就是劳工最后的——和仅有的——权利了。年轻人和单身人或村庄的手工业者——可以沿着运河（后来则是沿着铁路）到城市去冒险，或移居他乡。但是，成年劳工有家庭的牵挂，害怕失 223
去“居住”安全。这一点连同他对家乡和农村习俗的依恋使他无力在工业劳动市场上同爱尔兰的贫民作全面的竞争（爱尔兰的贫民比他们更为不幸，甚至没有住所更说不上丧失住所了）。即使在工业地区劳动力“短缺”的时候，迁徙他地也不会得到鼓励。1834 年以后，济贫委员会试图鼓励这种迁徙，主要是向兰开郡和约克郡工厂的迁徙——也许作为对工会的迎头一棒——把优先权给予“子女较多的寡妇家庭或人口较多的……手工业者家庭。成年人不能得到工厂里那种先进的生产过程所需要的技能”。在曼彻斯特和里兹开设了劳动力市场，在市场里工厂主可以仔细了解各个家庭的详细情况，如儿童的年龄，作为工人的素质，道德品质以及有关的评语（“健康状况良好”，“适合其年龄”，“愿意承当三个孤儿的一部分父母职责”），市场就像出售货物一样。萨福克的一位有前途的督导员补充说：“我们有一批小家庭，比如说只有夫妻两个，如果你全部雇用他们的话，他们愿意

㉔ 《王国农业状况》（1816），第 25 页。

按男人 8 先令，女人 4 先令的工资受雇。”㉕

济贫税是劳工的最后一笔“遗产”。从 1815 到 1834 年，斗争在继续着。乡绅和济贫吏一方，有权进行经济控制、居住权诉讼、罚做碎石工作和其他工作、掌握成群的廉价劳动力、侮辱性的劳动力拍卖甚至把人们圈在车上。穷人一方则有对济贫吏的威胁，零星分散的破坏活动，“奴性狡猾”或“愠怒不满”的精神，济贫委员会报告上逐页记载着明显的意气消沉：“我们马上去做奴隶也比在这样的制度下劳动好一些……当人的精神已经崩溃，他还有什么用呢？”在南部实行斯品汉姆兰制度的各郡，劳工有他们自己辛酸的笑话——农场主“在这里（用济贫税）养活我们，就像把我们当做地窖里的土豆，直到非需要我们不可的时候才把我们拿出来。”㉖

224 这是一种恰到好处的说法。科贝特责骂了农村人口的普遍减少，他正确地说明了原因，但结论却是错误的。在他看来，圈地——尤其是战争期间南部和东部地区对可耕地的圈占——可能并没有造成人口的**全面**下降，劳工们如涓涓细流一般不断地从农村流向城市，从这个郡向那个郡移民，人口总数的上升可能超过了由此造成的人口减少。战争结束后，物价下降，农场主不能再“向我们的陆军和海军提供年轻人”了（他们在地方长官的手中是一支很有用的、有纪律的力量），于是出现了关于“剩余人口”的叫喊。不过，事实证明，1834 年新济贫法实施后，“人口过剩”的说法在许多村庄是虚构的。在这些村庄里，养活劳工主要

㉕ 《济贫法委员会第一份年度报告》(1836)，第 313—314 页。W. 多德：《工厂制剖示》(1842)，第 246—247 页。亦见 A. 雷德福德：《英国的劳工移民》(1926)，第 6 章。

㉖ 同上，第 212 页。1845 年的威尔特郡也有相同的笑话，不过“地窖”改成了“工房”，又见萨默维尔前引书，第 385 页。

靠济贫税。劳工们偶尔工作几天或半日工作然后又去依靠教区。一位济贫吏说:“当霜冻开始时,工人被解雇。季节转暖时,农场主又来到这里,把他们带回家去。农场主把我的房子变成了我们所说的劳动介绍所。”潮湿的天气造成了“剩余”,收获季节又造成了“短缺”。雇主们不愿意用济贫税来帮助自己邻近的劳工,却要遣散自己的人而到济贫吏那儿去要求得到工人。“某某解雇了他的两个工人,如果我要给他们付工资,他就应该给你们付工资,你们必须开路!”这个制度造成了混乱、浪费和敲榨的无穷循环,也给劳工们玩花样打开了一点点方便之门。不过,这除了造成狡猾和顽固的倾向外,还有一个倾向,就是劳工失去了控制自己的工资或劳动生活的最后的小小机会。[27]

“这个制度”——当时流行的政治经济学用这句时髦话来指斯品汉姆兰制度——“打破了雇主和受雇者之间相互依存的纽带”。实际上,南部的劳工已经沦落到对作为一个阶级的雇主的完全依附。但是,奴隶劳工是“不经济的”,特别是当它产生于对失去权利心怀不满并开始实行“生而自由的英国人”的抵抗权利时更是如此。对小批劳工进行监督也是“不经济的”(尽管多年来在东部各郡一直是这么做的)——在一年的大多数时间里,劳
工们必须三五成群地靠自己的主动精神带着农具耕畜在田野里 225
劳动或筑篱墙。在这些年里,剥削关系简直已经强化到停止“付钱”的程度——赤贫劳工已变成了偷萝卜的小偷、酒店里骗吃骗喝的乞丐、偷猎者和流浪汉。迁移比抵抗容易,因为加强剥削关系就是加强政治上的镇压。没有文化,精疲力竭,有抱负、脑子

---

[27] 雷德福德前引书,第 58—83 页;关于虚构的“人口过剩”,参见《济贫法委员会第一个年度报告》(1836),第 229—238 页;桑顿:《过剩人口》(1846),第 231—232 页。

快的年轻人离开乡村，地主和牧师的重重阴影，对圈地暴动、面包骚动和偷猎进行野蛮的惩罚——所有这一切加在一起，就造成了听天由命的思想，使不满无法表达出来。科贝特这位最伟大的劳工代言人曾在农场主和小市镇中得到了许许多多的支持者，在1830年以前，很难说有多少劳工知道他的名字，知道他究竟是什么人。有一次，科贝特骑马经过老萨勒姆的“不幸山”，遇见了一位下工回来的劳工：

> 我问他生活得怎么样，他说，糟透了；我问他原因何在，他说**时事艰难**。我说：“什么**时事**？不是有晴朗的夏天，很好的收成吗……？”他说：“啊，他们使得穷人的处境糟透了，使所有的一切都糟透了。”我说：“**他们？他们**是谁？”他沉默了。我说：“啊！不，不！我的朋友，不是**他们**，而是这不幸山抢劫了你们……”㉘

在整个战争期间，这个“社会大结构”全靠“悲惨的……农村基础”支持着。戴维·戴维斯写道：“这些人的妻子们艰难地抚养着一大群孩子，这些孩子除了为国家提供所需要的人力外，还填补了死亡在军营和城市里不断造成的空缺。”㉙ 战争结束后，物价高涨，军人回乡，酝酿着骚乱。一封从约维尔地区来的信上，落款画的是一颗血淋淋的心。信上说：“我们决心不再忍受压在我们头上的负担了。血！血！血！一场总革命一定会来的……”㉚ 但是，这种暴力的威胁却表达着一种无能为力的感觉。只有东盎格利亚，那里的劳工往往是大批大批地被雇用，在1816年爆发了严重的骚动。这次骚动把限制最低工资（每天2

㉘ 《农村游记》（人人版），第2卷，第56—57页。

㉙ W.贝尔沙姆：《论改善穷人生活的提案》（1795），第5页；D.戴维斯：《农业劳工的状况》（1795），第2页。

㉚ 穆迪圈地会致西德默思信，1816年5月13日。内政部档案，第42.150号。

先令)和限制最高物价的要求结合起来,出现了食品骚乱,对乡绅强征捐款,并捣毁打谷机。可是,骚动遭到了残酷的镇压,骚 226
动者转而进行秘密的偷猎战,写匿名信,烧谷垛。[31]

1830 年的骚乱开始时,有一批奇怪地犹豫不决、不主张流血的暴民(“士气不振的自由人骚动”),在骚乱中也达到“黑面人”起义时出现的同样程度的暴怒心情。滑铁卢的胜利者记载道:“我劝地方行政长官们自己骑上马,”

> 每个人都带领着自己的长工和仆人、马夫、猎手、猎场看守,拿起马鞭、手枪、猎枪和一切能够拿到手的东西,共同地向……暴民们发动进攻,驱散他们,打垮他们,把那些无法逃跑的人抓起来,监禁起来。[32]

但是,派出特别使团去恐怖镇压起义的并不是威灵顿公爵,而是(要在议会中通过改革法案的)新上任的辉格党内阁。而且正是中等阶级激进主义的机关刊物《泰晤士报》带头呐喊主张严办。它发出告诫说:

> (1831 年)1 月 9 日记载,23 名囚犯因捣毁造纸机器在伯明翰被判处死刑;11 日在多塞特有 3 名囚犯因敲诈勒索钱钞和两名囚犯因抢劫被判处死刑;在诺里季,55 名囚犯因捣毁机器和骚动被判罪;在伊普斯威奇有 3 人因勒索钱钞,在佩特沃思有 26 人因捣毁机器和骚动,在格拉斯特有 30 多人,在牛津有 29 人被定罪;在温彻斯特,有 40 多人被定罪,6 人将处死刑……,在索

---

[31] 内政部档案,第 42.149/51 号。关于东盎格利亚的劳工群体,见 W.哈斯巴奇:《英国农业劳工史》(1908),第 192—204 页。

[32] 《威灵顿快讯》,第 2 集,第 8 卷,第 388 页。摘自 H.W.C.戴维斯前引书,第 223 页。

尔兹伯里有44名罪犯被定罪……。[33]

三年以后,另一名辉格党首相批准了多塞特郡托帕德尔劳工的流放判决,因为他们无视禁令,组织了工会。

农业劳工的这次造反蔓延开来,发展到东盎格里亚和中西部及南部各郡,其范围和持续的时间都比哈蒙德夫妇书中的叙述更广更长。劳工方面很少留下什么第一手叙述史料。1845
227 年,萨默维尔记载了约瑟夫·卡特的故事,他是汉普郡的一个村庄萨顿斯科特尼(这场暴动开始爆发的地点之一)的工人,因参加起义被判处流放,并在普茨茅斯的囚船上服刑二年。卡特说:"每个人都得去,不可以拒绝":

> 我参加了街对面转角处那所房子里的集会。那天晚上,乔·马森向我们大家宣读了奥弗顿来的一封信。那封信没有署名。不过乔说他知道是谁写的。乔很有学问。我知道这封信是年迈的德××写的,他大概已经死了。信是从牛顿而不是从奥弗顿寄来的。信上说,我们全都应该离开工作,萨顿的老乡应该出来,不再耕地。他们应该把农场主的马赶回去,让他们自己去照料。他们要把农场主的工人带出谷仓,要一起去把农场主用来打谷的(机)器捣毁掉。……
>
> 嗯,关于那封信,乔·马森读的那封信,我们当时不知道信是谁写的。不过我们知道,现在我们在场的所有人知道,年老的德××跟这封信有关,他是科贝特先生的好朋友,他常常给科贝特先生写信。他从没有遇到过麻烦。他是一个太能干的人了,让别人陷入麻烦,

---

[33] 普伦蒂斯:《曼彻斯特历史纲要》,第372页。最后,有9名工人被处以绞刑,457人被流放,约400人被囚禁。见哈蒙德夫妇:《农村工人》,第10—11章。

> 而自己却不牵进去。不，我不是怪罪科贝特先生。我是说年老的德××，那个鞋匠……

劳工们于是向乡绅和农场主收钱或敲诈钱，约瑟夫·卡特当上了司库：

> 他们说我很清白，把钱交给我管。我一次有40英镑，这40英镑全是先令。有人对我说应当带着这笔钱溜走，我曾想那样干一下。我们走在伦敦大道的时候，来了一辆车，我突然想要坐那辆车，带着那40英镑，不再做那些事了。可是我想到要抛下我的妻子，想到他们都会说我是流氓，于是，那辆车很快就从我身边过去了。
>
> 根本就没有必要审问我。我被关进温彻斯特监狱后，他们一次又一次地来找我，让我指控马森家两个人。只要我供出他们，我就可以没事了。如果我说出我知道的什么，他们就会被绞死，就像波罗曼、库克和库珀被绞死一样。我和其他囚犯曾被带出去看他们被绞死。他们想用这种方法一个一个地威胁我们说出我们知道的事。但我决不能告密。所以，两个马森只被判了流放，他们也把我流放了。我是被暴民们裹胁进来的，不是我的意愿，但这也不足以让我去告密，因为你明白，我同他们站在一起……那都是年轻人干的……[34]

劳工暴动是一场道地的捣毁机器的骚动，连一点不可告人 228
的政治动机也没有。谷垛和其他财产(农业地区的一些机器设备)被捣毁，主要的攻击对象是打谷机(尽管预言家有过告诫)，

---

[34] A·萨默维尔前引书，第262—264页。

这种机器明显地正在取代已经饥肠辘辘的劳工。因此，捣毁机器实际上起到了某种及时发泄的作用。[35] 不过，在“年轻人”当中，具有未来意义的政治思想可能正在广泛地传播着。[36] 像乔·马森那样“有学问的”人可能预示着乔治·洛夫莱斯的出现，而德某某那样激进的鞋匠在大多数小市镇里都可以见到。可以说，在诺福克郡的村庄里可以看到雅各宾派和激进派进行鼓动的迹象。1830 和 1831 年，在林肯郡，当局花了很大的力气去恫吓那些读过科贝特的《纪事》的劳工。[37] 不过，即使存在着动荡的政治意识，也还没有达到城市和乡村的劳工建立共同的组织并形成共同目标的程度，直到这次农工暴动被镇压的多年以后才达到这样的程度。[38]

1830 年的暴动并非完全没有作用。它造成南部各郡工资的暂时提高，间接地说，也对腐败的旧制度给予了致命的打击。许多对事情看不下去的农场主和一些乡绅同骚动者进行谈判，或者给予他们消极支持。这次骚动既削弱了乡绅的信心，也有助于唤起 1831 至 1832 年的议会改革宣传。科贝特写道：“这个事件的重要特征在于，至今为止，**中等阶级**总是沆瀣一气，一般说来是反对**工人阶级**的，现在，中等阶级却从心里同**他们**站在一起，虽然并不总是在行动上站在一起……99％**的小商人，甚至是**

---

[35] 见 E.J.霍布斯鲍姆：《捣毁机器者》，载《过去和现在》，第 1 期（1952 年 2 月），第 67 页。

[36] 肯特一位劳工的说法广泛地流传着：“今年我们要捣毁谷堆和打谷机，明年我们要同牧师们较量，后年我们将向政客们开战。”可参见内政部档案第 40.25 号中的传单。

[37] 见 J.休斯：《无尽期的审判》，载《农工》杂志，1954 年 11 月号。

[38] 1833 年，詹姆斯·沃森要求工人阶级全国同盟的成员要做出特别的努力，在农业工人中建立分部。《工人之友》，1833 年 8 月 3 日，亦见《激进改革派》，1831 年 11 月 19 日。

伦敦的小商人，都站在劳工一边。”[39] 贵族丢了“面子”，议会改革的必要性和紧迫性趋于明显。于是从这时开始，在农业工人中可以看到明显的政治发展了：30 年代农业工人中隐藏着工会主义想法；1835 年，约瑟夫·阿奇的父亲（“一个像古人一样坚强和稳重的人”）为拒绝在支持谷物法的请愿书上签名而受难；宪章派分会遍布于东盎格里亚和南部地区。 229

但是，劳工的不满像过去一样，仍是一种与构成城市工人阶级意识的其他因素合在一起的共鸣。虽然——与法国或爱尔兰不同——他们的不满情绪从未导致全国性的一致的宣传运动，但从最大程度上看，却总是归于**土地**。（1834 年，伯明翰郡劳工请愿书上写道）“布莱德洛圈地以前日子好过一些……。我们享用 1/4 英亩土地和支付全部租金”。（1837 年，埃塞克斯劳工请愿书上说）“给每个劳工分配一小块土地，让他们可以用铲子耕种……”（1845 年，威尔特郡一个劳工的演说）“他希望每个劳动者都按照农场主所支付的同样的租金得到三四英亩土地。他们会交纳租金的，而且是愉快地交纳。（大声欢呼……）”劳工或其子女迁往城镇后，这种愿望仍然存在。当什一税、狩猎法和打谷机已被人们遗忘以后，失去的权利仍然留在人们记忆中，或者像克拉潘所说的，在“民众回忆中”“被夸大了”。我们将会看到科贝特和亨特这两位农场主如何帮助形成新的城市激进主义，不过，农村的回忆通过无数个人的经历被输入了城市工人阶级的文化之中。[40] 在整个 19 世纪，城市工人公开表达也许是他的祖父暗中就有的对“土地贵族”的仇恨；他欢喜看活报剧中丑恶的

---

[39] 《政治纪事报》，1830 年 12 月 4 日。

[40] 20 世纪 30 年代，理查德·霍加特曾证明过利兹的工人阶级中还残存着农村的回忆。见《应用文字》(1957)，第 23—25 页。

地主角色;他宁可进济贫院也不愿接受慷慨的夫人给予的救济;他认为地主无“权”得到他的财产,却愿意工厂主哪怕是用下流的方法“赚”他的钱。城市工会会员对流放托帕德尔农工的案件
230 立即作出普遍的反应,对于后来阿奇工会的斗争也作出了不亚于此的反应。对土地的渴望,从斯彭斯时代一直到宪章派土地计划以及以后的日子里一次又一次地升起,与(领料之后在工厂外面做工的)外作工对“独立”所抱的愿望交织在一起。也许我们在今天的一份土地和小园地里还保留着这种愿望的遗痕。土地永远同联合相伴随——社会地位、安全和权利的联合——它比庄稼的价值更为深远。

早在18世纪90年代在雅各宾派对土地贵族的仇恨中,我们就可看到这种影响。这是潘恩的《农业正义论》和斯彭斯宣传的“土地国有化”培育起来的手工工匠的激进主义中一贯的特征。在战后严重的萧条中,沃森医生和其他演说家得到了失业者的巨大支持,也得到了被解雇的水手和士兵的支持,他们都参加了矿泉地的集会:

> ……贸易和商业被消灭了,但还有土地,这是自然界的安排,土地就是为了养活人类的。在任何时候,土地都是以使人们免受苦难……只要他有铁铲和锄头……[41]

在以后的十年中,欧文主义在平民追随者当中改变了形式,在土地上建立合作公社的梦想获得了非凡的力量。

于是,在“诺曼杂种及其武装匪徒”来到之前英吉利本来是有自由的这样一个政治神话之上,如今又增添了社会神话,即在圈地和战争之前有一个农村公社的黄金时代:

> 就是说,我们要活到那一天,亲眼看到恢复英国的古老

[41] W.M.柯尼:《詹姆斯·沃森审判案》(1817),第1卷,第70页。

> 时代，英吉利的古老集市，英吉利的古老节日和英吉利古老的公正，每个人都依靠自己的汗水生活着……到那时，织工用自己的织机劳动，站在自己的土地上伸懒腰，到那时，法律承认穷人充分享受每一样东西的权利……

这就是宪章派领袖费格斯·奥康诺对这个神话所做的宏伟的描绘，不过却是科贝特、亨特、奥斯特勒和其他二三十个激进派领袖作出的贡献。英格兰过去野蛮的刑法、贫困、拘留所等等统统被忘却了，而已经过时的家长制社会本身却成了一种神话力量——也许，同欧文和社会主义者提出的乌托邦幻影一样有力。我们说这是一个“神话”，并不意味着它完全是虚构出来的，而是说，它是回忆的综合，是一个“平均”，其中每一种损害和每一种凌辱都被集合起来了，构成了一个整体。（在奥康诺的一个小册子中）“老罗宾”告诉工厂主说，他年轻时，“特威斯特先生、 231
格拉布先生和斯克鲁先生[42]家后面的新街道……全是空地，8岁，9岁，10岁，11岁，噢，还有12岁的孩子们常常在那儿玩耍，度过时光，他们玩板球，捉迷藏，玩弹子，打球……做跳背游戏……后来时代变了，富人说着‘他来了’，‘他们来了’，把穷人吓坏了”。工厂主于是问：“‘他们’是谁，罗宾？”

> 怎么，当然是波尼[即波拿巴]和法国人。那时，富人吓走了穷人，偷走了所有土地。这都是公用地，史密斯先生，……左边的右边的，直到监狱和军营，所有的土地都是公用地。在魔鬼墓地这个地方，每个人都可以在公用地上养牛，养驴，养马，他们可以玩板球，赛跑，摔

---

[42] 人名双关语：特威斯特（Twist），即折磨；格拉布（Grab），即抢夺；斯克鲁（Screw），即小气鬼。——译注

跤……

……现在他们在一头造起了军营，在另一头造起了教堂，最后，所有的人都卖掉了牛，向格林德律师、斯奎斯律师[43]交钱……他们当中一位的儿子现在是市长，另一位的儿子是银行经理。啊，天啊，许多诚实的人为了古老的公地被绞死了，被流放了。[44]

这真是历史的讽刺，在全国范围内一致地发动要求归还土地而骚动的并不是农村劳工而是城市工人。他们当中有些是农村劳工的儿孙，城市的政治生活增长了他们的智慧，摆脱了地主的阴影。有些土地计划的支持者是农村出身的织工和手工工匠："父亲、祖父和所有的乡亲都属于我耕种的这块土地，既然它没有害了他们，那么，为什么要害我呢？"[45] 面对着不断发展的城市中的砖头废料上的艰苦与失业，伴随着被剥夺而产生的新的痛苦，对失去权利的回忆重新出现。

我们早已离开了对"平均"的讨论。这正是我们的目的。因为我们不可能把福利状况做一个平均。我们看见了与简·奥斯汀小说中所描写的世界相对的一面，生活在那一面的人们充分地感到了那个时代是一个灾变。科贝特写道："当农场主成为**绅士**的时候，他们的劳工都变成了**奴隶**。"如果可以说在这个进程的结束时有所收益，那么，我们必须记住这些收益给了另一些人。如果拿萨福克的劳工与他在棉纺织厂工作的孙女相比较，则我们比较的不是两种生活水平，而是两种生活方式。

232 不过，关于那些"平均"，这里也许有两点说明。第一，有可

---

[43] 人名双关语：格林德（Grind），即压榨；斯奎斯（Squeez），即敲诈。——译注

[44] F. 奥康诺：《雇主和雇工》（1844），第 15、41—42、56 页。

[45] 《劳工》（1847），第 46 页。

能拿同样的数字来证明贫困的相对下降和绝对上升。在劳动力需求上,农业是一个伸缩性很小的部门。如果某个农场在1790年需要10名劳工,那么,到1830年所需要的劳工可能还是10名,或者由于改良犁和打谷机的使用,需要8名。我们可以证明在这个时期内,有正常工作的劳工或车夫的实际工资增加了;与此同时,村庄里的人口——还有临时工和失业者——的增加造成了穷人数量的绝对增加。如果这在农业中最为明显,那么,我们在讨论全国的情况时必须记住一个相同的假设。出于论证的需要,我们来假设40%的人口(1050万人)生活在1790年设定的"贫困线"以下,而到1841年只有30%的人口(1810万人)生活在贫困线以下。那么,穷人的绝对数字就从400万左右上升到了500万以上。更多的贫困被人们"感觉"到了,而且事实上穷人也增加了。

这并不是玩弄数字游戏。这样的情况完全有可能发生。但与此同时,关于平均状况的任何估计都无法向我们说明人与人的关系之间的"平均状况"。为了做出这方面的判断,我们必须尽可能通过相互冲突的主观证据来开辟一条路。对这个阶段进行判断还必须考虑到"平均的"英国绅士给人们留下的印象。我们并不需要接受科贝特作出的抨击:他们是上帝创造的一切事物中"最残酷,最无情,最蛮横傲慢"的人。但是,我们决不能回到近来重新出现的奇谈怪论中去:"英国农村绅士确实是最特殊的人类阶级,世界上任何其他的社会都没有产生过这样一个阶级。"[46] 在这一点上,我们可以提供诺福克一位劳工的看法,他在给"阿希尔的绅士们"的一封匿名信中说:"这个时候,你们把最重的负担压在我们身上,把从来没有见过的最硬的轭套在我

---

[46] R.J.怀特:《从滑铁卢到彼得卢》(1957),第40—41页。

们颈项上”：

> 我们实在难以忍受了，你们常骗我们说，所有这些错误全怪议会中那些当官的，但……他们同这个教区所做的规定毫不相干。
>
> 233 你们为所欲为，抢走了穷人的公用地权利，犁掉了上帝让它长草的土地，而穷人却全靠草地来养牛，养猪，养马，当然还养驴。你们把垃圾和石头堆在路上，不再让草生长……你们五六个人把教区的全部土地弄到手，你们想发财，却让所有的穷人挨饿……

“我们计算过，我们和你们是 60 比 1，所以这么许多人比一个人，你们难道想统治吗？”[47]

但是，农村社会尤其恨那些靠消费什一税而生存的教士们。1830 年，埃塞克斯的一位教区牧师收到一封包着两根火柴的恐吓信，信中说：“准备好同你丑恶的灵魂一道下地狱去吧，你和你的一班人马是教区里最大的穷光蛋……。”（怀特岛的）弗雷希沃特的教区长收到一位教区居民以轻微纵火的方式加以更明确的提示并附来一封信：“20 年来，为了维持你那该死的骄傲，我们一直在忍饥挨饿”：

> 我们这样做是不得已的，而你的心肠却像法老的心肠一样硬，……你不要以为放这把火是当众昌反［冒犯］你，要不是你罪有应得，我们也不会这样坐［做］。好吧，我的老朋友，你说不定在这儿，我怕你会被烧焦。要是这样的话，农民们会怎么样大笑起来，看像你这老牧师到底被烤焦了……

---

[47] 爱德华兹牧师 1816 年 5 月 22 日致西德默思信附件，内政部档案，第 42.150 号。

写信的人最后以同样阴沉的口气说:“至于这把小火,你不要太吃惊,当我们把你的谷仓烧掉时,它还更厉害呢……”[78]

---

[78] W.M.赫洛克牧师1830年12月14日信附件,迪恩·伍德牧师亲启信,1830年11月29日,内政部档案,第52.7号。

234

第八章　工匠及其他

如果农业工人的平均状况是无从捉摸的，那么，当我们讨论城市工业中的劳工的平均状况时，也并不亚于此。到 1830 年，典型的产业工人并不在工厂里工作，而是(作为工匠或“机工”)在小作坊和自己家里工作，或者(作为劳工)在街道、建筑工地或码头上从事多少带有临时就业性质的工作。1816 年，科贝特主办的《政治纪事报》以平民百姓为对象，他所指的平民百姓不是工人阶级，而是“帮工和劳工”。我们将会看到，“工匠”这个词所包含的意思有很大的差异，它从富裕的手工业师傅直到整天汗流浃背的穷苦劳工都有，前者自己雇用工人，不依附任何雇主。正是因为这个原因，要准确地估计各种不同行业中工匠的人数和地位是困难的。1831 年人口普查的职业统计表不加分析地把工匠师傅、独立劳动者和劳工归在同一个项目内。①建筑业的人数居农业工人和家庭仆役之后占第三位(1831 年列于大不列颠栏下仅女性家仆就有 670491 人)，其人数在 1831 年大约是 35—40 万成年和不成年男工。如果不算外作制占优势的纺织业，工匠人数最多的行业是制鞋业，成年男工的人数在 1831 年约为 133000 人，其次是成衣业工人，为 74000 人(这些数字包括雇主、乡村鞋匠或裁缝、外作制工匠、店铺主和真正的城市工匠

① 梅休后来说这份职业统计表是“粗糙、未经消化、本质上不科学的”，这份文件的“缺陷使国家丢脸，商业阶级和工人阶级全都乱七八糟地混在一起，职业分类的方法连刚入门的生手都感到害羞。”

在内)。多西萝·乔治博士对伦敦这个世界上最大的工匠中心所做的估计看来是权威性的,她估计19世纪初那里的各类帮工大 235
约为10万人,约翰·克拉潘爵士告诉我们:

> ……典型的伦敦技术工人既不是酿酒工人或造船工,也不是丝织工人,而是建筑行业中的一员;或制鞋匠、成衣匠、家具匠、印刷匠、钟表匠、首饰匠和面包师——这只是一些主要的行业,每个行业在1831年都有2500人以上的成年工匠。②

19世纪初,技术工匠的工资不是取决于劳动力市场上的"供给与需求",而是取决于声誉或"习惯"。习惯的工资规定可以包含许多东西,从传统形式的农村手工业者的社会地位到城市中心的复杂的制度规定。工业仍然极其广泛地分散在整个农村,白铁匠、磨刀匠和商贩带着他们的技艺与货物,走乡串户,从一个农场到另一个农场,从一个集市到另一个集市。大村庄里往往有石匠、盖屋顶者、木匠、车轮匠、鞋匠,还有铁匠的锻炉。小市镇里则有马鞍匠、马具匠、鞣革匠、裁缝、鞋匠、织工,很可能还有当地的特长,诸如马镫匠、枕头花边匠,以及驿站旅店、运送农业产品和煤、碾磨谷物、烤面包等各种行业的活动。这些农村工匠当中有许多人受过较好的教育,有多方面的技能,自视"高于"城市工人(如织工、织袜工人或矿工),他们进城时会同这些工人接触。他们随身带来了自己的习惯;这些无疑影响到后来发展成城市大工业的建筑业、车辆制造业,甚至机械制造业等等的小市镇手工业中的工资定额和差异。

在许多乡村工业中,制约价格的不是(难以理解的)成本而

---

② 关于这些数字,见《议会文件集》(1833),第37卷;克拉潘前引书,尤见第72—74页和第5章;R.M.马丁:《英帝国的税务》(1833),第193、256页。

是习惯，特别是在使用当地原料如木材或石料的情况下尤其如此。铁匠打造一件胚料是收一个英镑，而再加工成精品却只加收一点点费用。乔治·斯图尔特在其经典著作《车轮匠的作坊》中曾经描述过他在1884年接管法纳姆一家家庭工场的时候习惯价格如何占主导地位的，他说：“我最大的困难是怎样弄明白习惯价格”：

> 我怀疑这个地区的生意人——可以肯定这儿没有车轮
> 236 匠——是否真正知道他的产品成本是多少，能够获得
> 多少利润，或者是否真正知道他的行当是赚钱还是
> 赔本。

利润主要是来自于“加工”和修理工作，至于车辆，“对我来说，赚钱的惟一机会是靠降低产品的质量；而工人的脾气就是在这个问题上使其完全不可能。”工人按照工艺要求的速率工作：“他们可能（而且恰到好处地）强调匠人的信誉，强调原料的质地”，就原料而言，“一个惹人讨嫌的工人常常会不肯使用我们提供的材料”。在工人心中“储藏着一个好车轮匠应当干出什么样的活计来的全部当地的知识。”③

在一般情况下，工艺的传统习惯总是同“合理”的价格和“公平”的工资的残余观念缠在一起的。社会的和伦理的标准——生存、自尊、对工艺信誉水平的自豪感，对不同程度的技能给予习惯的奖励等等——如同严格的“经济学”观点一样，在早期的工会抗争中一直据有主导地位。斯图尔特所描绘的车轮匠作坊说明许多古老的做法长期保存下来了。农村中的车轮制造业同城市中的车辆制造业的根源相同（在19世纪初），其内部的确有一种等级分类，其工资差别无法用经济学的理由以证明其合理

---

③ G. 斯图尔特：《车轮匠的作坊》（1923），第10、37章。

性。1818年出版的一本《英国行业手册》告诉我们，"工资与工作的优劣成正比"，车身匠的工资每周2至3英镑，装饰匠"约两个基尼"，车架匠1至2英镑，铁匠30先令，而漆匠又有自己的等级——花纹漆匠给车身绘制风头十足的大型花纹，3至4英镑，车身漆匠2英镑，帮工漆匠20至30先令。工资上的这些差别证明或反映了社会地位的等级高下：

> 车身匠居首位，其次是车架匠，再次是装饰匠，然后是铁匠，然后是弹簧匠，再后依次是车轮匠，漆匠，镀金匠，支架匠，等等。在所有工匠中车身匠最富有，他们构成了一类贵族，其他工匠怀着半尊重半妒嫉的感情看待他们。他们也觉得自己是最了不起并以不同的态度对待其他工匠：车架匠是可以亲密态度去俯就的那类人，对装饰匠可不能看不起，对漆匠的头儿他们会表示尊敬；但对普通的漆匠，他们最多点点头，就算是给了面子。[4]

237

"(马车)客车匠仁爱会"的活动证实了这些情况，他们在1819年协会总书记及其他20名成员受到结社法的追究时，仍然坚持了下来。但在这里应当注意的是，正是在这个时候最早使用了"贵族"一词来指技术工匠。[5] 人们往往认为"工人贵族"的现象是同19世纪五六十年代技术工人的工联主义相一致的，或者说它是帝国主义的产物。但事实上，在1800到1850年之间，既有旧的也有新的工人特权阶层存在。旧的特权工人由工

④ W.B.亚当斯：《英国的游乐马车》(1837)，转引自霍布斯鲍姆：《19世纪工业中的习俗、工资和工作量》，载布里格斯和萨维尔编：《劳工史论文集》，第16页。

⑤ 1939年《警务总监的第一份报告》第134页上也首先使用了这一词。由此可见，这个词在当时已经被普遍使用了。

匠师傅组成，他们认为自己同业主、店主和专业人员一样“值钱”。[6]（《英国行业手册》照老规矩将药剂师、讼师、眼镜商与木匠、鞣革匠、成衣匠、陶瓷匠相并列）。在某些行业，工匠的特权地位通过习惯势力保存下来，或通过结社和严格的学徒制在作坊或工厂的生产中继续存在，也可能是因为在制作豪华精致的玻璃的、木料的和金属的作品等专门生产奢侈品的行当中需要保持其高超而专门的手艺。新的特权工人是随着冶铁、机械和制造业中新技术的兴起而诞生的。这在机械行业中表现得最为明显；然而，即使在棉纺织业中，我们也必须牢记这样的告诫：“我们根本不是纺纱工人”。因为在1841年的人口普查中例举棉纺织业项目之下有1225个就业工种，其中包括监工、调试和修理机器的各类熟练的“看管工”、印花染织的图案绘制工和各种其他的熟练辅助工匠。他们赚取的工资特别高。

如果说在伦敦的奢侈品行业中，或在大制造业的手艺与技
238 术、管理职能之间的交接点上找得到得天独厚的贵族的话，那么在几乎每一个需要技艺的行业中也可以找到次一等的小工匠贵族或特权工人。我们只要从托马斯·拉奇那双好奇而幽默的双眼中就可以看到这一点，他是莱斯特的一名织袜工，1812年他参加一个游说代表团，到伦敦去向议员们游说，要求他们支持有关针织业劳动条件规定的一项议案。[7] 这批织袜工人一到伦敦，就立即同伦敦的工联主义者发生联系。织袜工当时还没有永久性的工会组织，只组成了一个临时委员会去推动他们的议案，而伦敦的工会则不顾结社法的限制，已经轻易地在职业介绍所立稳脚跟。托马斯·拉奇在给中西部地区的朋友们回信时

---

⑥ 关于18世纪的“贵族”，参见乔治前引书，第4章。

⑦ 见后文，第535—540页。

说道：

> 我们进驻的那个房间是木匠委员会曾经用过的房间，当时他们在这里打关于雇用没有学徒资格的生手的官司。我们有机会向他们谈起我们的事情，他们以为我们有一笔永久性的资金可以在任何时候应付各种需要，如果真的是这样的话，他们倒会借给我们两三千英镑（他们那个工会有两万英镑基金），可是等他们一弄明白我们根本没有这样一笔基金来维持自己时，就不借钱给我们了，他们的鼻子不自觉地翘了起来，互相点头以目示意，突然喊叫起来，天哪！！！多傻啊！！！他们一定会结结实实地得到报应的！十倍的报应还不止！！！我们总以为织袜工是一批可怜的人！可是口袋需要装满钱就像人需要灵魂一样。我们这个行业如果不联合起来，结果将会怎么样呢？也许会和你们今天一样可怜！看看其他行业吧！他们全都联合起来了（只有斯皮特菲尔兹的织工例外，他们的处境多么惨啊）。看看成衣匠、制鞋匠、钉书匠、箔金匠、印花工、泥瓦匠、外衣匠、制帽匠、鞣革匠、石匠、洋铁匠吧，他们的每周收入没有不在30先令以上的，有的还达到了5个基尼，这些全得靠联合起来，要是他们那些行业没有联合起来，就和你们一样糟糕……⑧

在托马斯·拉奇开列的这份名单上，我们还可以加上许多其他的行业。排字工人和印刷工人收入接近每周30先令的特权线，他们面对着伦敦业主的联合力量，经过了特别艰苦的斗争才

---

⑧ 摘自《诺丁汉选邑档案，1800—1835》（1952），第8卷，托马斯·拉奇1812年4月24日致织袜工人委员会信。

组织起来。有些技术工人并没有这么幸运。铸字工的联合被破坏了,他们每周的工资在 1818 年据说平均只有 18 先令;从
239 1790 年以来从未增加过。眼镜匠和制管筒的匠人的情况也差不多。《女怪》说,1819 年伦敦普通"机械匠"每周的工资大概为 25 先令,以一年为平均数。⑨ 可是,到 1824 年,即结社法废除的那一年,伦敦各个行业的工会公开问世,我们从 1825 年《行业报》最常见的栏目里常常提到的某些行业中可以了解到所谓"小工人贵族"的情况:在拉奇开列的名单上,我们又可以加上铜匠、造船工、锯木工、填船缝的匠人、金属拉丝工、铸铁工、皮货工人、整皮工、制绳工、铸铜工、染丝工、钟表匠、制革匠等等。这是一份很可观的名单。那些年的伦敦和其他的大城市里,这些人构成了工匠文化和政治运动真正的核心。这些行业享有的特权并不一样,其中一些行业工会的成员在 1825 年还不足 100 人,很少有几个是超过 500 人的。地位特别高的工匠集团之间也有差异,例如家具工(他们通过招收学徒而获得"数量很大的外快")与濒临危机而且地位正在下降为户外工人地位的鞋匠之间,就有很大的差别。⑩

类似的特权工匠或技术工人组成的重要集团分布各地,不但存在于同一行业中,而且也存在于伦敦所没有的行业中。特别是设菲尔德的刀具行业和伯明翰的小五金行业。直到 19 世纪很长一段时期以后,后一种行业的小作坊仍然为数极多,使伯明翰成为小业主的都会。在经济增长的过程中,博尔顿的梭和工厂可算是规模较大的。不过,到 18 世纪末,这个城市的绝大

---

⑨ 见《女怪》,1818 年 10 月 17 日、11 月 21、28 日和 1819 年 2 月 6 日、3 月 20 日。

⑩ 1825 至 1826 年的《行业报》。

多数人口仍受雇于小作坊,他们或者充当劳动力或者是半独立的手工业者。只要列举出伯明翰的那些产品,就可以记得纷纷纭纭星罗棋布在该地众多的技术工匠,例如各色纽扣、刀具、靴刺、烛台、玩具、枪械、别针纽扣、装饰品、鞭子把柄、咖啡壶、墨水台、铃和钟、马车配件、蒸汽机、鼻烟盒、铅管、珠宝首饰、灯具、厨房用具等。骚塞在1807年写道:“我所碰到的每个人身上都发出一股机油和金刚砂的气味。”⑪

19世纪头30年代,黑乡(the Black Country)的专业化过程 240
趋向于把较简单的程序,如制钉和制链,推向四周的外作工村庄,而伯明翰城市则保留着较高的手艺制作。⑫ 这些工匠行业内小业主师傅与有技术的帮工之间的差距无论从心理上还是从经济方面来看都可能比帮工与普通城市工人之间的差距要小一些。只有在这些行业里工作的人,他们的儿子才可能进入这一行业,否则,只有支付高额的学徒费才有可能进入这些行业。他们用行业的行规限制外人进入他们的行业(例如设菲尔德刀具公会的这种行规到1814年才废除),业主们鼓励这种限制,工会也以互助会的名义出现,维持这些行业的规章制度。在19世纪初(正如韦伯夫妇所说的),在这些工匠中间“我们的工业社会依然是在各行业中纵向地划分,而不是横向地分为雇主和工资收入者。”⑬ 同样,在一个特定行业中,只有那些有特权的部分工人才有可能成功地限制新工人加入或成功地升高他们的地位。近来对伦敦搬运工人的研究揭示了工人中一个部分——其中包

---

⑪ J.A. 兰福德:《一个世纪的伯明翰的生活》,第1卷,第272页;C. 吉尔:《伯明翰史》,第1卷,第95—98页;骚塞:《英国通信》,第36封。

⑫ 见S. 蒂明斯编:《伯明翰和中部五金生产区》(1866),第110页及各处;H.D. 丰格:《英国工厂制的胜利》(天津,1930年),第165—169页。

⑬ 韦伯夫妇:《英国工会史》(1950),第45—46页。

括鱼市搬运工的历史是十分复杂的，人们很容易以为他们是临时工，但实质上他们处于市政当局特殊的监护下，直到19世纪中叶，他们在非技术工人的海洋中仍然保持着特权地位。[14] 在更多的情况下，技术工人或学徒出身的工人与普通劳工之间例如铁匠与他的打铁助手之间，泥瓦匠与他的辅助工之间，以及印花布印花工与他的助手之间等等是有着明显的区别的。

亨利·梅休所描绘的19世纪40年代末和50年代的伦敦工匠与劳工之间在地位、组织和经济报酬方面的差别，与拿破仑战争时期的差别相比，如果不是更大的话，至少是同样大的。梅休
241 评论道："我们从伦敦西区的技术工人当中走到东区的无技术劳工当中，发现道德和知识上的变化太大了，就像来到了一个新大陆，置身于另一个种族之中"，

> 工匠们几乎就像是感情激动的政治家。他们受过充分的教育、有思想，堪称能认识到他们在这个国家有重要的地位……无技术劳工却是另一类人。他们还像听差的，没有政治观念，对强烈的民主观点没有兴趣，对任何事情他们都没有政治观点；反过来说，即使他们有政治观点，……他们宁愿"随遇而安"而不主张工人应当当家做主。[15]

在南方，正是在工匠中互助会成员人数最多，[16] 其工会组织最持久最稳定，教育运动和宗教运动兴盛，欧文主义的影响也植根

---

⑭ W.M.斯特恩：《伦敦搬运工》(1960)。

⑮ H.梅休：《伦敦工人和伦敦贫民》(1884)，第3卷，第243页。与此相反的是，梅休在书中曾经提到他的一名清洁工人所说的话："我对政治不感兴趣，但我是宪章派。"

⑯ 关于互助会的社会成份，见P.H.J.H.戈斯登：《英国的互助会》(曼彻斯特，1961)，第71页。

最深。“流动”寻觅工作的习惯也是在工匠当中最为普遍的，有一位历史学家称之为“工匠的大旅行”。[17] 我们将会看到他们的自尊心以及对独立的渴求如何为战后的政治激进主义增色。如果他们失去了手艺和工会的庇护，这些工匠就会成为梅休笔下伦敦最可怜的一群人。旺兹沃思和克拉潘联合工厂的老板对梅休说：“这些贫穷的机械匠是与一般的游民完全不同的一类人”。他们的宿舍和“职业介绍所”与流动的劳工及“旅行者”的团体不同。他们只是在绝望以后才到济贫所去：“他们在申请进所之前有时已经把身上的衬衣和马甲全都卖光了。……”这些贫穷的机械匠像迷路的人一样呆在收容所里，惊惶不已。……如果被赶了出去就像没了笼子的鸟，不知道上哪儿去觅食。”[18]

伦敦的工匠很少沦落到如此恶劣的处境，他们走进济贫所的大门之前往往要经过许多中间阶段，他们的经历因行业不同而相去甚大。如果我们离开伦敦到北部和中西部的工业中心去，就会发现另一些类型不同的技术工人和工厂工人，他们都很 242
重要，例如某些煤矿的矿工、棉纺工人、技术建筑工人、冶铁业和其他冶金业工人，他们就是艾什顿教授所说的那种“能够从经济进步中分享好处的人。”其中也包括科贝特于1832年所描述的（桑德兰地区）达勒姆的矿工：

> 你在这儿看不到任何美妙的东西，但一切又似乎很有价值；重要的事情之一是工人生活得很好……矿井工人每周赚24先令，他们不必付房租，不必花钱买燃料，也不用花钱请医生。当然，他们的劳动无疑非常艰苦，

---

⑰ E.J.霍布斯鲍姆：《流动工匠》，载《经济史评论》，第2集，第3卷(1950—1951年)，第313页。

⑱ 梅休前引书，第1卷，第351页。

> 他们也许没有得到他们本来应当得到的东西；但不管怎么说，他们的日子过得不错。他们有好住宅和好家具；……他们的生活似乎达到了人类中劳动者理应期望达到的水平。⑲

许多地区的矿工几乎是“世袭等级”，其收入相对之高颇有名气：

> 矿工小子穿金又戴银，
> 工厂小子只有黄铜皮。

艾什顿教授认为，他们在19世纪40年代时期的实际工资可能是最高的，仅低于战争年代的最高水平。但他们的工作条件也可能是越来越糟了。⑳

许多这类工人的实际工资在1790至1840年之间有所上升；但是工资上升的幅度并不像有时说的那么顺利，那么持续。这与各个行业中工会的成败有密切关系，失业和淡季缩短的工作时间还应与“乐观派”提出的工资系列数据相抵。不过，若是我们只讨论有固定工作的并“参加了协会”的技术工人，有关生活水平的争论本来早就可以以乐观派的胜利而告终。

243 实际上，整个问题极其复杂，难有结果。学生们在教科书中可以读到这样果断的陈述：

> 1831年的生活费用比1790年增加11%，但在同一时期，城市工资也至少提高了43%。㉑

学生们读到这句话时，应马上警觉到其中存在着问题。有激烈

---

⑲ 《乡村游记》，第2卷，第294页。但是R. 法因斯的《诺森伯兰和达勒姆的矿工》第4—7章以及《技术工人》第2—3章对东北部煤矿区暴风骤雨般的事件——赫普本工会在1830至1832年间的兴衰——所做的描述与此形成了鲜明的对比。

⑳ 见T.S. 艾什顿：《18世纪的煤矿工人》，载《经济学杂志》（增刊），第1卷（1928），第325、331、334页。

㉑ T.S. 艾什顿：《工业革命，1760—1830》（1948），第158页。

争论的问题还不仅仅是生活费用指数本身——艾什顿教授自己说他的结论所依据的指数，就像从“糖尿病人”的食谱中抽取的一样。[22] 我们还应该意识到城市工资的指数主要是依据完全就业的技术工人的工资。于是在这里就出现了一大堆新的问题。我们为什么假设，在人口增长极为迅速的时期，就业的技术工人比失业的贫穷工人所占的比例一定会越来越大？社会史学家为什么要反复列举证据来试图说明对绝大多数人来说这是个极端痛苦的时期？如果英国的非技术工人在1820到1850年的生活水平确实有了较大幅度的上升，那么经过了1850至1880年30多年确凿无疑的发展之后，他们怎么会仍然生活在布思和朗特里揭示的在19世纪90年代那种受到极端剥夺的生活条件之下呢？

19世纪上半叶必须视为就业连年不足的时期。技术工人的行业就像孤零零的岛屿，受到了来自四面八方的技术革新的威胁，受到了非技术工人或少年工人的拥入所造成的威胁，即便是技术工人的工资，其中也包含着一些强制性的支出，例如机器租金，使用动力的费用，工作时因出现差错或违犯纪律而交纳的罚款，或是其他各种强制性的扣除。矿井、冶铁和制陶业转手承包很盛行，这也在建筑业中相当普遍，就是说，“承包人”亦即“把头”自己又雇用技术水平较低的劳工；而织工或矿工则要雇用儿童以充当织布厂的接线头工或矿井里的拉煤工。1818年，曼彻斯特的棉纺工人说他们的2英镑3先令4便士工资中要扣除以下几项支出：

第一名接线头工(每周)	9先令2便士	244
第二名接线头工	7先令2便士	

[22] T.S.艾什顿在《资本主义与历史学家》中的文章，第146页。

第三名接线头工	5先令3便士
蜡烛(冬夏平均每周)	1先令6便士
生病或其他意外支出	1先令6便士
共计	1镑5先令

就是说,他的工资还剩18先令4便士。㉓ 在每个行业中都可以找到类似的例子,工人所说的工资数量与雇主所说的工资之间存在着差额。"以物易物"的工资和工厂的"实物工资制"等等使情况变得更为复杂。水手和码头工人一直受着特别厉害的敲诈,往往是受酒店老板的敲诈,例如到1843年保护法案通过以前,泰晤士河担煤工只有通过客栈兼酒店老板才能找到就业机会,而客栈兼卖酒的老板只雇用那些把一半工资花费在他酒店里的人。㉔

在技术性较强的行业中,工匠们十分关心维持自己的地位,一方面戒备非技术工人,同时又对雇主施加压力。1830年以前,既能满足技术工人的要求,同时又能使同业中的非技术工人感到满足的工会极为罕见。在欧文主义极为兴盛的时期,当建筑工人接受建议接纳普通劳工时,差距就表现得极为明显:

> 这些分会按级别由建筑工匠、石匠、石板瓦匠、木匠、泥水匠、泥瓦匠、管子工、玻璃安装工匠、漆匠,还有采石工、烧砖工和普通劳工组成,只要他们能够养成较好的习惯,掌握更多的知识,在其他行业的分支系统的帮助下能营生自理;他们的最大利益将是在最短的时间内

㉓ 见《黑矮人报》,1818年9月9日。加入疾病保障会(甚或工会)交纳会费是必要的"支出",这意味着一种生活水平的改善。

㉔ 见G.W.希尔顿:《实物工资制》(剑桥,1960),第81—87页。

提高家庭的思想和道德水平以及一般的生活水平。[25]

但是，我们还必须牢记，在技术革新迅猛进展以及工会的自卫力量还比较弱的时期，许多技术都处在**不安全**的地位上。发明使旧技术贬值的同时也提高了新技术的价值。这个过程是不平衡的。晚至1818年，《英国行业手册》（主要记载伦敦各门技 245
术行业的手册）上没有列入机械工、蒸汽机制造工和锅炉制造工等行业；旋工大抵仍被视为细木工，而机械工的技术合并于"机匠"——一种掌握多种手艺的多面手师傅，"心灵手巧，有丰富的机械知识"，因此他"需要细木工、铸铜铸铁工、铁匠和旋工在最广大差异上的才能和经验"。仅仅10年以后出版的一本900多页的名叫《操作技工和英国机匠》的书指出，过去统称为机械安装的技术现在已经分为许多不同的技术。新技术的划分还可从那些早期成立的协会亦即工会中看出来，它们后来合并为机械工会：18世纪末组织良好的机械安装工人俱乐部后来发展成翻砂铸铁工人互助会（1809年）、钳工和旋工互助仁爱会（伦敦，1818年），机匠互助联合会组织（布雷德福，1822年）、蒸汽机制造工协会（利物浦，1824年）和机匠互助同盟（曼彻斯特，1826年）。

不过，从这些协会的发展中我们决不能推论出进步是随着新技术的确立而不停地发展的。相反，机械安装工（至少在伦敦）是属于工人贵族，他们得到自己的组织（此组织曾十分强大，

---

[25] 《先驱报》，1833年9月。摘自R.波斯特盖特：《建筑工人史》（1923），第93页。

是导致结社法通过的因素之一)[26]以及限制学徒人数的保护,而且在19世纪头几年内,他们把工资保持在两基尼的水平上。但1814年,伊丽莎白工匠法中学徒条款的废除,就使他们面临严重的竞争。1824年,伦敦机械行业的一位主要雇主,原伦敦通讯会的助理书记亚历山大·盖洛维作证说,在废除该项法令之后,“不管是工作过一年、两年、三年的工人,还是从来没有工作过的工人,都被允许就业,这给所有的联合会以致命的打击。”旧的安装工人“全被新手顶替;没有他们,但愿我们照样能行。”与此同时,计件工资制和来自其他方面的刺激最终造成了工会主
246 义者的彻底失败。“总是嘲弄、看不起机械工”的安装工,认为机械工是低人一等的暴发户,现在却轮到他们自己面临消亡了。没有学徒资格的机械工可以找到每周18先令的工作,自从车床应用自动原理(滑动台架亦即莫兹利发明的“走车”)以后,大批的年轻人和非技术工人拥入机械行业。

然而,即使是这个工业行业(的确是引进新技术的最重要的行业之一),工匠地位和工资的提高也与技术革新的速度不易相称。相反,它在18世纪末达到极盛时期,在19世纪的第二个十年,由于非技术工人的大批拥入而迅速衰退,接着在这个行业里又出现了新的等级制和新的结社形式。劳动分工的程度很高(反映在早期工会有各种不同的名称上),在好几年的时间里很

---

[26] 根据枢密院档案第A.158号“有关机械安装工帮工事实的陈述”,安装工的日工资从1775年的2先令6便士至3先令上升到1799年的4先令6便士。帮工为小业主师傅工作,小业主本人又受雇于“酿酒商、面粉商和其他制造商”,其工作可由任何罢工而陷于停顿。因此,罢工的帮工可以避开自己的主人而直接同厂商签订契约。

难说哪个行业确立了优势。[27]在机器制造业中,由于他的经验难能可贵,因此导致技术机械工的兴起。在早期的机械作坊中,人员变动的情况多得惊人。盖洛维在 1824 年雇佣了八九十个工人,可是他说 12 年以来有 1000 人到 1500 人在他那儿工作过,变换的人数都比每年劳动力的总数还多。外国雇主的代理人走遍了英国各地,希望引诱技术工人到法国、俄国、德国和美国去工作。[28]伦敦的雇主自然受损失最大。(盖洛维说)外国代理人"只要站在我的门口,看工人们走进走出并记下最能干的人的名字,许多合同就是这样签订了"。结果,技能最好的工人工资稳步上升,直到 19 世纪三四十年代他们属于特权工人。英国的第一家纺织机械厂,(奥德姆的)希伯特—普拉特工厂,雇了近 2000 名工人,技能好的工人工资在 30 先令以上。(一位卫斯理派工人报怨说),机械工人随意花钱,参加赛马和赛狗赌博,养良种狗,"每天两三餐"吃鲜肉。但是,现在的情况完全倒转过来。) 247
1824 年,盖洛维不得不贿赂手下最好的工人留下来工作,而现在,机械工人的技术已被很多人掌握,因此希伯特—普拉特工厂可以仔细挑选素质最高的工人了。我们那位卫斯理派的教徒回忆说:"我看见许多工人第一天上班就被付了工资后打发走了,有些人的试用期甚至更短"。机械工人已经再也不能凭借技术的紧缺而提高身价了。他不得不回到工会里去,重要的是,希伯特—普拉特厂在 1851 年机械工人的封厂斗争中正是一个风暴

---

[27] 参见盖洛维所提供的证据:"我们的经营范围有 6 到 8 个不同的部门;在木工中,我们称为木模工的其中包括高明的家具工、细木工、安装工和其他制木部门的工人;我们有铸铜和铸铁工;有铁匠、司炉工和锻工;……钳工和锉工;铜旋工、铁旋工和木旋工,种类很多。"

[28] 为了保证英国的工业优势,法令禁止许多种类的技术工人出国,违者为非法。

中心。[29]

我们必须时刻记住旧技术的消亡和新技术的兴起是相互重叠的。在19世纪,随着时间的推移,纺织业中家庭生产的旧工艺一个接着一个地消亡,例如剪毛工(或称做剪绒工)、手工印花工、手工梳毛工、绒布修剪工等等。不过,也有一些相反的事例表明,家庭工业中一些非常辛苦而报酬却很低的工作有时是由儿童来做的,这些工作由于技术发明而转变为要细心保留下来的工艺了。在呢绒业中,梳理工序要使用皮背板的梳子,皮板上密植数千只细金属丝制成的梳"齿",19世纪20年代和30年代,这项工作由儿童来做,植入1500到1600根梳齿只能得到半个便士的报酬(我们从约克郡西区的一个纺织村中得知):"几乎在每个农舍家庭里都有一些年纪小的工人。他们连走动放松一下的时间都少有,一直在做那单调无味的工作,把梳齿植入梳子中,供村庄中的每个居民梳毛之用而且每植一根金属丝,就要叫骂一个人名字来代表这根金属丝。"[30] 40多年以后,皮梳植丝机的不断改进使植丝工和机器维修工有了特权地位挤进了呢绒业工人"贵族"的行列,建立了自己小小的行业工会。

不过,当回顾了某些工业部门的历史,并且看到了新技术的
248 兴起和旧技术的衰落之后,我们可能会忘记旧技术和新技术几乎总是由技术不同的工人来掌握的。19世纪上半叶,工厂主大

[29] 见《英国行业手册》(1918),第237—241页;J.尼可尔森:《操作技工和英国机匠》(1829);J.B.杰弗里斯:《机械工人史》(1945),第9—18、35页;《下院特别委员会关于工匠和机器的第一份报告》(1824),第23—27页;克拉潘前引书,第1卷,第151—157、550页;托马斯·伍德:《自传》(利兹,1956),第12页各处。又见W.H.查洛纳:《饥饿的40年代再考》(历史协会,1957),不过,这本书不明智地认为希伯特—普拉特工厂的技术工人的良好处境在"40年代"比手工织工的悲惨状况更具代表性。

[30] 弗兰克·皮尔:《旧克勒克希顿城》,载《克勒克希顿卫报》,1884年1至4月。

力推动每项技术革新,使他们能够减少成年男子技术工人,并用女工和少年工来代替。即使在旧技术被一种需要同等或更高技术的新方法取代的地方,我们都很少看到同一个工人从一种技术转到另一种技术,或从家庭生产转到工厂生产。在机器和发明面前因失去保障而生恨,并不仅仅是偏见或是(如同当时的政府当局所说的)对"政治经济学"缺乏足够的知识而造成的后果。剪绒工和梳毛工都清楚地知道,新机械有可能为他的儿子或别人的儿子提供技术性的就业机会,但他们自己得不到工作,"进步进展"的果实总还有别人采摘。

我们考查一下卢德运动,就会对此有更清楚的了解。不过,即便如此,我们仍然是刚刚接触到问题的边缘,因为所有这些具体的不安全只不过是那个时期所有的手艺**总的**不安全的一斑。奇怪的是,整整一代经济史学家如此关心的有关生活水平的争论,竟然对临时工、衰落行业和失业等整个问题却过问得如此之少,近期中惟一试图对这个问题做出评价的霍布斯鲍姆博士指出,约翰·克拉潘爵士在《经济史》中甚至对工业革命期间的失业状况根本未加讨论。不错,"过硬"的经济资料确实非常缺乏,只有某几年或几年中某些时期受救济的贫民数量的大致统计,[31]而且这些数据很不可靠。其他的资料,例如道路上的游民统计,互助会的记录,萧条时期某些工业部门或城镇的失业人数等,固然可以用来弥补不足,但依然不足以反映事实。因为,首先,教

---

[31] 见《济贫法委员会十周年报告》(1844),第 285 页。其中的数字说明接受济贫的穷人在 1803 年为 1040716 人,在 1813 年为 1426065 人,在 1815 年为 1319815 人;此后则直到 1839 年都"没有统计报告"。新济贫法完全实施以后,从 1840 到 1848 年,每年有一个季度统计了接受济贫的穷人的数字。这些数字证明,在整个没有饥饿的 40 年代接受济贫的人数急剧上升,从 1840 年的 1119529 人上升到 1848 年的 1876541 人。1844 年到 1846 年之间略有回落。

区救济亦即讨厌的济贫院(1834 年以后)是陷入绝境的人们最
249 后的依靠;第二,固定就业的观点——即在一个劳动场所工作几年,其中的劳动时间和工资标准都是正规的观点,完全是用 20 世纪的情况去推测 19 世纪的现实,这是用现在去想象过去,因而是弄错了时代的观点。我们已经看到,农业中的问题是连年出现的半就业问题。大多数工业部门也有同样的问题,城市也普遍存在这个问题。技术工人和出师的徒工有自己的工具,一生都在某个行业中工作,但这种工人的数量很少。众所周知,在工业化的早期阶段,发展中的城镇吸引了各种类型离乡背井的移民劳动力,今天的非洲和亚洲仍是这种历程。工人们即使定居下来也在迅速地更换着工作,以技术行业交纳的地方税为根据得来的工资系列统计数据并不能告诉我们失业周期和临时工那种棘手而不可用数字统计出来的实际状况。一位约克郡的宪章派分子回忆他在 19 世纪 20 年代末到 40 年代的童年和青年时期的经历,他的回忆如下:

> 汤姆·布朗的就学日子对我来说毫无吸引力,因为我一生中没上过一天学。我从很小的时候就不得不去工作,夏天的早晨四五点钟就被拉起床,拉着驴子走一个半英里,然后要给好几头奶牛挤奶;到晚上又得去送牛奶,直到八点钟以后才能干完。后来,我去了一家制梳作坊,植 1500 根梳齿才能得到半个便士。1842 年到 1848 年,我每周工资平均还不到 9 先令。户外的劳动更糟,工资很低。我当过毛织工,梳毛工,铁路粗工和采石工,因此,我敢说我对工人阶级的状况还是略知一二的。[32]

---

[32] B. 威尔逊:《一位老宪章派的斗争》(哈里法克斯,1887),第 13 页。

有一些证据说明，在整个19世纪二三十年代，直至40年代，问题变得越来越糟。这就是说，就工资相对生活费用来说，虽缓慢地向有利方向发展，但每年不能完全就业的工人所占的比例相对于完全就业的工人来说，却向不利方向发展。亨利·梅休在那部关于伦敦贫民的巨著中，用了整整一节来讨论临时工的问题。他认识到这就是问题的关键所在：

> 几乎所有的职业中都存在……**剩余的劳动力**，仅仅这一点就足以造成大批劳动者的就业是临时性的而不是固定的。总的说来，各行业的计算表明在一年中有1/3的劳动力完全就业，1/3的部分就业，而另外1/3 250
> 失业。[33]

梅休是19世纪中叶无人可比的最了不起的社会调查者。他有敏锐的观察力，冷静而超脱并有同情心，他注意到了统计所忽视的细节。在一个事实不断被发现的时代，他努力去寻找被从事调查的统计者所忘记了的事实。他的著作有目的地向当时的权威成果提出了挑战，显示了他自己的政治经济学的冷酷"规律"——"低报酬造成了过度的劳动"和"过度劳动造成了低报酬"。他知道，当东风吹临泰晤士河时，20000名码头边的工人立即会失业。他了解木材贸易、制帽业和糕饼业的季节性的淡和旺。他不厌其烦地寻找扫垃圾的工人一年中就业的时间实际上有多少个小时和多少个月。在他所调查的行业中找工人开会，记录了他们的日常活动。如果(如同艾什顿教授所说的)有关生活水平的争论实际上是靠"推测"哪类工人生活水平提高的

㉝ 梅休前引书，第2卷，第338页。我在后面几页利用了梅休著作中的部分章节，包括他于1849年在《晨报》上对裁缝和靴鞋匠的描述，及《伦敦工人和伦敦贫民》，第2卷，第335—382页以及第3卷，第231页起。

幅度最大——哪些人"可以分享经济进步带来的好处",哪些人"却一无所得"——那么,梅休的推测值得我们注意。

梅休以这样的形式表述他的推测:

> ……估计工人阶级的数量在400万到500万之间,我认为可以有把握地说,只要考虑到有多少工人的就业是取决于时间、季节、时尚和偶然的机会,考虑到几乎在一切工资较低的行业中都存在大批过度的劳动和马虎的劳动……有多少妇女和儿童被拉进不同的手工劳动,这是因为减少了男工的工资,在某些情况下,机器代替了劳力之故……当我们把所有这些事实都考虑以后,那么,我相信我们可以得出可靠的结论……那就只有仅仅足够的工作给我们一半的劳动者以**固定**的就业,因此只有150万人可以完全地连续就业,另外150万人只能半就业,还有150万人则完全失业,他们只能**临时地**代替别人得到一天的工作。[34]

但这毕竟还是推测,是对伦敦的复杂阅历做一个统计式的
251 表达。不过,这也是从另一些发现中产生的,特别是"作为一般的规律……每个行业中参加工会的人只占工人总数的1/10"。[35]工会工人的工资是按习惯规定的,并由工会来执行。非工会工人的工资则"取决于竞争"。直到19世纪40年代,伦敦同一行业中的工人有"体面"与"不体面"之分,其中最明显的行业是家具制造业、木工和细木工、靴鞋业、裁缝业和所有的服装及建筑

---

[34] 梅休前引书,第2卷,第364—365页。又见《机械杂志》,1823年9月6日:"很明显,为什么我们有一半的工人没有工作,那就是因为其他那一半比他应做的多做了一倍工作。"

[35] 根据梅休在其他著作中提供的证据。家具制造工和裁缝的情况显然被夸张了,比较可能的数字也许应当为1/5或1/6。

行业。“体面”的部分包括生产奢侈品和高质量产品的部门，“不体面”部分则是各种“廉价而肮脏”的部门——做成品服装的，做华而不实的或是简陋的家具的，做花里胡哨的针线盒的，磨制廉价眼镜的，在教堂建筑中（由“小包工头”）做转手承包下来的零碎活的以及承包军队或政府交办的劳务的。

在托马斯·拉奇 1812 年所列举的组织程度较强、工资较高的一些行业中，工匠的社会地位和生活水平在以后的 30 年中都严重地凋萎下降。行业地位下降的形式多种多样，有一些迟至 19 世纪 30 年代才在激烈的冲突后宣告完成。威廉·洛维特原先在彭赞斯的绳索业中当学徒，1821 年来到伦敦，他靠自己原有的行当找不到工作，于是想去当木匠或做家具。在这两个行业中，“体面”和“不体面”的区别不那么明显。他没有经过这类行业的学徒训练，这对他极为不利。但是，经过了在下等作坊中一段不顺利的遭遇以及不得不兜售自己产品的更糟糕的经历之后，他终于在一家大家具作坊找到了一份工作。工人们发现他没有经过学徒训练，

> 于是用他们的行话讨论如何‘整整我’，意思就是搞掉你的工具，毁掉你的工作，用这种方法跟你捣乱，把你从作坊里赶出去。……我……一弄清他们的情绪，就
> 想到最好是召集一次作坊集会，把我的情况当众说明 252
> 白。要召集一次所谓的集会，第一个前提是出去买一些饮料（一般只要一加仑啤酒），然后用你的铁锤敲打夹钳，打出铃一般的丁丁声，这就召唤了全体工人都聚集到你的工作台旁边。然后推定了主席。主席让你当众说说你的情况。

洛维特对自己的困境做了解释，工人们感到满意，“但条件是我要为他们每个人买酒喝，要向他们学各种活计，加上罚款和

店铺里的赊款，往往要花去我每周一基尼工资中的七八个先令。”[36] 一二十年以后，他还是应该得不到体面的作坊或工会作坊里的工作职位：当时有势力的家具制造工人协会（洛维特担任该协会的主席）巩固了会员们在该行业中质量高的部门里的地位，对没有受过学徒训练的工人和半熟练的工人则悄悄地关上了大门。与此同时，不体面的行业也大批涌现出来：[37]中间商设立“屠宰房”即建造大型的家具仓库，伯思纳尔草地和斯皮特菲尔兹穷苦的“亭子间老板“雇用自己家庭的成员和“学徒”制造椅子和以次充好的家具，拿到仓库去削价出售等等。就是不大走运的工人也可以买来或搜集一些木材，制造工具箱或牌桌，拿到街上去兜售，或拿到东区减价商店去出售。

每个行业的历史都不相同，但是可以说有一个大致相同的总模式。一般认为在战争年代物价上升的时期，生活水平就下降（普通劳工、织工和完全没有组织的工人都属于这种情况），不过，战争也刺激了许多工业部门（枢密院反大陆封锁令时期除外），提供了更多的就业机会。伦敦的兵工厂、造船坞和码头繁忙起来，生产军装和军事设备的行业得到政府的定货。在大陆封锁政策执行之前，伯明翰也同样地繁荣了。战争晚期，有关学徒的限制无论是在实际上还是在法律条文上，都放松了，最后终
253 于在1814年废除了伊丽莎白工匠法中有关学徒制的条款。工匠们从维护自己的地位出发，对这种威胁做出了强烈的反应。我们必须记住，当时还没有什么学校教育，既没有技工学校，也

---

[36] W. 洛维特：《在追求面包、知识和自由过程中的斗争和生活》（1920），第1卷，第31—32页。关于“入伙”的旧风俗（新来的工人或学徒必须为作坊中全体工人买酒），见J.D. 伯恩：《工人阶级社会状况简介》（无出版日期），第39—40页。

[37] 梅休第3卷，第231页。他列举了六七百名协会工人和四五千名非协会工人。

没有机械工程学院,行业中的全部技能和“秘密”都是靠在作坊中口授或示范而传授的。工匠们把这些“秘密”看做自己的**财产**,声称他们对于“保守秘密和独占利用以及享有他们的……手艺和行业”是有无可争议的权利的。结果,法令的废除不仅受到了抵制,在伦敦还成立了“各业初级联合委员会”,他们在全国征集了 6 万人签名,请愿要求**加强**学徒制法令。㊳ 有证据表明,行业俱乐部因受到威胁反而明显地加强了,结果伦敦的许多工匠在战争中相对地加强了他们的地位。

不过,从此,不同行业的历史开始分道扬镳。非技术工人的浪潮造成了压力,以不同的方式和不同程度的暴力,叩打着大门,破门而入。在某些行业中,体面部门和不体面部门之间的界线在 18 世纪已经出现。㊴ 体面行业仍然维持了地位,虽然也许有若干理由说明那种长期威胁的存在。18 世纪许多行业制造奢侈品,它要求高质量的工艺,这些工艺靠血汗劳动是无法学到的。此外,在充分就业的时期,小规模的不体面部门所提供的条件实际上优于参加组织的工人。1818 年的《女怪》报在谈到眼镜工匠和铸字工匠时说道,

> 一小批称做**亭子间老板**的生意人成长起来,他们出售的产品不仅比大作坊生产的便宜,业务更广泛,而且实际上付给雇工的工资也较高。我们相信各个行业中都有类似的情况……㊵

㊳ 见 T.K. 德里:《学徒法令中学徒制条款的废除》,载《经济史评论》,第 3 卷(1931—1932),第 67 页。亦见后文,第 517 页。

㊴ 多萝西·乔治博士在《18 世纪伦敦的生活》第 172—175 和 197—198 页上提到了钟表制造业和制鞋业中的“亭子间老板”和“厢房业主”。又见 E.W. 吉尔波伊:《18 世纪英国的工资》(马萨诸塞州的坎布里奇,1934)。

㊵ 见《女怪》,1818 年 11 月 21 日。

裁缝有“硬活”、“赖活”之分,鞋匠当中也有战斗性强而且组
254 织较好的做女鞋的鞋匠和做男靴的鞋匠行业之分,因此从中可以看出这种区分的大致界线。不过,这两种鞋匠都最先觉察到“非法”工匠的拥入所造成的全部后果。由于诺桑普顿郡和斯塔福德郡大批人在厂外或在家中从事鞋靴职业的发展,伦敦靴鞋匠的地位削弱了[41]。一位斯彭斯派社会主义者,阿兰·达温波特记载了伦敦靴鞋匠人历史上的一些事:

> 我从1810年开始为本布里奇先生工作,就在那个时候,我第一次参加了作坊的集会。我以前工作过的那些作坊都与集会无缘……也许他们认为这没有意思……我受到女鞋鞋匠工会第五支部的友好欢迎,他们当时在荷尔波恩的约克纹章酒店开会;在一个短短的时间内,我成了代表……从我成为会员起到1813年,女鞋工会因增多了会员而获得了极大的力量,在财政方面也颇有增长,我们一度在伦敦建立了14个支部,此外还同整个王国内大大小小的重要城镇的同行保持定期通信,以保持团结。但是,就在那时,靴鞋业开始依法起诉一位业主,因为他雇用了一名非法工匠而且拒绝解雇他。这个案子由两位作坊里聪明的工匠出面……并得到王座法庭的一位律师的帮助……我们胜诉了,但这场官司花去工会100英镑的诉讼费,这笔钱结果是白白扔掉了,因为本来依伊丽莎白法令的规定,我们这个行业业主雇用没学徒资格的人是违法的;

---

[41] 见克拉潘前引书,第1卷,第167—170页;M.D.乔治前引书,第195—201页;A.福克斯:《全国靴鞋工会史》(牛津,1958),第12、20—23页。关于1803年的靴鞋匠帮工工会章程,参见阿斯皮诺尔前引书,第80—82页。

但后来伊丽莎白法废除了，于是任何人都可立刻进入我们的行业。

1813年春天，这个工会举行罢工，支持一份详细的价目表："工匠的每一项要求都得到了满足，于是我们都高兴地回去工作"，

> 但是，有一些不那么安分的会员陶醉于我们上次罢工的胜利，几个星期后提议再举行一次罢工。……这次任性的举动给行业带来了危机。当时业主们还没有建立他们的组织，彼此之间也不大来往。现在他们着慌了，于是集合起来，成立了他们的组织。他们全都组织起来了，罢工受到抵制。工匠们失败了，一哄而散。数百名男工、女工和童工都在这年冬天经受了最厉害的贫困。我把这次惨败看做工人力量下降和制鞋业雇主 255
> 施行暴政的开端。[42]

鞋匠斗争的艰苦状况，可以从战后那些年份里许多会员成为极端激进主义者的事实中看出来。女鞋鞋匠在1820至1825年的经济繁荣时期维持住了自己的地位，但1826年的经济衰退立刻暴露了他们的弱点。在组织起来的工匠周围有大批"不体面的"小作坊，在这些小作坊里，靠"冒牌鞋匠"即"仿造匠"制鞋，8便士或1先令做一双。1826年秋，发生长达7周以上的罢工，有一些会员因斗殴和骚乱而受到审判，有一名工会会员据称对一个"工贼"说，"他因为接受低工资，应当把肝脏挖出来"。[43] 但是，靴鞋工人还是保持住了某种形式的全国性组织，在1832到1834年的工会大浪潮中，诺桑普顿郡和斯塔福德郡的在厂外的

---

[42] 达文波特：《生平》，重刊于《全国合作运动领袖》（1851年）。罗伊登·哈里逊博士帮助我注意到了这份资料，特此致谢。

[43] 《行业报》，1826年9月10日、12月10日。

或在家里做鞋的工人加入了同一场争取“平等化”的斗争。[44] 直到 1834 年总工会失败以后，他们才最终失去了工匠的地位。

裁缝的工匠地位保持得更久，我们可以把他们的工会看做准合法的工匠工会的模型，[45] 弗朗西斯·普雷斯于 1818 年发表的著述，是我们所掌握的有关其行动的最完整记叙。通过有效的联合，伦敦裁缝在整个战争期间施加压力提高了工资，尽管工资的上升仍然赶不上生活费用的上升。(按普雷斯提供的平均数，)他们 1795 年的工资为 25 先令，1801 年为 27 先令，1807 年为 30 先令，1810 年为 33 先令，1813 年为 36 先令。每一次增加工资，业主们的抵制就更顽强一次。但“在这个时期如果不用强制的手段，一个先令也休想增加。”在地位高的“硬活”裁缝的许多“职业介绍所”保存着工会会员的名册，业主们实际上把介绍
256 所当做他们的雇工代理处。[46] 行东们没有征得工会的同意，谁也不能提出就业申请。工作按填表顺序来分配，工会培训“无技能的”人。裁缝要交纳两种费用，大部分保留起来充做福利费，小部分供工会需要时使用。除了充分就业的时期，一般都实行 12 小时工作制。他们为失业的会员征集资金，有时为准备罢工也可以征收特别费，即使对资金的使用没有作出任何解释，会员们也不会提出问题。工会的实际领导小心谨慎地避免触犯结社法，每个介绍所设一名代表，是

> ……按照某种默许选拔出来的，大多数人往往不知道谁当选了。代表们组成委员会。他们以大致相似的方

[44] 关于南特威奇的组织，见下文，第 427 页。

[45] 普雷斯认为裁缝的结社是“迄今为止最完善的”。当然他的地位特别适合于发现他们的秘密。

[46] 见报纸上的这样一些广告：“凡有能力在建筑业中担任监工者，请到下列介绍所申请……”(1825 年 7 月 17 日木工帮工在《行业报》上刊登的广告)。

式选出一个人数少的委员会，在非常特殊的情况下掌握全部大权……。

普雷斯写道："什么法律也不能压制它，只有工人们自己不再信任它的时候才能中止它。"这些"针线骑士"至少到1826年的经济衰退以前都显得极为强大。他们的组织完全可以描述为"一种军事体制"。不过，在普雷斯的叙述中暗伏着弱点的征兆：

他们分成两类，叫做"硬活裁缝"和"赖活裁缝"。硬活裁缝有约30个职业介绍所，赖活裁缝只有9个或10个。硬活裁缝实行计日工资，赖活裁缝既实行计日工资又实行计件工资。他们之间过去存在着强烈的敌视，赖活裁缝的工资一般说来比较低，不过近年来已经没有多大差别……他们在最近发生的几次罢工中总是采取共同的行动。

这也许可以看做是试图把下等行业与身份感很强的"硬活裁缝"团结在同一组织内所做的令人难忘的努力，据普雷斯估计，1824年"赖活裁缝"只有"硬活裁缝"的1/3；但是"赖活裁缝""工作时间长，还需要家庭成员当助手。"到19世纪30年代初，廉价的制成品成衣业已如浪潮无可阻挡。1834年，这些"骑士"终于在一场激烈的斗争之后降低了自己的社会地位，据说当时有2万名工人以"平等化"为口号举行罢工。[47]

约翰·韦德仍然能够说在1833年，伦敦的裁缝"得到的报酬比首都一般的劳动人民高得多"。确实，他认为他们是通过联合 257

㊼ 《女怪》，1818年9月26日、10月3日和10日；《关于工匠和机械的第一个报告》(1824年)，第45—46页；科尔和菲尔森前引书，第106—107页；[T.卡特：]《一个工人的回忆》(1845年)，第122—124页。关于1834年的罢工，参见G.D.H.科尔：《为建立总工会而奋斗》(1953)。关于有组织的制帽匠和不体面的"帽工"之间的对立，见J.D.伯恩前引书，第41—42、49—50页。

增强了自己力量的榜样，“巩固了他们自己的利益而与公众和其他劳动人民的利益发生冲突。”[48] 但是，梅休在1849年为《晨报》着手调查时，却认为裁缝是生产“价廉质次”的血汗行业中最差的例子之一。梅休估计，伦敦在1849年有23517名裁缝，其中2748人是独立开业的裁缝师傅。其余人中，有3000人是体面的行业工会的会员（而1821年还有5000或6000人），18000人在不体面的行业中工作，制作“现成衣服”，完全是依赖大中间商获得收入。

尽管伦敦是工匠的雅典，但伦敦工匠的状况不能视为特例。值得注意的是，那里存在着一种剥削方式，与以体面行业中有组织的工人工资价格为依据建立的工资统计数据不相吻合。这种形式既冲破了习惯的条件和限制，也冲破了工会的防线。一般说来，“工匠”的行业经历了两个严重的冲突时期，第一个时期从1812到1814年，其间学徒制规定被废除。制鞋工人和裁缝这些已经组织起强大的工会或行业俱乐部的行业，此时尚可通过罢工或其他形式的直接行动在该项规定废除后在一定程度上捍卫自己的地位，虽然业主们在同一时期也成立了更大的组织。但是，从1815至1830年，封闭而“有组织的”作坊内部的巩固却付出了代价。“非法工人”被排斥在行业中较好的部门以外，这只是使协会以外的无组织“不体面”行业中人数猛增。第二个重要时期是1833到1835年，工会的大浪潮达到顶点，要求达到“平等”的工作条件，缩短体面行业中的工时，禁止不体面的工作。面临着雇主与政府的联合力量，这些要求（尤其是伦敦裁缝）失败了，而且至少造成了“有组织”的工匠地位的暂时下降。
258 经济史学家应当看到，托帕德尔的蒙难事件和1834年大规模的

---

[48] J. 韦德：《中等阶级和工人阶级的历史》（1835，第5版），第293页。

封厂行动正如当时的激进派和工联主义者所认为的那样，对各种等级的工人来说都是这种失败的结果[49]。

不过，工匠与大雇主之间的冲突只表明更普遍的剥削方式的一部分。行业中不体面的部门增加了；大“制造厂”和(雇用家庭手工业者或转手的承包订货的)中介人取代了(雇用几名帮工和学徒的)小业主；(在体面行业的孤岛以外)学徒制等有效的保护措施已经失败，大批的非技术工人、女工和童工拥进各个行业；劳动时间延长了，实行星期日工作制；工资、计件价格和批发价格被压低了。生活状况的恶化在方式上和程度上都与工业的物质条件有直接联系，例如影响到原料成本、工具和有关的技能，对工会组织产生有利或不利的影响，影响到市场的性质等等。于是，制木工和鞋匠可以用较低的价格获得原料，拥有自己的工具，因此失业的工匠可以自立为独立的“亭子间老板”或“厢房老板”，全家人一道参加劳动，有时也可以雇用其他儿童，每周工作七天，自定价格兜售产品。木匠需更高的成本支出，因而就沦为“拼命作坊”里的工人，那里在工头巡回监督下以令人生厌的步调干华而不实的活计，谁若落后便被淘汰。无力购买布匹的裁缝，只能完全依赖中介商人，包下中介商的活计但拿的是血汗工钱。女衣业是最辛苦的“血汗”行业，主要由在与大企业订合同的作坊里的针线女工做活(她们往往是来自乡村和小城镇的移民)，建筑工人既没有能力自己购买砖石，又不可能把街头教堂的一角拿去叫卖，必须依赖转手同合的包工头；即使是参加“组织”的技术工人，在冬季也只等着被暂时解雇。这两类工人往往都想依靠建筑业对地皮的直接投机来摆脱困境，正如克拉

---

[49] 科尔的《为建立总工会而奋斗》是有关第二个时期的最优秀的著作，虽然仍不够全面。

潘所说："抱着希望租地，靠借债购买材料，用尚未售出或租出的建成一半的房屋作抵押，冒着破产的极大风险。"[50] 但是，另一方面，制车匠、造船工人和机械工人，既没有自己的工具，也没有
259 能力购买材料，只因他们工作的性质以及他们的技术奇货可居而处境较好，保持和增强了工会的防卫力。

在外地的旧工业中心，工匠的地位同样也下降了。但是有许多复杂情况和许多的条件，所以差异较大。一方面，斯塔福德和北安普顿郡的靴鞋业早已失去了工匠的特征，以经营家庭的手工业生产为基础，而这时的伦敦鞋匠仍在拼命抗拒沦为不体面行业。另一方面，设菲尔德刀剪业中高度的专业化及工人中强烈的政治倾向和工会传统——(他们是最坚定的雅各宾派)使他们在半独立的朦胧状态下保持了工匠的地位，他们受雇于某个商人(有时也受雇于好几个商人)，租一个"公用转轮"作为动力，严格按价格表行事。尽管"设菲尔德刀具匠法"(1814)废除了自由人进入该行业的限制，造成"人人皆可在法定行会中工作和招收学徒而且没有人数和条件的限制"的局面；但工会的力量依然十分强大，(它们有时采取"搬走或破坏机器"或别的恫吓手段)足以阻止非熟练工人拥入，虽然他们不断受到来自"小业主"，有时还有"非法"工人和独立帮工的威胁，他们总是想掏空合法的行业。[51] 在伯明翰的各行各业中可以看见各式各样的情况，从大作坊和无数小作坊，到体面或不体面的独立帮工，再到制造铁钉的村庄中衣不蔽体的，处境越来越糟的厂外谋生的劳动者。从沃尔弗汉普顿 1819 年的一份报告中可以看出"亭子间

---

[50] 克拉潘前引书，第 1 卷，第 174 页。

[51] T. A. 沃德：《回顾过去》，A. B. 贝尔编(1909 年)，第 216 页起。S. 波拉德：《设菲尔德劳工史》(利物浦，1959)，第 2 章；克拉潘前引书，第 1 卷，第 174 页。

老板”如何在经济萧条的时期出现的：

> 整个秩序……完全颠倒了。现在，对于濒临饥饿的帮工来说，最后一条出路是自己开业。他的雇主无法为他找活干以便靠他来坐收可能的利润，所以只好将他解雇；这个可怜的家伙只好卖掉眠床买个铁砧，采购一点铁，打造几件产品，四处兜售……尽量弄一点收 260
> 入……过去作为雇佣工人，他每周可得10先令，现在作为主人能赚到7先令就是幸运的了。[52]

在考文垂的织带业中有另一种朦胧状况，他们处于半外作工和半工匠地位：“织工老大”保留着穷工匠的地位，因他们有自己值钱的织机，有时还雇用一名“工匠的帮工”。此时这座城市里的其他织工则受雇于工厂或作坊，工资类同；但是，在北部的纺织村里，有一批半失业的织工，干活的工钱被压得像厂外临时工的工钱一样的低。[53]

从某个角度来看，可以认为真正的外作工业是完全失去工匠地位的行业，在这种行业里，“体面”部门已不复存在了：

> 只有当原料归经商的雇主，而工序完成后又回到雇主手中时，才可以说完全确立了资本主义化的外作工业。外作工匠的技能正是这个过程所需要的——羊毛发出去纺线，纺成的线发出去织布，衬衫发出去“缝、拼接和拷边”，制钉的铁条回到雇主手中时成了铁钉，边角碎

---

[52] 《新月刊》，1819年7月1日，摘自S.马可比前引书，第335页；又见T.S.艾什顿：《兰开郡早期工具制造业中的家庭手工业制度》，载《经济杂志》（增刊），1926—1929年，第1卷，第131页。

[53] 见J.普雷斯特：《考文垂的工业革命》（牛津大学出版社，1960），第3、4章中明澈的叙述。

布回来变成了玩具娃娃，皮革回来成了靴子。[54]

克拉潘估计，这是乔治四世时期工业组织的“主导形式”；如果我们在真正的外作工匠（手工织工、制钉匠、大多数梳毛工、锁链匠、一部分靴鞋匠、织袜工、粗布裁剪工、手套制作工、一部分陶工、枕头花边工还有许多其他的工匠）之外，再加上伦敦和其他城市工匠行业中的“不体面”部分，就很可能到 1840 年以前仍占据主导的地位。

织工，作为外作工匠的一个例子，我们在以后还要考查。不过，这里需要先讨论与外作工和工匠都有关的一些一般观点。首先，织工或“廉价品”工人的困苦处境，并不能用“机械生产过程取代了旧工艺而造成旧工艺的衰落”的解释来开脱。我们也不能接受这样的说法，这就是以轻蔑的口吻认为“收入最低的不
261 是工厂雇的工人，而是保留了 18 世纪的传统和方法的家庭手工业工人。”[55] 这种说法使我们心中联想的是这些状况与工业革命所具有的真正促进作用无关，它们属于前工业的“旧”秩序，而资本主义新秩序的本质特征表现为蒸汽、工厂工人和天天吃肉的技工。不过，外作工业中的雇佣人数在 1780 到 1830 年之间成倍地大大增加，而**蒸汽和工厂**往往是**造成这一增长的原因**。正是工厂纺纱和铸铁厂铸出铁条去制钉子才雇了许多外作工人。意识形态也许想重此轻彼，可是事实却让我们说，这是同一进程中相互补充的因素。这一进程首先造成了手工工人（手工染布匠、织工、粗布剪裁工和梳毛工）的成倍增加，然后，又用新机器灭绝他们的生计。此外，外作工人处境的恶化并不简单地

---

[54] 克拉潘前引书，第 1 卷，第 179 页。

[55] F.A.哈耶克和 T.S.艾什顿在《资本主义与历史学家》中的论文，第 27—28、36 页。

能用“被机械生产过程取代”一句话说明得了，它完成于一种剥削方法中，这种剥削方法类似于不体面行业中的剥削方法，而且往往发生在机器竞争之前。家庭手工业工人的“传统和方法是18世纪的”说法也不符合事实。说18世纪家庭手工业工人的生活状况是19世纪半失业无产者外作工的先兆，能证实这一点的惟一一个大群体是斯皮特菲尔兹的丝织工人，因为丝织业的“工业革命”先于棉织业和呢绒业。确实，我们可以说，大规模的血汗外作生产就如同工厂生产和蒸汽一样都是工业革命的本质特色。至于不体面行业中“廉价品”工人的“传统和方法”，在几个世纪里，只要廉价劳动力大量存在，当然就会一直持续着。不过，这显然与18世纪末伦敦工匠的生活状况根本对立。

我们可以肯定地说，工匠们**感觉到了**他们的地位和生活水平在1815至1840年之间受到了威胁，或者正在恶化。技术革新和廉价劳动力的过多的存在，削弱了他们的地位。他们没有政治权利而国家权力被用来摧毁他们的工会，哪怕这样的使用只是间断性的。梅休明确地指出，(不体面行业中的)低报酬不 262
仅造成了超负荷的劳动，而且使劳动机会全面减少了。正是这样的经历为工匠在政治上的激进转化，尤其是外作工的急剧的激进化，提供了基础。理想和现实不满汇合在他们身上，变成愤怒——他们失去了尊严，经济状况直接恶化，随着手工艺的日渐贬值而丧失自豪感，失去了上升为业主的愿望(哈迪和普雷斯那一代人还有可能上升为业主)。有“组织”的工匠虽然稍为幸运一些，但并不是最不激进的，像威廉·洛维特那样，伦敦和外地工人阶级的许多领袖都产生于这个阶层。他们只有凭借工会的战斗性才有可能维护自己的社会地位，他们的生活经历不断教育他们说：竞争是坏的，集体行动是好的。他们亲眼看到不交好运的邻居和作坊里的伙伴(由于事故、酗酒)而下陷得更低。凡是陷落的人最需要政治上的思考;但却最没有时间来思考。

如果说农业工人渴望着获得土地,那么,工匠则渴望着获得“独立”。这种渴望为早期工人阶级激进主义的历史奠定了基调。但是,在伦敦,希望变成小业主的愿望到19世纪20年代和30年代已经化为了泡影(这种愿望在18世纪90年代仍十分强烈,即使在19世纪30年代的伯明翰也还是强烈的)。因为面对着“厢房老板”或“亭子间老板”的经历,所谓“独立”只不过意味着为货栈或廉价商品作坊整周劳动作奴隶而已。这有助于解释为什么在19世纪20年代突然出现了对欧文主义的支持——工会的传统与追求独立的愿望交织在一起,形成了由社会来控制生活资料的理想,这是一种**集体**的自主独立。[56] 当欧文主义者所做的奋斗大多归于失败之后,伦敦的工匠依然为独立而战斗到底:当皮革、木材或布匹都用尽之后,他们便去充实街头的叫卖者,兜售靴带、橘子和核桃。他们主要是一些进入“拼命作坊”的农村工人,伦敦出生的工匠难以跟上这样的发展步调,但他们也不愿成为无产者。

我们也许还没有弄清工资指数的状况,但我们提出了阅读
263 和考证现有指数的方法。我们特别必须随时弄清楚这些数字究竟是来自于有组织的工人还是无组织的工人,以及在某个行业中某个已知的时期,这种划分究竟到什么程度。大多数行业或工业部门都存在着一些相同的经历,很少在战后的经济萧条中不受损害。在1820到1825年之间,大多数行业和工业部门出现转机,在这样一个就业比较充分的时期,不体面行业确实可以扩大其范围而很少引人注意,因为他们并没有对有组织工人的

---

[56] 见下文第779—806页关于欧文主义的讨论。

地位造成威胁。结社法废除后的12个月是转机最旺的时期，当时的普遍的繁荣和咄咄逼人的工联主义同时出现，导致许多工人团体取得相当的进展。1825年夏，《行业报》上刊载了一篇来自制陶区的报告，以当时激进报刊和工人阶级报刊上极其少见的语言，承认他们的状况颇为不凡："很难说出有哪个时期……除织工以外的工人阶级享受过更大程度的舒适。"在过去的8个月里，制陶区卷入一场真正的罢工浪潮：

> 在斯塔福德郡，木工首先举行罢工，然后，每个行业都轮流地举行了罢工。挖煤工人知道陶业工人没有他们就无法烧陶；当制陶工取得了工资的上升以后，他们依然不举铁镐，不放吊桶……陶业工人于是举行了第二次罢工，他们提出要求，现在的普通劳工每日工资是6先令，而有优势的工匠按计件收入实际上每周3英镑。连裁缝也坚决拒绝剪样或缝纫、拼接或填充衣领，除非把原因告诉他们；与此同时，情绪激动的理发师……也坚持要提高50%的工钱……[57]

这一成果的大部分在1826年失去了，但在以后的3年中又失而复得，30年代初却又失去。在这个涉及面较宽的历史事件中各行各业还有各自不同的历史。总的说来，在需要较多的资本、技术和机器的行业中，工匠失去一定的独立性，但比较容易成为技术熟练的，甚至有些特权的无产者：水车匠变成机械工亦即金属机械工匠，造船工的技术分割成造船业的各种行业。在那些可以将活计分发出去的工业部门中，或者在可以大量收容非技术工人和少年工的工业中，工匠依然保留了一定的独立，但为此必 264

[57] 《行业报》，1825年7月24日。亦见W.H.沃伯顿：《北斯塔福德郡陶业工会组织史》(1931)，第28—32页。

须付出失去保障及社会地位严重下降的代价。

当回过头来考查战后的政治史时,我们主要考虑的是工匠们的观点。因此,我们在讨论在他们之下居于更底层的人们时,也许就只能比较凭印象来对待了。实际上,对于19世纪头十年中非技术工人的状况,人们知道得更少,因为他们没有工会,极少能有领头的人物去明白地表达他们的不满,除了公共卫生和住房问题外,就没有议会的各委员会去调查他们的状况[58]。地位下降的工匠很少有体格或能力去从事辛苦的半技术或非技术劳动。这些职业群体要么是只由内部来补充,要么就是由农村移民和爱尔兰移民来扩充。其中有些人干些无规律的不固定的工作,工资并不低——在码头上或当挖土工、铲土工等。这些人渐渐成为"临时工"即临时的劳动力,而完全失业的进城移民,正像威廉·洛维特在年轻时第一次来到伦敦时那样,可能"连续几个星期每天都只吃一便士面包,在最近的水泵旁喝一口水"。他同康沃尔郡来的另一位同胞

> ……每天都要在5点钟起床,到各作坊和建筑工地上去找工作做,一直找到9点钟左右。然后,我们用一个便士买一个面包圈,两人分着吃;然后又四下里去找工作,直到下午四五点钟。我们做完一天的工作以后,再买一个面包圈分着吃;然后两脚酸痛,饿着肚子,很早就上床睡觉了。[59]

但是,这样含辛茹苦地省出最后几个便士的磨炼并不多见。一切社会调查者都知道:时常不稳定的就业使人们难以做出长远的打算,这会产生一种人们所熟悉的循环,即艰苦的生活与有

---

[58] 参见下文第429—443页有关爱尔兰劳工的讨论。

[59] 洛维特前引书,第1卷,第25—26页。

工作时偶尔的挥霍放纵相互交替。与（马夫、清道夫、河边苦力、非技术建筑工人、赶马拉的货车的工人等）劳工不同的是那些街头商贩、乞丐二流子、贫民及偶尔犯罪和职业犯罪者以及军人，对他们来说“碰运气”是他们的谋生之路。有些街头商贩是很有钱的商贩，另一些却是管束不住的小偷；还有一些如沿街叫卖水果或鱼的小贩，唱顺口溜和歌谣的卖艺人，他们对爱德温·查德威克和凯伊博士格言式的论点提出嘲弄式的针锋相对的反诘。人类靠急中生智使自己活下来，如拾狗粪、卖 265
野花或代别人写信，一次可得一两个便士（代写情书“还需要有金边信纸、漂亮的信封和一本字典”）。到 19 世纪 40 年代，大多数街头小贩无疑陷入了绝望的贫困。如果深入查看统计数字，我们可以不避毁誉地认为，直到（19 世纪 30 年代末）有效的警察力量建立以前，犯罪（不包括娼妓）的平均生活水平上升了，因为在仓库、市场、运河上的驳船、码头和铁路上行窃的机会成倍增长。许多临时工也许靠这种方式来补充自己的收入。一些天才的职业罪犯或“游客”自称，他们过着极其美妙的生活，他们也许可以算作“乐观派”。除了在兰开郡等一些妇女就业机会比较充分的地区以外，未婚母亲的生活水平也许下降了：她们不仅违背了威尔伯福斯的看法，而且违背了马尔萨斯和政治经济学的规律。

在当时的纺织城镇里，一个有 5 岁到 15 岁年龄不等的 6 个孩子的寡妇可以算是比较幸运的妇女。求乞的盲人是当时流浪者弟兄中的“贵族”。眼睛明亮身体健全的弟兄带着他们四处流浪，以便分享他们讨得的东西。一位叫卖靴带的瞎眼小贩告诉梅休，“盲人在任何地方都能得到人们的指引，因为他们知道，他肯定能得到一点东西。”他从家乡诺森伯兰出发，沿着一个又一个工人宿舍流浪，慢慢想出了乞讨的“花样”。他说：“我的日子过得越来越快活,我奇怪人们怎么会学别人的样子”。最后,他来到了伦敦。他说:“当我走在街头时……我不知道究竟是我带领着街道还是街道带领着我。”[60]

在其他的乐观派当中,还有高度职业化的“二流子”,他们就像能迅速改换节目的演员一样,根据行业状况,假扮出别人的不幸来变换节目(如“体面的破产商人或落难的私掠船长”,“潦倒的机匠”和“运河上的水手”等等):

> 我……走到街上去,扮做浅水旅的一名士兵,穿着黑色
> 266 衬衫和汗裤,或破长衣裤。我们 4 人一组,生活相当
> 好,在我们之间每天能弄到 16 先令或 1 英镑。我们总
> 是招呼每个遇见的人,从卸煤工人等等到海战的船长。
> 我们总是说:“喂,我尊敬的海战船长,从左舷弹药库把
> 剩下的一发向我们射来吧,纳尔逊的炮手们。”……浅
> 水旅在伦敦变得婆婆妈妈好挑剔了[远近闻名],因此
> 供应相当紧张。所以我离开了这陆上的海军。在街上
> 翻船的事太平常了,你看,人们并不管他们……。[61]

骗子们对市场很有研究,他们能很快改造痛苦这种商品的市场供应,以迎合美玉般憨直的人类同情心的滥施;他们生活得比真正的受苦人还好些,后者过于孤傲,或太没有经验,不能把他们的苦难投放于市场而获取最大盈利。到 19 世纪 40 年代,骗子的伎俩已被人们熟知;除非人们有狄更斯和梅休那样的知识和人道主义精神,否则,中等阶级就只会从每一只摊开的手掌上看到懒惰和欺诈的证据。在伦敦和其他大城市中心,他们

---

[60] 梅休前引书,第 1 卷,第 452 页。

[61] 同上书,第 1 卷,第 461 页。在战后的几年中,退伍水兵在伦敦的乞丐中所占的人数最多。见《消灭行乞协会的第四份报告》(1822),第 6 页。

也许是正确的，因为他们漫步在超现实的世界上：伸开的手掌可能是一张纳赃的手；衣衫褴褛的人可能在暴风雪中玩弄“瑟缩骗局”（“在险恶的天气下……这可不是个好玩的花招，……有一个时期曾一天得到两个先令”）；一个穷苦孩子为一包打翻的茶叶哭哭啼啼，或者诉说一个丢掉零用钱的故事，这可能就是他母亲教给他的花招。失去了双臂的煤矿工人是人嫉妒的对象：

> 这种人长着壮实的腿，坐在马路边，不停地叙述矿井里的运煤车如何从他身上碾过。他说得很生动，十分精彩。[62]

最悲惨的受害者并不在这里，他们留在家中，住在斯皮特菲尔兹的亭子间里，或安科茨和利兹南部的地下室里，住在外作工的村庄里。我们充分地相信贫民的生活水平下降了。在1834年新济贫法颁布以前的30年里，人们一直在企图减少济贫税，企图取消户外救济的办法，或创造新济贫院。[63] 济贫院并不是查德威克式的“巴士底狱”，而是克雷布在《选邑》一书中(1810)所描写的那种早期的样子：

> 只为你一己之利，
> 你的计划我不欢喜；
> 你把穷人放在那里，那可怜的一小批。
> 他们在这一间房子里，度过一生，
> 这座他们讨厌看见的贫民官殿：
> 巨大的建筑，高耸的墙院，

267

---

[62] 梅休前引书，第1卷，第465页。

[63] 见J.D. 马歇尔：《诺丁汉郡的改革派及其对新济贫法的贡献》，载《经济史评论》，第2辑，第13卷(1961年4月3日)。

那些强忍疲惫的步子,那空旷高大的殿堂!
那个大时钟啊,
响亮地敲出每一个钟点令人心悸的钟声,
那些大门和巨锁,都是权力的象征:
这是一座监狱,却用了温厚的名称,
住在这里的居民,
就没有一个是不知道羞耻和畏惧的人。

1834 年的法案以及随后由查德威克和凯伊等人建立的管理机构毫不考虑人类的需要,这大概是英国历史上企图强加一种意识形态的最始终如一的努力。假如我们不去考查焦头烂额的济贫法指导委员会贯彻执行查德威克那些不切实际的“指导通报”,取消或严格限制萧条的工业中心地区的户外救济造成了什么后果;假如我们不看一看济贫法助理特派员们如何想把马尔萨斯—边沁主义的原则应用于讲求实际的北部地区,那么,有关1834 年以后生活水平的讨论就毫无意义了。纪律和约束的原则从一开始就重于“不适合居住”的原则。[64] 这个最善于标新立异的国家总在费尽心机建立机构,企图把济贫院的条件弄得比亭子间老板、多塞特郡的劳工、织袜工人和制钉工人的状况**更糟**。心理威慑的政策取代了不切实际的系统的饿馁政策,那是一种“劳动,纪律和约束”的政策。一名助理特派员说过:“我们的意图就是要把济贫院弄得尽可能像监狱一样”。另一名特派员说:“我们的目标……就是尽可能在里面建立严厉的和令人生畏的纪律,使穷人害怕,阻止他们进来”。凯伊博士心满意足地记载了他在诺福克的成功之举:事实证明,“详尽的日常生活诫

---

[64] 1834 年以后,济贫院穷人的生活条件比外面处境最差的劳工还要差,这就是“不适合居住”的原则。

律”,宗教仪式,吃饭时不准说话,“坚决服从”,不同的性别完全分开,拆散家庭(即使性别相同),从事劳动和与外界完全隔离等做法,比减少伙食更为有效。他用一种在古怪的仪式中使用的英文(这种英文总有一天会像古代夹手指刑具和足铐一般离奇) 268
记录说:

> 我看到在济贫院的院墙内保留着一种习惯,允许居住在里面的穷人永远保存自己的财产,例如箱子,陶器,衣物等等……因此,我指示各个济贫院院长把这些东西拿去保管,存放在贮藏室里。科斯福德联合济贫院在做出这种改变时,普卢姆先生发现这些箱子里藏了大量的面包(可见伙食多么丰富),还有肥皂等东西,都是从济贫院仓库里偷的……做出这一改变的那天上午,12 名强壮的女贫民离开了济贫院,她们说宁可到外面去干活。

凯伊博士学着查德威克一样的腔调继续写道,无论是有家的寡妇,还是老弱病残者,都不必为在济贫院而感到耻辱,他们应当为不断地浪费和欺骗而觉得心中不安,应当为他们在有能力活动的年龄就不想去勤奋劳动,……不事节俭……不谨慎……不尽孝道……不像劳动者那样独立地工作而觉得心中不安……。

凯伊博士和普卢姆先生获得了多么辉煌的胜利啊! 12 个强壮的女人一举而变得节俭和谨慎了(也许她们还一举从悲观派转变成了乐观派吧?),然而,尽管他们用尽了全部力气,但英格兰和威尔士的 443 个联合济贫院的内容不完全的报告还是证明,1838 年的 3 个月中这些新巴士底狱(尚未将兰开郡和约克郡西区包括在内)中,共有 78536 名济贫院居民,到 1843 年,这个数字上升到 197179 人。关于贫穷达到何种程度的最有力的证据实际上还在于他们是彻头彻尾的寄居人。[65]

[65] 凯伊博士的证词，见 G. 康沃尔·刘易斯：《关于爱尔兰贫穷调查委员会的第三次报告》(1837)，第 34—35 页；关于 1838 年济贫院穷人的状况，见《济贫法委员会的第五份报告》(1839)，第 11、181 页；关于查德威克"不切实际"的指示信，其中可作例证的一封是面临工业萧条需要进行户外救济时给曼斯菲尔德几位督导员的信，见《济贫法委员会的第三份年度报告》(1837)，第 117—119 页；《第十份年度报告》(1844)，第 272 页。在有关济贫法的大量著作中，德赖弗的《托利激进派》(1946)第 25、26 章生动地叙述了北方地区对济贫法的抵制。

第九章　织　工 269

19 世纪织工的历史萦绕着过去美好日子的传说，这种回忆在兰开郡和约克郡最为强烈，但在英国大部分地区以及纺织业的大多数部门里也可以听到。关于 18 世纪 80 年代的中部地区织袜工人的情况，有过这样的记载：

> 每当假日来临，织袜工人的小花园里结满了豆荚，还有满满一桶醇香的酒。

他有“一套平时穿的衣服，还有一套是在星期日和游玩时穿的服装”。[1] 关于格洛斯特郡的织工也有记载说：

> 他们的小农舍里弥漫着幸福和满足的气氛……织工要求教区救济的事情十分罕见……他们的表情宁静而满足。[2]

有关贝尔法斯特的麻织业地区的记载说：

> ……过去那是一个十分整洁规则的地区，他还记得他们有粉刷洁白的房子，有小花园，他们全家人出现在市场上或去做礼拜的时候打扮得非常体面。这些房子现在却充满了污物和悲伤……。[3]

---

① W. 加德纳：《音乐和朋友》(1838)，第 1 卷，第 43 页。又见 M. D. 乔治：《转变中的英格兰》(企鹅版，1953)，第 63 页。

② T. 艾克塞尔：《格洛斯特郡织工简史》，摘自芬伯格编《格拉斯特郡研究》(莱斯特，1957)中 E. A. L. 莫伊尔文章《织工绅士》，第 247 页。

③ 贝尔法斯特议员艾默森·坦南特 1835 年 7 月 28 日在下院的演说。(关于斯皮特菲尔兹的丝织工人，)见上文，第 143 页塞尔沃尔的叙述。

多萝西·乔治博士在《转变中的英格兰》一书中生动而有说服力地指出，这种“黄金时代”总的说来纯属神话。她的论点一时占优势。

这样做也许太容易了。如果我们把“黄金时代”的论点当做九柱戏的木柱竖立起来，要击倒它们毕竟是不困难的。当然，斯皮特菲尔丝织工人在18世纪的状况并不让人妒羡，而且，西南
270 部和诺里季毛纺业和毛织业中早期的资本主义组织还引起了多种形式的对抗，这些对抗后来在兰开郡和约克郡又得到发展。同样可以肯定的是，加斯克尔在他那本很有影响的著作《英格兰的制造业人口》(1833)中把18世纪织工地区的状况理想化了，(继加斯克尔之后)，恩格斯对1844年的工厂工人们祖辈的情景推想说他们“过着虔诚和诚实的正当而平静的生活”，也把他们的状况理想化了。

但是，一方面是18世纪的艰苦和冲突，另一方面又是19世纪把它理想化，这并没有解决事实上的问题。记忆依然存在着，大量的证据也依然存在，不允许对它简单地解释。有事实表明，在全国多数地方都存在着从种植小块土地甚或一小块宅边地，从纺纱和收割稼禾等等来补充收入的现象。迄今为止已经得到建筑方面的证据，说明奔宁山区许多纺织业小村庄是在18世纪后期最终形成的。今天最常见的谬误并不在于加斯克尔或恩格斯，而在于乐观派的错误，他们用轻松的语言搅混了工匠在地位上向潦倒的外作工转变过程中的困难和痛苦的性质，诸如：

> 认为工业革命以前的时代是一个黄金时代，这种观点乃是神话。早期工厂时代的许多罪恶并不比过去更早时代的罪恶坏。18世纪的家庭纺工和织工受到布商的“剥削”，与19世纪40年代工厂工人受到工厂主的

"剥削"同样残酷无情。[④]

我们可以把18世纪织工—雇主的关系区分为四种。第一种是顾客—织工关系,像赛拉斯·马纳一类的人,住在村庄或小镇里,有独立地位,与裁缝业主十分相似,承包顾客的订货。像他这类人数量正在减少,我们在这里无须讨论。第二种是有高级工匠地位的织工,他们自立门户,可以选择老板,计件工作。第三种是织工帮工,他们可以在老板兼布匹商的作坊里工作,但更普遍的是在自己家中用自己的织机为一个老板加工。第四种是农民织工或小土地持有者织工,他们只用一部分时间做织布的工作。

后三类织工之间有重叠,不过,将他们区分开来讨论当然更好。例如在18世纪中叶,曼彻斯特大多数的细纹布料和方格纹 271
布料是由织工—工匠(即第二类织工)制造的。他们有高度的组织。18世纪下半叶,随着棉纺织工业的日渐扩展,越来越多的农民(即第四类织工)被高工资吸引,变成了半日制的织工。与此同时,约克郡西区的毛织业依然主要以小服装兼布匹商人为基础,他们在自己家中只雇数名帮工和学徒(即第三类织工)。如果我们说在1780至1830年,这三类织工并成一类,他们的地位大大地下降,变成无产的在自己的家里工作的外作工有的拥有织机,有的租借织机,按照某工厂的代理人或某中间商要求的规格把纱织成布——如果我们这样说,就概括地说出了他们在这些年的经历。他们丧失了第二类和第三类织工期望获得的地位和保障,也失去第四类织工的副业收入,而且面临陷入伦敦工匠眼中所谓的那种"不体面行业"的境遇。

---

④ W.O.亨德森和W.H.查洛纳为恩格斯的《1844年英国工人阶级状况》写的导言(1958),第14页。

在北方的织工当中，对失去的地位的记忆植根于真实的经验之中，因此也就连绵不绝最为长久。在西部地区，织工们到18世纪末已经沦为外作工，受大乡绅布商的雇佣。大乡绅布商"购买羊毛，付工资令他们梳毛、切条、纺纱、织布、缩呢、染色等等"。在这整个过程中，他们雇佣的工人总数可以多达上千人。约克郡的一位目击者在1806年对这两种制度做了对比，在西部地区

> 没有那种我们在约克郡称做家庭制的东西。我说的家庭工业制是指住在村庄里或偏远地区的小织匠商人用自己的资本经营，并过着舒适的日子……我明白英格兰西部的情况恰恰相反，那里的制造业主，除了有单独的房子居住以外，与我们约克郡工厂里的普通工人一样。在西部，羊毛被分发出去让他们织成布；而在约克郡，羊毛是工人自己的财产。⑤

不过，在18世纪约克郡的家庭工业中，羊毛是小布商业主的财
272 产，而不是织工的财产。大部分织工是帮工，只为某一个布商工作，而且(不管后来被理想化到何等程度)处在依附的地位上。从"作于1730年左右的一首布商生活方式叙事诗"中可以看到布商的生活是一幅"田园诗画"，描述织工们"从早5点到晚8点，辛苦地工作，做完活"以后在公用桌子上进餐，但它没有说汤姆、威尔、杰克、乔和玛丽究竟是帮工，学徒，还是"老板"的儿女。

> 老板说——"孩子们，好好地干吧，但愿
> "下个集市也许能把布卖掉。

---

⑤ 摘自E.A.L.莫伊尔前引文，第226页。关于英格兰西部的工业，亦见D.M.亨特：《英格兰西部的毛织工业》(1910)；J. de L.曼：《18世纪威尔特郡的布商和织工》，载于L.S.普雷斯纳尔编：《工业革命研究》(1960)。

“汤姆明天要到纺纱机上去，
“威尔要去把锭锤都找来，
“杰克明早要按时把床起，
“上浆房里把布浆，
“整经机上把线网理，
“才可在织机上面把布织。
“乔，去拿玉米把马喂，
“明晨我要赶到沃尔兹，
“记住把我的靴子擦干净，
“明天早晨我将准时把床起。
“玛丽，这是羊毛，你快拿去染，
“就用它至少多做出拼花桌布！”

老板娘说：“你给我安排了这些事，
“我想我更需要修补你的衬衣，
“请告诉我，谁去使用筒管盘？
“经轴架自己可不会长出面饼来！
“我们得烤面包，纺线，转身过来又揉面，
“挤牛奶从牛栏取出送到学校去，
“还要给小伙子们做布丁，
“发面用的酵母饼，快去找，‘要像那样
厚的酵母饼’！
“早晨、中午、晚上都要洗干净，
“碟子刀叉要烫水烫，牛奶快快喝光它，

"晚上再到仓库去取粮食！"[6]

这个情景不禁使人联想起科贝特所做的怀旧式的描述，他描述了18世纪南方的小农场主与雇工之间家族式的关系，他们一起食宿，祸福与共。在哈里法克斯和利兹地区，这样的情景曾
273 是一度可信的，当时那里的布匹生产几乎全部过程都在一个家庭生产单位内进行。到18世纪末，事情就讲究起来了。制造业主不再到沃尔兹去买羊毛，(他们现在直接向纺纱厂购买纱，)整布工序也要送到专门化的作坊去完成。他出售产品的市场也不再是"自由"市场了，尽管晚至1779年，哈里法克斯还建起了一座大型的自耕农布匹贸易所，利兹也在18世纪90年代新建一座非法经营的布匹贸易所，无执照的营业者和未经过学徒训练的"鞋匠和补锅匠"以及独立经营的织工都到那些地方去出售布匹。小布商对大商人和工厂是越来越依赖了。如果他经营顺利的话也有可能成为小资本家，雇佣15至20名织工，大多数织工在自己家里做活。如果不顺利，他便会发现自己逐步地失去了独立性，他的利润损失在支付加工费上，在把纱织成布后落入中间商人的清单。他在行情不佳的情况下不得不向大商人借贷，在这样的过程中，小布商逐渐完全沦为操作手工织机的织工。随着竞争的日趋激烈，老板娘的家庭经济也在生意的需求中丢失了。

这个过程是缓慢的，起初并不十分痛苦。1807年，数百名自耕农小布商跟着其他人众前往约克，投票支持威尔伯福斯。[7]

---

⑥ 这首诗的原稿藏于利兹档案馆，誊印件见《托雷斯比协会出版目录》，第41集，第3部分，第95号，1947年，第275—279页。H. 希顿的《约克郡的毛织业和毛纺业》(1920)，第344—347页上曾作摘引。希顿教授的这部著作依然是有关18世纪约克郡家庭工业的权威著作。

⑦ 威尔伯福斯(1759—1833)，英国政治家和慈善家。——译注

行业的一再分工使一些小业主又支撑了50年以上，而另一些小业主却建起了整布[8]和剪绒的小作坊。此外，纱线产量的大大增加为织工提供了更多的劳动机会，所以1780至1820年这段时期，布商丧失独立和社会地位的状况，在某种程度上被当时大量工作机会的存在所掩盖。如果业主的地位在某些情况下下降到帮工的地位，那么，汤姆、威尔、杰克或乔的地位看起来似乎在上升。纺纱厂和工厂在搜寻织工，于是织工得以脱离小布商业主，取得了一定程度的独立。他现在有可能挑选雇主了，这就是毛织业和棉织业中帮工的"黄金时代"。

诗中所描述的18世纪早期的那种关系，只在家长制的意义上才是田园式的。一方面，帮工对业主的关系就像农场长工对农场主的关系一样，没有多出丝毫的独立性。教区学徒如果分配给了一位坏师傅，他在几年里将处于近乎被奴役的地位。另一方面，帮工会自视为"布商"，而不仅仅是织工。他的工作种类 274
繁多，大多数工作是在织机上做的，但也有一些在织机外或织机边做。他希望获得借款去购进羊毛并希望成为自负盈亏的小业主。如果他不在业主的作坊而是在自己家中工作，除了自我约束以外，不必遵守什么劳动纪律。小业主与劳工之间的关系是私人关系，有时还是亲密的。他们遵守同样的习惯，忠于同样的小团体价值观念：

> "小制作匠"……是一些对谁都不脱帽致敬的人，他们不承认地主和牧师有管他们闲事的权利，也不同他们打交道……他们说话粗鲁而直率往往得罪人……如果这些小制作匠……的地位真是上升到足以雇用少数几

---

⑧ 英文为textile finishing，指织物织成后所进行的各种加工工序，为捶、轧光、缩绒、拉绒、压呢和拉幅等。——译注

个邻居，他会仍然用自己的双手不停地工作，会像被雇用者一样卖力地工作，甚至比他们更加卖力。无论在谈吐上还是在穿着上，他们并不想高人一等。[9]

工业革命时期的小业主兼布商都是农民或富农，正因有了他们，约克郡才有了直率和独立的名气。

棉纺织业中的情况就不同了。生产的单位一般都比较大，其间的关系类似于从 18 世纪后期起在诺里季和英格兰西部见到的那种关系。到 18 世纪 50 年代，曼彻斯特生产细纹布和格纹布的织工已经组织了强大的行业协会，靠抵制没有学徒出身资格的劳动者拥入以求保护他们的地位。“非法”的劳工开始“成倍地迅速增加，达到隔一个大门就有一个人”。（织工们抱怨说，）一到夏天，这些人就“接受外作任务，比如当日工”，而到秋天，

他们又回到了织机旁边，只要冬天不挨饿，他们愿意在任何报酬下工作，答应做任何一种奴隶般的劳动。他们所答应的这些条件很快就变成了一种共同的规矩……[10]

1759 年，当奥德姆的格纹布织工要求司法依法执行学徒身份的规定时，巡回法官做出了对他们不利的判决，判决把国家的法律抛在一边，而支持亚当·斯密当时还没有明确表达出来的学说。
275 如果要实行学徒法，“那么开设企业的自由（这是当时曼彻斯特得以繁荣的条件）[将受到]摧残”：

---

⑨　弗兰克·皮尔：《老克莱克希顿》，载于《克莱克希顿卫报》，1884 年 1—4 月。皮尔是地方史学家，他的写作忠于事实，描述了约克郡西区在 19 世纪 30 年代的情况，该地是业主布商生存时间最长的地区。

⑩　见 A.P. 沃兹沃恩和曼：《棉纺织业和工业的兰开郡》（曼彻斯特，1931），第 348 页。

当工业还处于幼年时代，伊丽莎白女王的法令是为了保证公共福利；但是现在，工业已经成熟到我们看到的那种完善程度了，废除这些法令大概是合适的，因为这些法令有可能阻碍和束缚起初必须靠规定才能获得的知识……。

至于结社，“如果下级要对上级指手画脚，如果脚想要变成头，执行法律的目的又是什么呢？”“从一开始就把他们压制下去，是社会的每一个朋友所不可推卸的责任”。[11]

这次奇特的判决预示了半个多世纪以后“工匠法”的真正废除。虽然织工组织并没有完全消失，但由于早期纺纱厂的纱线产量极大增加，兰开郡东南部地区织布业有很大发展，从而使织工处于无法受到法律保护的地位上。威廉·拉德克利夫对这个时期奔宁山地所做的叙述是非常出名的，他说：

……旧的织机作坊变得不够用了，每一个堆栈甚至旧仓库、车棚和作坊以外的各种房屋都修理了一番，凿破墙壁，安上窗户，来满足织机作坊的需要。最终当这些劳动房间都不够用的时候，四面八方就涌现出新的织工房间作为织机作坊……。[12]

正是这些织机，而不是棉织厂，吸收了成千上万的移民。18 世纪 70 年代以后，奔宁山地开始出现一个个大居民区，如米德尔顿、奥德姆、莫特拉姆、罗奇代尔等。博尔顿的居民从 1773 年的 5339 人陡然增加到 1789 年的 11739 人，战争开始时，

尽管有许多人登记，然而给工人阶级修建房屋仍然不是件容易的事。去年夏天市镇郊外建起的许多房子，

---

⑪ 沃兹沃恩和曼前引书，第 366—367 页。

⑫ W. 拉德克利夫：《动力机织业的起源》(斯托克波特，1828)，第 65 页。

现在全都住满了。[13]

276 小农场主转变为织工，农业工人和移民工匠也进入这个行业。拉德夫利夫把1788到1803年之间的15年描绘成织布“这个大行业的黄金时代”：

> 他们的住房和花园干净而整洁，家家户户穿着得漂漂亮亮，每个男人的口袋里都有一只怀表，妇女尽情地打扮起来，每逢星期日，教堂里人满得挤不下。房屋布置得十分漂亮，墙上挂着用桃花心木制作或配以花色钟架的钟，美观的茶具是斯塔福德郡生产的……伯明翰，陶器区和设菲尔德制造的供日常使用，也用做摆设……许多家庭的农舍里还养了牛……[14]

在这里，实际的经历和神话混合在一起，就像加斯克尔说的织工家庭在世纪交替时每周能赚回4英镑一样，也像班福德在《早年岁月》中对米德尔顿所做的描述一样。我们从奥德姆的一个日记作者处得知，斜纹布亦即粗纹布织工并未享受这样的繁荣。[15]事实上大约只有少数织工达到了拉德克利夫所说的那种生活水平；不过，许多织工希望达到这样的水平。在略有繁荣的这15到20年之间，织工地区出现了一种不寻常的文化类型，比如有节奏的工作和闲暇；某些村庄的卫斯理教会在织工中间有组长

---

[13] A.艾金：《曼彻斯特……的乡村景象》(1795)，第262页。请注意，这里最早使用了“工人阶级”一词。

[14] 拉德克利夫前引书，第167页。

[15] 见S.J.克拉潘：《兰开郡的棉纺织业》(曼彻斯特，1904)，第40页。有些迹象表明，棉纺织业工人的工资从1797年左右开始普遍地下降，设在博尔顿的一个棉织工人协会称1717至1799年工资下降1/3。见R.班克罗夫特牧师的信，1799年4月29日，枢密院档案第A.155号；A.(博尔顿，1799)；拉德克利夫前引书，第72—77页。但是，从1802年5月26日的《布莱克本邮报》上可以看到，该地工资已经达到每周45至50先令的最高水平。

和当地的牧师从而使其同 19 世纪头十年相比就比较温和并更为人道(班福德的主日学校教他读书写字);政治上的激进主义宣传,还有对独立的价值观的深深依恋等等。

不过,机器纺纱产量的增长所引起的繁荣掩盖了更主要的地位下降。织工工匠或织工帮工正是在这个"黄金时代"开始逐步向普通的"手工织布机"织工转变的。除了少数专门的生产部门,过去的工匠(他们的学徒制壁垒已经完全破裂)已经同新来的移民处在同等地位上。与此同时,许多农民织工放弃了他们的小块土地,集中在手工织机旁。织工由于要完全依赖纺纱厂 277
或依靠把纱带进山地来的"运输贩子",他们的工资也在一轮又一轮地减少。

工资的降低长期以来不仅迎合了雇主的贪婪,同时也得到一种广泛传播的理论的支持。这种理论认为贫穷是刺激勤奋劳动的必要条件。《羊毛的回忆》一书的作者在写作的时候心中也许在想着英格兰西部的工业,他说:

> 这是众所周知的事实……在某种程度上匮乏推动了工业,靠 3 天劳动就能维持生活的工人在这一周其余的几天里肯定会懒惰、酗酒……工业地区的穷人在一般的情况下都不愿劳动更多的时间,只要赚的钱能够维持生活和供一周的狂饮之必需就行了……我敢公正地证明,呢绒制造业中工资的降低对国家是幸运而有利的,对穷人也没有真正的损害。用这样的方法,我们可以维持贸易,提高租金,而且还感化了人。[16]

这样的理论在棉纺织业地区的雇主以及许多地区长官和教士当

---

⑯ J.斯密斯:《羊毛的回忆》(1747),第 2 卷,第 308 页。

中已极为流行。[17] 织工的富庶在一些业主和地方长官的头脑中引起了极为惊恐的感情。一位地方长官在 1818 年写道:织工“几年以前的收入太高了,他们一周只要工作三四天就可以过上相当惬意的生活。”“他们把大部分时间和金钱都花在酒店里,他们每天在家中两次坐在茶桌边,有一瓶朗姆酒和最好的小麦面包与黄油。”

在拿破仑战争期间,强制实行降低工资的有时是大雇主,有时是较为持重的雇主,有的时候则是为“委托经销商行”工作的小业主或独立织工造成的。当市场疲软时,制造业主利用这一形势,把活计分发给愿意以任何工资取得就业机会的织工。于是在“根本没有人要雇他们的时候迫使他们连续生产大量产品”。[18] 当需求回升时,这些产品被低价抛售于市场,因此,在每次小小的萧条之后接踵而来的是市场充斥廉价商品的时期,从
278 而使工资压低到萧条时期的水平上。在某种程度上,雇主的做法是不道德的,既表现在对偷工减料施以罚款上,也表现在分发棉纱时短斤少两上。在工资越来越低的时期,织工的人数在 19 世纪的头 30 年中却不断地增加,纺织对于北方的失业工人是仅次于做一般苦力的第二大工作源,斜纹布织工的工作比较繁重、单调,但也比较容易学会。农业工人、退役军人和爱尔兰的移民都在不断增加着劳动大军的人数。

工资第一次猛烈而普遍降低发生在世纪之交。战争的最后一两年工资有所上升,1815 年工资又下降了,从此工资一直不断地下降,从 1790 年开始,织工提出的第一个要求,是在法律上

---

[17] 见沃兹沃恩和曼前引书,第 387 页起。

[18] 据称,1807 年织工要求规定最低工资法案的请愿书上,据说有 13 万棉织工人签字。见哈蒙德夫妇:《技术工人》,第 74 页。

规定最低工资——这一要求也是有些雇主所支持的，以便以此为手段来迫使不够道德的对手进行公平竞争。紧接 1808 年 5 月下院否决这项要求之后爆发了罢工，有 10000 至 15000 名织工连日在曼彻斯特的圣乔治广场示威游行。行政长官驱散了示威的织工，造成流血事件。国家对著名的制造商民军中校约瑟夫·汉森提起起诉并监禁，充分暴露了政府当局的报复心理；汉森支持最低工资法案，因而被控犯了在织工中纵马胡言，"用恶毒和煽动的话"公然发表演说的罪。他说：

> 坚持你们的事业吧，你们一定会胜利。纳丁和他的党羽今天不可能将你们赶出广场。先生们，你们的劳动养活不了你们……我的父亲是个织工，我自己也为教会在纺织行业中做事，我是织工的真正朋友。

后来，织工们送给汉森上校一件礼物，那是一只由 39600 人捐钱购买的银杯。曼彻斯特的历史学家阿奇博尔德·普伦蒂斯评论说："这次不明智的起诉所造成的影响是长久而犹感贻害尚存的，它带来了对雇主的痛恨感情，在 1812 年、1817 年、1819 年和 1826 年一再地表现出来……。"[19]

普伦蒂斯提到的这些年份发生了捣毁动力织机（1812， 279
1826）、背毯进军（1817）和彼得卢事件（1819）。织工们要求法律保护的希望落空了，于是更直接地转向政治激进主义。[20] 但是，1800 年以后的数年间，卫斯理宗与"教会和国王派"的暴行联手，使大多数织工成为政治上的"保王派"。据说，有两万名织工在战争早期加入民军；有一段时间，如果有人批评国王年金名册，就会被打倒在地。1834 年，博尔顿的一位证人对下院手织

---

⑲ 豪厄尔：《国家审判集》，第 31 卷，第 1—98 页；普伦蒂斯前引书，第 33 页。

⑳ 关于导致卢德运动（1812 年）产生的多次事件，参见下文，第 541 页。

工特别委员会说:“我亲眼看到两三个人因为是老改革派而陷入极大的危险。”激进运动的浪潮是战后才真正掀起的,1818 年发生了雇主和织工之间的第二次大冲突。那一年,曼彻斯特举行了棉纺工人的大罢工,第一次明确地试图建立总工会(即“慈善大力神”会)。除了曼彻斯特以外,博尔顿、伯里、伯恩利等各个纺织业城市都爆发了织工的罢工,他们把织梭收起来,锁在教堂或车间里。罢工以雇主的短期让步为结束,而织工的一些领导人则被起诉,被监禁。[21] 这是兰开郡织工最后一次有成效的总罢工运动,从此以后,纺织业的大部分行当的工资不断地下降(每周工资 9 先令,6 先令,4 先令 6 便士,而临时工则甚至更低),直到 19 世纪 30 年代为止。

把织工处境的恶化归咎于动力织机的使用,那就过分简单化了[22]。织工的地位在 1813 年已经遭到了致命的打击,而当时联合王国的动力织机估计总共为 2400 台,机织对手织的竞争主要是在心理方面。1820 年,动力织机的数量估计上升到 14000 台,但即使在那时,机织仍又慢又笨,还不适用于提花原理,所以不能织难织的图案。可以断言,非常廉价和过剩的手工织工的
280 劳动力阻滞了织布业中机械的发明和资本的运用。织工地位的降低类似于不体面的工匠行业中工人地位的降低。他们的工资每下降一次,他们的处境就变得更无助。织工现在必须劳动更长的时间,以至直到夜晚,然而工资却更少;他的劳动时间的延长就反过来增加了其他织工失业的机会,就连新“政治经济学”的信徒对此也吃惊。一位人道的雇主由于诚实的行为而导致自

---

[21] 哈蒙德夫妇前引书,第 109—121 页。哈蒙德夫妇引用的内务部关于 1818 年罢工的文件全文刊载在阿斯皮诺尔前引书,第 246—310 页。

[22] 18 世纪在斯皮特菲尔兹的丝织业中能看到相同的过程,该地根本没有动力机问题。见 M. D. 乔治:《18 世纪的伦敦生活》,第 187 页。

己破产,他大叫道:“亚当·斯密博士仔细思考过这样的情况吗?”

> 读了他的书也找不到解除这些抱怨的办法,他无法想象这种情况的存在,即(据说)在不存在需求的时候,10万名织工做了15万名织工的活,还只能吃个半饱,其余的织工要靠济贫税生活。他能够想象某个工业部门的利润,可以是一个雇主比另一个雇主从穷人辛苦挣来的钱中榨出的更多吗?[23]

“15名织工做了15万名织工的活”——这就是不体面行业的本质,如梅休后来在伦敦看到的那样,那里剩余劳动力大量存在,半就业的工人失去了保护自己的能力,互相压低彼此的工资。正是织工的这种劳动状况,特别是在山地的村庄里,给工联主义以额外的阻力。1834年,索尔福德的一名织工曾向特别委员会解释说:

> 手工织工就是处在这样奇怪的环境下,使他根本没有可能哪怕最低限度地控制自己劳动的价值……事实是,某个雇主手下的织工可能分散在很广的区域内,这就为雇主提供了持久的机会,只要他愿意,他就可以把他的织工用作手段,来交替降低彼此的工资。他可以对某些织工说,其他织工报酬少得多,因此他们不应拿得再多了;要不然就走开,不给你工作。然后,他又对其余织工如此再说一番……织工们生活困难,他们想核实这个说法是对还是不对,要花时间,但在这段时间里,他们又怕别的织工会抢走他们的工作,……所有织工的脑子里都激起了妒意和不满,在感情上和表现上

---

[23] 哈蒙德夫妇前引书,第123页。亦见哈蒙德夫妇:《城市工人》,第298—301页中有关1823年曼彻斯特织工的生动陈述。

使他们分裂，所有这些心思的巧合都使工资的降低变成事实……

约克郡的毛织业和毛纺业工人的地位下降经历了相似的过
281 程，虽然这个过程比棉纺织业内的变化往往晚15年以上。1806年向呢绒业委员会提供的证据表明，家庭工业制度在呢绒业中仍占统治地位。不过，“小制造业主”也在减少中，“过去业主的房屋成了现在工人的房屋”；与此同时，制造商则把手工织机连同整布工序一起放在无动力的“工厂”里。（某个证人说：“工厂就是把大约200名工人雇来放在同一个屋子里。”）工厂——尤其是利兹的本杰明·戈特的几个工厂激起了业主和帮工的恶感；因为它们一直在夺去最好的主顾，在整布工序里有组织得非常好的梳工、剪绒工，但工厂却雇用“非法的”工人。一位证人声称：财富“大部分落到笨汉手里去了”。帮工抱怨说，在兴旺的时候，工厂把更多的工作交给外作工去做，却毫无自责地把他们赶走，而小业主布商仍在想为自己的帮工找事做。此外，即使在动力使用以前，手工“织布厂”就冒犯了根深蒂固的道德偏见。剪绒工和织工间的一个工会组织——织造业同仁会或称“协会”——公开提出的目标是联合小织布业主发动请愿，要求对工厂施加限制，执行学徒制。㉔

“小制造商”和帮工都未能从下院得到满意的答复，他们的请愿仅仅引起了议会对他们结社的注意以及对旧家长式法规的注意，以后不久这种法规就被废除了。在利兹和斯彭河谷的纺织业地区，小布商的地位比较巩固，他们的衰败又延长到50多年之久。在布拉德福德和哈里法克斯的呢绒业地区以及哈德斯菲尔德以南的花色毛纺业地区，外作工业制度在19世纪20年

㉔ 参见下文，第527—529页。

代以前最充分地发展。像棉纺织业一样呢绒业织工成了削减工资和“屠宰场老板”的牺牲品,那些人囤积了大批的减价商品。

就像布匹剪绒工是毛纺业中的上等工匠一样,梳毛工则是 282
呢绒业中的上等工匠,他们掌握了生产过程的关键,只要能限制别人进入他们的行业,他们所处的位置本身就足以保持自己的社会地位。他们在这方面取得了一些成功,因为他们至少早在18世纪40年代就建立了当时还少有的工会组织。19世纪初,尽管有反结社法,他们仍有有效的全国性组织和堂堂正正的章程,有地下工会的种种手段,并因桀骜不驯和不守工时而扬名。

> 他们会在某个星期一早晨来到这里,在梳毛罐下点着火,然后常常离去,到星期三,甚至星期四才回来……铺子里总有一个多余的台板,供给游荡的工人休息……[25]

1825年2月,布雷德福的梳毛工人举行大规模的庆祝活动,纪念梳毛工的圣者布莱茨主教。[26] 6月,就像在标志向新工业主义的转变一样,他们发动了布雷德福历史上最惨痛的一次罢工,2万名梳毛工人和织工参加了罢工,坚持了23个星期,结果以罢工者的完全失败而告终。[27] 反结社法在一年以前已经废除,罢工者最新提出的要求是增加工资和工资的合理化,不久以后就转向了要求承认工会合法化的斗争。工厂主走得很远,父母若不在与工会断绝关系的文件上签字,连孩子也要开除出纺

㉕ 《英国行业手册》(1818),第441页。

㉖ 见下文,第425—426页。

㉗ 关于这次罢工,见J.伯恩利:《毛纺业和梳毛业史》(1889),第166页以下;J.詹姆斯:《毛纺业史》(1857),第400页以下;《行业报》,1826年6—9月;W.斯克鲁顿:《一八二五年大罢工》,载《布雷德福考古学报》(1888),第1卷,第67—73页。

纱厂。这场斗争被全国都看得至关重要,作为支持罢工基金的捐款高达 2 万英镑。罢工失败后,梳毛工人一夜之间就从特权工匠变成了没有抵抗能力的外作工人。学徒制的限制早已被打消,1825 年以前的几年中,数千工人被高工资吸引进入了这个行业。当有些梳毛工人在大工场里工作时,其他人习惯上是 3 人或 4 人共享一个独立的铺子。现在,他们有数百名新来的工人补充进来,在自己家中进行那种有害健康的工作,尽管到
283 1825 年已经有了梳毛机,但是那种机器能否做高质量的梳毛工作还值得怀疑。廉价的工资使他们在以后 20 年间仍能避免机器的威胁。在这个时期里,梳毛工人仍然以独立和“民主”政治而著名。按照工会的估计,1825 年布雷德福有 7000 至 8000 名梳毛工人就业。20 年以后,这个地区的手工梳毛工人还有 1 万名,许多工人是 19 世纪 20 年代从农村地区迁来的。布雷福德的一份记载说:

> 他们来自肯达尔、北约克郡、莱斯特、德文郡甚至来自爱尔兰。所以,如你在酒店(梳毛工人称作解渴店)里呆上一个小时,就可以听到各种方言混成一片。……他们身上还有农村生活的特征,有事实可以证明这一点。每当收获季节来临,他们就放下手中的羊毛梳,拿起长柄大镰刀……回到自己的农村去收割……。他们还是养鸟的行家,梳毛作坊往往变成很好的鸟舍。……有些梳毛工人还是天才的朗诵家,有很妙的背诵能力……还有一些梳毛工人十分聪明,善于扮演戏剧中的角色,有时甚至可以自己组成一个剧团。……[28]

---

[28] W.斯克鲁顿:《50 年前的布雷福德》(布雷福德,1897),第 95—96 页。

克莱克希顿的记载则比较阴沉：

> 工人中间恐怕要算旧式梳毛工人最倒霉。他们的工作全在家中进行，农舍中最好的一部分用来做这种工作。全家6到8口人，不分男女，都围在用木炭烧热的“梳毛罐”旁边一起工作，气味非常难闻，有害健康。如果我补充说，这个工作间还要当作卧室使用，你就不会奇怪几乎每个梳毛工人大多是形容枯槁……许多人活不到正常寿命的一半……

他们的妻子也“常常同丈夫一道，站在‘填料岗位’上，从早6点一直工作到晚10点。”

> 还有一点奇怪的是，这些梳毛工人几乎无一例外地成了狂热的政治家……，他们是宪章运动中最热情的参加者，《北极星报》是他们惟一的读物。[29]

梳毛工人从“体面”行业跌落到“不体面”行业，可能是工人集团中最突然的一种。毛纺工和毛织工根本就不知梳毛工人在18世纪享有的那种特权地位为何物。他们的工资开始下降时，并没有进行太顽强的抵抗。晚至1830年，布雷福德手工织工最大的雇主曾经写道： 284

> 在我接触过的各类工人中，织工是最有纪律，最稳定的。据我所知，他们从来不曾强求提高工资，而是以几乎从无先例的逆来顺受的态度来面对困难和苦楚。[30]

㉙ 弗兰克·皮尔前引书。J.伯恩利在《呢绒业和梳毛业史》中的第175—185页叙述了19世纪40年代梳毛工人的境遇。E.西格斯沃恩描述了19世纪40年代末由于梳毛机的改进而使梳毛工人在布雷德福突然消失的厄运，见C.费伊：《工业英国巡礼，1830—1850》(1952)，第123—128页；关于1856年哈里法克斯梳毛工人的消失，见E.贝恩斯：《约克郡的过去和现在》，第2卷，第415页。

㉚ 摘自W.卡德沃恩：《布雷德福地区工人阶级状况》(布雷德福，1887)。

两年后,科贝特骑马经过哈里法克斯地区,他报告说:

> 令人感到真正悲哀的是成千上万的工人过去每周赚20到30个先令,现在却不得不靠每周5先令、4先令,甚至更少的收入来维持生活……,更令人悲伤的是看到这种状况下的工人仍然保留着他们在独立的时期形成的坦率和不拘的性格”。[31]

哈德斯菲尔德的“花色”毛织业从1825年起就一直不断地萧条下来,1826年,2500个家庭列入了萨德尔沃恩地区德尔夫的穷人名单。(在兰开郡某些棉纺织业地区已实行的)“工业斯品汉姆兰制度”现在得到扩展,织工们一边工作,一边领取济贫税,结果他们的工资进一步降低了。(在萨德尔沃恩,织工只要每周做两天修路的工作,便可以每天领到12磅燕麦食品。)1829年,哈德斯菲尔德一个雇主委员会证实,假如把工资在家庭成员中平分,那么在29000名居民中,有13000人靠每人每天2便士维持着生活。但是,这是一种奇怪的“萧条”,呢绒布匹的实际产量超过以前任何时期。直截了当地说织工的状况就是由于那种“令人憎恶的降低工资的制度”造成的。[32]

工资的降低又进一步引起了与动力织机严重的竞争。毛纺业一直没有引进动力设备,直到19世纪20年代末才开始。30
285 年代末,“花色”毛织业才开始(但只是部分地)使用动力织机,而直到1851年动力机才有效地适用于织地毯。即使在与动力发生直接竞争的地方,织布的速度也只是缓慢地达到3倍或4倍

[31] 《政治纪事报》,1832年6月20日。

[32] W.B.克伦普和G.戈巴尔:《哈德斯菲尔德毛纺业史》(哈德斯菲尔德,1935),第120—121页。

于手工织布产量的速度。[33] 不过，当织工从平棉布和斜纹布的生产上被逐出来，而转到丝织、毛纺乃至高级呢绒和毛毯业时，无疑发生了连锁反应。[34] 的确，在 10 年、15 年，甚至 20 年的时间里，动力在各种纺织行业中始终充当手工织布的辅助手段。一位证人(多少有些不合逻辑地)告诉特别委员会说：

> 哈里法克斯有两位最大的工厂主(阿克罗伊德先生)是两兄弟，一个使用动力织机，一个使用手工织机。……他们彼此竞争，出售产品，因此必须使工资尽可能接近以便比较……从而可以获取利润。"[35]

这里的动力织机显然是降低手织工工资的杠杆，或者相反。从另一个角度来看，这位工厂主十分满意他的做法，可以把自己稳定的经营置于动力织机的基础上，而在市场繁荣的时候又可以把更多的工作分发给手工织工，由他们自己承担房租，织机等固定的开支。一名助理特派员 1839 年对约克郡西区进行调查后报告说："在需求缩减的时候，"

---

[33] 这是一个技术性很强的论点。关于动力和手工织平棉布的产量，比例是 3:1 还是 5:1，证人在《议会特别委员会关于手织工请愿书的报告》中做出不同的估计。丹迪织机就布匹在其中移动的方式而言，是一种机械操作的手工织机，织工需要跟上加速运动的手抛织梭，据说，这种织机能够跟上动力织机的速度，但织工的健康会受到很大损害。J. 詹姆斯估计，在毛织业中，1835 年的约克郡西区有 2768 台动力织机，相比之下，1838 年布雷德福地区估计有 14000 台手工织机，而 1841 年约克郡西区有 11438 台动力织机。据 1835 年 3 月 28 日和 4 月 11 日的《利兹时报》估计，毛纺业的动力织机(一般是每个姑娘或妇女管两台)的产量是手工织机的 2.5 到 3 倍。但是，15 年以后，一码半宽幅的织机其织梭的运动速度加快了一倍以上〔见 H. 福布斯：《毛纺业的兴起，进步和现状》(1852)，第 318 页〕。克罗斯利动力织毯机于 1851 年获得专利，其速度是手工织机的 12 倍到 14 倍(《一名工人的 50 年回忆》，载《哈里法克斯信使报》，1888 年 7 月 7 日)。

[34] 见《特别委员会关于手织工请愿书的报告》(1835)，第 148 页(2066 号)。

[35] 同上，第 60 页(465—466 号)。

使用动力织机又用手工织机的工厂主当然要尽可能长久地经营固定资本，因此，他首先考虑的是解雇手工织工。

大多数织工的状况，从19世纪20年代（棉织业中更早）到
286 19世纪40年代以后，常常被说成是“无法描述的”或“众所周知的”。但是，他们的状况确实值得描述，或更好地了解。直到19世纪30年代，还有某类织工因其有特殊的技术而保持住了工匠的地位。利兹的呢绒织工的境遇比大多数人好，而诺里季的毛纺工人有特别强烈的雅各宾派和工会的传统，并把布置纠察绒、恫吓业主和“非法”工人，参与市区政治、猛烈反对机器等手段结合起来，在19世纪30年代得以使工资持续上升——但这些却导致了约克郡西区的工业超过了诺里季。[36] 但是，绝大多数的织工生活在饥饿的边缘，有的已经处于饥饿之中。1827年，移民问题特别委员会所提供的证据说明了兰开郡某些地区的状况，读起来就像是预见了爱尔兰的马铃薯灾荒：

赫尔顿夫人和我去访问穷人们，一位饥饿难忍的人请我们进一间房子。我们看到火炉旁有一位年迈的人，显然快要死了。另一边有个大约18岁的年轻人，膝上坐着一个孩子，孩子母亲刚刚死去，已被埋葬了。我们正想离开房子的时候，那位妇女说：“先生，你还没有看到全部哩”。于是，我们上了楼，在几块破布下面，我们看到了另一个年轻人，即那位死去的妻子的丈夫，他已经动弹不了，翻开破布，里面还有一个快死的人，就在

---

[36] 关于（从业主的角度）对诺里季织工委员会在反抗“那种称之为廉价劳动的肮脏东西”的斗争中所表现出来的力量所做的描述，见《保安委员会的第一份报告》（1839），第135—146页。参见克拉潘：《毛纺工业从诺里季向约克郡西区的转移》，载《经济杂志》，第20卷。

那天,这个人死了。我们再没有疑问了,这个家庭确实处在饥饿之中……。

这是来自西霍顿的报告,那里5000个居民中一半人"没有床铺,甚至没有衣服"。报告中还对6个将要饿死的人作了描述。

的确,这里所提到的当时的低工资(从10先令到4先令)可能只是同一个家庭中好几份工资中的一份,因为许多的妻子、女儿和年轻人在使用第二台或第三台织机。但是,这些工资中也暗含另外的支出和扣除。1835年,布雷福德的织工说,从10先 287
令的平均工资中需要支出4便士用于上浆,3便士用于租织机,9.5便士用于捻经线,3.5便士用于照明,还有4便士必须用于织机的折旧。如果加上房租(1先令9便士)、燃料和洗涤(1先令6便士)的支出,总共的扣除达到5先令3便士,尽管有些地方,妻子或儿子也在合用一架第二台织机工作,这些经常开销中的有些钱可以从两份工资中分摊。[37] 有些情况下,织机是租来的,有些情况下织工自己有织机,但是,他们必须向雇主租用传动装置才能织出图案。许多织工长期处于对运输贩子负债的状态下,只有通过工作才能分期还清债务。在这样的情况下,他们无法拒绝无论多么低的工资。

随着处境的进一步恶化,他们却不得不把更多的时间用于无报酬的工作,例如取东西,送东西以及其他许多工序等。1844年,一位观察者写道:

我决不能忘记过去的时光,当时的制造商在这些地区租了房间,经线和纬线都用马和车送过来,为的是给织工很多方便,雇主还要问候被雇者。但是,现在的情况全颠倒过来了,劳工不仅要走很远的路程去寻找工作,

---

[37] 《利兹时报》,1835年3月7日。

> 而且肯定会忍受一次又一次的失望。[38]

来自帕德西的报告还有更生动的叙述，描写这些没有报酬的辅助工作。

> 当行情不坏的时候，织工和纺工从一个地方到另一个地方去寻找工作的情形是十分常见的。……如果顺利的话，他们总要接受一些条件，例如帮助梳拢羊毛；就是说，要解开羊毛捆，然后是粗梳回丝，剔除腿部毛、臀部毛，把毛摊平成落层，然后到厂里并帮助洗涤，然后是“浅色”或染色。所有这一切都是**没有**报酬的，除了在某些情况下拿一点补助去喝一小杯酒，吃一点奶酪和面包。……当初纺工落出第一道粗纱时，由谁来接做下一道活，便成了严重的问题，他们往往用掷骰子的
> 288 方法来决定。……在整经网做出之后全部需要上浆，通常的做法是织工自己买浆料。……给经网上浆后，全部工序中最重要的一环是把它拿到室外去晾干。……选好地方后，张开网柱或撑架，如果遇到霜冻，就要用镐头挖洞埋柱，拉住网头。……有时会看到工人和他的妻子冒着齐膝深的大雪出来把经网晾干。……

然后，才能开始织布，直到深夜，在烛光或油灯下，“一个男孩或女孩，有时是织工的妻子，站在织机的一头，看管着织机，注意纱线断头，织工则注意着另一端，因为一根线断了，另一投梭走过时，也许有十几根线断掉。”布织好后，还有六七个零星工作要做，才能由运货人把织好的布匹运到利兹去。

---

[38] 外科医生 R.豪厄德：《赫普顿斯塔尔—斯赖克的斑疹伤寒史》（赫布登桥，1844）。

> 我们说，所有这种零星工作都是没有报酬的。……织工们完成工作后，在一段时间里拿不到报酬，也是常见的事情。……因此，手织工后来被叫做叩击贫穷之门的人，我们对此就不会感到奇怪了。[39]

棉纺织业没有这样一些做法。毛纺业中某些做法早已转为专门的工序。这说明，小规模的毛织业已过时而萎缩。但是，在花色毛纺业和高质毛织业地区同样也有费时间的工作要做。在山区分散的纺织村里，有一种称做“驮夫”的人，那里的男人或女人要用自己的体力背着沉重的布，走5英里甚至10英里的荒原小路。在布雷德福、基思利、哈里法克斯、哈德斯菲尔德、托德莫登、罗奇代尔、博尔顿和麦克尔斯菲尔德等中心城市周围的纺织地区，可以找到完全陷入绝望境地的大量外作工人。1834年议会特别委员会的报告说，它发现“那批数量大又很宝贵的人所经受的痛苦，不仅没有被夸张，而且持续了很长时间，其广度和深度几乎不为人所相信，也不为人所描述”。约翰·菲尔登在1835年向这个委员会提供的证词声称，数量非常多的织工无法得到足够的最普通最便宜的食品，他们衣衫褴褛，以至于不好意思把儿女送到主日学校去读书。他们没有家具，有些人还睡在草铺上，“每天工作16个小时的现象并不少见”，廉价酒使他们道德 289
败坏，营养不足和不健康使他们身体衰弱。“黄金时代”获得的财富已经从织工的房子里流失了，博尔顿的一名证人说：

> 自从我能够记事情开始，我所认识的每个织工家中都有五斗柜，有挂钟、安乐椅、床架和烛台，甚至还有画和奢侈品。现在，我发现这些东西全都不见了，它们都跑到机匠家中或较高的等级的家中去了。

---

[39] J.劳森：《就帕德西的发展致年轻人》(斯坦宁利，1887)，第26—30页。

这位证人是个制造商，他“记得我的织工中很多年里只有一个人买过一件上衣。”一床价值 2 先令 6 便士的粗呢床罩，新的时候常常代替毛毯使用。“我看到很多人家中只有二三只三脚凳，在有些人家中，我连一只凳子或椅子都看不见，只有一个茶柜，用来放衣物，又当凳子用。”

穷苦织工和他们一家人的伙食，是单调划一的，即燕麦粥、燕麦饼、土豆、洋葱粥、搀水牛奶、糖浆或家酿酒，而茶、咖啡和咸肉算是奢侈品。理查德·奥斯特勒说：“他们当中许多人一年到头不知道什么叫做吃鲜肉……他们的孩子有时跑到哈德斯菲尔德去乞讨，带回来一片鲜肉，那就是相当奢侈的东西了。”如果需要证实的话，请看那些助理特派员们细心的调查，他们在 1838 年被皇家特派委员会任命之后，走遍了全国各地。处境最糟糕的也许是在利兹和曼彻斯特等大城镇发现的地窖里的住户，他们从爱尔兰来，是企图用手工织机赚几个先令的失业者。

人们很容易假设，农村织工住在坚固的石头房子里，织布作坊里有长而直的窗子，在奔宁高原的考尔德河谷上游、沃夫代尔河谷上游、萨德尔沃思或克里特罗，可以欣赏到美丽的自然风光，以此来补偿他们的贫穷。但一位外科医生曾在赫普顿斯塔尔附近一个小村庄里调查过传染性斑疹伤寒的情况（那里在内战时期曾是一个繁荣的毛织业小城镇），结果留下了这一类社区的可怕的图像：居住于高高荒野之上的人们，水源却受到了污染，一道溪水，被屠宰场污染了，到了夏天，就像是“令人作呕的动物养殖场”，阴沟从一户织工农舍前的石板路下直接穿过，房
290 屋潮湿，寒冷，地板比地面还低。“完全可以这样说，燕麦粥和土豆是他们生存的惟一依靠”，还有陈奶和糖浆。如果无法弄到茶和咖啡，就用薄荷、艾菊或海素草泡的水来代替。就连这样的饮食“它们也根本不够……居民的生活状况迅速恶化”。医疗费和

丧葬费在济贫税中支付，只有 1/10 的产妇在生育时能够得到医生的照料。

> 手工织工的妻子临产时的情形如何呢？她双脚着地，一边站着一位妇女，她双臂分别搂住她们的颈项。生理上的痛苦使她几乎把扶她的人拽到地上。她们就是在这样的状况下生了孩子。……为什么要这样呢？她们回答说，因为没有床单可换。……

这位仁慈的医生惊呼："他们究竟怎么设法地活下去的，听起来都叫人目瞪口呆。"[40]

哈蒙德夫妇的著作现在引起极强烈的反感，以致在引用这一类资料时总要被指责为心怀叵测。而这一类资料现在实在是多得举不胜举。但是又非得引用不可，因为没有这些细节，便会忽视"手工织工的衰落"这种事实，认识不到他们的悲惨生活达到何种程度。织工的社区在中西部地区和奔宁山区连绵存在了三四百年之久，在其他地区形成较晚，但仍然形成了自己的文化模式和传统——这些社区，竟是全然消失了。赫普顿斯塔尔——斯莱克的人口模式是特殊的：有 348 人，一半以上在 20 岁以下（15 岁以下的 147 人），只有 30 人超过 55 岁，它并不表明这是个正在发展的地区，而表明它对生命的期待不高。在 19 世纪 30 与 40 年代这些大灾难的时期，动力织机出现了，爱尔兰移民大量拥入，新济贫法开始实施，从而使削减工资所开始的过程最终结束。这时，随着宪章派织工中滋生着反抗的希望，更可怕的情景却在发生。儿童丧葬协会成立了（主日学校的每个学生每周交纳 1 便士，作为他自己或同学的丧葬费），（署名为"马库斯的"）一份小册子广为传播，鼓吹杀婴，并对这个问题展开了严

---

[40] R.豪厄德前引书，散见书中各处。

肃的讨论,但这还不是全部的事情。直到这些最后的痛苦到来
291 之前,旧的职工社区所形成的生活方式仍使其居民流连不已,而不向往物质生活较好的工厂城镇。赫普顿斯塔尔一名织工的儿子在19世纪20年代还是个孩子,他回忆说,织工过去“有过幸福的时代”,“当时的空气还没有……被工厂的浓烟弄得臭气熏天”,

> 也没有铃声催他们在四五点钟起床……他们在自由按自己的意思开始或停止工作。……到了晚上,虽然他们仍然在工作,可是一到主日学校的成立纪念日,年轻的小伙子和姑娘们可以快乐地唱圣歌,与音乐般的织梭节奏融合在一起。……

一些织工可以从自己的园地里采摘水果、蔬菜和鲜花,“我在织机旁工作,当不捻线的时候,我的父亲就教我读书,写字,还教我算术。”基利一个工厂的孩子在18岁时离开了工厂,回到织机旁边,他对萨德勒委员会(1832)说,他宁可回到织机旁,也“决不愿意”到工厂去。“我轻松多了,有时间考虑自己的事,也可以走出去呼吸一会儿新鲜空气。”在布雷福德,中午休息时,织工们聚在一起吃午饭,这成了他们的习惯,

> 同别的织工和梳毛工一道谈论当时的新闻和说说闲话。他们三五成群地谈上一个小时,如养猪、喂鸡、捕鸟等等,经常对大赦等事情进行非常激烈的争论,或讨论婴儿受洗礼和成人受浸礼的做法是对还是不对。有许多次,我看见一些人几乎为……这些话题打起架来。[41]

---

[41] J.格林伍德:《回忆录》,载《托德莫登地方报》,1909年9月10日。J.哈特利:《大事记》,载《托德莫登地区新闻报》,1903年;斯克鲁顿前引书,第92页。

社会保守主义，地方的自豪感和文化特色混合在一起，构成了约克郡或兰开郡织工社区的生活方式。从某种意义上来说这些社区真是“落后的”——他们以同样的执着墨守着当地的方言和习俗，没有一点医学知识，而且迷信。但是，我们越仔细观察他们的生活方式，就越会显出关于经济进步和落后的简单理论站不住脚。此外，在北方的织工当中，颇有造诣的自学成材的人以及思路开阔的人，的确发挥影响。每个织布地区都有自己的织工诗人、生物学家、数学家、音乐家、地理学家和植物学家，《玛丽·巴顿》一书中的老织布工形象无疑是取材于生活。北方一些 292
博物馆和博物学会至今仍保存着由织工记载和收集的鳞翅目昆虫标本，还有一些记载叙述了偏远村庄中的织工们在石板上用粉笔自学几何，并且很喜欢讨论微积分。[42] 在粗纱一类的单调工作中，还可以在织机上放一本书，一边工作，一边看书。

织工们还写了一些诗歌，这些诗歌有的比较传统，有的比较复杂。兰开郡一首叫“格林菲尔特的琼”的歌谣经历了战争初起时的爱国周期（与雅各宾的反歌谣一起），再经过宪章运动，一直流传到克里米亚战争时期。但是，最动人的还是战争结束时唱出的一首歌“格林菲尔特的小琼，”歌中说：

> 我是穷困的棉织工，人人皆知我，
> 家中没吃的，身上着烂衫，
> 天天辛劳苦，难赚 6 便士，
> 脚上穿木鞋，光脚无袜穿。

---

[42] 参见 J. F. C. 哈里逊：《学习和生活》(1961)，第 45 页；关于斯皮特菲尔兹的织工，参见乔治前引书，第 188 页；中西部地区、诺里季尤其是苏格兰的织工中也有这种强烈的传统。在斯皮特菲尔兹，丝织工人出资帮助数学协会、历史协会、花卉栽培协会、昆虫协会、朗诵协会和音乐协会，见 G. I. 斯蒂柯勒：《关于经济问题的五次演讲》(1949)，第 26 页。

　请你想一想：
　送往收容院，
　拼命把活干，
　这有多么难。
我们的教区牧师，谆谆教导我：
只要好好把活干，定有好时光；
我已好好把活干，气都不敢喘，
心中却在想，要我死了才算完。
　我知道他过着好日子，
　我们拼命把活干，
　他却一辈子什么也不干。

我们忙了整整6星期，
眼看完工之日即来临。
我们不停地织啊织，
直到最快地把梭换。
我们靠荨麻过日子，
荨麻可不差。
稀粥才是我们最好的美餐；
　我得对你说实话，
　我是什么都知道，
　他们的生活比我还要差……

保安官员冲了进来，经过一番搏斗后，拿走了他们的家具。

我们躲在地面上，
开口对我的玛吉把话讲，
“在我一生中，
从没这么惨”……

当琼把织好的布匹送到老板那儿去的时候，他才知道，织好的这些布还不够抵偿他欠的债，因为上次那匹布多付给了他钱。于是，他绝望地走出仓库，回到了妻子身旁。

我的玛吉开口说， 293
我们最好把门关，
还是去伦敦寻找好时光；
如果这样拖下去，事情不改观，
他们就会开始说，
流血斗争，誓不罢休。
  谁也不是国王，
  但谁都喜欢公平，
  当人们受到伤害，
  就要起来把话讲。[43]

另一种织工诗人是自学成才者，最突出的例子是托德莫登的织工塞缪尔·劳。1772年，他发表了一首诗歌，是模仿汤姆逊的《四季歌》的风格。这首诗的文学价值并不高，但反映出他对维吉尔、奥维德和荷马的原著有所了解，对生物学和天文学的知识也有所了解：

是的，每个漫长的白天和阴沉的夜晚，
我在喧闹的织机旁冥思苦想，
一边织着花案，
手指僵冷，腮如冻土，
整个身躯不时地，

---

[43] J. 哈兰德：《兰开郡的歌谣》(1865)，第223—227页。

阵阵寒栗和病意。[44]

后来的织工诗人往往表达出一种哀切之情，自觉地模仿外国的文学形式（特别是“自然诗”），很少涉及织工的真实生活。有一位织工在1820至1850年一直是手工织工，后来在机织厂找到了工作，他抱怨这个变动对他的诗产生了影响，他写道：

> 那时我在一间小屋子里工作，眺望卢丹登教堂的院子。在午餐时分，我常常出去，漫步在四野和灌木林中，倾听着夏天的鸟儿的歌唱，注视着卢丹登河的流水潺潺。……有时，幻想着某个因失恋而痛不欲生的姑娘……对着无情的风哭泣。这种幻想激动了我，于是赶忙回家去写。……但，一切都完了，我必须在喳喳的机器声中不断工作。

多年的自学只带来一些陈旧的诗篇，这确实令人伤心，但这些成果本身带来了真正的满足。这位在19世纪20年代末还很年轻的诗人对自然的观察比对失恋姑娘的观察深刻得多：

> 294 我同村里的一些年轻人一道采集昆虫。我们办起了一个图书馆。我相信我和一个同伴……收集了22大箱昆虫，120多种英国鸟类的蛋，还有（陆地上和淡水里的）大量贝壳，化石，矿石，古代和现代的钱币……。[45]

塞缪尔·班福德是把18世纪民众的社区传统（还延续到下个世纪很长的时间）和19世纪初较自觉的思想成就沟通起来的一座桥梁，他在这两个时期之间经历了两种深刻的转变，即卫斯

---

[44] 兰开郡织工、托德莫登附近巴雷威斯的塞缪尔·劳：《家乡的冬天》（利兹，1772）。

[45] W. 希顿：《老战士》（1857），前言，第23、19页。

理宗的经历和政治激进主义的经历。[46] 在叙述其思想的影响时，我们不应当忘记有相当一批小布商业主下降到织工的地位，他们有时会带来教育的成果和小图书馆。[47]

织工群体的价值观念充分表现在宪章运动的历史上。北方和中西部地区的宪章派地方领袖中，绝大多数是外作工人，他们成熟的年代是在1810至1830年之间。其中一名是哈里法克斯的本杰明·拉什顿，生于1785年，到1832年已经成为"老一辈"改革家。还有一名是巴恩斯利的亚麻织工威廉·艾什顿，生于1806年，1830年因参与策划罢工骚动而被流放，1838年获释，得到织工同伴的捐助而从澳大利亚返回家乡，他在宪章运动中发挥了领导作用，并因此再次遭到囚禁。另一位织工原是手工织工叫理查德·皮林，后来成为机织工人，以兰开郡活塞骚动之"父"而著称。此外，约翰·斯克文顿是原教旨卫斯理宗的地方牧师、织袜工人、拉夫巴勒的宪章派领袖；威廉·赖德是利兹的毛料织工；乔治·怀特是布雷德福的梳毛工人等等。[48]

叙述这些人的生平会脱离本书的范围，但是，兰开郡1816至1820年的激进运动在很大程度是织工的运动，这批后来的领 295
袖就是在这类织工社会中**形成**的。他们对早期工人运动的贡献不可忽视。他们像城市工匠一样，意识到失去了自己的地位，长期保留着对"黄金时代"的怀念。正因为如此，他们对独立的价

---

[46] 关于卫斯理宗和织工的关系，见下文，第11章。关于战后的政治激进主义，见第646—648页。

[47] 约翰·菲尔登对1835年议会特别委员会说："我想，在我们居住的邻近地区中，至少有3/4的制造业者陷入了贫困之中"。

[48] 关于拉什顿，见下文，第398—400页。巴恩斯利档案馆中有关于艾什顿的各种史料。关于皮林，见《宪章派审判集》(1843)。关于斯克文顿，见J.F.C.哈里森：《莱斯特的宪章运动》，载A.布里格斯：《宪章派研究》(1959)，第130—131页；关于怀特和赖德，见哈里森：《利兹的宪章运动》，同上，第70页起。

值极为珍视。就此而言,他们自然成为1816年科贝特著作的热心读者。除开截留纱线这个莫衷一是的问题外,几乎所有证人都指出织工诚实而具有自立精神,“同陛下臣民中一切法人团体一样忠诚,讲道德和值得信任”。[49] 但是,和城市工匠不同的是,他们具有更深刻的社会平等思想。在繁荣时期,他们的生活方式为全体所共有,因此他们的痛苦也就为全体所分担。他们的地位已经降低到在他们之下不存在非技术工人和临时工之类的程度,因此无须垒起经济和社会的高墙来反对他们。这使他们的反抗活动具有道德上的共鸣,而不一定要以欧文主义或圣经的语言来表达。他们诉之于基本的权利,诉之于人类共存共荣的基本思想,而不要一部分人的派别利益。作为一个整体,他们要求改善生活,而那些想一举之下重新设计社会的乌托邦思想——欧文式公社,全面大罢工和宪章土地计划,像火焰一样燃遍了他们的全体;他们产生了多种形式的梦想,但本质上却是一样的:建立独立的小生产者的社会,实行产品的直接交换以避免雇主和中间商人的剥夺。晚至1848年,巴恩斯利的一位亚麻织
工(与威廉·艾什顿一道遭到流放的宪章派)在全国宪章派公会 295
上宣布,当宪章派取得胜利后,“他们将把土地分成小农场,使每个人都有机会靠自己的艰辛劳动而生存。”[50]

在这个问题上,我们应当更仔细地研究19世纪30年代织工的真正处境以及可能改善的办法。他们的苦境被习惯地描绘成“没有希望”,经营着“病态”或“过时”的行业,“斗争注定会失败”,并且面临着“不可避免的衰落”。而另一方面也可以说,直

---

[49] 拉德克利夫前引书,第107页。

[50] 《哈里法克斯卫报》,1848年4月8日。

到19世纪20年代，动力织机被当做借口，用以掩盖造成手工织工衰落的其他原因。[51] 1830年以前，动力织布和手工织布之间直接竞争的事例尚未出现，尽管棉纺织业中动力织机的数量成倍地增加，但是，请不要忘记这个时期的棉布消费也有了成倍的增加。[52] 到1835年为止，毛纺业中也是类似的状况，毛织业的其他部门在19世纪40年代以前也是这样。[53] 因此，手织工的衰落经历了两个阶段，第一个阶段是1830年或1835年以前，在这个阶段里，动力织机是潜伏的辅助因素，它造成的压力主要在心理方面(在这个意义上又是造成工资降低的杠杆)；在第二阶段里，动力织布代替了手工生产。工资的降低主要发生在第一个阶段(大约从20先令下降到8先令)。 296

这两个阶段是否都不可避免？大多数历史学家认为显然是

---

[51] G.H.伍德：《棉纺织业的工资史》(1910)，第112页，提供的资料表明，1797年棉织工人的工资平均为18先令9便士；1802年为21先令；1809年为14先令；1817年为8先令9便士；1828年为7先令3便士；1832年为6先令。这些数字可能还不足以说明工资下降的幅度，因为可以肯定，19世纪30年代许多地区的周工资平均为4先令6便士。毛纺业和毛织业的大多数部门的工资也一样地下降，但开始得晚些，也极少下降到这么低的程度。统计数据所表明的趋向可参见议会特别委员会和助理委员会报告中浩如烟海的证词，《特别委员会关于手工织工请愿的报告》(1834)，第432—433和446页上的图表很说明问题，菲尔登：《民族复兴》(1834)，第27—30页上也有有用的图表。

[52] 关于英格兰动力棉织机数量的估计，1820年为12150台；1829年为55000台；1833年为85000台。经纱消费量的估计，1820年为870.96亿磅；1829年为1495.7亿磅。联合王国的手工棉织工的数量，1801年估计为16.4万人；1810年为20万人；1820年为24万人；1830年为24万人；1833年为21.3万人；1840年为12.3万人。见N.J.斯梅尔：《工业革命中的社会变化》(1959)，第137、148—149、207页。

[53] 在毛纺业为主的哈里法克斯教区，羊毛的消费量从1830年的365.7万磅急剧上升到1850年的1442.3万磅。在同一时期，动力毛纺机的数量从几百台增加到4000台，在布雷德福的毛纺业中，动力织机与手工织机的比例到1836年大约仍为3000台对14000台。

不可避免的，尽管他们有时也认为织工本应得到更多的帮助和指导。但是，在当时的大多数人，包括织工以及他们的代表们看来，这并非不可避免。在工资下降的第一个阶段，互为作用的原因有十多种，其中包括战后7年中通货紧缩的普遍影响，但基本的原因首先是中断了习惯和工会的保护作用。其次是全体织工暴露于削减工资的最坏方法下，第三是这个行业积累了过多的失业者，对失业者来说它是“失败者最后的庇护所”。博尔顿的一名制造商言简意赅地说明白了动因：

> 从博尔顿一开始出现平纹细布生产的时候，我就发现
> 297 织布业必然发生人为的工资下降，并且大幅度地开始
> 降低，人们以为可以为织工的报酬找到某个适度的水
> 平，但是，从一开始，它就在任何一个带头降低工资的
> 制造商的控制之下。我所了解的事实是，当他们无法
> 为商品取得某个他们认为应该取得的售价时，就立即
> 去降低织工的工资。

但是，与此同时，1834年——繁荣的一年——的博尔顿“并没有失业织工，同时也没有任何失业的危险。”[54]

习惯的破坏以及工联主义的崩溃是由于国家的干预直接造成的。如果我们接受当时官方的意识形态和反对革命的基调，那么这就是“不可避免的”。织工及其支持者用完全相反的分析和政策来反对这种意识形态，要求规定最低工资，并由制造商和织工组成的行业委员会来实施。他们针锋相对地否定“供求关系”的信条。当人们问道，是否应该让工资自己去寻找某个“水平”，曼彻斯特的一名丝织工人答道，在“所谓的资本和劳动之间没有相似之处”：

---

[54] 《议会特别委员会关于手工织工请愿书的报告》(1834)，第381、408页。

我可以证明资本就是劳动产品的积累，而不是别的什么东西。……劳动总是被那些一无所有因而必须立即将其出售的人拿到市场去，……如果我学资本家的样子，因价格不好而不肯出售……我这个星期本可付出的劳动，难道能把它装在瓶子里，或者放到盐里去吗？……劳动和资本的性质有两个区别（一是穷人总是出卖劳动，富人总是购买劳动；二是劳动不可能贮存，必须是要么立即卖出，要么立即失去），这足以使我相信，劳动和资本决不可能公平地服从同样的规律。……[55]

理查德·奥斯特勒作证说：织工看的很清楚，“**资本和财产受到了保护，他们的劳动则要靠碰运气**。”奥斯特勒向议会特别委员会提供证词时，受到了一位“政治经济学”党人的诘难，他们的对话构成了两种不同社会责任观的戏剧性对话：

奥斯特勒：劳动时间应当缩短……政府应当建立……由制造商和工人选举出来的人……组成的委员会……去解决如何调节工资的问题。 298

问：如果是那样的话，你岂不是葬送了劳动自由吗？

答：我只要结束谋杀的自由，结束超出劳动者的体能雇用他们的自由。我要制止任何阻碍穷人靠公平合理的劳动获取良好生活的东西，我要制止这些东西，因为它们对人类生命是毁灭性的。

问：这能够达到你所希望的效果吗？

答：我敢肯定，自由劳动现在的结果是贫穷，灾难和死亡……

---

[55] 前引书，第188页。

问:如果你把商品的价格提得相当高,不就没法出口你的商品了?

答:我们可以在国内使用。

问:难道你用得了这么多商品吗?

答:3倍之多,甚至还不止。因为劳动者的报酬提高了,他们可以消费这些商品。资本家不使用这些商品……这就是一个重大错误……如果工资提高了,劳动者便有能力买衣穿,……买食品吃……那些劳动者毕竟是农业产品和工业产品的最大消费者,最大的消费者不是大资本家,不管他多么富有,至少他一次只能穿一件大衣,他肯定很少一次穿两件大衣。但是1000名工人现在一件大衣也没有,如果他们能够买得起1000件大衣,完全可以肯定,贸易将增长……

对于委托经营所或“屠宰房”的问题,奥斯特勒则主张直接地进行立法干预。他说:

> 你们从未制定过有关这种场所的法律,说这是干预自由。你们制定一些法律防备偷窃,那是对一个人的自由的一种干预;你们制定些法律防止人们杀人,那是对一个人的自由的一种干预……我应当说,那些屠宰馆的人们是不做这些事的……

资本家“似乎是人类中的特权等级,但我不知道他们为什么是特权等级”。[56]

“这是一个巨大的错误”——织工们在织布而他们自己却穿破衣服,还要强迫他们接受正统经济学谬误的教育。兰开郡的

---

[56] 《议会特别委员会关于手工织工请愿书的报告》(1834),第283—288页。

织工面临着动力织机的竞争——同时，他们的人数大量增 299
加——正是在这种情况下，他们唱出了“悲凉的歌”：

绅士们，商人们，你们肆意驰骋，
低头看看这些穷人吧，足以让你们羞愧；
低头看看这些穷人吧，当你们上下驰骋。
我想自有那天上的主啊，定将把你们的傲慢全打掉。
〔合唱〕你们这些英格兰的暴君，
　　你们的赛马会即将开始，
　　你们将会为你们的行为受到清算。

你们无耻地降低我们的工资，
你们到市场去说销路不佳，
当我们问道，这样的不景气何时完，
你们的回答脱口而出：“等到战争结束吧”。

织工的孩子们穿着破衣烂衫，“你们的孩子却打扮得像戏台上的花花公子”，

你们是星期日上教堂，我想不是玩耍，而是炫耀你们的
　　骄傲，
你们把仁爱抛在一旁，那能有什么宗教。
如果天堂有什么地方像你们的交易所一样，
那穷人的灵魂就别想走近它，就像迷途的羔羊只能四
　　处徘徊游荡。

你们的餐桌上，堆满了美味佳肴，
醇香的美酒，让你们面放红光，
你们邀集朋友——这是你们全部的欢乐，
你们一起策划，只为了让我们面色苍白蜡黄。

你们说波拿巴是万恶之首，
还说我们有理由诅咒他的倒台，
波拿巴现在已经死去，不再回返，
这清楚地证明我们自己的波拿巴是残暴之王。[57]

他们所受的剥削日益明显，从而增加了他们的愤怒和痛苦；把军队调往彼得卢广场，或者雇主们可以在工业地区建立高楼大厦，这个过程对他们来说，从来就不是“自然的”和“不可避免的”。

有些历史学家认为规定工资的做法是“不可能的”，但他们却从不感到需要用具体事实来加以证明。约翰·菲尔登提出的由地区行业委员会定期进行审查、实行最低工资的建议，其可能性并不小于遭到同样反对但经过30年深入的鼓动终于得以通
300 过的十小时工作法案。站在菲尔登这一边的不仅有织工，而且有许多工厂主，他们也希望对比较恶劣的工厂主和“屠宰房”做一些限制。困难并不在于(斯梅尔泽教授所说的)“当时占统治地位的价值观念体系”，而在于少数工厂主强有力的反对和议会的态度(斯梅尔泽教授却恭维它成功地“处理”和“沟通”了织工们“不合理的骚动迹象”)。[58] 1834年，议会任命了一个特别委员会，由佩斯利的一位有同情心的工厂主约翰·马克斯韦尔担任主席，他与(该委员会的成员)菲尔登一起确保能提供有同情心的证人。这个委员会虽然对织工的苦难境遇表现出深切的关注，但在1834年却没有提出有力的建议。1835年，该委员会在进一步收到证据以后提出了明确的报告，支持菲尔登的最低工资提案，“这项措施产生的结果将剥夺那些现在有规定工资权的支

[57] J.哈兰德前引书，第259—261页。

[58] N.J.斯梅尔泽前引书，第247页。这里应当公正地对斯梅尔泽教授补充一点，他的著作虽然在基本论点上没有什么可取之处，但它在说明技术变化对棉纺织工人家庭关系产生的影响方面却提出了一些有价值的看法。

付极低工资的工厂主手中的权力”。为这项措施举行听证会是必要的,“这至少证明议会同情受害者,愿意倾听他们的祈求”:

> 本委员会坚决反对这样的情绪,即认为议会不能也不应该干预这种性质的案件。相反,只要英国臣民的生活和幸福处在威胁之中,无论其数量多大,本委员会都认为议会应当毫不迟疑地进行调查,并且尽可能地予以纠正。
>
> 为此,本委员会建议,由菲尔登先生提交的这种性质的议案应立即成为提案……[59]

根据这项建议,约翰·马克斯韦尔的议案作为法案于 1835 年 7 月 28 日提交上去了。普勒特·汤姆森的发言持反对态度,显示了反对派的力量。他说:

> 本国政府怎么可能对工资做出固定的比率?工人的劳动怎么可能没有自由?

这样的一种措施是“暴君的行为”。鲍林博士和爱德华·贝恩斯(《利兹信使报》)劝织工让子女到别的行业去就业,自己“解救自己”。《汉萨议会记录》说约翰·菲尔登的发言“听不见”,因此不予记载。 301
这项法案以 129 票对 41 票遭到否决。1836 年,马克斯韦尔再次提出这项法案,但二读多次被延期,终于被搁置起来。1837 年 5 月,马克斯韦尔在延长会期的动议提出时再次提出让这项提案成为法案,结果以 82 票对 39 票被否决。面对一个自由放任主义的立法机构的凶残扼杀,佩斯利和托德莫登的制造商(其选民中有许多处于饥饿的边缘)继续进行斗争,1837

---

[59] 见《议会特别委员会关于手工织工请愿书的报告》(1835),前言,第 15 页。我摘引了这份报告的一部分,目的是为了纠正斯梅尔泽著作第 263—264 页和克拉潘的著作第 1 卷第 552 页上所做的不准确的叙述。

年12月21日，约翰·菲尔登提出一项新提案，被以73票对11票遭否决。但是菲尔登从席位上站起来发出警告说，如果议会对此无所作为，他将反对一切拨款法案。这次，菲尔登的声音"听得见"了，于是任命了一个皇家委员会，由老资格的正统"政治经济学"**老前辈**纳索·西尼尔紧紧地控制，另一个"处理和沟通"的阶段开始了。1838年，助理特派员被派往各个贫困地区调查，西尼尔事先告诫他们要做好准备，"与许多流行的理论作斗争，可能会使人们对许多含糊不清、狂妄自大但被长期珍视着的某些预想感到失望。"在一些地区，仁慈和明智的人员，对织工的环境做了细致的调查，但他们毕竟是自由放任主义的空想家，他们的报告以及委员会的最终报告于1839和1840年发表；约克郡西区的助理特派员那份枯燥的报告说，他的辛苦本来就是多余的——除非对后来的社会史学家有使用价值：

> 我力图提出的一般结论是，立法的任务是消除对资本积累的全部障碍，从而改善对劳动的**需求**；而劳动的**供**给则和它无关。

然而，就连他的报告也认为，"即使有俄国沙皇那样的权力，"

> 也不可能为处于这种境遇下的工人提高工资……因此，其余需要做的事情全是启发手织工去认识他们真正的处境，劝说他们脱离这个行业，让他们认识到，他们把自己的孩子领进这个行业，就是犯了最残暴的罪。[60]

302 所有这些"处理和沟通"至少产生了两个效果：一是它把织工转变为宪章运动中坚定的"实力派"，二是仅在棉纺织业中，

---

[60] 《下院议事录》和《汉萨议会记录》，随处；《皇家手织工委员会报告》(1840)，第3部分，第590页；A.布里格斯：《宪章派研究》，第8—9页。

1840 年的织工人数就比 1830 年减少了 10 万人。不错，菲尔登的提案只可能产生一部分效果，只可能使织工在 19 世纪 30 年代面临动力织机越来越强的竞争时"稍微得到一些解脱"，而有可能把大批的半失业工人赶到其他一些工业部门去。我们必须审慎地选用措词，这个措词就是："稍微得到一些解脱"。但在 30 年代，这可能意味着生与死之间的差别。1834 年，奥斯特勒对议会特别委员会说："我认为这个问题已经拖得太久了，我相信时日的拖延已经把成百上千的英国工人送进了坟墓。"兰开郡在 10 年的时间里减少了 10 万织工，其中也许只有少数人找到了其他职业，大部分人中，一些是自然死亡，而另一些则是过早地"夭亡"。[61]（有些人要靠进入工厂工作的儿童养活。）而到 1834 年，那个发现自己没有能力采取任何措施去救济织工的立法机构，却又用济贫法修正案来主动直接地打击他们的生活条件。从 19 世纪 30 年代末起，许多地区所依赖的救命稻草，有时以"斯品汉姆兰"比率实行的户外救济形式，（至少在理论上）被"巴士底狱"取代了，其后果完全是灾难性的。如果斯梅尔泽教授去考察一下织工的"占主导地位的价值体系"，他就会发现一切济贫方法都不受欢迎，而对马尔萨斯式的济贫院来说，独立和婚姻的价值观念成了绝对的忌讳。新济贫法不仅拒绝给织工及其家庭以救济，把他们终生禁锢在这个行业中，而且实际上还把其他人——例如一些贫穷的爱尔兰人——赶进了这个行业。博尔顿一名平纹布织工对 1834 年议会委员会说："看到这样的状况，我决不可能无动于衷"：

---

[61] 见一位名叫 W. 瓦利的织工写的日记，载于 W. 贝内特：《伯恩利史》（伯恩利，1948），第 3 卷，第 379—389 页；如（1827 年 2 月的日记）：疾病流行猖狂；但愿一切好起来，穷人又冷又湿，饥不果腹，还要辛劳地工作……每家都有两三个孩子被天花和麻疹夺去了生命。

我处在这种环境中，我现在离60岁还差一年，我计算了一下，在8年之间，我自己变成一个贫民，我使尽全部力气也得不到一个先令。我健康的时候需要用尽全
303 部的力气来苟延残喘，……我是作为亲身经历这种环境的人用感情来谈论这个问题的。我看现在的这个济贫法修正案是胁迫穷人的制度，我也很快就要落入它可怕的强制之下。我不会赞同这种东西。我是忠诚的，我忠于我国的制度，爱我的国家。"英国啊，尽管你全错了，但我仍爱你"。这就是我的心里话……。[62]

正是在诸如艾什顿(宪章派牧师约瑟夫·雷纳尔·斯蒂文斯在那里发表过煽动性的演说)、托德莫登(菲尔登在那里断然公开反对济贫法)、哈德斯菲尔德和布雷德福等纺织业地区，对济贫法的抵制和反抗最为猛烈、持久和紧张。

进入织工地位下降的第二阶段——与动力织机全面竞争——以后，采取了什么弥补措施呢？克拉潘写道："除了国家设立织工的老年金，立法禁止动力织机或禁止教授手工织布以外，很难看出还有什么有效的办法。"[63] 这些并不是织工们自己提出来的要求，虽然他们提出抗议，反对……

不加限制地使用(其实是滥用)改进过的和正在继续改进的机器……。

……忽视了为贫穷的爱尔兰人提供就业和生存的机会，他们是被迫为了一片面包而拥入英格兰劳动市场的。

……机器每改进一次，就要使用更多的童工、年轻

[62] 同上，1834年，第456—460页。

[63] 克拉潘前引书，第1卷，第552页。

> 工人和妇女,从而把本来应当劳动的人——**成年男子**排斥在外。[64]

这些决议证明,织工对机器做出的反应并不像通常所说的那样不加任何区别。直接毁坏动力织机之举已少见了,除非恰逢经济极端萧条和大批失业的时候(如1812年的西霍顿,1826年的布雷德福)才会发生。从19世纪20年代末以后,织工提出了三项坚定的主张。

首先,他们建议对动力织机征税,以保证平等的竞争条件,可将税收的一部分款项拨作手织工的济贫。我们不应忘记,手工织工不仅本身要交纳济贫税,还要承担沉重的间接税:

> 他们的劳动被动力织机夺走了。他们吃的面包交过 304
> 税,他们的麦芽酒交过税,他们的糖、茶叶、肥皂以及使用和消费的每件东西也都交过税,而动力织机没有交税。

这是1835年利兹毛织品工人的一封信中所说的。[65] 当我们讨论财政问题的细节时,有时会忘记战后税收制度疯狂地剥削的基础以及它的再分配功用,即从穷人手中转移到富人手中。需要课税的其他东西还有砖、蛇麻子、醋、窗、纸、狗、蜡烛、桔子(穷人家孩子的奢侈品)。1832年,国库收入约5000万英镑,主要取自对大众消费品征收的间接税。其中2800万英镑以上用于偿还国债,1300万英镑用于军事,与用于行政机构的35.6万英镑,用于警务的21.7万英镑形成对照。1834年,一位证人向议会特别委员会提供了每位工人一年要承担的赋税量:

---

[64] 《布雷德福·利兹和哈里法克斯等及其附近的手工毛纺工人代表会议的报告和决议》(1835)。

[65] 《利兹时报》,1835年4月25日。

> 第一项，麦芽酒税4镑11先令3便士；第二项，糖税17先令4便士；第三项，茶税或咖啡税，1镑4先令；第四项，肥皂税，13先令；第五项，房税，12先令；第六项，食品税，3镑；第七项，衣服税，10先令，
>
> 每个工人一年承担的赋税为11英镑7先令6便士。假设一位工人每天收入1先令6便士，一年工作300天(许多人就是这样的)，那么他一年的收入为22英镑10先令，这起码可以说明，他收入中的一半到全部被当做税收抽取掉了……因为不管他想干什么，吃、喝、睡，不是要付这样的税就是要付那样的税。[66]

这个税单上所包括的项目极少手工织工能负担得起，连面包都常常包括在内。埃比尼泽·埃利奥特的《谷物法诗集》中有一首写道：

> 交了面包税的织工们，都能看到
> 这税款为你做了什么事，
> 孩子们被领着，无精打采地
> 为了羞辱的面包而唱着赞美诗，
> 一直等到每条街道的石头
> 对他们一双赤裸的小脚都认识。[67]

正因如此，科贝特对债券持有者的攻击立即受到欢迎；正因如此，费格斯·奥康诺在北方发表演说时，“穿平纹布和粗布”的
305 人对他报以热烈的掌声。奥康诺说：

> 你们以为你们什么也没有付出，错了，一切都是你们支

---

[66] 议会特别委员会关于手织工请愿书的报告，1834年，第293页起。证人R. M. 马丁是《英帝国税收》一书的作者。

[67] E. 埃利奥特：《壮丽的村庄》(1834)，第1卷，第72页。

付的。是你们支付了600万到800万的赋税去养活军队。为了什么呢？为了保证税收……。[68]

当然，对动力织机课税并不是“不可能的”，也不比课窗税、桔税和碱税更为困难。

另外两个建议，一个与动力织机工厂劳动的时间限制有关，一个是关于成年男子动力织机工人的就业问题。前一项建议产生了很广泛的影响，引导许多手工织工支持十小时工作制的宣传。从19世纪30年代一直到现在，这个问题始终阴云不散，工人被骂成“躲在女人裙子背后”，或拿儿童的苦难做幌子提出自己缩短工时的要求。事实上，工厂工人和织工公开宣布了自己的目标；缩短工厂劳动时间将会减轻儿童的劳动，使成人每天的劳动时间得到减少，可以让更多的手工织工和失业者来从事现有的这些工作。这就是他们提出的另一种政治经济学模式的精髓所在。至于第二个问题，当时精纺机基本上是由成年男工人操作的，而大多数动力织机却是由妇女或少年操作的。这样，我们就要来进一步考察手工织工反对工厂制的原因了。

“原因”一词的使用也许不太合适，因为这是两种文化和生活方式之间的冲突。我们已经看到，早在动力织机出现之前，毛织工就十分憎恨手织机工厂。他们首先不满意工厂的纪律、铃声和汽笛，不满遵守时间，因为它有害于健康，不利于家庭的安排，也不利于对其他职业的选择。威廉·蔡尔德是一名织工帮工，因积极进行1806年“协会”的活动而受迫害，他拒绝进手织机工厂，因为他反对“那种每一小时和每一分钟都按部就班的工作以及那里面所做的种种坏事……”：

在家中，一个厚道人可以舒舒服服地工作；而在那里，

---

[68] 《哈里法克斯卫报》，1936年10月8日。

> 你必须准时到达:5:30,铃声响了,然后,6:00,又响起
> 306 了第二道铃声,有10分钟时间让大门开着;10分钟过后,大门又关上了,任何人,无论男女和儿童都不让进入。你只能站在门外,或回家去到8:00再来。[69]

在"黄金时代",人们常常可以听到雇主的不满,他们说织工有"神圣的星期一"——有时星期二还放假——星期五和星期六晚上才把工作补足。按照传统,织机在每个星期的头几天以慢吞吞的节奏响着"啪啦—滴嗒、啪啦—滴嗒"[plen-ty of time, plen-ty of time,即时间还多,时间还多之意]。但在周末织机咯咯地响着"啊滴特啦,啊滴特啦"[A day t'lat. A day t'lat,即一天完了,一天完了]。19世纪的织工当中,只有少数人的生活像持有小土地的织工那样多变,18世纪80年代的日记表明,后者只在下雨天纺织,天气晴朗时则做别的活,如赶车、挖渠排水、刈草、制乳酪。[70] 不过,各种各样的营生和活动一直存在到最萧条的年代,他们要养家禽,某些园艺,"假日"或节日活动,甚至花一天时间带着猎狗打猎。有一首诗写道:

> 喂,你们这些棉织工,快快起床吧,
> 从早晨到中午,你们得去工厂工作;
> 你们不能在花园里每天闲荡二三小时,
> 你们必须听从命令,不停地用梭子织布。[71]

"必须听从命令"——这是他们感到最为不满的侮辱。因为他们觉得自己是布匹的真正**制造者**(他们的父母还记得当时的棉的或毛的纱都是在家中纺成的)。有一段时间,工厂只被看做是赤

---

[69] 《毛织业委员会的报告》(1806),第111页及散见各处。

[70] T.W.汉森:《祖父日记》,载《哈里法克斯考古协会通讯》,1916年。

[71] J.哈兰德前引书,第253页。

贫人家孩子的工作地点，即使当这样的偏见消失以后，进工厂就是从自己做主的人(无论他们多么穷困)下降到做仆人和"长工"的地位上。

其次，他们抱怨工厂制对家庭关系造成的影响。即使纺纱已经不再是在家庭中进行，但织布为全家提供了就业。小孩子绕筒子，大一点的孩子看差错，分档投梭，或帮着把梭子投入宽织面。年龄再大的孩子看管第二台或第三台织机，妻子轮换着在织机上织布，或做家务。全家人聚集在一起，他们吃的无论多么差，至少可以按自己选择的时间坐下来吃饭。以织布作坊为中心的家庭和社区的整个生活方式逐渐形成了，他们可以一边工作，一边谈天或唱歌。只为儿童提供就业的纺纱厂和只雇女 307
工和少年的动力织布厂一直受到抵制，直到贫穷挫败了他们的抵抗能力。这些地方被认为是"不道德的"，充满了性放纵、说脏话、残暴、斗殴、格格不入的举止等。[72] 证人们向议会特别委员会提出了一个又一个反对工厂的看法：

……谁都不喜欢在动力织机旁工作，实际上也不喜欢动力织机，它的喀喀声和吵闹声简直让人发疯。其次，工厂要遵守手织工从来不愿遵守的纪律。

……所有在动力织机旁工作的人都是被迫的，因为他们舍此没有别的生存办法。他们都是全家遭受苦难的人，他们自己的经营破产了……他们恰似小小的殖民地被遣去拓殖那些棉纺厂。……

曼彻斯特有一位证人，他的儿子在工厂的一次事故中丧生。

---

[72] 1823 年，曼彻斯特的织工们说："工厂生活的罪恶是数不胜数的，无知和放纵的男女青年混杂在一起，没有父母的监督。高温损害了他们的健康，——思想受到腐蚀，生命和肢体受到机器的威胁，在那里长大的人 40 岁时的体格就像 60 岁的人……"(哈蒙德夫妇：《城市工人》，第 300 页)。

他说：

> 我已有 7 个男孩，但即使我有 77 个男孩也决不会再把其中的任何一个送进棉纺织厂。……我最为反对的事情是那里的道德极其极其败坏……在工厂里，他们必须从早晨 6 点工作到晚上 8 点，结果没有时间受教育……也没有他们应当学习的好榜样。……

“按照我个人的想法，既然他们发明了机器取代人力劳动，他们也必须找到用铁做成的汉子去管理。”[73]

最后，我们不能个别地看待这些反对意见，而要把它们看做是社区“价值观念体系”的反映。这的确可能是历史社会学研究的宝贵资料，我们可以看到，19 世纪 30 年代的英国是个“多元的社会”，工厂区、纺织区和农业区各有自己不同的传统、规矩和期望，相互撞击着。在某种程度上，1815 至 1840 年的历史是前两者汇合在一起的历史，汇合在共同的政治鼓动中（激进主义、
308 1832 年议会改革、欧文主义、十小时工作制运动、宪章运动）；而宪章运动的最后阶段在某种程度上就是它们之间艰难的共存和最后的解体的历史。在曼彻斯特或利兹等大城市，手工织工有工匠的许多传统，与他们通婚，很早就把自己的孩子送进工厂，因此，与工匠的差别最不明显。在山区的村庄中，亲族特征则较强，他们看不起“城里人”，说他们“讨厌而无聊”。[74] 像萨德尔沃思、克利特罗、考尔德河上游等地区，住在山腰的织工与河谷下的纺织厂长期地不发生联系，他们培养自己的子女来顶替他们在织机旁工作。

---

[73] 《议会特别委员会关于手工织工请愿书的报告》（1834），第 428 页（5473 号）、440 页（5618 号）、189 页（2643—2646 号）。

[74] 埃德温·沃：《兰开郡概况》（1869），第 128 页。

以后，当然是在19世纪30年代，我们开始说到了“垂死的”职业，它在一定程度上是由于本身的社会保守主义而葬送了自己。但是，即使在那些织工们俯首听命地接受命运的安排，皇家委员会向他们发出“脱离这个行业”的劝告仍旧是文不对题的，孩子们可以在工厂里找到工作，正在成长的姑娘也转到了动力织机旁去工作。有一首诗歌说：

如果你进入织机房，那里有三四套织机，
他们都停着不动，只不过是房子里的点缀。
如果你要问这是为什么，年长的妈妈会坦率
　地对你说，
我的女儿们抛弃了它们，去用蒸汽织布啦。[75]

但是，这种可能性并不总是存在。在许多纺织厂，纺纱工人和原来在那里工作的工人，有优先安排自己的子女的特权。而发生了这种情况的地方，织工靠自己的妻子和儿女生活，这就增强了他们的羞愧感，传统的角色以强制和受侮辱的方式被颠倒过来了。

我们还必须记住，在早期的工厂里，成年工人与少年工之间缺乏平衡。19世纪30年代初，棉纺织厂工人(从事各类劳动)有1/3到一半是在21岁以下的。在毛纺业中，少年工占的比例却高得多，在成年工人中，妇女占了一半以上。尤尔牧师根据1834年工厂视察员的报告做出的估计是：英国纺织厂的成年劳动力总数为191671人，其中102812人是女工，男工只有88859 309
人。[76] 男性就业模式非常清楚：

---

[75] J.哈兰德前引书，第253页。

[76] A.尤尔：《制造业哲学》(1835)，第481页；J.詹姆斯：《毛纺制造业史》，第619—620页；《布雷德福史续篇》(1866)，第227页。各种报告对少年工数量的估计往往偏低。

在兰开郡的棉纺织厂，男性工人就业量最大的那个年龄期内，即11岁到16岁其平均工资为每周4先令$10\frac{3}{4}$个便士，在以后的5年里，即16岁至21岁，周平均工资上升到10先令2.5个便士，当然，工厂主要尽可能减少领取这种工资的人……。在此以后的5年期，从21岁到26岁周平均工资为17先令2个半便士。因此，只要情况允许，工厂主就会进一步削减男性工人，这种动机是更强烈了。在后来的两个5年期内，平均工资继续上升到20先令4个半便士和22先令8个半便士。只有在需要强壮的体力，或高超的技术，在某种艺术工艺或密传的工作中……或是受到重用和信任的从事办公室工作的男子才能受雇，拿到这样的工资。⑦

在这样的就业模式中有极其明显而又非常重要的两点需要加以说明。第一点已经同“不体面”行业联系起来了。即在我们的心里，不能武断地把工厂里的“高”工资同“过时”行业中的低工资截然分开。在以“只要情况允许”工厂主就会削减成年男工为基础的制度下，工厂技术工人的工资与16至21岁时被工厂解雇的非技术工人的工资，是一个硬币的两个面。当然，在呢绒纺织业中，十几岁就被工厂解雇的童工有时被迫回到手工织机上去。第二，对于成年男手工织工来说，即使困难的处境迫使他们丢掉了成见，他们在工厂就业的机会也不比农业工人多。他们很难适应工厂的工作。他们既没有“强壮的体力”，又没有工厂所需的工艺技能。1835年，最善良的工厂主之一的约翰·菲尔登回忆说：

---

⑦ 尤尔前引书，第474页。

每个星期都有几十名手工织工来向我申请工作，他们的处境使他们无法生存下去了，不得不寻找这样的工作。我和我的合伙人……不得不拒绝许多要求工作的人，因此心中总觉不安。[78]

19世纪30年代初，兰开郡工匠行业中的工资按理说是比较高的，例如铸铁匠、机械匠、鞋匠、裁缝和技术建筑工人的工资从15先令到25先令不等(机械匠的工资更高)。但是这样的工资 310
是靠结社的力量取得的。他们结社的目的之一是坚持要求把工厂开除的年轻工人和手工织工**排除在外**。如果织工有可能改行——或让他们的儿子当学徒，转到别的任何工匠行业上去，社会保守主义是不会阻止这样做的。一些完全可以理解的成见对非技术劳动很不利，即把这类工作看做是社会地位的完全丧失。格林菲尔特的琼“在痛苦至极”的时候宣称：

我要丢掉这个行当，去用铁锹进行工作，
或者到公路上去做碎石的工作……

但是，这里面也有一些问题。曼彻斯特一个丝织工人曾向下院详述劳动价值论的精华，但却无法转行变成搬运工人(工资为14先令到15先令)。织工的体力难以承担沉重的非技术劳动(砌砖工人和挖掘工人的工资为10先令到12先令)，也竞争不过比他们强壮又愿拿较低工资而工作的爱尔兰工人。[79] 大城市的织工无疑可以找到其他各种各样报酬很低的临时工作，而农村的中年织工却无法举家迁居：

变化的可怕后果……一直挂在老年手织工的心上。我

---

[78] J.菲尔登：《工厂制灾祸》(1836)，第68页。

[79] 这里提到的工资数额摘自1832年曼彻斯特商业工会的平均工资表，见《济贫法委员会第一份年度报告》(1836)，第331页；《英国年鉴》(1834)，第31—61页。

> 们亲眼看到帕德西的一名老织工含着眼泪……数说他的织机如何好。哦，不错，它曾经挂在梁子上，如同一切织机挂在梁子上一样；它来回摆动，如同一切织机来回摆动一般；跑过去的部分很容易再跑回来，很自在地进行工作；它可以收进任何数量的纬线，不管它有多长。当初它从英国某个最好的制造人手中买回来时……邻居们都来观赏，赞不绝口，也想买一架。可是现在，已经有一段时间了，这架和另一架织机……都悄无声息了，上面蒙满了灰尘和蜘蛛网。……[80]

手工织工的历史在许多方面深深触及了工业革命期间生活水平的普遍问题。在最初的若干阶段上，显然为“乐观派”提供了证据，例如纺纱厂的成倍增加，吸收了成千上万的外作工人，
311 提高了他们的生活水平等等。但是，随着他们生活水平的提高，社会地位和自卫能力却下降了。从1800到1840年的记录几乎摆脱不了“悲观派”。如果我们不从“未来学”的角度，而是从经历过那个时期的几代人的角度来衡量生活水平，我们定会看到，织工作为一个群体不但没有“分享”经济进步带来的“益处”，反而承受了急剧的衰落。由于纺织业是工业革命中的支柱，而且成年织布工人远远多于成年纺纱工人，因此，从这个角度来叙述那个时代的经历如同其他角度一样有效。也许是出于大事宣扬的风格之故，习惯的描述都集中在增长的东西上（精纺机、工厂和蒸汽），因此，我们也就考查了成倍增长着的劳动者。

当然，“乐观派”是承认织工的苦境的；但他们的陈述都带着些保留语句，除了“少数极为不幸的那部分人例如手工织工”，“繁荣社会中的一小部分”，或者“技术方面的就业不足造成的小

---

[80] J. 劳森：《帕德西的发展》，第89—90页。

小的影响”[81] 等等。但克拉潘十分清楚，在19世纪40年代末以前，无论如何也不能把织工说成为一“小”群。在英国，织工曾经是，也许在几百年的时间内一直是最大的一个产业工人群体，他们是我国主要工业的耕耘者。在1820到1840年之间，他们在人数上仅次于农业工人和家庭仆人，占职业人数的第三位，他们的人数大大超过其他任何产业工人群体。“对它们〔指联合王国的织机数量〕虽从未普查，但决不可能少于50万也许还要多得多。”[82] 据估计，联合王国的棉、毛、丝、亚麻等纺织业和一些专门行业如织带业中的织机(但不含纬编)曾一度增加到74万台。不过，许多家庭可能有2台、3台甚至4台织机。1834至1835年的议会特别委员会估计，有80至84万人(织工及其家庭)完全靠织机生活，这个数字比较接近我们的估计。

在陈腐的意识形态中，有一种长期存在的关于自由的神话，认为立法机构应该无所作为，让“自然的”经济力量去打击社会的某一部分，这可以构成完整的自卫能力。动力织机为国家和 312
雇主提供了铁一般的证据。但是，我们从织工的事情中也可以认为，它反映了工业革命中存在的一种极为反常的状态。在织工的历史中，我们还看到了对那一部分没有工会保护的工人进行压迫和剥削的制度的范例。政府不仅积极干预他们的政治组织和工会，而且用资本自由的消极信条来打击织工，就像他们用这样的信条无情地打击爱尔兰饥馑的受害者一样。

这种信条的幽灵，今天仍在四处游荡。艾什顿教授叹息金融的因素耽误了对动力织机的投资。他说：

---

[81] 克拉潘：《经济史》，第1卷，第565页；F. A. 哈耶克的文章，载《资本主义和历史学家》，第28页；哈特韦尔：《英国生活水平的提高，1800—1850》，载《经济史评论》，第2集，第13卷(1961年4月)。

[82] 克拉潘前引书，第1卷，第179页。

人们有时认为，工业革命的“罪恶”产生于它速度快而能持续，但家庭纺织业工人的状况却证明事实恰恰相反。如果在织布技术方面早已有个阿克莱特式的人，[83]如果利率保持在低水平上，如果没有移民，也没有济贫法，那么向工厂的转变也许会更快一些，经受的痛苦也会小一些。事实上，大批的手工织工何止是一代人在不断地进行着反对蒸汽动力的徒劳的战斗。[84]

但是，正如我们看到的，对于动力织机雇主们说来，这却非“战斗”，而不过是最最方便地拥有廉价劳动，作为在繁荣时期的一种贮备和压低管理动力织机的女工和女童的工资（1832 年曼彻斯特为 8 先令至 12 先令）的一种手段而已。此外，并不是没有“向工厂的转变”，如果动力的使用比实际上还要更快，它的后果（其他一切情况相同的条件下）就会更具灾难性。

在铁路时代来到之前，工业革命时期的技术发明确实取代了成年技术工人（冶铁工业例外）。有些经济史学家（也许因为隐藏在心中有一种把人类进步和经济增长等同起来的“进步主义”的思想之故）看来并不愿正视这一明显的事实。这种被排挤出去的劳动力遂为全凭人体肌肉并且耗费时间的艰苦工作提供了无穷无尽的廉价劳动力。在矿井、码头、制砖场、煤气厂、建筑
313 工地、运河开凿和铁路修建、货车运输和搬运等工地上很少或根本没有机械化。煤炭仍然靠人背负着，从长长的跳板梯运进船的货舱。在 19 世纪 30 年代的伯明翰，人们仍然可以以一天 1 先令的工资，受雇并用手推车运送砂石到 9 英里远的地方，然后推着空车再走 9 英里回来。1832 年的工资在机械师（26 至 30

[83] 理查德·阿克莱特（1732—1792），英国纺织机发明人。——译注

[84] T.S. 艾什顿：《工业革命》，第 117 页。

先令)或木工(24 先令)同挖掘工人(10 至 15 先令)或织工(约 8 先令)之间的差别就是如此悬殊,我们不能听任社会保守主义的独家解释,它说技术性的行业才是例外,而非技术的体力劳动和外作业远不是什么"特别不幸",它是雇主、立法者和意识形态专家精心设计出来,用一切可能的方法降低体力劳动工资的一种制度的基本特征。在生活状况急剧恶化的时候,织工大量过剩这个事实就是一种明证。马克思曾经写道,外作工业中的剥削"更加无耻","因为在这些被现代工业和农业造成的大量'剩余'群众的最后一个生存手段中,为工作而竞争达到了顶点。"[85]

当然,有一种"未来学"的论点值得注意,经历了苦难时代而后来有所好转的许多工人实际上采纳了这样的论点。无论在这个转变中如何充满了痛苦,有这样一位工人却说:

> ……使用动力织机的工人无须买织机和珍妮纺纱机为他们纺纱,他不必购买筒管、浅篮和筐篓,不必付房租和税,不用买蜡烛或煤气或煤来点灯并给车间供暖。他们不必付修理费,损耗费,……不用购买织梭,清棉机、工具箱、工作柜、打梭棒、梭盘和头经纱、梭子……他们不必在踏板和座板上支撑着身子……或不必裹紧护腕以增强腕力……他们不用取头道粗纱、绕他们的经网、叠布边,上浆并把网拿出去晾干,找传送装置,固定匹头、拉幅、翻覆、喷湿并折叠布匹,而他们最不会想到的是揉毛、洗毛和染毛,这一切也都是不拿钱的。[86]

如果我们从这样的角度去看手工织工的劳动,那显然是痛苦和

[85] 《资本论》(1938),第 465 页(参见人民出版社 1972 年 12 月版《马克思恩格斯全集》,第 23 卷,第 506 页,"工厂制度对于工场手工业和家庭劳动的反作用"中的内容。——译注

[86] J.劳森前引书,第 91 页。

过时的,无论有多么大的苦难,转变都是有道理的。但这样一种论点是用未来的收益去轻视一代人所经受的痛苦。对于受尽苦难的人们来说,这种回顾的欣慰却是令人心寒的。

第十章　生活水平和经历 314

1. 生活品

如果从探讨那种多少有些不切实际的假定的平均工人的工资水平,转向对食品、衣服、住宅等消费品乃至健康和道德状况的注意,那么,有关工业革命期间生活水平的争论也许就会有最高的价值。这场争论中涉及的许多问题都是复杂的,这里只想做一件事,就是对无休止的讨论做一个评价。当我们考虑用量化方法来衡量时,1790 至 1840 年之间国民产值的增长大于人口的增长,这似乎没有任何疑问。但是,最困难的问题是讨论国民产值如何进行分配。即使我们将其他的因素(例如,由于不利的贸易条约,国民产值的增长中有多大的比例供出口;其中有多少进入投资,而不是进入个人的消费品等)暂时搁置在一旁,也很难发现人口中的不同部分所分享的份额各占多少。

有关工业革命期间人民的饮食水平的争论主要集中在粮食、肉类、土豆、啤酒、糖和茶叶等食品的消费上。从 18 世纪后期到 19 世纪前 40 年,小麦的人均消费量可能有所下降。专门研究土豆的历史学家萨拉曼博士极为详细地叙述了"面包圈之战",并做出了令人信服的描述。地主、农场主、教区牧师、工厂主和政府通过"面包圈之战"竭力把小麦从劳工的餐桌上夺走,让土豆变成他们的主食,其中关键的年份是 1795 年。此后,人们又把战争的需要作为第二条理由来论证让穷人吃廉价的基本食品是大有益处的。战争时期土豆种植面积的增加不能完全归

因于小麦短缺。“小麦的短缺确实存在;但是,由于价格的上涨而引起的不同社会阶级之间不平等的承担份额则更是一个潜在
315 因素……。”英国的绝大多数人,甚至包括北方,到1790年,已从食用粗粮转变为食用小麦,他们自豪地以白面包当作自己社会地位的象征。南方农村的劳动者即使濒临饥饿的边缘,也拒绝放弃以面包和奶酪为主食的饮食习惯。在将近50年的时间里,饮食上的阶级战争不断发生,在南方,土豆渗入了面包,在北方,燕麦和土豆渗入了面包。哈勒维发现卫斯理宗起着稳定社会的作用,而萨拉曼博士却发现土豆的作用更为有效。他写道:

> ……土豆的使用真正使工人能够尽可能地靠最低工资生存下去。土豆很可能以这样的方式把英国广大群众生活水平的恶化和退步又延长和推动了100年。除此之外还有什么选择吗?只有流血革命。英国之所以在19世纪最初的几十年里避免了这样的暴力动荡,在很大程度上要归功于土豆。①

营养学专家现在告诫我们,土豆有充分的营养。当生活水平的提高足以使土豆成为辅助食品,使饮食实现多样化时,土豆无疑有很大的好处。但是,用土豆代替面包和燕麦粥却使人们感到是个退步。爱尔兰移民以土豆为主食(埃比尼泽·埃利奥特把他们叫做“爱尔兰吃根的游牧民”)就是有力的证明。许多英国人都同意科贝特的说法,即穷人是一场要把他们降低到爱尔兰人的生活水平上的阴谋的受害者。在整个工业革命期间,面包(和燕麦食品)的价格是衡量人民生活水平的第一项指数。

---

① R.N.萨拉曼:《土豆的历史和社会影响》(剑桥,1949),第480、495、506、541—542页。J.C.德拉蒙德和A.威尔布里厄姆这两位历史学家在《英国人的食品》(1939)中也把这个时期看做是衰落的时期。

1815年通过谷物法时，议会不得不调动军队防备群众。在彼德卢广场，最鲜明的旗帜就是“不要谷物法”；一直到19世纪40年代的反谷物法请愿斗争（尤其是在兰开郡），情况仍旧是这样。

像小麦一样，在饮食的价值观念中，肉类也含有社会地位的情结。古老英国的烤牛排可让手工工匠引以为骄傲，也是劳工所期望的。在1790至1840年间，肉类的人均消费量可能也下降了；但在下降的数量上有争论。争论主要集中在伦敦屠宰场 316
宰杀的肉畜的数量和质量上。但是，即使这些数字确定了，我们也无法肯定是哪一部分人吃肉，他们占多大的比例。肉类当然是衡量物质水平的一个敏感的指标，因为实际工资一俟升高，购买的第一批商品中就会有肉类。季节工对52个星期日的主餐并不省俭细算，相反只要他有充分的工作就很会花钱，并在一年的其他时间里寻找机会。有人对亨利·梅休说：

> 在漫长而晴朗的夏日，勤劳的制砖工家的小女儿会到肉铺去买排骨和其他美食，她会说：“先生，爸爸现在不计较价格，但他一定要好排骨。要剁整齐的排骨。先生，嫩一点，因为他是制砖工人。”在冬天，她只能说：“啊，先生，我只有4个便士，你得给爸爸切一块便宜一点的肉。他不计较什么肉，只要便宜就行。现在是冬天，他没有工做，先生，因为他是制砖工人。”②

一般说来，伦敦工人的期待值比外省工人高一些。在1812年严重的经济萧条时期，一位观察者得到这样的印象：伦敦穷人的日子比北部和西部穷人的日子过得好一些：

> 首都穷人的生活实际上比较舒适，尽管生活必需品的价格高得很。在那里，最低微的劳工也常常吃肉（鲜

---

② 梅休前引书，第2卷，第368页。

> 肉），餐餐有面包、奶酪，还有某种啤酒。西部的农民却不可能给家里弄到这样的食物。[③]

当然，那里也会出售各式各样的低档“荤食”，例如熏鲱鱼和熏青鱼、牛蹄、羊脚、猪耳朵、烤肝、牛肚和黑香肠等。兰开郡的农村织工看不起城镇的食物，他们喜欢吃“用刀刚刚割下来的东西。”这句话既反映了他们自己仍在养猪，也反映了他们怀疑城镇的肉染病了。如果不得不在城镇里吃东西，那么“每一口都伴随着痛苦的思考，他在想这四只脚的畜牲活着时是什么东西，它
317 为什么要活生生地死去”。[④] 城镇居民吃的是不洁的掺假的食品，这并不是什么新鲜事。但是，随着城市工人比例的增长，这种事变得更糟。[⑤]

啤酒的人均消费量在1800到1830年之间下降了，茶叶和糖的人均消费量都上升了，这一点没有疑问；而在1820至1840年之间，白酒和威士忌的消费量有显著的增加。再一次证明这既是个饮食问题也是个文化问题。在农业工人，卸煤工人和矿工看来，啤酒是任何重体力劳动者不可缺少的饮料（用来“收收汗的”），在北方一部分地区，啤酒和“饮料”指的是同一回事。家酿酒是家庭经济中的必需品，因此“如果一位青年妇女能烤燕麦饼和酿制好酒，她就会成为一名好妻子”；一些“卫斯理宗小组领导人说，不喝‘一大罐’饮料，他们就无法领导小组”。[⑥] 啤酒税是造成啤酒消费量降低的主要原因。这种税目最不得人心，当时甚至有人认为这项税收会引起一场革命。1812年，汉普郡的

---

③ 《观察家报》，1812年8月16日。

④ E. 沃：《兰开郡概貌》，第128—129页。

⑤ 见J. 伯内特：《英国19世纪食品掺假的历史》，载《历史研究所公报》，1959年，第104—107页。

⑥ J. 劳森前引书，第8、10页。

一名牧师兼职地方官说，只要取消啤酒税，

> 劳工们就会高高兴兴地去做工，拼命地把活干好，并且变得忠于家庭，**尤其是**会忠于国家。因为国家允许他和上级一道分享这种大众饮料。的确，穷人希望英国议会有可能给予他们的就是这个东西。⑦

对度数高的啤酒征收的附加税引起了普遍逃税的现象，到处都有“地下酒店”。有一次，塞缪尔·班福德被酒店里的人怀疑是税收官员，几乎把它杀死，幸好有一个酒客认出他是“正在逃亡”的善良的激进派分子。

收税的结果无疑大大地减少了家庭酿酒和家庭饮酒的量，同时也使日常餐桌上的饮料越来越少，酒成了家庭之外活动时的主要饮料。(1830 年取消了对度数高的啤酒的征税并通过啤酒法案，5 年之内，有 35000 家啤酒店就像从地底下突然冒出来一样，遍布各地。)饮茶量的增加从一定程度上讲是代替啤酒或者牛奶，当时有许多人——以科贝特为核心——认为这个现象再一次证明生活水平下降了。茶被看做一种蹩脚的代用品，(与 318
白酒消费量的增加一起)反映了因劳动时间过长和饮食不足而需要刺激物。到 1830 年，茶叶也被当作生活必需品，穷得买不起茶叶的家庭往往向邻居购买煮过一次的茶叶，甚至把沸水倒入烧焦的干面包来冒充红茶颜色。⑧

总之，这些记载从未引起人们的重视。在工业革命的 50 年里，工人阶级从国民产值中分享的份额相对于有产阶级和职业者阶级所享有的份额来说，肯定是下降了。关于工人阶级的种

---

⑦ 《英王国的农业状况》(1816)，第 95 页。

⑧ 要了解此处论及的某些问题，参见前面提及的 T. A. 艾什顿、R. M. 哈特韦尔、E. 霍布斯鲍姆和 A. J. 泰勒的有关生活水平的各篇文章。

种证据都说明，在国民财富增加了的同时，“平均的”工人却仍然在接近于维持生存的水平上生活。财富的大部分明显是他们自己的劳动成果，却又以同样明显的方式落到了雇主的手中。用心理学的观点来看，这种现象在人们的感觉中十分酷似生活水平的下降。他们在“经济进步的益处”中所能分享到的东西是更多的土豆，为家庭弄到了一些棉织衣物、肥皂、蜡烛、一些茶叶和糖，还有《经济史评论》上的大量文章。

2. 住　家

有关城市环境的证据也不太容易讲清楚。18 世纪末有一些农场工人全家住在只有一个房间的小房子内，潮湿，地面低于地平面。50 年以后，这种情况少了一点。尽管在成长中的工业城镇，人们对事先未经过设计而且往往偷工减料牟取暴利的建筑物议论颇多；但是这些房屋比起许多从农村迁移来的人们原来习惯居住的房屋还是好了一些。但是，随着工业城镇逐渐陈旧，供水、卫生和过分拥挤的问题以及把住宅当做生产场所用的问题都成倍地增加，以致我们最终看到 19 世纪 40 年代对住宅和卫生进行的调查揭示了那些令人惊讶的状况。不错，农业村庄和织工村庄的状况可能同普雷斯顿和利兹的状况同样糟糕。但是，大城镇里的问题范围更大，成堆的环境问题加速了疾病的传播。

319 此外，大城镇的状况——至少令人感到更加讨厌和不方便。村庄从井里打水，井又靠近坟地，可能是不清洁的，但村民们至少可以不必到晚上去取水并到几条街合用的惟一的水压汲水龙头前排队等候；村庄里还不必付水费。工业城镇的居民往往无法避开工业废料臭味和阴沟，他们的孩子只能在垃圾和阴沟旁边玩耍。北部和中部工业地区的证据说明这种环境毕竟至今仍然存在。

城市环境的恶化是工业革命最具有灾难性的后果之一，无论是从美学的角度，从社区环境的角度，还是从卫生条件和人口密度的角度来看都是这样，这不仅使当时的人们感到惊愕，也使我们今天的人感到震惊。此外，在一些“高工资”地区，这样的状况更为严重，而“乐观派”用来证明生活水平有所改善的证据，就是从这些地区汲取的。常理告诉我们应当把这两类证据结合起来考虑。但是，实际上他们却提出了各式各样令人宽慰的结论。一些主张改良的工厂主对雇工的住宅条件加以关心，这些事例也许会让我们更多地思考人类的本性。但是，这样做仅仅触及了问题的皮毛，就像值得称赞的慈善医院对死亡率产生的影响微乎其微一样。从 1840 年以后或者从 1842 年以后，1842 年关于城镇健康状况的调查引起舆论哗然，1831 年和 1848 年的霍乱又引起舆论的警觉，大多数认真的模范社区的试验（除新拉纳克之外）就是自此以后才开始的。1840 年以前的那些试验，如阿什沃恩在图尔顿的试验，则是在自给自足的纺织村庄中进行的。

有人说，正在恶化的环境之所以没有引起人们的重视，是因为它不是谁的过错，尤其不是“资本家”的过错，在这里找不到谁是“坏蛋”。一些质量较差的房屋是由小包工或小投机商人，甚至是由独立经营的建筑工人建造的。设菲尔德的一位调查者谴责了地主、（放高利贷的）小资本家和“只拥有几百英镑”的进行 320
小型投机活动的建筑工人，其中有些人“实际上连自己的名字都不会写。”[9] 对波罗的海地区进口的木材、砖、瓦、石板等一直课以关税，艾什顿教授可以为所有这些指责开脱罪责，他说：“应该

⑨ G.C.霍兰：《设菲尔德人口变动统计》（1843），第 56—58 页。

强调指出：机器、工业革命，甚至投机的砌砖工人和木匠都没有错。”[10] 事实可能就是这样：工人阶级的住房问题就像一句大家知道的谚语所说的：每只跳蚤身上“都有一批小跳蚤在吸它的血”。19 世纪 20 年代当兰开郡许多织工拒付房租时，据说有些农舍的东家也被迫去靠救济生活。在大城镇的贫民窟里，有些酒店老板和小店主往往是人口拥挤的“牲口棚”，即用碾碎的灰浆搭起来的最坏的房屋的主人。但是，这丝毫不能缓和实际的困境，而对于责任由谁分担的争论也不能为某些人掠夺穷人开脱罪责。

另一种比较有价值的说法是，它强调改善的程度：在一些较古老的城镇里，街道、路灯、下水道和清理贫民区可能从 18 世纪就开始的。但是，拿常提到的伦敦为例，到底市中心的改善是否扩大到了东区和码头地区，到底在战争期间，这样的改善在多大的程度上保持下去了，却谁都弄不明白。公共卫生改革家索斯伍德·史密斯医生对 1839 年伦敦的状况所做的报告说：

> 尽管做出了系统的努力，……在富有者阶级居住的地区大规模地拓宽街道，……扩大和完善排水和下水道工程，但是，在穷人居住的地区并没有做任何改善的事。[11]

东区的状况如此有毒有害，以至医生和教区官员们在他们任职期内都冒着生命的危险。此外正像哈蒙德夫妇所指出的，正是
321 在工业革命中繁荣起来的市镇里，环境状况最为糟糕，“18 世纪末和 19 世纪初，兰开郡经历的痛苦就是当年伦敦（在商业革命

---

[10] 《资本主义与历史学家》，第 43—51 页。

[11] 《济贫法委员会的第五份年度报告》(1839)，第 170 页，又见《第四份年度报告》，附录 A，第 1 号。

中)所经历过的那种痛苦。"[12] 设菲尔德这古老的比较繁荣的城镇,技术工匠占较大人口比例。19 世纪上半叶,尽管在那里也建造偷工减料的房屋,但是可以肯定,其住宅状况有所改善。在 1840 年,每所房屋里平均居住 5 人;大多数工匠租一幢小住宅,包括一个休息室和两间卧室。而在纺织地区,在像利物浦、曼彻斯特、利兹、普雷斯顿、博尔顿和布雷德福等爱尔兰移民最多的城镇,住房条件极端恶化的证据也最充分,比如,拥挤密度太高,有些人住在地窖里,肮脏得难以言状等等。[13]

最后,有人唠唠叨叨地反复表示,贫民窟、发臭的河流、自然的破坏以及建筑方面的丑闻都情有可原,因为这一切发生得太突然,太混乱,在人口急剧增加的压力下,事先没有一点思想准备,也没有先例可循。"造成苦难的原因往往是无知而不是贪婪。"[14] 实际上,这两种原因同时存在着,事实还证明,这两个原因中没有哪个比另一个更可原谅。这种观点中只有一点是正确的,那就是在 19 世纪三四十年代,在大多数的大城镇里,医生和卫生条件改良家,边沁派和宪章派,都曾反复地为改善环境进行斗争,反对有产者的无动于衷,反对关于所谓"廉洁政府"的纳税人的蛊惑宣传。到这时,工人实际上已被隔离在臭气冲天的圈地上,而中等阶级则尽量远离工业城市,远到马拉交通感到方便的程度,从而反映了他们对工业城镇的真正看法。就是在建筑状况比较好的设菲尔德,

---

⑫ 见 M.D.乔治:《18 世纪伦敦的生活》,第 2 章;《转变中的英国》(企鹅版),第 72 页;哈蒙德夫妇:《城市工人》,第 3 章及第 2 版前言;R.威兰医生:《论伦敦的疾病》,载《医学与健康杂志》(1800),第 299 页。

⑬ G.C.霍兰前引书,第 46 页起;关于 19 世纪中叶利兹工人的城市环境,最好的描述见 J.F.C.哈里森:《学习和生活》(1961),第 7—20 页。

⑭ 哈特韦尔前引书,第 413 页。

除了工匠和贪得无厌的店主外，所有的阶级都被乡村的舒适和恬静所吸引，律师、工厂主、杂货商、布商、鞋匠和裁缝，都在风景美丽的地区安下了他们的住宅……。

322 1841年，设菲尔德的66名律师中，有41名居住在乡间，其余的25名律师，有10名是刚进城的新手。在曼彻斯特，穷人住在大院和地下室，

周围是高大的仓库、工厂、商店和生产设施，不被阶层高的人所见；他们富有的邻居大部分时间居住在奇塔姆、布罗顿和肖尔顿，对他们的了解并不比对居住在新西兰或坎查塔的人了解得更多一些。

“富人看不见穷人，或者说，只有当流浪者、乞食者和犯罪少年逼上门来，他们才注意到他们的存在，才认识他们。”“有一句谚语说：‘世界上有一半人不知道另一半人如何生活。’我们可以把这句谚语改成：‘世界上有一半人不管另一半人如何生活。’阿德威克人对安柯特斯人的了解并不比对中国人的了解更多一些。……”⑮

当然，史无前例的人口增长速度和人口在工业区的集中，会给任何社会带来大问题，尤其给那个以追求利润、敌视计划为其理论基础的社会更是如此。我们应当把这些看做是工业化固有的问题，但由于自由放任的资本主义的掠夺性，它就变得更加严重。不管对这些问题下什么定义，这些定义都不外乎对同一事实做不同的描述或解释。任何对1800至1840年工业胜地的考察都不会置满目疮痍和破坏自然景观的事实于不顾，到改建巴

⑮ G.C.霍兰前引书，第51页；W.库克·泰勒：《兰开郡工业地区旅行扎记》(1842)，第12—13、160页。

思的下一个世纪，人们就既不缺乏美感，也不忽视政府的责任了。工业革命的最初阶段在这两点上都退步了，至少留下了一个严峻的教训，即不打算把这些对生活的理想扩大到工人当中去。不管大城镇中穷人的状况在 1750 年以前是多么地令人心惊，但在先前的几个世纪里，这些城镇一般都有某种市政的价值观念和建筑的美，达到了职业、市场和工厂之间的某种平衡，带有多样化的意识。“焦炭区城镇”就是第一批人口超过一万人的市镇，也是专心注重工作和“实情”的市镇。

3. 生　活

健康和寿命的问题更难讲得明白。直到最近都广为承认，1780 至 1820 年英国人口“爆炸”的主要原因是死亡率的下降， 323
特别是新生儿死亡率的下降。因此，人们有理由认为这是医学知识的进步，营养（土豆）、卫生（肥皂和棉布衬衣）、供水或住房状况的改善的结果。但是，这个论点现在完全引起了怀疑。人口“爆炸”可以看做是全欧洲的现象，同时并举地发生在英国、法国、西班牙和爱尔兰，虽然这些原因在各地发挥作用的程度并不相同。其次，人口学家现在对公认的证据提出抗议，提出了更有说服力的论点，强调造成人口“爆炸”的因素主要不是死亡率的下降，而是出生率的上升。[16]

即使我们接受克劳斯博士的观点，也就是说 1781 年以后出生率上升了，而 1831 年以后下降了，而且“死亡率没有重大的变化”，这也并不等于提供了证据来说明工人阶级的健康改善了，

---

⑯ 尤见 J. T. 克劳斯：《1781—1851 年英国出生率和死亡率的变化》，载《经济史评论》，第 2 集，第 11 卷，第 1 期（1958 年 8 月）；《英国工业革命中某些被忽视的因素》，载《经济史杂志》，第 19 卷，1959 年 12 月 4 日。

寿命提高了。有趣的是,1821 年,生育率(每 1000 名育龄妇女中 4 岁以下儿童的数目)最高的地区首先是工业革命的腹地(兰开郡、约克郡西区、柴郡、斯塔福德郡),其次是受打击最严重的南方的一些“济贫法郡”。这一事实似乎证实了马尔萨斯的论点:斯品汉姆兰救济制度和工厂就业的机会增多(包括童工)提高了出生率。这种观点在当时非常流行,却遭到了科贝特的反对。我们不必假定父母在有意地决定多生子女以便增加赚钱的人数或有理由领取济贫金。解释生育率的上升,可以有种种理由,比如社区生活和家庭生活传统方式的崩溃(斯品汉姆兰制度和工厂都可能削弱对早婚和“草率”结婚的禁忌),“寄宿”农场工人和学徒的减少,战争的影响,向新兴市镇的集中,生育力最强者的遗传选择等等。此外,出生率的上升决不能用来当做生活水平提高的证据。⑰ 最穷的工人和最“草率”结婚的工人占家庭数量中的大多数,这正是 19 世纪的观察家大讲特讲的主题。在爱尔兰,大饥荒的残酷经历改变了爱尔兰农民生活中的整个婚姻模式。⑱

这些讨论太复杂了,最好还是暂时给人口学家去议论。但是,我们已经到了需要用新的观点去看待证据的时候,这些证据习惯上是以假定死亡率下降来解释的。医学的进步似乎在 1800 年以前并没有对工人阶级的寿命产生太大影响。18 世纪中叶,伦敦和其他一些较古老的“工匠”市镇中,死亡率下降,原因是喝酒减少以及早期努力改善卫生条件和开导工作的功效,这却是可能的。“人口爆炸”可能开始于 18 世纪中叶,主要原因

---

⑰ 见 J. T. 克劳斯:《当代历史人口学著作的某些含义》,载《社会和历史比较研究》,第 1 卷,第 2 期,1959 年 1 月。

⑱ K. H. 康内尔:《土地立法和爱尔兰的社会生活》,载《经济史评论》,第 11 卷,1958 年 8 月 1 日。

是流行疾病的减少,那是由“人类无法控制的毒性和抗毒性方面发生变化”而造成的。[19] 最初的人口增长是受长期农业丰收和最初的(不是以后的)工业革命带来的生活水平的改善这两者的激励所致。随着工业革命的速度不断加快,随着迅速兴起的大城镇里人口拥挤道德败坏的现象成为典型的现象,而且又加入了大量无家可归的移民,城市人口的健康状况也发生了严重恶化。在19世纪的头三四十年中,新兴工业城镇和农业地区的新生儿死亡率非常高——但有时却比农村更上升一倍之多。利兹的特纳·撒克拉医生说:“大城市的居民当中完全健康的人不到10%。”[20] 当时还有大量的文字证据说明工人阶级的疾病发生率、营养不良、新生儿死亡率和职业病的状况,它们有时自相矛 325
盾,特别是关于工厂童工的后果问题。因为鼓吹十小时工作制法案的运动在19世纪30年代达到最高潮时,医生们往往是从另一面的陈述加以论证的。不过,“乐观派”历史学家把医生那些有利于改革派要求的证据斥为“有偏见”,同时又把支持雇主一方的医学证据当作“客观”和权威而加以接受。这种倾向现在应当结束了。[21]

《中央注册处处长的第一份报告》(1839)证明,死亡总人数

---

[19] T.麦克昂和R.G.布朗:《有关英国18世纪人口变化的医学证据》,载《人口研究》,1955年11月。又见J.H.哈巴卡克:《18世纪的英国人口》,载《经济史评论》,第6卷,第2期,1953年;G.基特森·克拉克:《维多利亚英国的形成》(1962),第3章。关于某地区的经济和人口数据的深入研究,见J.D.钱伯斯:《1670—1800年的特伦特河谷》(经济史学会副刊,1957)。

[20] A.米克尔约翰编:《工艺,行业和职业……对健康和寿命的影响》(1957),第24页。

[21] 主张用这种方法形成证据的,只有W.H.哈特的《19世纪初的工厂制》这篇文章,载《经济学》,1926年3月,重印于《资本主义与历史学家》,第166页起。作者以令人无法满意的和印象式的方法讨论了有关童工的医疗方面的证据,见后文,第336页。

中的20%是由于肺结核造成的。这种疾病在乡村和城市中都十分流行。在1818至1827年之间,利兹一家呢绒纺织厂中死亡的成年工人和青工为92人,其中至少有52人死于肺结核,或称做“痨病”。其次的两类致死原因为“体力耗尽”或“太老”(9人)和气喘病(7人)。看一看设菲尔德总医院的外科医师霍兰医生提供的更详细的数字就很有趣,它包括从1837至1842年的5年间在设菲尔德户籍区内死亡的原因。在这5年内死亡的11944人(包括婴儿)中,造成死亡人数在百人以上的原因如下表所示:

	1. 肺结核	1604人
	2. 惊厥	919人
	3. 肺炎	874人
	4. 自然死亡	800人
	5. 事故(据验尸官报告)	618人
	6. 热病、猩红热	550人
	7. 虚弱	519人
	8. 牙病	426人
	9. 肠炎	397人
	10. 脑炎	351人
	11. 痨病	346人
	12. 麻疹	330人
	13. 天花	315人
	14. 百日咳	287人
	15. 不明炎症	280人
326	16. 一般热病	255人
	17. 气喘病	206人
	18. 喉头炎	166人

19. 瘫痪病　　107 人

20. 肝病　　106 人

毋庸赘言,这份证据从诊断学的角度来看是不充分的(它没有列出肠胃炎和白喉等疾病)。霍兰医生认为,这份报告“可依赖的程度不高”,所谓“痨病”和许多“气喘病”例实际上就是肺结核。在注册中只有一人死于“缺乏食物”,对此霍兰评论说:

> 任何医学工作者如并未得出这个城市中有成百的人是死于缺乏生活必需品的结论的话,他的观察定然受到了很大的限制。他们可能死于某种病;但这些病是生活贫困再加过度疲劳而引起的。

不过,设菲尔德的数字指出,这 5 年内,生育死亡人数为 64 人(这里可以说不会有诊断上的错误),这说明在过去的 100 年里的显著的进步。生育死亡率下降的原因是产褥热减少,卫生的改善,助产术的进步等等真正的功效。但如果说各个阶级中产妇的死亡率都有下降,那么,工人阶级母亲的存活只是使其生育出更多的子女,而子女的生存机会在工业中心却正在降低,如果婴儿死亡率比较高,那么我们还必须记住,儿童生命的关键时期不是 1 岁以下,而是 5 岁以下。由此,在这个时期,设菲尔德总共死亡的 11944 人中,各种年龄的死亡人数为:

1 岁以下	2983 人
1 岁	1511 人
2—4 岁	1544 人

就是说,5 岁以下的死亡人数为 6038 人,其余的 5906 人死于 5 岁以上各年龄组。因此,儿童死亡率(1 岁以下)约为 250‰,5 岁以下儿童死亡率为 506‰。曼彻斯特的情况也大致上相似。(凯伊医生指出,)“穷人家庭一半以上的后代……死于 5 岁以下”,注册处长的报告(1839)也证明该地 5 岁以下的年龄组死亡 327

率为517‰。不过,这些数字低估了——也许大大地低估了——实际的儿童死亡率,因为工业中心的成年移民不断地猛增。1851年的人口普查(记录了出生地点)证明"在几乎所有的大城镇里,从外地迁入而定居的移民在数量上超过了本城镇出生的人",移民的死亡不断地掩盖着儿童死亡率的真相。到1840年以前,大城镇人口的增长并不是因为那里的人口自然增长率大于农村。如果传统的看法是正确的,那么在旧的中心城市和市场村镇,大部分人的健康都能从工业革命的成果(以及对清洁卫生习惯的开导)中有所受益,但创造这些成果的人并未从中得到好处。人们可能会这样认为,在"高工资"的工业中心,一代又一代的儿童出世,其中有一半以上的儿童在不太会说话时就夭折了。而在"低工资"的农村,由于有济贫法的补助,儿童们生存下来了,并到城镇中定居去补充成年劳动力负担沉重的工作。㉒

没有任何理由可以认为工厂成年工人的健康水平低于一般人。有些证据说明成年棉纺工人的健康状况在1810至1830年间改善了,而后来随着对劳动时间的限制,机器罩了外壳,场地空间通风和粉刷等都改善了,他们的健康程度更快地提高了。不过,他们的子女仍同其他劳动力一样受苦。1833年,曼彻斯特的雇主受权进行一项调查,从而发现被调查的已婚纺纱工人共生育3166名子女(平均每个婚姻生4.5个孩子),"其中有1922个子女活下来了,占总数的60.5%。死去的子女为1244名,占39.5%。"㉓ 人们可以合理地假定,这39.5%有可能会上

㉒ G.C.霍兰前引书,第8章;J.P.凯伊:《曼彻斯特棉纺织厂中就业的工人阶级的道德和身体状况》(1832);《总注册处处长的第一份年度报告》,各处;A.雷德福,前引书,第16页。

㉓ W.库克·泰勒前引书,第261页。

升到50%,因为有些儿童在调查时是婴儿,而等他们达到5岁或还没有达到5岁时,就可能发生这种情况。人们通常认为在工业革命中获利最多的工人的子女也有这样高的死亡率,这可以部分归因于总的环境健康状况太差。也可能因女孩从小就在工厂里做工,造成盆骨的变形和狭小,容易造成流产;母亲临产 328
前一个星期仍然在工厂里劳动,致使新生儿虚弱;但是,最重要的原因是儿童得不到适当的照顾。[24] 母亲因怕失去工作,在产后三个星期甚至更短的时间后就回工厂去劳动。19世纪40年代,在兰开郡和约克郡西区的一些城镇里,婴儿被带到工厂里去,以便在吃饭时喂奶。年轻的母亲从八九岁起就开始在工厂工作,从未受过家务的训练,惊人地缺乏医疗知识,父母(有时在教会的鼓励下)成为宿命论迷信的受害者,他们常用麻醉剂,甚至鸦片酊,让哭闹的婴儿安静下来。他们把婴儿和正在学走路的孩子交给亲戚去看管,或交给育儿院的老婆婆看管,或交给因年龄太小无法在工厂找到工作的其他儿童去看管。有的父母给婴儿一个肮脏的布奶头让他们去吸吮,"里面绑上一片用奶和水浸涨的面包",人们经常可以看到一些两三岁刚学走路的孩子"嘴里含着这些布奶头在工厂周围跑来跑去。"[25]

> 一名跛脚的人写道:工厂的工人走在街上很容易被人们认出他是干什么的,因为他有些关节总有毛病,不是双膝内向,脚踝肿大,两肩一高一低,就是弯腰驼背,鸡胸,或另一种体态畸形。[26]

---

[24] 见利兹的S.史密斯医生在《贫民言论报》(1832年5月5日)上提供的证据。设菲尔德的产妇生育时的死亡率较低,原因可能是那里的职业要求每天站立12至14个小时,能够就业的女孩比较少。

[25] W.多德:《工厂制说明》(1842),第149页。

[26] 多德前引书,第112—113页。

但无论是在工厂里面还是在工厂外面,多种工业职业都会造成这样的后果。如果棉纺工人40岁以后很难找到工作(那些找到了工作的人也经过了淘汰弱者的长期选择过程),那么,年老的矿工和刀具工遭遇也一样。撒克拉医生发现,在再生毛织工人和拾破布的人当中,职业病的发病率较高,霍兰医生则写了一篇论文,详细地论述了在设菲尔德磨工当中的疾病和工伤事故。我们已经知道家庭梳毛工恶劣的工作条件,而织工也面临着肢体畸形之虞。蒙迪普斯山的制玻璃工人、烤面包师傅,以及伦敦的许多血汗业工人都面临着这种后果。裁缝由于每天要长时间
329 地"交叉着两腿坐在条板上",他们的特征是肩膀和胸部都成畸形。

特纳·撒克拉医生看不出最差的家庭劳动与棉纺织厂的劳动有什么差别,他看到的留在曼彻斯特棉纺织厂的儿童……

> 几乎全是满面病容:瘦小、羸弱、赤脚、衣衫褴褛,许多人看上去还不到7岁。男人们一般都在16岁到24岁之间,还有未成年的人,他们都像儿童一样苍白和消瘦。只有妇女的样子还好一些。……

他把这些人同约克郡西区规模较小的工厂和整布车间中的工人们作对比,"那是些粗壮的漂布工、强壮的粗纺工和面色红润,脏而快乐的接幅工",而在棉纺织工人中,

> 我看到了,我觉得看到了,一个退化的人种——受压而发育不全,被弄得衰弱的,被糟踏的人类——男的和女的不会活到老,儿童永远不会长成健康的成人。

他对棉纺织厂雇主们所收集的有关健康状况的证据表示怀疑,因为大多数男工在刚成年时就被解雇了,而且没有力气的棉纺工人在别的行业中将会死去。无论是在新的工厂还是在许多旧式的家庭工业中,老工人"无论在体力还是在外表上,都比老农

民差得多”。[27]

但我们还是看看乘数和积数吧。毫无疑问，有大量的儿童在工厂致残，同时，还应该估计一下在手织工和外作工的孩子中，有多少儿童患了佝偻病。（这两种情况不应混为一谈，工厂致残**就是**工厂致残，而佝偻病按照利兹医院外科医生史密斯的解释，“一般都始于婴儿期，在儿童达到进工厂的年龄以前，肢体变形已经形成。”）[28] 到 1830 年，人们普遍认为，“平均的”城市产业工人都属于发育不良，他们由于体力衰弱不适合于从事一向留给爱尔兰穷人干的重体力劳动。棉纺工一旦失去工作就陷入绝境，最佳的情况就是指望被雇去“当听差，招徕顾客，出售发夹和针，沿街卖唱，兜售扁带和花边，橘子，姜饼。”[29]

只要在人口的基本统计数据上还存在着争论，任何结论都 330
须进行探讨。我们不可低估 18 世纪初的伦敦在酒精“流行病”时期达到的令人震惊的死亡率。不过，在 18 世纪下半叶，工匠和一些农业工人的生活和劳动条件似乎比 19 世纪上半叶的工厂工人和外作工人好一些，如果在这个时期里，伦敦和伯明翰的死亡率正在下降，这也许因为它们依然是“工匠”城市，养育子女的水准较高，工作环境还不那么有害于健康。在北方工业地区，在陶瓷业地区和大多数煤田，婴儿死亡率上升，寿命缩短，生活更加悲惨。也许是因为这个原因，饮酒和使用鸦片剂的人增加了，这又加剧了职业病的风险。悲惨景况也许促使生育率的上升，霍兰医生发现设菲尔德“最放荡、最轻率和最不顾后果的人”是在收入最低和组织性最差的工人中。“从大量的调查中，我们

---

[27] 撒克拉前引书，第 27—31，146，203—205 页。

[28] 《贫民言论报》，1832 年 5 月 5 日。

[29] W. 多德前引书，第 113 页。

敢说，工匠的生活状况越坏，结婚就越早。”[30]

即使我们承认全国的死亡率——特别是婴儿死亡率——在19世纪的前40年里略有下降，我们仍然要对这样的统计提出问题，而这些问题也就是我们对工资和消费品的统计数提出的问题。我们决不能设想垂死的或生病的儿童会分布得比肉类和衣服更为平均。我们知道，事实绝非如此。奥斯特勒说，有钱的人很少同时穿两件大衣，但是，他的家庭看医生的机会、服药、育儿、饮食、居住面积以及环境的安排等等则胜过穷人10倍以上。根据各个中心地区的不同的社会群体在1842年死亡的平均年龄做出的估计如下：

	绅士	商人	劳工
拉特兰郡	52	41	38
特鲁罗	40	33	28
德比	49	38	21
曼彻斯特	38	20	17
贝思诺草地	45	26	16
利物浦	35	22	15

331 在利兹，这三类社会群体的平均年龄分别为44岁、27岁、19岁，整个平均年龄为21岁。在哈里法克斯，一个分布很广的教区与比较集中的中心相比死亡率较低，当地的一名医生曾经计算过死亡时的平均年龄：“绅士、厂主及其家庭”55岁，店主24岁，工人22岁。[31]

---

[30] G.C.霍兰前引书，第114—115页。

[31] 《关于劳工阶级环境卫生状况的报告》(1842)，第153页；G.C.霍兰前引书，第128页；关于哈里法克斯的情况出自亚历山大医生，引自W.兰杰：《关于哈里法克斯……的报告》(1851)，第100页起。以后的统计数字见詹姆斯·霍尔：《工人阶级的家》(1866)，第18页起。

人口学家认为这些只是“文字性”的证据而不是统计证据，这是对的。但是，它也表明数百万中等阶级和工人贵族当中婴儿死亡率实实在在地降低和平均寿命的延长，这在全国的平均数中掩盖了工人阶级一般状况的恶化。设菲尔德的霍兰医生早在我们之前就提出了这个看法，他说：

> 我们可以毫不犹豫地指出，工人阶级现在遭受的痛苦以及由此造成的死亡率大于过去。在大多数工业地区，工人阶级的死亡率如果可以单独进行研究，而不把**它同整个人口联系起来研究**的话，必定高得令人惊讶，难以设想。对寿命延长的猜测主要是因为……中等阶级的人数比过去大大增多……。

他接着又说，从“粗糙的报告中”，“我们受骗了。”

> ……以为社会的物质条件和社会状况都在逐步改善。但是占人数最多的阶级可能真是一点改善也没有，甚至还正在恶化。[32]

4. 儿　童

我们在前面已经接触了童工的问题，但是，对这个问题还需要做进一步的考察。从某种意义上来说，这样一个问题居然会引起争论，这是奇怪的。在1780到1840年之间，对童工的剥削程度明显地增强了，熟悉史料的历史学家都知道这个事实。矿井里的情况就是如此。在效率低的小型矿井里，通道有时十分狭窄，只有儿童才最容易穿过；在几个较大煤田，随着采煤工作面越来越远离竖井，需要儿童当“运煤工”，或者看管通风口。在 332
纺织厂，童工和少年工的人数逐年增加。在一些外作工业和“不

---

[32] G.C.霍兰前引书，第124页。

体面”行业中，劳动时间更长，工作更紧张。既然如此，还有什么可争论的呢？

自从哈蒙德时代以来，“乐观派”围绕这个问题提出了许许多多的说法，简直令人怀疑他们是不是在玩弄什么诡计，以便把童工问题一笔勾销。他们说，在这方面并“没有什么新东西”，“旧”工业的状况同新工业一样糟糕。他们说大多数证词是有偏见和夸大的，早在19世纪30年代发出有关童工问题的呼吁之前，事情已经在改善之中。他们说工人自己就是虐待儿童的最坏的犯人。呼声来自各种“利益”方面，即仇视工厂主的地主、要求为自己限制工作时间的成年工会会员，或对这个问题实际上一无所知的中等阶级知识分子。或者（自相矛盾地）说，这整个问题揭示的根本不是艰苦与麻木不仁，而是雇主阶级不断发展的人性。历史上很少有几个问题是被专门的辩解及空论随心所欲地混合而被搅得如此不清的。

童工现象不是新问题。在1780年以前，儿童本来就是农业经济和工业经济中的组成部分，直到学校的建立将他们解救出来为止。扫烟囱的孩子或船上的小勤杂工也许是所有职业中较糟的，但不包括早期工厂中最坏的情况。教区“学徒”出身的孤儿被送给某个彼德·格兰姆斯或一个醉醺醺的煤船水手，关在小小的“白日洞”里，那种孤独可能最使他觉得残酷可怕。[33] 但是，如果从这些极端的例子中就概括出工业革命前的流行态度，那就错了。不管怎么说，彼得·格兰姆斯的故事中的一点是他被渔村的妇女们赶走，他的罪过把他送向他自己的坟墓。

那时最流行的童工形式是在家庭或家庭经济的范围内。刚刚会走路的儿童就要开始工作，要去取东西，运东西。克朗普顿

---

[33] 见M.D.乔治：《18世纪伦敦的生活》，第5章。

的一个儿子回忆他“一会走路”，就开始工作：

> 我母亲总是拍打筛子上的棉花，然后把它放进一个棕色的深桶内又倒入很浓的肥皂水，然后她把我的小外衣卷起来，卷到我的腰部，把我抱进桶内，要我用脚用 323
> 力把棉花踩到盆底。……这件事需要从头到尾不停地做下去，做到棉花把桶装满，再也站不住为止。这时，她拿过来一把椅子，放在旁边，让我扶着椅背。

他的另一个儿子回忆说，“我7岁的时候就开始站在凳子上把棉花铺在梳棉机上，作纺纱准备。我哥哥摇着轮子，把机器转动起来。”[34] 下一步的工作就是把纱绕在筒管上。到10岁或11岁时，开始纺纱，如果腿长得足够长，够得着踏板的时候，就开始织布了。在纺织业里，童工劳动的历史由来已久，甚至引起那些无法为儿童找到工作来增加家庭收入的其他行业中的工人们的妒嫉；而在毛呢工业中，早期的手工织布“厂”之所以遭到抵制，就是因为它导致了儿童的失业。1806年，有一位证人宣称，如果工厂制将来流行起来，

> 将会把全体穷苦工人从住宅和家里拉出来，送进工厂……他们就会失去过去那种在家中有家庭成员帮助劳动的好处。假如我是个家长，有4个、5个、或6个孩子，其中一个14岁，一个12岁，一个10岁，如果我在家中同家人一道工作，我就可以让他们有事做，一个绕筒管，一个使用织布机，还有一个使用珍妮机。但是，如果我进了工厂，他们不会让我带孩子们去，只好

---

[34] G. F. 弗伦奇：《塞缪尔·克朗普顿传》(1859)，第58—59、72页。亦见B. 布赖尔利：《回忆家庭》(曼彻斯特，1886)，第19页。

把他们留在荒野中死去……。[35]

按照现在的标准来看,这样的状况是艰辛,甚至是残忍的。家家户户的女孩都忙于烤面包、酿酒、洒扫洗涤等家务杂活。在农业中,孩子们——往往衣不蔽体——无论什么天气都要到田里和农场去劳动。但是,同工厂制相比较,这种情况却有明显特征。工作有种种变化(对于儿童来说,单调最为残酷);在正常环境下,劳动是间歇性的,每一个工作之后就是间歇。甚至像按规格作业的绕筒管工作,除特殊情况以外(例如一两个童工为两个织工做助手),也不需要一整天干活。小孩子不必每周6天每天
334 8小时地站在桶里踩棉花。总之,我们可以设想,他们随着能力和年龄的增长,逐步地交待工作,间或去传话,采黑莓,拾柴炭或去玩耍。尤其重要的是,他们是在父母的照管下在家中从事家庭经济劳动的。不错,父母对待儿童的态度在18世纪确实非常严厉,但根本没有做一件通常意义上的残暴或缺乏父母慈爱的事情。

有两种情况证明这个解释是确凿的。18世纪,仍有各种游戏、跳舞和体育运动。如果儿童的时间全被限定在工厂里劳动,就不可能持续下来了;另外,手工工匠不愿意把自己的孩子送进早期的工厂,就是这个原因;早期的工厂只能雇佣穷人学徒。在1780至1830年之间,童工数量的急剧增加不仅仅是,或主要不是工厂制造成的首要的事实是专业化本身、经济角色的不断分化以及家庭经济的破坏。其次是18世纪人道主义的破产以及战争期间反对革命的氛围,它们滋长了雇佣阶级严厉的教条主义。

我们在后面将会讨论第二个原因。先说关于第一个原因,

---

[35] 《呢绒业委员会的报告》(1806),第49页。

18世纪人所共知的几乎一切恶习在19世纪初的几十年依然存在并且更加泛滥。正如狄更斯所了解的，维多利亚时代初期在伦敦找到的彼得·格兰姆斯也可以在乔治时代的奥尔德堡找到。1842年儿童就业委员会提出的报告表明，在斯塔福德郡、兰开郡和约克郡，新监护委员会仍在强迫穷人家把6岁、7岁和8岁的孩子送到矿工那里去当学徒，给一个几尼“买衣服”。孩子“完全落到了监工的手中”而收入却不到一个便士。哈里法克斯有一个孩子受老板的责打，老板还向他投掷煤块，他逃走了，睡在废弃的矿井里，“吃了好多时候的蜡烛，那是我从坑道里发现的蜡烛，那是矿工们前一天晚上扔在那里的。”[36] 这份简要报告坦然把孩子们的恐怖和注定的命运结合在一起。一个8岁的女孩被雇来开关通气门，每“天”工作13小时。她说：“我扳动着开关，没有一丝光亮，我很害怕……有时，一有亮光，我就唱歌，但在黑暗中我就不唱了，因为我不敢唱歌。”17岁的佩兴斯·克肖在谈论各种工作的优劣时说： 335

> ……我头上没有头发的地方是用头推煤筐造成的，我的腿没有肿，但姐妹们腿肿了，因为她们要走到纺纱厂去。我在地底下来回匆匆地送着一筐筐的煤，它们重三个英担，路程有一英里多长，……我为挖煤的人工作，他们赤身裸体，只戴一顶帽子……。如果我稍微慢一点，他们就打我……。我宁愿到工厂去工作，也不愿在煤井里劳动。[37]

这种情况不过是18世纪最坏的条件的加剧而已。但是，专业化和经济的分化使工厂以外的儿童承担专项的工作，拿计件

---

[36] 《儿童就业委员会的报告·煤矿》(1842)，第43页。

[37] 前引报告，第71、88页。

工资，而这又要求他们每天付出10小时、12小时或更多时间的单调的劳动。我们已经提到了克勒克希顿这个以加工梳毛机为主要职业的村庄，“在那里，年龄仅有4岁的刚会走路的小家伙一个小时又一个小时地不停做着单调的工作，用他们纤细的手指把铁丝安装在梳毛机上，直至他们的小脑袋昏昏沉沉，眼睛红肿发胀，虚弱一些的孩子弯了腰驼了背。”这种事本来可以在家里做，证据表明，这种类型的血汗童工要是有什么情况，那就是在19世纪的最初几十年在大多数的外作工业、农村工业（麦草编结、花边等）和不体面行业里增加了。[38] 工厂制的罪恶就在于它在没有家庭作为补偿的情况下继承了家庭工业制度中最坏的特征，“它使童工劳动系统化——无论他是穷人家的孩子还是自由人家的孩子，对其进行同样残酷而长久的剥削……”[39] 在家里，儿童的处境因父母或老板的脾气而变换；在某种程度上给他们的工作是根据能力加以斟酌的。而在工厂里，机器支配着劳动的环境、纪律、速度、节奏以及劳动时间，而不管他们是否虚弱或健壮。

我们没有必要在这里重新叙述从早期工厂中的穷苦学徒到19世纪三四十年代工厂法宣传运动之间这样一个漫长而悲惨的童工史。但是，既然使人们感到宽慰的各种论调现在不胫而走，认为当代人和历史学家叙述的历史“夸大”了事实，那么，我们就应当对其中某些说法加以讨论。这里的大多数观点是哈特教授在1926年发表的一篇文章中提出的，具有相当大的煽动性，又充满了轻松之感。一勺柠檬汁有时对身体有好处，但我们

---

[38] 请注意，马克思在《资本论》中列举的一些最坏的事例皆引自19世纪60年代童工委员会的报告。

[39] H. L. 比尔斯：《工业革命》(1928)，第60页。

不能永远靠柠檬汁活下去。这种不足道的没有史料价值而且常常直接把人引入歧途的东西,至今还以脚注形式出现,而且已经重新刊印在《资本主义与历史学家》一书中。[40] 这篇文章提出的每个论点,在鼓吹十小时工作制的争论中,几乎都被提出来争论过;尤其是约翰·菲尔登写的那篇严谨和史料翔实的《工厂制的灾祸》,这篇著作的重新发表对研究人员应该是非常有用的。 336

重述所有这些论点是冗长乏味的。不错,18 世纪末一些暴虐横加在穷苦学徒身上,而 19 世纪,教区学徒制日益让位于“自由”劳动。不错——而且令人闻之振奋——有些雇主,像塞缪尔·奥尔德诺和格雷格家族等,公正地为学徒提供了体面的环境。不错,有些改革家查出了一些最恶劣的事例,并在事后的许多年引证了这些事例。但是这决不表明同样的劣迹在 19 世纪 30 年代都绝迹了(改革家们要取得当代雇主劣迹确凿的证据常常碰到很大的困难,惟一的原因是工人怕失去工作)。不错,1802 和 1819 年,皮尔的两个法案表明了人道主义的复兴,也表明一部分大工厂主试图把一些规定强加在较小或最不道德的对手头上。不错,到 1830 年,曼彻斯特、斯托克波特以及附近地区的状况有了全面的改善。但是,这些改善并没有扩展到较远的地区、农村地区和棉纺织业以外的工业中去。由于 19 世纪初的 30 年中农村纺织厂有了很大的发展,毛纺业也实行了全国的工厂制,且发展到丝织业和亚麻纺织业之中,因此,曼彻斯特所取得的进步就被布雷德福、哈里法克斯、麦克尔斯菲尔德以及兰开郡高地发生的种种劣行抵销了。

不错——而且有一个情况常常被提及——为 1832 年萨德勒委员会提供的证据有党派的偏见,而哈蒙德夫妇、哈钦斯和哈

[40] W. H. 哈特:《19 世纪初的工厂制》,载《经济学》,1926 年 3 月。

里森等历史学家(不包括菲尔登和恩格斯)在引用这些证据时又丝毫不加批判。在奥斯特勒的帮助下,要求缩短工作时间的工人委员会组织了收集证据的工作——尤其是在约克郡西区收集
337 证据——并向委员会呈交这些证据,委员会的主席迈克尔·萨德勒是十小时工作法案在议会的主要倡导者:而这种证据是在从雇主一方取证之前就公布了。但是,并不能就得出结论说萨德勒委员会收到的证据是不真实的。事实上,读过大量这些证据的人都会发现它们具有权威性,不能不相信,虽然仍有必要把不同的证人谨慎地区别开来;还要注意区别小工业中心(例如基利和杜斯伯里)的小工厂里一些最恶劣的状况,它们与大棉纺织城市的大工厂里的情况相比有所不同。哈特教授的断言是没有根据的,他说在工厂主的坚持下在下一年任命的皇家工厂委员会"对于向(萨德勒)委员会提出的几乎所有控告都做出了有效的回答",说关于一贯虐待儿童的指控"完全没有事实根据";所谓"蓄意虐待儿童之事,如果有的话,那是工人们自己强加于儿童的,是违背老板的意愿和老板不知情的"。提交给皇家委员会的许多证据可以有不同的结论,此外,当证据互相矛盾时,人们会对要求我们不假思索地偏爱工厂老板(及其工头)提供的证据,而反对雇工提出的证据而感到无所适从。[41]

哈特教授和斯梅尔泽教授等人抬高皇家工厂委员会(1833)的证据来反对萨德勒委员会的证据,就是犯了哈蒙德夫妇曾经为之受到批评的同样错误。不论是对还是不对,奥斯特勒和十小时工作日委员会都认为皇家委员会的任命是在有意地拖延时

---

[41] 《资本主义与历史学家》,第165—166页。哈特教授还反复地提到工厂主和尤尔牧师所说的**恶棍**,例如毫无根据地说约翰·多尔蒂曾因"下流骚扰"妇女罪而被判刑。

间，而委员会的成员无异于雇主们的工具。作为政策，十小时工作日委员会拒绝向皇家委员会提交证据。在工业地区，助理特派员的行动受到了密切的注意。人们指责他们与工厂主一道吃吃喝喝，只用了少得可笑的时间去调查。值得注意的是，在他们 338
来到之前，工厂已经被粉刷一新，打扫干净，年龄不足的儿童被藏起来不让人看见。对此，工人们抱以敌视的态度。[42] 皇家委员会的报告受到工人一方的批评，就像萨德勒委员会的报告受到雇主的批评一样。向萨德勒提供证据的一个证人说："我的一个邻居来问我"，

> 要我向委员会提出建议，让他们早晨5:30就到利兹桥上去，那时工厂的穷苦儿童要从桥上经过，这样，他们用1小时获得的证据比用7年的调查获得的证据都多。我亲眼看见一些孩子哭着跑进工厂，手里拿着一点儿面包，这是他们到中午12点以前的全部食物。他们哭，是怕迟到。

即使我们把有关虐待狂工头的故事暂且放在一边不说，一群儿童也必须每天工作到晚上七八点钟。在每天的最后几个小时里，孩子们哭着，或站在地上就睡着了，手掌被纱的"接头"磨出了血，就是他们的父母也会打他们一巴掌，让他们醒来，况且还有手持皮鞭的工头在来回地巡视着。在依靠水力的乡间纺纱厂里，夜班或每天工作14至16小时是常见的事情，尤其在"涨水的季节"。如果哈特教授不认为这些是"一贯的虐待"，那么费尔登和伍德等仁慈的工厂主却无疑认为这是虐待。

---

[42] 见《约克郡西区之声》，1833年6月1日："利兹的人们——工人阶级——尽到了崇高的职责。他们愤慨地拒绝与那批人合作，哪怕这批人还有一点点的诚实，他们就会让残暴的工厂主们自己去干那些肮脏的活……"又见《约克郡西区之声》，1833年6月15日、22日；德赖弗前引书，第19章。

成年工人的态度并没有什么神秘之处，他们当中就有许多是童工的父母或亲戚。斯梅尔泽教授指出，在一定的意义上，家庭手工业制度的家庭经济在工厂制里被保留下来了。儿童赚的钱是家庭工资中不可缺少的一份。[43] 在许多场合下，尽管可能不是大多数，成人纺工或工人实际上是为他们劳动的那些儿童的亲人。由于他们是在共同工序中劳动，所以必然在限制童工的工作时间时也限制成年人的工时；如果只限制儿童的工时，就
339 不能防止推诿误工或者不能防止儿童做双班工作（从而也延长了成年工人从的工作日）。只有把工厂里的机器停下来，才能保证实行限制劳动时间。但是，如果成年工人缩短时间中获得好处，那也不意味着他们对人道的考虑漠不关心，而且也不能证明有些人的侮辱性的暗示就有道理，即在19世纪30年代为工厂儿童而做的那些仁慈义举与疾呼抗议完全是伪善之举。

千真万确，父母不仅需要其儿女赚的钱，而且希望他们去工作。有少数工人即使对自己的子女也粗暴，但证据表明工业地区希望建立起大家都遵守的某些人道主义标准。杜斯伯里的一个纺纱工人因脾气坏，喜欢用粗纱机辊打孩子而远近闻名，所以“在全城都找不到一个孩子来为他工作，他只好搬到别处去……”。父母有时找虐待他们子女的工人去报仇的事屡见不鲜。一位证人对萨德勒委员会叙述他小的时候遭到粗纺工人的痛打：“一个管梳棉机的青年人跑出去，把我的母亲找来，”

> 她一走进来……就问我是被什么东西打的，我不敢说，旁边有几个人指着那个东西……于是她抄起那件工

---

[43] N.J.斯梅尔泽前引书，第9、10章。

具，乱打那家伙的头，把他揍得鼻青眼肿。[44]

一些不负责的说法提到普遍的漠然态度，这是与事实不符的。两个委员会的报告中提供的证据都说明，是机器的规则，加上在工头或（小工厂的）老板的逼迫下滥施的纪律，才是虐待儿童行为的根源。硬说虐待儿童的做法在各个行业里都是普遍现象，"是违背老板的意愿和老板不知情的"，这种说法不值一驳。许多父母当然喜欢自己的子女在还没有达到1819和1833年的立法所规定的合法年龄以前就出去工作，但还是多尔蒂以及十小时工作制委员会中的那些人在十分积极地向工人展开宣传，反对这样的罪恶；多亏了他们去鼓励沉沦的人们提高自己的尊严，并向没有受过教育的人们解释教育的价值。工厂运动还卷进了成千上万的其他人，他们并不是工厂工人，而是些想要"封煞蒸汽怪兽"的织工。这些织工被少年工人顶替进不了工厂，变 340
成了只能依靠自己子女的工资维持生活的父母。1833年，加斯克尔发现工人的不满并不只产生于简单的工资问题，而是产生于

> 家人的分离，家庭的破裂，以及把人的心灵与人性中善良的成分联系起来的所有那些纽带受到的破坏……[45]

工厂运动在最初阶段上并不说明中等阶级人道主义的成长，而是说明工人自己对人权的一种肯定。

事实上，极少的论点是如此貌似有理的，即认为无限制的儿童劳动在18世纪曾经得到宽容，但是到了19世纪30年代，当它以新的更严酷的形式出现时，就很少得到宽容了，这也是另一

---

[44] 当然应该记住在战争期间，成年工人自己也虐待穷苦的学徒，其虐待之狂令人发指。参见J.布朗：《罗伯特·布林科回忆录》（曼彻斯特，1832），第40—41页。

[45] P.加斯克尔：《英国的工业人口》，第7页。

个标志，说明这个“时代”的人道主义正在成长。哈耶克教授提过所谓的“社会良知的觉醒”，提到

越来越多地发觉了过去未加注意的事实。……经济上的苦难不但更加明显，而且显得很少是合乎道理的，因为总财富的增长比以前任何时候都快。

艾什顿教授用另外的方法来表达了这种相同的论点：19世纪的皇家委员会和议会调查委员会

是维多利亚时代早期的英国引为光荣的事物之一。他们标志着社会良知在加速提高，是对苦难的一种敏锐的感觉，是在任何别的国家和别的时期都未曾如此明显的。

艾什顿以前所未有的热情为议会调查人员进行辩护。他说：

……这一代人有胆识而且勤奋地收集了各种事实，并且具有揭发这些事实的诚实品德，以充沛的精力提出改革的任务，现在，他们却不被看成是蓝皮书的作者，相反背上了制造罪恶本身的恶名。[46]

19世纪的蓝皮书有多种用途，改革在所有这些用途中只处在最末的位置上，议会调查变成了对请愿书的例行公事的反应，
341 成了“处理和沟通”不满情绪，拖延处理或搪塞不问议员们不良行为的一种方法，或纯粹从过分的好管闲事的功利主义出发。爱尔兰在一个接一个的灾难中衰落下去，直到发生似乎无法避免的灭顶大饥馑。在这整个过程中议会没有采取任何重要的缓解措施，只进行了每年平均5次的议会调查。[47] 手工织工和针织工在挨饿的时候得到及时的调查。在警察制度建立以前的

---

[46] 《资本主义与历史学家》，第18—19、35—36页。

[47] 见E.斯特劳斯：《爱尔兰的民族主义和英国的民主制》。

10 年中，进行过 8 次调查。(后面这项调查产生了行动，前面述及的调查却一无结果，这个事实很有启发性。)可以肯定，格拉德格林德先生在 1815 年以后曾四出进行过各种调查。但是，狄更斯却清楚地知道他进行调查并不是为了“社会良知的觉醒”或“对苦难的一种敏锐的感觉”，而是为了建立有效、廉价的中央政府，确立自由放任主义以及完善的“政治经济学”。

(至少在有关环境卫生的大调查开始以前，)蓝皮书不是“时代的”产物，也不是“一代人”的成果，而是改革者和阻挠改革者相互厮杀的战场。人道主义的事业屡次三番地被埋葬在这种战场上。至于在上层阶级当中，我们在 19 世纪 30 年代看到的并不是新的“良知觉醒”，而是在整个拿破仑战争期间曾经平寂下来的社会意识在不同地方和不同的人们中像火山一样爆发。这种社会意识在 18 世纪下半叶的确是明显的。1788 年，汉韦参加了保护扫烟囱儿童的运动其结果成了法令，而没有遭到反对。在战争期间，每一项关于劣行的报告以及事后确保新的保护童工立法的努力都遭到直接的反对，并被上院否决——因为如扫烟囱的孩子受保护，勋爵老爷们就不得不设法对他们的烟囱进行改造。[48] 霍华德为囚徒做的一切高尚的工作，没有留下持久的印象，因为他死后情况逆转了。我们已在前面提到阶级仇恨和阶级恐惧的蔓延是如何侵蚀人道主义的良知的。不错，1802 年的皮尔法案确实是针对这种阴暗面而提出的，但却界定于对穷人学徒有效，与其说它是新立法的先例，不如说它仅仅试图在新的环境下延续对通常的学徒制的保障。更重要的是(对工厂儿童来说更悲惨的是)乡绅意识的萎缩，因为只有他们才有权威 342
或传统的职责来保护穷人。

㊽ 哈蒙德夫妇:《城市工人》，第 176—193 页。

这种萎缩和各阶级间深远的道德分歧，惟有在真正的"觉醒"到来时才能予以证实。许多乡绅和自由职业者对19世纪三四十年代的人道主义事业给予过支持。然而在20年代，他们看来虽一直住在人口稠密的工业区，却对离他们大门百余码的各种劣行茫然无知。理查德·奥斯特勒住在哈德斯菲尔德城的附近，但是，直到布雷德福的工厂主约翰·伍德对他谈起儿童劳动状况以后，才引起了他的注意。当女孩们半裸着身体走出矿井时，当地的头面人物似乎才真正惊讶了：

> 斯坦兰德开业的律师霍尔罗伊德先生和外科医师布鲁克先生在场，承认他们虽然只居住在几英里之内，却不能相信居然存在着这种违背基督教精神的残酷制度。㊾

我们暂且不管这些劣迹在他们说出来以前究竟"不为人们所知地"延续了多久，也不管人们怎能对惨况熟视无睹，直到悲惨的东西忍无可忍。在1790至1830年之间，在"富人"的眼里，廉价的工厂儿童是"忙碌"、"勤劳"和"有用"的人。如果他们产生了困惑，总可用宗教的自责来使其安静，就像在1819年，一位高尚的议员就扫烟囱儿童的问题上说的："在这个行业中干活的孩子一般不是穷人的孩子，而是富人的孩子，这是他们行为不端惹出来的。"㊿ 这倒显示了他对道德规矩的微妙见识和完全没有阶级的偏见！

不过，在这个时期，"富人"的良知是充满复杂性的。有人说，由萨德勒、沙夫茨伯里、奥斯特勒和迪斯累里等人代表的"托利党"在19世纪30年代对工业主义罪恶的激昂攻击只不过是

㊾ 《童工委员会的报告·矿山》(1842)，第80页。

㊿ 摘自《城市工人》，第190页。

土地所有者对工厂主以及他们的反谷物法同盟的报复，这在“党派政治的”意义上倒是有道理的。确实，对传统主义者而言，技术发明和有钱的中等阶级力量的增长正是他们的不满和不安的深刻根源。但是，我们只要翻一翻《西比尔》、哈蒙德夫妇写的沙 343
夫茨伯里的传记或塞西尔·德赖韦写的奥斯特勒的生动传记就会发现，仅仅从这些措词上去判断一定是肤浅的。我们似乎目睹了一次文化的更迭，或像在18世纪的立宪主义中那样，目睹了一套似乎空洞又陈旧的老花样，它在人们的心中把热情当作了有意识而动感情的信仰。

此外，在托利党家长制论调的陈旧观点中，我们还看到了失望的浪漫主义产生的较新的影响。华兹华斯、柯勒律治、骚塞等人从启蒙主义退回来，重新肯定传统的尊严，以及“自然人和社会人的本能”。在回归旧的秩序、权威和责任的同时，他们并没有忘记卢梭在儿童问题上提出的告诫。华兹华斯在《远足》第8卷中对照过去的农村家庭经济来谴责工厂制：

家中空空的！或许
只有母亲一人在家，——却无帮手
摇着摇篮里哭闹的宝贝；
身边没有女儿，在纺轮旁忙碌，
或者匆匆于每天的没有前途的
家庭职业；没有精美艺术的
针线活；没有炉火边的热闹，
曾满怀自豪地烹调午餐；
没有振作心情，让日子过得快的好事；
也没有什么可赞美，可教训，或去命令！
　父亲要是还
操持旧业，到田野或者林地去，

不再有儿子前行后随；
他们有时偷偷懒——但他都看在眼里；
呼吸清新的空气，踏踏嫩绿的草地；
直到结束他们短短的儿童欢庆，
永不回来！那与生俱来的权利已经失去。

今天的错误是把家长式的情感想象成公平、宽厚的情感。这种情感可以是炽热的、全心全意的。从华兹华斯和骚塞到卡莱尔乃至其他人一直传下去的这股传统派的社会激进主义潮流，在其开始及发展过程中，都包含着一种辩证逻辑，因而不断地萌发革命性的结论。传统派和雅各宾派的起点是相同的。瑟
344 尔沃尔说："什么是高大的工厂？不就是一个公共监狱吗？一大批倒霉的民众被判处去从事耗尽精力的强迫劳动，而一个人可以因之大发其财。"[51] 他的同伴，雅各宾派的托马斯·库珀经历过兰开郡早期阶段的工业革命，他声称：

> 我厌恶这种工业制度。由于这种制度，你必须把一大批人转变成纯粹的机器，无知、堕落、残暴。他们每天工作 12 小时或 14 小时，剩余价值流进了富裕的商业和工业资本家的口袋，为他们提供奢侈的生活。[52]

骚塞愤怒地谴责工业"哲学家"安德鲁·尤尔牧师，他甚至痛骂工业制度是"国家身上的毒瘤和多余的真菌。"[53] 尽管雅各宾派和托利党在政治上是对立的两极，但他们之间仍在不断地交流着

---

[51] 《月报》，1799 年 11 月 1 日。D. V. 埃德曼博士为我提供了这些资料，特此致谢。

[52] T. 库帕：《关于美国的一些消息》(1794)，第 77—78 页。

[53] R. 骚塞：《托马斯·莫尔爵士：对话……》(1829)，第 1 卷，第 711 页；A. 尤尔：《工业哲学》(1835)，第 277—278 页；亦见雷蒙德·威廉斯：《文化和社会》(企鹅版，1961)，第 39 页起。

感情和论证的火花。“向智慧进军”的预言家们，如布鲁厄姆、查德威克和尤尔，似乎属于另一个世界。每当传统派的托利党在工厂制的问题上超越了思辩的论证，试图采取行动来发泻泄情感时，他们就会发现自己不得不同工会运动者或工人阶级激进派结成勉为其难的联盟。中等阶级自由派常常以此来证明托利党的虚伪性。1832 年，当萨德勒在议会改革法选举中争取当选利兹的议席（但最终失去了这个席位）时，一位小店主在日记中写道：

> 除了一小批被暴君约束的人和一小批最低等级的激进派以外，谁也不会支持他。老托利党在任何事情上都不得不转向激进派，以便维乎（护）自己的制都（度），这只不过是他们惯用的一个小把戏而已。[54]

两年以后，新济贫法以其马尔萨斯和查德威克式的条款激怒了每个“自然人和社会人的本能”，迫使少数激进的托利党人在等级观念和人道观念之间做出最后的选择。大多数托利党人退缩了，他们只能满足于人道主义的各种改良计划。但是，也有少数 345
托利党人不仅准备同科贝特派联合，而且准备同欧文派、宗教自由派者以及宪章派联合。约瑟夫·雷纳·斯蒂芬斯号召人们去火烧“穷人的巴士底狱”；奥斯特勒煽动进行平和的——有时也煽动非常不平和的——违抗。他以工厂儿童的保护者自诩，甚至呼吁使用工业破坏手段来反对违法工厂主：

> 在这种情况下，我要印一张有关针、砂和锈铁钉的小卡片，写上适当的、非常明确的指示，它将迫使这些违法的人环视周围，后悔曾经像疯子似的嘲笑法律和国王。

---

[54] 罗伯特·埃雷的日记手稿，藏利兹档案馆，参见下文，第 823 页。

我的这些卡片将会变成工厂儿童的护身符。[55]

奥斯特勒10年来一直处在革命的边缘上，但是他给自己的一份期刊起了这样一个名称，叫做《家庭、圣坛、王座和农舍》。

我们很难把热情的迸发归之于使斯蒂芬斯受监禁，使奥斯特勒受中伤的"时代"。凡是在早期真正献身于保护工厂儿童的人经受了他们自己阶级的为非作歹和虐待，有时是个人的损失。正如德赖弗博士所说的，奥斯特勒一生中最重要的时刻不是觉悟到童工事实的存在，而是他与激进的工会运动者达成"菲克斯比协约"。无论如何，这样的觉悟不是整个托利党的特征。如果我们想去剖析1800至1830年间托利党的良知，就应当从地主对待自己劳工的态度开始。19世纪30年代的人道主义当然有它的文化渊源，这可以在托利党的家长主义和反对国教的自由派所主张的关于报效和"敬业"的更加驯服的传统中找到。但是，作为一种有效的力量，它只能零零落落地出现在个别的男人和女人身上。菲尔登和加斯克尔夫人不是非国教徒自由良知的代表，奥斯特勒和布尔也不是托利党的代表。

假使托尼是对的，而如何对待儿童和贫困是揭示"社会哲学真正特征"的两个试金石，[56] 那么，正是自由传统和非国教派的传统在1830年在接受这一检验时遭受了最严重的挫败。确实，有一个半信半疑半反国教而不太引人注意的朦胧世界，其中许多最好的东西形成了早期维多利亚时代的知识和精神生活。但
346 同样确实的是，在1790至1830年之间，反国教派的社会良知之衰微令人惊讶。更重要的是，当时有一些著名的非国教派的工厂主以及他们手下的卫斯理宗的工头，他们令人厌恶的名声就

---

[55] C.德赖弗前引书，第327—328页。

[56] R.H.托尼：《宗教与资本主义的兴起》（企鹅版），第239页。

在于他们每周 6 天在强迫儿童推动机器，在工厂里一直工作到星期六的午夜 11:55，然后又强迫这些孩子在安息日去上主日学校。

弗朗西丝·特罗洛普在《工厂的孩子迈克尔·阿姆斯特朗》(1840)一书中有一章描绘一种景象："罗伯特和约瑟夫·托姆林斯先生是两位严厉的绅士，拥有这家工厂。每逢星期天的早晨他们都亲自来监督师傅和儿童把时间花在赚取利润上"。这是一个虚构但生动的景象，写的不像是 1840 年，倒像是 1820 年；不像是在棉纺织业的大城镇里，倒像是在还保留着教区学徒制的偏僻乡村的工厂里。不过，特罗洛普夫人书中描绘的德比郡的"深谷"景象，直到 19 世纪 30 年代在兰开郡和约克郡的奔宁山脚下许多偏僻的乡村里还可以找到。有一位十小时工作制的宣传家曾在考尔德河谷上游四处寻找事实，特别注意当地教士的反应，他的行程证明在这个问题上要做出任何带普遍性质的结论都是非常不易的。里本登的国教牧师拒绝给予支持，但卫斯理教会却把教堂租给十小时工作制会议去开会。赫布登桥有一名世俗的卫斯理宗老传教士宣称他常在讲道时对工厂制作反宣传，"他说：'虽然我们在讲道时可以闭口不言，但是，只要允许工厂制还像现在这个样子继续存在下去，我们就决不会善罢甘休。'"他因此引起美索姆罗伊德卫斯理宗工厂主对他的憎恨，每次轮到他讲道的那一天，那里的教堂大门总是锁着。在索尔比桥，布尔大牧师也拒绝给予支持。他是有名的比尔利的布尔牧师(与奥斯特勒一道宣传十小时工作制的著名伙伴)的兄弟，他相信工厂主的仁慈之心"决不可超越"。当一群工人走过工厂主萨克利夫先生建造的卫斯理宗教堂时，他们"用眼睛盯着这座教堂，希望它会沉到地狱里去，萨克利夫先生也跟着一道下地狱去。"

> 我说，这很不好，因为萨克利夫先生建造这座教堂是为
> 347 他们好。另一个人说："他混蛋，我了解他，我知道他的
> 为人，那教堂有一个角落是我的，整个教堂都属于他的
> 工人。"[57]

克拉格溪是考尔德河的发源地，这个偏远的地方是名副其实的"深谷"。一位不知道属于哪个教派的牧师曾经说过：

> 如果英国有一个地方需要法律干预的话，那就是这个地方。因为他们常常是每天工作十五六个小时，有时整夜工作。啊！这是杀人的制度，工厂主就是害虫，他们是社会的耻辱。人法和神法都无法制止他们。他们无视霍布豪斯法案，还说："让政府去制订他们认为合理的法律吧，在这个河谷里我们可以大钻其空子。"

他还叙述了一个他刚刚埋葬的男孩的故事，那男孩手臂里抱了一抱羊毛，站着睡熟了，可是又被揍醒过来。那一天，他已经工作了17个小时，等到父亲把他背回家时，他已经不能吃晚饭了。第二天早晨四点钟，他又醒了。他央求哥哥看着工厂的灯光，因为他怕迟到，然后就死去了(他的弟弟在9岁时就死掉了，他的父亲是主日学校的一位"朴素而勤奋"的教师)。到这时，我们这位英国国教的牧师表示，他将无保留地支持对童工的限制：

> 我看到了穷人在这个河谷里受着压迫，我想，把这些事实揭发出来是我的责任。……为了对我担任的职务负责，我一定要拿它与福音书中所说的自由和仁慈的真理相对照……凡存在压迫的地方，最沉重的压迫总是

---

[57] 据信，许多工厂主都掌握从工人罚款中收取的基金，用于慈善救济和修建教堂。在杜斯伯里有一座大教堂，直到现在老一辈人还称它为"断线头教堂"，是用断线罚款的经费建造的。

落在最无力承受的人们头上……因为寡妇没有丈夫，她们的儿女失去了尘世的父亲……我们发现他们最被人当牛马使唤……

由于他的讲道——以及他亲自对工厂主表示抗议——工厂主就在街上咒骂和侮辱他和他的女儿。这些事实被揭发后，河谷里举行了一次抗议集会，以奥斯特勒特有的风格发布的公告说：

……你们比西印度群岛的看管奴隶的监工更横暴、更虚伪……我证明，你们吹嘘的**自由**……就是暴戾，你们自夸的虔诚……恰恰是亵渎神明……你们的"鞭打"制度，还有"罚款"制度、"旅馆"制度、"实物工资"制度、"午餐时清洗机器"制度、"星期日工作制度"、"低工资制度"等等……全要经过"公众审查"的裁决……348

奥斯特勒说："就在那个星期六的晚上，我开完会回来，"

看见两家工厂在河谷里发出隆隆的机器声。里面的人，穷苦的小受难者们，仍不得不工作到11点半钟。我还发现其中一家工厂的老板是一个声声念佛、言谈伪善的宗教徒……[58]

我们再回过头来谈谈卫斯理宗的教徒，看看他们为什么要为雇童工当辩护士，而且以此作为自己特殊的使命。[59] 毫无疑问，布尔牧师在攻击雇主这一"类别"时，他心里想到的主要是非国教派的工厂主。

……这类人的全部智慧都包含在狡猾当中，从而使他们能够想出最便宜的办法让年龄尽可能小的工人在尽

---

[58] 工人G.克雷布特里：《考尔德河谷巡游简叙》(1833)；《约克西区之声》，1833年7月20日，27日；《赫布登桥民众集会纪要》，1833年8月24日。

[59] 但是，塞西尔·德赖弗在前引书第100页上提到了原旨卫斯理宗常常将教堂租给理查德·奥斯特勒使用，注意到这一点很有意思。

可能短的时间里做尽可能多的工作，却付给他们尽可能少的工资……阿古尔会这样谈论这类人："这是一代人，啊！他们眼神多么高傲啊！仰起了他们眼皮睫毛。这是一代人，牙齿似剑，臼齿如刀，他们能吞噬天下全部的穷人。"[60]

另一方面，当布尔和奥斯特勒以及十小时工作制委员会的工人们（其中一些是在工厂主自己办的主日学校里第一次学读《圣经》）用《圣经》的教义攻击非国教派，并指出实际上是整个非国教派共同一致地犯罪的时候，他们决不是说国教派在同心协力坚持不懈地保护儿童。确实，从沙夫茨伯里本人那里——如果国教还值得赞誉的话，那就是他带来的——我们可以知道，除了布尔属于例外，国教的教士"作为一个整体……不会做什么事。"[61]

349 因此，关于普遍的"良知觉醒"之说乃是哄骗。它所起的作用仅仅是缩小那确实存在的愤怒的同情心，正是这种同情心推动了北方几十个自由职业者承担了保护儿童的事业，他们遇到的猛烈反对有时把他们推到了革命的边缘上。此外，正如一些人道主义历史学家喜欢做的那样，它还贬低了约翰·多尔蒂等人以及工人自己组织的十小时工作制委员会在20多年来紧张而热烈的鼓动和宣传中所起的作用。近年来，有一位作者用一种厌烦的口气讨论了这个问题，其气度完全适合于原子时代那种豁达的意识。他说，现代读者"已经训练得对集中营的情况相当熟悉"，因此对童工的状况"比较无动于衷了"。[62] 也许，可以让

[60] 《曼彻斯特和索尔福德广告报》，1835年11月29日。

[61] E.霍德：《沙夫茨伯里传》（1887），第175、378页。

[62] 哈特韦尔：《对英国工业革命的各种解释》，载《经济史杂志》，第19卷，第2期，1959年6月。

我们来重申一下这种更为传统的观点：对儿童如此规模和如此程度的剥削是我们历史上最可耻的事情之一。

350

第十一章　十字架的转换力

1.道德机器

清教派——反国教派——非国教派:从衰退而溃落为屈服。反国教派依然在高喊着抵抗地狱魔王和巴比伦的妓女,非国教派则自我隐退和谢罪:它要求慎身独处。马克·拉瑟福德是很少几个知道非国教派在19世纪的孤独秘史的人之一。然而他本人就是或多或少地保留非国教派的价值观念的证人。他在《自传》中记录了他年轻时的那种礼拜仪式:

> 我们一般都从承认我们是罪人开始,但不承认种种个别的罪孽,随之是一种与上帝的对话,非常非常像后来我在下议院的议会开幕时建议人和附议人向国王的陈述。

这个例子取自加尔文主义的独立派。不过,这也将极好地用来说明卫斯理宗在世俗当局面前的姿态。这样的屈服隐含在卫斯理宗的起源中,隐含在它的缔造者的托利主义以及他对国教的矛盾感情之中。卫斯理教徒从一开始就模棱两可地夹在反国教派和国教派之间,对教派和世俗当局,都夸大其辞。充当当局的辩护士,而在当局的心目中,他们是被嘲弄的或是接受恩赐的对象,根本不可信赖。法国革命以后,他们举行的一次次年会一直在声明他们的顺从和他们在同现存秩序的敌人作战时的热忱。他们把注意力集中到"提高民众的道德水平,推动中间等级的忠诚和社会下层等级的服从和勤劳”上。[1] 但是，国教派仍然极少让他们向民众传教，而且只能从后门进去，从来不能用荣誉 351
的地位来装饰炫耀。如果在一些报道中提到了他们，那就可能妨碍他们去做最适合于他们做的道德监视一类的事情。

卫斯理宗经历几次战争而其信徒却显著地增加。[2]（哈勒维告诉我们，）他们见证了各非国教派别的“革命精神都在不断地衰退”。在战争期间，卫斯理宗以两件事情特别著名。第一，它在新的工业工人阶级中赢得的信徒是最多的。第二，在卫斯理死后几年中经历了一次非国教牧师官僚制度的加强过程，并认为他们的责任在于巧妙地操纵信徒的顺从，并训诫惩罚滋长在教会内部的所有的离经叛道以防止其冒犯权威。

在这些方面，他们非常有效。几个世纪以来，国教一直在向穷人宣讲顺从的职责。但是，国教同穷人的距离太远了——这一时期教士不在任职地工作，过着双重生活，因此，他们的讲道没有多大效果。农村的顺从源于对地主权力的痛苦经历，而不是出自任何内心的觉悟。事实证明，教会内部的福音派运动并没有取得多大的成功。汉纳·莫尔的许多半便士传单被丢弃在大住宅内仆人的下房里。但是，卫斯理宗——或其中的许多人——是贫民，他们的传单中有许多是穷人赎罪者的忏悔。许多地方上的牧师出身卑微，（正如某人所说的）他们在“我的珍妮纺纱机旁边”寻找演说的词汇。卫斯理宗1790年以后的大发展主要是在矿区和工业地区，沿着较旧的塞勒姆和贝瑟尔，不伦瑞

① 摘自哈勒维前引书，第3卷，第53页。关于这个时代卫斯理宗的政治立场，见E.R.泰勒：《卫斯理宗与政治，1791—1850》和R.F.韦尔默斯：《卫斯理宗与英国的工人阶级运动，1800—1850》(1937)年，尤可参阅其中“卫斯理宗的忠诚”和“卫斯理宗的中立”等章。见《城市工人》的第13章“为穷人辩护”。

② 见下文，第389页。

克式和汉诺威式的用砖砌的新教堂表达着对卫斯理宗的忠诚。1811年，一位牧师写信给杰贝兹·邦廷大牧师说：

> 我听到你们利物浦大教堂的重要消息，一个人要有很大的肺活量才能把他的话从大教堂的这一端传到那一端。在布雷德福和凯利，他们正在建造教堂，像设菲尔德雕匠街上的教堂一样大。卫斯理教会几年以后会变成什么样子？③

352 杰贝兹·邦廷在整整半个世纪里一直积极地从事着传教活动，从卢德运动一直到宪章运动的末期，他都是正统卫斯理宗的主要人物。他的父亲是曼彻斯特的裁缝，曾经是"彻底的激进派"，"热烈地支持法国第一次大革命参加者的事业"，但他本人却仍然是卫斯理宗教徒。④ 18世纪90年代末，基勒姆派的新教团分裂出去以后，涌现出一批较年轻的牧师，邦廷就是其中之一。他最关心的是清除雅各宾派在卫斯理宗教派中的影响。1812年，邦廷因清除卫斯理派中的卢德派而赢得名望。第二年，在利兹，他列举出"他的经常的听道者中有几名旧派的托利党地方官，以前的国王与教会派，这些人以前可能从来没有跨进过非国教集会室门槛一步。"⑤ 他以及他的牧师同伴们是组织者、管理者，忙不完地玩弄宗派阴谋和有过分的纪律热忱，其中有个较讨厌的人，名叫爱德蒙·格林罗德。卫斯理对于反国教派自治的无政府状态的厌恶被他的继承者们继续下去，他们把权力赋于卫斯理宗年度大会（其权威性由于卫斯理亲自选定的牧师们出席而加重了）以及该会的全权委员会（1803）。原教旨卫

---

③ T.P.邦廷：《神学博士杰贝兹·邦廷传》（1887），第338页。

④ 同上书，第11页。奥斯特勒的父亲是利兹的布商，也是卫斯理宗教徒，"汤姆·潘恩派"。奥斯特勒成年后对卫斯理宗的看法并不比科贝特更加恭维。

⑤ J.雷伊：《里兹的卫斯理公会》，利兹档案馆。

斯理宗被排挤出去,因为他们害怕那个集团举行的营地会议会造成“骚动”并且被当做政治先例(如曾经发生过的那样)。“帐篷派卫斯理宗”或圣经基督教派即布赖恩派也受到同样的纪律约束,禁止女性讲道。年会和巡回督察的权力加强了。相互监视道德上的缺点受到鼓励;各个小组内部的纪律都加强了。1815年以后,许多地方牧师遭到驱逐或被从“计划”中除名,罪名是在政治或宗教上“违背〔计划〕宗旨”。我们发现在哈里法克斯地方牧师会议记录上有一段话:“M兄弟在小组活动的时候却去参加政治集会,因此受到批评。”(1816年12月16日)。我们还发现从纽卡斯尔写给邦廷的一封信惊慌地报道说:

> ……鉴于痛心地得知我们的两名(北希尔德的)地方牧师参加了激进派的大型改革集会……我希望在激进派当中不再发现我们的兄弟。但是,我们的少数领导人却在其精神上和目标上都是他们最坚定的朋友。……一些真正虔诚的误入歧途的姐妹们帮他们做旗帜。我高兴地说,在进行规劝之后,其中一些人已退出各自的小组(他们采用了卫斯理宗的几乎整个组织体制,如“小组领导人”、“地区礼拜会”,等等,这在他们当中极为流行)。如果人们被训练成在传教的圣经会议上带着冥想面对大众,并且学到了演说的技巧,然后,就运用由此而获得的强大道德武器去危及我国政府的存在,那**我们**肯定会焦虑不安……

353

这是1819年,是彼得卢年。⑥ 卫斯理宗的全权会议对这一事件的反应是发表一份通告,通告中带着邦廷文风的“清晰痕迹”,表示:

---

⑥ 邦廷前引书,第527—528页。

> 近日来，某些骚乱性的集会在我国一些地区发生了，对此，我们表示坚决而强烈的不满。大批民众混乱地聚集(往往站在有令人惊骇的不信神明标语的旗帜下面)……据推定，他们由异教邪说、狂妄欺骗的政治理论以及暴力和煽动性的演说纠集到一起……目的是给政府带来耻辱，造成对政府的普遍不满、反抗和无政府状态。[7]

卫斯理至少还是一名老练的宽宏大量的人，他一向严于律己，是个对宗教狂热的人，曾经站在市场的十字架下受到不断的痛骂。邦廷以其“严肃而用语精确的发言”，则不太被人崇拜。“你的原则要适应你的困境”是他自己的忠告。他年轻时的一位牧师朋友对他的儿子说：

> 在我们家中，他说话从来都是严肃而有启发性的。就像牧师站在传道坛上，每个字都用得是地方，每一句话总像是深思熟虑过的，……有时，你亲爱的母亲禁不住的妙语突然搅乱了我们庄重的气氛，但他从不动声色而保持着自己那种基督福音牧师的应有的气质。

邦廷不妥协地执行安息日制度，但刚好在自己想要行方便的时候就止住了。“他在履行必要的牧师工作时会毫不犹豫地雇佣
354 严厉的人，尽管他总是内心有所保留……”但在对待儿童问题上却是另一回事。当我们回忆卫斯理宗至少在其主日学校里给儿童和成人上初等教育课时，就不禁会宽恕它的某些罪恶。班福德的快乐景象有时会令人想起18世纪90年代末的米德尔顿学校里上学的“矿工小伙子及其姐妹”，和从惠特尔、鲍利、江玻和

---

⑦ 指1819年8月16日在曼彻斯特广场屠杀民众和平集会的事件。——译注

沼泽地区来的纺织工人和农业工人的子女。但正是这种早期卫斯理教徒的悠然的景象,恰恰是邦廷无法宽恕的。1808 年,当他在设菲尔德当牧师时,他眼见主日学校的儿童正在学写字,大为光火。他说这是"安息日的非常坏的恶习"。从神学角度说这无疑是不恰当的——因为儿童听圣经读圣经是一种"心灵的善良",而写字却是"凡夫俗子的技艺",可能助长"世俗优势"。于是在设菲尔德开始了一场战斗(过去的"雅各宾派"詹姆斯·蒙哥马利在《设菲尔德彩虹报》上撰文维护儿童利益),邦廷从这场战斗中胜利地显露头角。第二年(1809),他又在利物浦取得了同样的胜利。直至 19 世纪 40 年代,邦廷领导着这场运动,成功地清除了这种对主日的阴险"亵渎"。这就是邦廷在全国赢得名气的一种方法。⑧

这种名气在一个星期的 6 天里对儿童来说也许是需要的。在邦廷及其信徒们方面,我们似乎触及了一种与工厂儿童肢体上的畸形互补的感情上的畸形,他们认为儿童的劳动是没有害处的。从他早年在工业腹地(1805 至 1814 年曼彻斯特、利物浦、设菲尔德、哈里法克斯和利兹)任教职时写的大量的信件,无休止的小宗派争论,道德的空话以及对年轻妇女的私人行为的不无邪念的调查来看,他和他的教友们对工业主义的后果没有感到丝毫的不安。⑨ 但是,卫斯理宗这些年轻的领袖不仅仅在童工问题上因闭口不言而犯了共谋罪,他们在穷人中加进积极 355
服从的分子,从而从内部软化穷人;他们在卫斯理宗教会内部培

---

⑧ 邦廷前引书,第 295—297、312—314、322—323 页;班福德:《早年岁月》,第 100—101 页。应当公正地指出,国教和其他非国教派团体也禁止在星期日教写字。

⑨ 邦廷等卫斯理派教徒们不断给予支持的惟一人道主义事业是反奴宣传运动。但是,随着时间的推移以及这个问题一次次地宣扬,人们开始怀疑,与其说这是残留的社会良知,不如说是想削弱举起禁奴大旗的批评意见。

育那些最宜于形成劳动纪律的心理方面的因素,而这是工厂主们求之不得的。

早在1787年,老罗伯特·皮尔就写道:“我把我在兰开郡的大部分工作让卫斯理宗办理,他们非常称职。”[10] 韦伯和托尼对资本主义生产方式和清教伦理的相互渗透做了很透彻的分析,看来无须再作补充。卫斯理制度可以看做清教伦理在变化的社会背景下的简单的延伸。在这里,“经济决定论”观点的事实依据就是:在邦廷时代,以其加强纪律和秩序的功效及其道德之奥妙莫测,卫斯理宗特别适应自立起家的工厂主和制造业主以及工头、监工和低级管理人员等一批人的需要。认为卫斯理宗是工厂主及其附庸们为自己辩护的一种工具的观点,包含着一部分重要的真理。约翰·卫斯理后来常被引用的一段话既包含着预见也包含着悔恨,他说:

> ……宗教必须自然地产生勤奋和节约,也可能产生富裕。但是,随着富裕而来的还有自豪,愤怒和对世界的爱。……卫斯理宗作为人们衷心信奉的教派,虽然现在茂盛得像绿色的月桂树,但是,如何才能继续保持这样好的状态呢?因为各地的卫斯理宗信徒都勤奋和节俭,结果他们的财富就增加了。由此,傲慢、愤怒、肉欲、色欲和人生的骄傲也相应地增加了。虽然信教的外表依旧,精神却瞬息消失。

19世纪早期,卫斯理宗的许多工厂主以及邦廷本人都证实了这一预见。[11] 但是,这一论点在一个关键问题上不稳定了,因

---

[10] L.台尔曼:《约翰·卫斯理》(1870),第3卷,第499页。又见J.萨克利夫:《卫斯理宗评述》(纽约,1805),第37页。

[11] W.J.沃纳前引书,第168—180页。

为恰恰这时，卫斯理宗作为工业资产阶级信仰的宗教（虽然也同其他非国教派都在共同的区域传道）**同时**也作为广大无产阶级各界信仰的宗教取得了最大的成功。毋庸置疑，工人阶级的许多群体（包括矿工、织工、工厂工人、水手、陶瓷工人和农业工人都同样）衷心地信仰卫斯理宗。那么，对于卫斯理宗来说，怎样 356
才可能以其特有的活力来做语含双关的祈祷呢？

这是一个韦伯和托尼都没有讲过的问题。他们两人主要专注于对16世纪和17世纪的清教徒以及商业资本主义起源的研究。大体上，两人都论述了中等阶级的心理和社会发展；前者强调清教关于"感召"的观念，后者重视自由、自我约束、个人主义和利欲追求的价值观念。不过，对他们的论点来说，都是内在的，即清教徒的教义给中等阶级群体以心理的和社会的凝聚力，从而**感到**自己受到"感召"或自己是上帝的"选民"，同时他们又在忙于追求物欲（并取得一些成功）。那么，这样一种宗教怎样才能投合那在特别艰苦的时代中正在形成的无产阶级的心意呢？他们人数众多使他们体会不到任何意义上的上帝的群体感召，他们的劳动经历和群体生涯使他们偏爱集体主义而不是个人主义的价值观，他们的节俭、纪律、追求等品德与其说给他们带来成就，不如说是给他们的老板带来了利润。

不错，韦伯和托尼都对清教徒或准清教徒的价值观在工人阶级中的扩展从雇主的观点来看有何**功利主义**的用途作了有力的解释。托尼剖析了"医治贫困的新药"，那种"新药"指责劳工的懒惰和目光短浅，还提出一种方便的信条，即：假使成功是上帝选择的表示，[12] 那么贫穷本身就是心灵奸恶的证据。韦伯却更重视对无产阶级来说十分关键的一个问题，即工作—纪律。

---

⑫ R.H.托尼前引书，第227页起。

韦伯写道:“现代资本主义无论在什么地方开始用加强劳动强度来提高人类劳动生产率,就在什么地方遭到……前资本主义劳动极其顽强的抵制。”

> 今天的资本主义经济是个庞大而完整的体系,个人在这个体系中出生而这个体系本身也呈现在他面前……作为不可改变秩序的事物,他必须在这个体系中生活。个人只要卷入了市场关系的系统,就被迫不得不顺应资本主义的行动规则。

357 但是,随着工业资本主义的出现,这些行动规则显然是违背自然的可恨的约束。农民,未圈地的村庄中的农业劳工,甚至城市的手工业者或学徒,并不单单用赚来的钱来衡量其劳动的回报;他们反抗周复一周的受纪律约束的劳动。在韦伯(不能令人满意地)描写为“传统主义”的生活方式中,“一个人并不‘生来’就想赚越来越多的钱,但只想过他习惯过的生活,并为此目的赚必要的钱。”如果没有内在的强制,就是计件工资或其他的刺激手段也会最终失去效力。农民赚到了足够的钱,就会离开工业,返回自己的村庄;手工业者则去饮酒作乐。同时,在需要技术、专心和责任的劳动中,反过来用低工资作为纪律的约束也是无效的。所需要的正是——在这里,弗罗姆引伸了韦伯的论点——一种“内在的强制”,将证明“能比任何外在强制都更加有效地利用全部精力去工作”:

> 针对外在的强制,一定常有相当大的顽固性,阻碍工作效率或使人们不能适应为了需要才智、创造性和责任感而形成的任何任务的分工。……如果不把人们的极大部分能力引导到工作上去,资本主义无疑就得不到发展。

劳动者不得不回到“他自己这个奴隶主监工手中”。[13]

这些论点完全符合工业革命时期的英国状况。在整个18世纪，所有的教会和大多数雇主不停地、异口同声地抱怨劳工的懒惰、放荡、鼠目寸光和不节俭。宗教宣传品和牧师唠叨的传道里时而谴责酒店，时而谴责“上午懒懒地躺在床上消磨时光……，冬天更加如此”，时而又谴责“神圣的星期一”习俗。[14]老实说，民众对“黄金时代”或“快乐的英格兰”有根深蒂固的眷恋。这并非想到了1780年比1840年物质财富更充沛，而是对工业主义的内外约束压向工人之前已经形成的那种劳动和悠闲 358
方式的眷恋。18世纪雇主的陈腐的原则是简单的。那就是只有尽可能低的工资才能迫使穷人去劳动，正像阿瑟·扬在1771年所说的：“除了白痴，人人都知道，必须叫下等阶层贫困；否则他们永远不勤劳。”卫斯理宗对这一陈腐原则绝无异议，他们真的还用贫穷幸福等老一套教义以推行这个原则。其所作所为也就是提供一种内在的强制力。

这种强制力的因素不是新的。[15] 韦伯提到了17世纪时雇主在“外作”工业中（特别是在织布业中）的各种困难，是工人不规则的劳动习惯造成的（例如酗酒、偷盗纱料等等）。在英格兰西部的毛织工业区——基德敏斯特——由于长老派牧师理查德·巴克斯特的传教，使劳动关系发生了重大的变化。我们可以

---

⑬ 韦伯前引书，第54、60—70、160—161、178页。E.弗罗姆：《对自由的恐惧》（1960），第80页。

⑭ 见N.J.斯梅尔泽前引书，第70—75页；华兹华斯和曼前引书，第387页起。

⑮ 并不只有卫斯理宗才有这种工作纪律。我们在此讨论卫斯理宗是把它当作发展的主要事例，工业革命期间的福音教派以及大多数非国教派别的历史上也有同类的发展。

在1673年他写的《基督教指南》中看到许多充分发展的卫斯理式的劳动纪律因素。[16] 矿主以及北方的毛织业和棉纺织业的工厂主在整个18世纪也遭到了类似的困难。矿工一般按月领工钱,他们受到的抱怨是:天生蛮横,喜怒无常,举止和性格粗鲁:

> 他们收入高,但不稳定,他们的就业是一种承包的形式,很难预先确定其利润。这种状况养成了他们那种赌徒一样的挥霍习惯。……
>
> 矿工的另一个特征是为避免犯上而变换岗位……矿井里的工人变动如季节之每年更换一样差不多是常见的事情。……不管他已经得到了什么好处,他都很容易想到假如他不肯做一件事,那么以前的好处就都会被一笔勾销。[17]

359 众所周知,拥有一小块土地的织工在农场有急事时便停织。在18世纪大多数工人为了一个月的收庄稼而乐意换工作。早期棉纺织厂的许多成年工人有"自由散漫的习惯,很少长期留在厂房里。"[18] 从韦奇伍德在埃特卢里亚的工厂罚款一览表上,可以看出早期企业管理上的一些问题:

> ……凡殴打或辱骂工头的工人一律开除。
>
> 凡在工作时间将啤酒和烈性酒带入工厂的工人一律罚款2先令。

---

⑯ 韦伯前引书,第66—67、282页;托尼前引书,第198页起。巴克斯特的作品是早期卫斯理派教徒喜爱阅读的。19世纪最初几十年曾多次再版。

⑰ 《改善贫民生活状况协会的报告》,第1卷(1798),第238页起,有关(曼彻斯特附近)布里奇沃特公爵煤矿工人的记载。那里的工人被认为比多数矿工都"讲道德","公爵的代理人中有些是宗教人士,他们办起了一些主日学校……"。

⑱ A.雷德福前引书,第19—20页。晚至19世纪30年代,塞缪尔·格雷格仍在抱怨"安静不下来四处游荡的习气是工业地区居民的主要特色之一"。

凡对着有窗的墙上投掷手球者一律罚款2先令。……[19]

工业革命期间的大工厂主,无论他的工人是在工厂还是在各自家中工作,他都要为工人的纪律问题烦恼。(从雇主的角度来看,)外作制工人需要接受开导,养成“井井有条”的习惯,规规矩矩地听从教导,按时完成合同,对偷窃物资材料有犯罪感。(当时有人告知我们)到19世纪20年代,“大批的织工”曾被“深深地灌输了卫斯理宗的信条。”一些白手起家的人,现在是他们的雇主,都是卫斯理宗教徒或反国教的教徒,他们因节俭——正如卫斯理所料——而发财致富。他们倾向于照顾信奉同一教派的工人,认为他们能“保证行为端正”,和“懂得品行的重要性”。[20] 织工有“工匠”的传统,而且重视独立的价值,某些变异的清教徒的信仰正在等待着他们。[21] 工厂工人又怎样呢?在安德鲁·尤尔牧师的《工业哲学》(1835)一书中(此书有撒旦般的主张,对马克思和恩格斯有很大的影响),我们发现它整地预言了“经济决定论”所说的宗教具有的劳动纪律功能。在尤尔看来,**工厂**这个词

包含着一个庞大自动机的思想,它由各种机器元件和智力元件组成,为生产一个共同的劳动对象而不间断协调地动作着,都服从一个自我调节的运转力量。 360

---

[19] V.W.布莱登:《工业革命中的陶瓷区》,载《经济杂志》(增刊),1926—1929年,第1卷,第130页;又见M.麦肯德里克:《乔塞亚·韦奇伍德和工厂信徒》,载《历史杂志》,第4卷,第1期(1961),第30页。韦奇伍德的目的是“制造不会犯错误的人的机器”。

[20] R.格斯特:《棉纺织业简史》(1823),第38、43页。

[21] 在17世纪清教各宗派中有大量的织工教徒。但是,到了18世纪初(除英格兰西部外),这样的传统已曾衰微了。

工厂制品的“主要困难”并不在技术上，而在于“把一个器具的各个不同部分分布成一个合作的整体，”首先是“训练人类抛弃散漫的劳动习惯，让他们与这个复杂的自动机不可改变的规律性认同”：

> 设计一套有效的工厂纪律并加以执行，使之适应工厂所需的勤奋是阿克莱特艰巨的事业，也是他杰出的成就。即使在这个制度已经组织完善而且工人至为明理的今天，要把来自农村或来自手工业已经过了青春期的人转变为有用的工厂劳动力，也近乎不可能。经过一番费力地征服其倦怠和倔强习惯之后，要么是他们自动地放弃工作，要么是因为工作疏忽而被工头开除。

“实际上，需要的是有拿破仑的魄力和野心的人来压服习性反复无常，只有在冲动时才奋发一阵子的脾气倔强的工人……这样的人就是阿克莱特”。此外，一个工人的手艺越高，就越不容易服从纪律，“越固执己见……越不适应成为机械系统中的一部分。因为在这个系统中，偶然的工作事故，就会给整个系统造成损失。”因此，工厂主们指望把需要“由熟练工人中特别熟练和稳当的人手去操作”的任何工艺程序“撤出，……并把这一工序置于一种可由儿童看管的，能自我调节的机械装置”的执行下。所以，现代工厂主的大目标就是，通过资本和科学的结合，把他的工人的工作减少到只须全神贯注和熟练地操作的程度——从青年时就能迅速培养成熟的能力。”㉒

㉒ 尤尔前引书，第13—21页。第23页上写道：“事实上，机械的每一个改进的始终一贯的目标和趋势，就是完全排除人的劳动；或通过用妇女和儿童的劳动换掉男人的劳动，用普通工人的劳动换掉训练有素的工匠来降低成本。”作为表达工厂主的意图，这是很有趣的，而且适用于纺织业。但是，作为资本主义发展“规律”的表达，马克思和恩格斯也许对尤尔的主张太过相信了。

对于儿童来说，工头的纪律和机器的纪律已经足够了；但是，对于“已经度过青春期”的工人来说，还需要内在的强制。于 361
是，尤尔在其书中专门写了一节“工厂制的道德经济”，并专用一章写了宗教问题。在尤尔的眼中，不可救药的工人是可怕的，是“巧妙的煽动者”的牺牲品，长期地搞秘密小集团和结社，做得出任何坏事去反对自己的老板。棉纺工人的高工资能让他们饱食终日，撑出神经病来。这种饭对他们的室内工作来说是太丰盛，太令人激动了。

> 制造业不知不觉地把许许多多人聚集到其周围的狭小的范围里，为秘密小集团提供各种方便；……制造业把知识和能力传授给粗俗的头脑；用慷慨的工资作为鼓励争斗的经济来源……

在这样的情况下，主日学校呈现出“壮观的场面”。1805 年建立的斯托克波特主日学校委员会在 1832 年庆幸当其他地区处于“政治动荡”的时刻，它在该城中仍做到了“举措得当”，“不经过一个或更多的安静的堡垒就不可能接近这座城市，它创立了仁智的伦理堡垒去反对罪行和无知的侵蚀。”于是，尤尔从中推断出道德不仅是一种一般的政治服从，而且也是一种工厂中的行为方式：

> 用老练的眼光观察，就可能轻易地发现任何工厂中若忽视道德的约束，就会出现制度的混乱，机器的失调，时间和材料的浪费等等……

仅仅靠付工资还不能保证“热情的服务”。不考虑道德的问题，而自己又“不懂福音书中无私的美德的厂主”

> 知道自己受到的尊敬不过是表面文章而已，他于是要执行那讨厌的监视，以防止他被工人蒙骗，但无效——全体工人出于本性而共同反对这样的厂主，无论他怎

样煞费苦心都无法掌握良好的工人队伍。……

所以,**创立同厂主的机械原理一样可靠的厂主的道德机器**,正是每个厂主的额外的大事,否则他就无法掌握工人们坚定的手、注视的眼和敏捷的配合,而这些,对于优良的产品是必需的……实际上,福音书中"对上帝的虔诚是最大的福祉"这条真理,再也没有比
362 对大工厂的管理更为适用了。㉓

论证就是这样完满。工厂制要求人性的转化,手工工匠和外作工的"劳动冲动"必须规范化,直至这些人适应机器的纪律。㉔但是,怎样把纪律的美德灌输给那些不太能得到世俗盈利的虔诚信徒(除非他们成为工头)呢?这只能把"首要的训诫……人必须期望其最大的幸福不在今世而在未来的天国"的福音来灌输。"超凡的上帝用爱影响我们的意志和感情",赐给我们灵感,让我们懂得要把劳动当做"纯洁的善行"来完成。

但人们到哪里去寻找这种转化力呢?——在基督的十字架上。正是牺牲才能免除犯罪的内疚,正是这种动机免除犯罪欲;牺牲表明的是,奸恶行径无法抹煞,只有用这样可怕的赎罪方式,方能制止犯罪。牺牲抵偿了不服从的罪过,激励了服从,取得服从的力量,牺牲使服从变得切实可行,乐于接受,在某种意义上,牺牲变成了服从,服从不得不作出牺牲;最后,牺牲不仅是服从的动机,而且是服从的方式。㉕

因此,尤尔变成了棉纺织城的理查德·巴克斯特。不过我们

㉓ 尤尔前引书,第3卷,第1、3章,着重部分是作者加的。

㉔ D.H.劳伦斯在《彩虹报》上写道:"他们相信必须改变自己以适应矿井和工地,而不是改变矿井和工地来适应自己。这样做比较容易。"

㉕ 尤尔前引书,第423—425页。

在这里暂且从他的神学超验的高度上走下来，去简单地思考一下神学的世俗事务。显然，在1800年，一切开放的英国教会在神学中都有足够的分辨伦理是非的能力去加强工厂主自己的道德自尊意识。无论他是坚持等级的信仰，感觉到自己是上帝的选民，还是把自己的成功看做上帝的恩惠或虔诚的证据，他都不会因此而受到鼓励，去把他在布拉福德工厂旁边的住宅和巴德西岛上修道院小房子对调。然而，卫斯理宗的神学依靠其杂乱无章的机会主义，成为比任何别的神学都更适合于为无产阶级服务的宗教，这个阶级的成员从社会经历上说，没有丝毫理由认为自己是上帝的"选民"。在神学上，卫斯理似乎排除了清教派最好的成分又毫不犹豫地选择了其中最坏的成分。如果在阶级的意义上卫斯理宗是各阶级共处的，那么在教义上则是非驴非 363
马的了。我们已经注意到卫斯理宗与旧的非国教派的圣公会的知识传统和民主传统的决裂。但是，路德教服从权威的信条在1789年以后则可当做卫斯理宗任何一次年度会议的决议的样本：

> 即使掌握权力的人邪恶而不信上帝；权威及其权力仍然是好的，是来自上帝的……
>
> 上帝宁可容忍现存的政府，无论这个政府多么邪恶，也不允许乱民骚动，无论他们做得多么有道理。……

（然而，杰贝兹·邦廷与路德不同，他永远也不会承认民众可能是"正义"的。）人们常常注意到卫斯理的学说中有路德派的一般倾向。[26] 卫斯理对上帝普恩济世教义的拥护与加尔文教的“上帝选民”概念互不相容。如果恩泽普天下，那么罪恶也就遍天下。任何愿意悔罪的人都可能受到恩惠并知道他自己是用基督的血赎罪的。至此，这是一种讲究灵魂的平均主义的教义：不论穷人富人，在罪恶和恩宠的机会上至少是平等的。作为“感情”的宗教而不是理智的宗教，无知的和受教育最少的人都会盼望获得恩泽。在这个意义上，卫斯理宗排除了一切教义的和社会的障碍，对工人阶级敞开了大门。这提醒我们，路德教也是一种穷人的宗教，正如闵采尔所宣称的以及路德自己所经历的，灵魂平均主义有一种冲破天国的堤岸并流向世俗的渠道的趋势，并在路德派教义以及卫斯理宗所重现的这种教义中造成永恒的紧张。

但是，基督的赎罪只是暂时的。卫斯理的理论在这世界上还没有确立。他玩弄着恩泽永恒的概念。上帝一旦赐恩于忏悔者便永远保佑了这个人，这样，就使令人寒心的加尔文主义（“上帝选民”现在变成了“得救的人”而受到保佑）又偷偷地回来了。但是，随着18世纪的流逝，因信称义（即信仰耶稣就能得救）的信条坚固了——这显然是大批在信仰复兴运动中的“得救者”在
364 几年或仅仅几个月之后，又回到他们的老信条上去的缘故。信条就这样成立了：只要悔过者不再做坏事，其前愆便永远得到宽恕。“得救”的兄弟姐妹们处在有条件的暂时的选民状态中。“违背教旨”总是可能的，在上帝和杰贝兹·邦廷看来，由于人类的弱点，那还不仅是可能。此外，邦廷还力图提出上帝的观点是：

---

[26] 韦伯在《新教伦理与资本主义精神》中简要讨论卫斯理宗时，夸大了卫斯理的神学理论中加尔文教的成分，因此没有看到它特别适应于作为无产阶级的宗教。他过分地强调了卫斯理信徒中的“天命”感，尤其在用它解释工人阶级的“天命”意识时更是这样。“天命”说在美国的重要性不及服从驯服的学说产生的影响大。

罪……从本质而言是不变的……犯罪者的赎罪，是为了减轻其“特别深重的罪”。惩罚被免除了，受惩罚的义务解除了；虽然惩罚是罪有应得的，但却得到慈仁的赦免，因此就是赦罪了，也要表现出不断地忏悔的悲恸行为和本分。虽然应受的惩罚被上帝的仁慈之举赦免，但我们仍应牢记，自卑自贬之身就是我们在上帝面前合适的地位。㉗

但这个教义还有更为复杂的涵义：一个人可以根据他自己决定的行动**自己**拯救自己，这是一种冒昧的假定。拯救是上帝特有的权力，一个人所能做的一切乃是完全谦卑地为自己的得救做准备。但是，一旦深信主恩，一旦完全献身于卫斯理宗兄弟们，“违背教旨”对于男女工人来说就不是一件小事了。这意味着从他们所知道的工业荒原上惟一存在的共生群体中被驱逐出去，意味着时常出现一种对永远可怕的惩罚快要降临的恐惧感：

在那可怕的地狱
　　有永远的痛苦，
罪人必须和魔鬼同住在
　　黑暗中，火和锁链中。

那么，怎样向上帝求宠呢？不是靠善行，因为卫斯理认为信仰高于行善：“你应做的一切不过是拯救灵魂。”善行是骄逸的陷阱，最好的德行与泛起的罪恶混在一起，虽用另一种机会主义的说法来说，善行又可以是恩泽的**标志**（对工厂主和老板来说，这是萎缩了的加尔文主义）。由于现在是在通往永恒的走道上，像财

㉗　杰贝兹·邦廷：《关于因信称义的讲道》（利兹，1813），第 11 页。邦廷的比喻提醒我们，在同年的 1 月份，一些卢德派在绞刑架下得到了完全的“惩罚结局”，其他人由于惩罚被“慈悲地减轻”而处以 14 年的流放。

富和贫穷之类的世俗之物就无关紧要了。富人可以通过为教会
365 服务(特别是为他们自己的工人建造教堂)来显示皈依的证据。穷人是幸运的,因为他们没有受到"肉欲、色欲和生活的骄傲"的诱惑。他们似乎更能保护主的恩宠,这并不是因为他们的"天命",而是因为极少面临堕落的诱惑。

他们面前有三种显而易见的方法可以保住上帝的恩宠。第一,为教派本身服务,他们可以当组长、地区传教士或担任更低的职务。第二,通过宗教仪式和读经进行自己心灵的修行——尤其是努力再产生一次皈依的感情震栗、悔罪、忏悔和邀恩。第三,在生活的每个方面养成遵守纪律的习惯。最重要的是,劳动的本身有上帝恩典的明显的征兆,劳动(劳动之卑贱和不愉快绝不能同行善混为一谈)不应该是出于别的动机,(如尤尔牧师所言)而是"一种纯粹的美德之举"。

此外,当上帝把亚当逐出伊甸园时,对亚当的天罚是无可辩驳的教义的根据,"你必终生"勤勉劳动、贫穷和悲哀,而这些就是幸福。

我们现在可以看出卫斯理宗向工人阶级灌输的那些美德与中等阶级功利主义的迫切需求之间特殊的对应关系。[28] 尤尔暗示了其间的连接点,他告诫工厂主"创立同机械原理一样可靠的厂主的道德机器"。从这方面来看,在向工业资本主义的劳动纪律过渡的时代,卫斯理宗展现了功利主义内心世界的荒芜风景。手工工人的"劳动冲动"变得规范化,他们不愿劳动的冲动受到控制,而他的感情和精神的激情都多起来了。卑劣的宗教忏悔

㉘ 当然,韦伯和托尼都注意到了清教教条和功利主义原理的平行发展,参见托尼前引书,第 219 页,他写道:"功利主义者锁子铠甲上的一些链环是被……17 世纪的清教神学铸造出来的",而不是卫斯理宗铸成了套在无产阶级身上的功利主义链环中最后的一环。

短文是爱德温·查德威克和凯伊博士的那些失去人性的文风的另一面。“向理智进军”和心灵的压制配合起来了。

但是,恰恰是卫斯理本人主张卫斯理宗是一种“心灵的宗教”。正是因其“热情”和感情的波动,卫斯理宗才最明显地区别于各种旧的清教徒派别。[29] 18 世纪 90 年代有典型的宗教小册子叙述一个名叫约书亚·马斯登的水手皈依宗教之事,我们从中 366 可以看出宗教经历中几个被称许的阶段。这些小册子一般是按照常见的方式写的。先是对一个罪孽深重的年轻人的描写:骂人、赌博、酗酒、懒惰、纵欲,或仅仅是“肉欲”。[30] 然后若非讲些戏剧性的经历(奇迹般地治愈了不治之症,船只失事或他的妻子或儿女的死),使这个罪人意识到死亡;就是讲这个人偶然有机会听到了上帝的说话,这个有罪的人遭到嘲笑并终于知道了得救的道路。我们这位水手经历过所有这一切。一次船只失事,把他抛弃在“顷刻会被水和火吞没的处境,他害怕得发抖……他过去的罪孽的鬼魂以各种可怕的样子涌现在他面前”。重病“使他常常啼哭和伤心欲绝,他因此转而寻求上帝的恩典。重病还耗尽烧尽了他的感官欲望”,“向他展示不信基督的人临死前的可怕之状”。一位朋友请他去参加一个卫斯理宗的小组会,“他的感情化成孩子般的哭泣……泪如细泉之水流在双颊。”然后是为求宽恕,经受着代人祈祷以及同使他返回到以前的罪恶生活中去的诱惑力进行搏斗的长久的考验。只有上帝的恩典才能开启束缚人们灵魂的七障:无知、骄傲、无信仰、敌意、任性、欲望和

㉙ 当然,浸礼派属于例外,尤其是威尔士的浸礼派。

㉚ 引自该小册子的一例,见上文,第 58 页。

贪婪。忏悔者在“见习修身”时期一次次屈服于朦朦胧胧的“引诱”，[31]

尽管有种种努力，他有时抵挡不住迅猛的引诱，以致锐气受挫万分痛苦。他被罪压倒后，就加倍祈祷……有时他怕在得不到宽恕时就死去而心惊肉跳，又怕一觉醒来已到了那永恒的世界而吓得不能入睡。

当“肉欲”有一定程度的衰退时，“恶魔”就把更阴险狡猾的诱惑放在忏悔者的道路上。主要是用一切办法使他“心肠冷酷”，例
367 如反复无常，骄傲；但最严重的引诱是靠善行“赎买得救”，而不是耐心等待，“通过悲痛的调停者的无限功德，把拯救作为上帝慷慨的恩赐来接受”。善行信条是“这《希伯来人书》，这罗马教皇制度的人类功德教义”，于是“心肠冷酷”就存在于一种人物特性中，而这特性是抗拒完全的驯服。

上帝……在他能够慷慨地为我们释罪之前……必须使我们的外壳衰弱，使骄傲的希望之花枯萎，取走自倚的支柱，剥去我们身上那违背基督精神的华丽的正义伪装，制止法利赛式的自信自夸，把内疚的、自卑的、惭愧的、怕羞的、自感绝望的罪人带到十字架脚下。

在自卑自贬这一点上，“他的全部前景很像是一片呼啸荒野”。但是，“获得拯救的时刻已在眼前”。在卫斯理宗教堂的信徒聚餐会上，忏悔者跪在长条座椅上，“灵魂痛苦，开始虔诚地祈祷”。尽管“敌人的狂怒犹如洪水滚滚向他冲击着”，

---

[31] 这种语言往往暗示“罪”的真实成分是手淫。这很可能从三种事实推溯出的根源：一，忏悔者自己一心不乱的内向的肉体的要求；二，摆脱不了卫斯理宗关于性器官有罪的说教；三，指望卫斯理宗的孩子在到达青春期的年龄时应产生犯罪感。见 G. R. 泰勒：《制造天使的人》(1958)，第 326 页上关于近年来在文学方面就这个问题进行讨论的著作增加的情况。

> 一些组长和一些虔诚的妇女来到走廊内，一同代他向仁慈的主教祈求恩赦。他们越祈祷，他的痛苦和负担越重，直到最后他几乎精疲力竭，浑身汗透……他躲在长条座椅的坐板上，连动一动的力气也没有了。然而，这就是他得救的时刻……他有了无法说出来的感觉，有一种什么东西降落在他身上，像是上帝来了，通过他的全身。他跳立起来，觉得因为诚实便能紧紧地依靠基督了。

从此，"罪的重负卸掉了"，"新的再生表现为新的道德美感——爱、欢乐、希望、和平、孝敬、热爱耶稣、温柔的信心、渴望更加紧密的灵交、更加遵奉教规……一个新的正义王国已经种在他的心灵中了。"上帝的荣耀是"每个举措的目的"。但是，得救是有条件的：相信上帝的恩泽，必须同时认识到人是一种"可怜的、盲目的、堕落的、卑鄙的、不幸的（没有上帝的恩典）得不到帮助的罪人"。[32]

我们的这个罪人现在"从撒旦的掌握中被转移到上帝之子的天国和心像中了"。在这里面，我们可以看到心灵经受考验的可怖图景。在考验中，前工业社会的劳工或手工业者不顺从的 368
性格被强制地重新铸造成驯服的产业工人的性格结构。这真是尤尔所说的"转变力量"。它是一种现象，差不多犹如恶魔般的渗透，进入人类品格的本源中，直接导向感情和精神功能的"压抑"。但是，压抑一词会产生误导。这些能量，与其说是被禁止，还不如说是从个人及社会生活的表达中被置换出来，并充当为教会服务之用。像盒子一般刷成黑色的教堂耸立在工业地区，

---

[32] 约书亚·马斯登：《一个水兵早期生活掠影》（用第三人称写的自传）（赫尔，无出版日期）。

就像是一个个捕捉人类心理的大陷阱。教会之内有感情激动的戏剧场面，那是违背教规者、忏悔、与撒旦搏斗、迷途羔羊的动人戏剧场面。人们不必怀疑虔诚的姐妹可以在其中找到宗教中一种最大的“宽慰”。对于较有知识的人来说，这里却有精神的戏剧，它们是：

> 考验、诱惑、心灵沉沦、怀疑、斗争、深沉、显圣、胜利、冷淡、徘徊、烦恼、拯救、帮助、希望、回答祈祷者、调停、解脱、控诉……心灵的努力、信仰的行动、引导穿越神秘天命的迷津……火刑，以及在沉沦时刻的援救。[33]

不过，这里必须强调卫斯理的唯情论的**间歇性**。同时代的人们在提到普通卫斯理派教徒的特征或他们的家庭生活时，最常说的是他们的规范化、纪律化以及受压制的性格。与“心灵的宗教”相矛盾，它竟以抑制一切自发性而闻名。卫斯理宗只在必要时在教派里称赞“心灵的努力”，卫斯理宗的信徒写赞美诗，但没有写过出色的世俗诗歌。在当时，若想象有一个感情充沛的卫斯理宗信徒在恋爱，那是十分滑稽可笑的(卫斯理告诫说：“避免一切带感情的举止”)。说这样的话也许会令人不快，但是，在当年的卫斯理宗中，总会看到以宗教仪式出现的心理手淫。本来对社会秩序有危险的那种(借用尤尔的概念)没有再生能力的精力和感情，现在在经常举行的聚餐会、除夕晚会、铜管乐演奏会和信仰复兴运动等无害的形式中发泄掉。在聚餐会上，人们
369 在唱过赞美诗；仪式性地分吃糕饼或水加饼干后，传教士以一种不加修饰的感情方式谈起他自己的精神体验、诱惑，以及同罪恶的抗争：

> 当传教士这样做的时候，叹息、呻吟、热诚的喘息

---

[33] 马斯登前引书，第104、111页。

声……祈祷后突然的喊叫[34]或赞美声从听众的各个角落发出。

在紧张气氛中,参加教徒集会的人一个个地站起来,忏悔他们内心的罪或受到的引诱,而这些往往与性的问题牵连着。一名目击者提到"一些年轻的女人还没有来得及站起来说话,就显出了害羞和明显的内心激动的神情。"[35]

(骚塞写道:)卫斯理宗把宗教当做"感觉和感情的东西,永远渴望同情和刺激"。[36] 主日的感情高潮更容易使人们把这些精力转移到每星期6天枯燥的生产劳动上去。此外,由于拯救并没有保障,诱惑又潜伏在四周,因此产生了永恒的内心激励,要求每天的每个小时和每年的每天都有"清醒和勤劳"的举止,即受上帝感化的可见标志。劳动时不遵守纪律的结果不仅是被解雇,而且可能面临地狱之火。上帝是无所不在的监工,工厂的烟囱上甚至贴着"上帝在看着我"的话。卫斯理宗的教徒不仅受到告诫要"背负贫穷和耻辱的十字架",并且(正如尤尔所见)受苦受难的考验正是表示服从的真正的方式。"我们是受苦受难的耶稣的忠实信徒,啊,我们每天都愿死在你的十字架上"。[37] 劳动就是十字架,"转化过来"的勤劳工人就被钉在这上面。

但是,如果没有人格的中心分裂,便不会有感情冲动的急剧转向。我们可以看出黑兹利特为什么把卫斯理宗描述为"宗教

---

[34] "突然地喊叫"的原文是 ejaculation,也是射精之意,语含双关。——译注

[35] 约瑟夫·奈廷格尔:《卫斯理宗素描》(1807),第203页起。

[36] R. 骚塞:《卫斯理生平及其宗派的兴起与进展》(1890),第381页起。

[37] J.E. 拉顿伯里:《卫斯理兄弟的圣餐颂歌》(1948),第240页:

将我们的罪投入火中,
依赖你的献身把它烧光,
连同一切卑鄙和亵渎的欲望。
去经受每天痛苦的考验直到末日审判。

病人的集合”。[38] 如果卫斯理从路德那里继承了权威主义，那么卫斯理宗又从17世纪的加尔文教和英国清教牧师那里继承了忧惧心，即与“严格回避一切自发的享乐”相结合的井井有条的
370 生活纪律。[39] 该宗从这两个教派教义中继承了近似摩拉维亚教关于人在堕落时的犯罪意识。作为不必要的补充，卫斯理兄弟把18世纪早期恋尸癖的怪现象和摩拉维亚教传统中最令人不愉快的变态意象，收入卫斯理宗的赞美诗和写作中加以传播。韦伯从巴克斯特那样的牧师所做的讲道中注意到了性抑制与劳动纪律之间的联系：

> 清教苦行的禁欲主义与修道出家的禁欲主义之间只有程度上的差别，并没有原则上的根本不同。而谈到清教的婚姻观，其实际影响则比后者更为深远。即使在结婚的夫妻之间，性交也只有在按照训条的“多产和繁殖”原则，根据上帝的意志作为增添上帝的荣耀的手段时，才是允许的。和素食与冷水浴一样，对性诱惑还可以开出另一剂药方来抑制对宗教的怀疑和对道德的轻视，那就是：“按上帝的召唤去努力工作吧！”[40]

卫斯理教义中充满了关于性行为有罪以及性器官极其有罪的说教。这些——特别是男性生殖器（因为妇女不感到“肉欲的欢乐”已渐渐成为常规）——就是撒旦的看得见的肉欲大本营，是产生诱惑，引起无数不符合教义（诚心为信仰的生殖除外），不出

---

[38] W. 黑兹利特：《论卫斯理宗的起因》，载《园桌论坛》（1817）；《著作》，第4卷，第57页起。

[39] 韦伯前引书，第53页。

[40] 韦伯前引书，第158—159页。

于生育动机的冲动的永久的源泉。[41] 但是，卫斯理宗这样纠缠于性行为本身就反映了卫斯理宗的想象中有反常的色欲。我们已经提到，在约翰·纳尔逊的信仰转变中，撒旦和作为崇拜对象的男性生殖器是等同的。上帝常常就是父亲的形象，复仇心重，奉行权力主义并且禁令繁多。基督必须向他求情，受苦受难的耶稣“仍在流血，为每个人的灵魂/恳求神恩”。但是，把女性　　或更多地是性的意象——与基督联系起来，就更令人困惑和不快。

我们在这里遇到了一层又一层相互冲突的象征。基督是 371
“爱”的化身，卫斯理宗的大量赞美歌是献给基督的。基督依次是母性的，恋母情结的，性欲的以及施虐—受虐的。人们常常注意到，在摩拉维亚教的传统中，创伤与性的意象总是互相同化的。人类作为有罪的“蛆虫”，必须在“耶稣的伤口里找到食宿之处”。但是，性的意象轻易地转化为子宫的意象，那“神圣、宝贵、无比美丽的壁上可爱的小口子”，也是罪孽的庇护所，罪在其中“休养呼吸再生”：

> 啊，宝贵的壁穴的空腔
> 我要在你的里面度过一生……
> 在那一壁穴里快乐极了，
> 我要在里面度过余生，
> 是的，是的，我要永远寄居在
> 那儿，寄居在你壁裂的地方。[42]

性的意象与“子宫回溯”的意象显然在这里便合二为一了。

---

[41] 只有认识到这种纠缠在多大程度上渗透了英国的文化——特别是工人阶级的文化——才能理解劳伦斯为了什么写《查特莱夫人的情人》一书。

[42] 见 R.A.诺克斯:《热情》(牛津,1950),第 408—417 页;G.R.泰勒前引书,第 166—167 页。

但是，卫斯理兄弟与摩拉维亚教兄弟会决裂后，他们在赞美歌里使用的语言以及他们对摩拉维亚派团体中的反教律派异端的不断谴责，已成了众所周知的丑闻。在约翰·卫斯理和查尔斯·卫斯理的赞美诗歌里，明显的性意象被有意地压制了，代之以子宫和肠子的意象：

来吧，啊我那有罪的兄弟，来吧，
在你罪行的重负下呻吟吧！
他流血的心房给你让出地方，
他张开了壁将接你进去……

但这一意象是从属于难于抗拒的流血牺牲形象的，就仿佛是使早期基督教会感到烦恼不已的太阳崇拜的祭血的地下传统，在18世纪的卫斯理宗赞美诗中又突然涌现出来一样。这是基督"流血的爱"，是献身的耶稣的血，罪人必须用它来沐浴，牺牲和忏悔者的罪行合在一起了。这是"从他的壁中涌出的'泉'，张开好让一切都可进去"：

你的血之泉还在
　　为罪人们大大敞开；
啊！我的上帝，我的主，就是现在，
　　我还在你的壁中洗净我自己。

372 献祭的、色情受虐狂的和色情的语言都在同一血的象征中找到了共同的联系：

我们渴求喝你宝贵的血，
　　我们衰弱地在你的伤口中憩息，
渴求那不朽的食物，
　　长久地宴用你全部的爱。

与基督的爱相结合，尤其是在圣餐的"婚宴"中（这时，教会因"把基督的肉体奉献给上帝”而集体地“把自己奉献给上帝”)[43],与自我禁欲的感情、思恋遗忘的子宫以及苦恼的性欲合为一体了,“隐藏在救世主的怀抱中”:

我将永远居住在这里,
　　一刻也不离开,
躲藏在你的壁的裂口中
　　保持在你心中直到永远。[44]

很难设想人类生命中还有比这更为根本的分裂,以及在人格各方面必定会表现出来的自发性源泉的浊化。由于把享乐和罪恶、犯罪联系在一起,把痛苦(基督的伤口)和善良、友爱联系在一起,所以每种冲动都会扭曲到它的反面,这样便自然会认为大人和儿童只有在进行痛苦、勤勉和忘我的劳动时才在上帝的眼中找到恩宠。劳动和伤心就是寻找快乐,受虐待就是“爱”。简直无法设想人们真能像这样**生活**,但是卫斯理宗的许多教徒都尽力而为。怀特菲尔德打算结婚时用这样的想法来安慰自己:“如果我还了解自己的心,那就是我并没有世界上称为爱的那种愚蠢感情了”。卫斯理所到之处追逐妇女,似乎是一种虚假的求偶而永远达不到圆满,既伤害了自己,又羞辱了妇女。当他 373

㊸ J.E.拉顿伯里前引书,第132页。

㊹ 同上书,第109—111、202—204、224—234页;又见J.E.拉顿伯里:《查尔斯·卫斯理的圣歌中的福音教义》(1941),第184页。这个课题应给以必要的修订和专门的研究。G.R.泰勒先生的论文《天使缔造者》有启发意义,不过他试图用“性”来解释儿童倾向于恋父还是恋母的历史变化,反而得出了荒谬的结论。应当指出“壁”这个词当时既是暗指女性生殖器的也是指子宫的。作为色情的和受虐狂——奉献的意象之同化的暗示,乃是:“流血的壁”一词系指在月经来潮(夏娃的“诅咒”)期内禁止交媾或猥亵动作而言,于是性欢乐及绝对禁止交媾这两种观点便与耶稣受难之说联成一体了。有罪的人只有有一种罪孽深重和手淫的意识才能同等地被“纳入”基督的壁内。

结婚时，似乎是对自己的惩罚，但尤其是对他妻子的惩罚。卫斯理宗纠缠于女色与妓女的一贯好色的思想感情，是众所周知的。这种凄凉的叙述除了从维多利亚时代早期一位卫斯理宗的牧师虔诚的日记中找到外，人们还可以到哪里去寻找呢？日记中写道：

> 圣诞节。我在南演兵场给一对新人主婚，然后到（百合花巷的）浴池去，浸在冷水中。我跪在地上结束了这伤心的一年……我的心升向上帝。㊺

在工业革命的时代，这种奇怪的想象不仅常见于卫斯理宗的赞美诗中，而且常见于布道和忏悔的语言中，这当然引起了人们的注意。利·亨特在《论卫斯理宗粗俗和渎神的狂喜》一文中评论道："上帝被人格化了，表达在最粗俗的形象之中。如果必须用世俗感情的语言对上帝说话，为什么不把他当做父亲，而把他当做情人呢？"㊻ 不过到18世纪末，卫斯理宗出现了悄悄的变化。从对爱情的否定或爱情的升华转而崇拜它的反面：死亡。查尔斯·卫斯理本人曾写过不止一首预示着这种转变的圣歌：

> 啊，多么可爱的死的相貌！
> 　　世上没有什么壮观能如此美妙。
> 一切华丽的赛会表演勃勃生气
> 　　也比不过那长眠的身体。

㊺　E. V. 查普曼：《约翰·卫斯理公司（哈里法克斯地区）》（哈里法克斯，1952），第70页。

㊻　《观察家报》编辑（利·亨特）：《揭露卫斯理的愚蠢和危险》（1809），第54—64、89—97页。这种语言也使卫斯理宗受到指控，说他们的爱心聚餐、除夕守夜和复兴者的狂热往往演变成混乱的性交。在严肃的批评者中，奈廷格尔批驳这样的指控，利·亨特却赞成骚塞保留自己的看法。见署名"一名教授"的下等作者所写的《一个卫斯理宗教徒的忏悔》（1810）。

在这方面,卫斯理宗的传统是自相矛盾的。一方面,卫斯理宗传教士用尽一切手段去引起对死亡和地狱中无尽痛苦的恐惧。儿童从会说话时就开始被那些因极轻微的行为失检而不断地受到惩罚的形象所惊吓。福克斯的《殉道者传》以及类似的读物把他们的夜晚弄得毛骨悚然。[47] 但是,与此同时,在整个19 374
世纪初,凡是能读书的人都纷纷钻进了歌颂"神圣之死"的宗教书籍中。卫斯理宗或福音派为成人或为儿童阅读的杂志的内容,无一没有死人卧床的场面,而在此场面中(正如利·亨特所提及的),死亡一词往往是急切盼望新婚之夜的新娘或新郎最先说出的话。

死亡是惟一可以不负罪而追求的一种目标,是一生的苦难和劳动之后所获得的平静的奖赏。

近年来,卫斯理宗的辩护士或公正的世俗论者撰写了许多卫斯理宗的历史,企图对他们所无法理解的这一运动做出评价。有人曾令人震惊地提到了莱基在19世纪末作出的判断:

> 再也没有比这更可怕的宗教恐怖体系了,它更适于动摇不稳定的思想,使敏感的人性变得阴暗和痛苦。[48]

工业革命孕育了一个名叫杰贝兹·布兰德厄姆牧师的人物(几乎可以肯定是按照杰贝兹·邦廷的模型塑造的)。他在洛克伍德所作《顶点》一书开端的噩梦里出现:"天哪! 这是什么传道! 竟然分成**490**章……每章讨论一种罪恶!""你不可"的信条无所不在,这些年中,它在不同程度上渗入**全部**的宗教追求,正是在这

---

[47] 参见W.E.H.莱基:《18世纪英国史》(1891),第2卷,第585页:"鬼怪的形象(即卫斯理宗的传教士)不断地损害他们的想像力,在暗淡或消沉的每个小时里缠绕着他们,使他们对判断的世界没有光彩,还要加上他们对坟墓中的黑暗产生的十倍的恐惧。

[48] 莱基前引书,第3卷,第77—78页。

种背景下,我们才可能充分地认识威廉·布莱克的才华。1818年,他终于把《永恒的福音》从寓意深刻的预言书升华为格言般清晰的最后阶段。他在这本书里重申了一种价值观,以近乎反教律主义的观点肯定了性行为的乐趣,肯定了出现在他早期歌曲中的纯洁无罪。几乎在每一行里,都可以看到在向卫斯理宗和福音主义宣布进行"精神战争"。[49]他们的"基督形象"就是他的形象的"最大敌人"。特别重要的是,他对宣扬谦卑和顺从的说教做了直接的攻击。正是这种应当否定的谦卑"玷污了日月","颠倒了乾坤",

> 连根带枝拔去了
> 被埋葬的灵魂及其一切珍贵的东西。

375 ## 2.绝望中的千年至福

卫斯理教派可以用来作为一种劳动纪律是明显的事实。然而,比较难以理解的倒是如此之多的工人为什么竟然愿意接受这种形式的心理剥夺?卫斯理宗为什么能成功地发挥既作为剥削者的宗教又作为被剥削者的宗教这样一种双重的作用呢?

从1790到1830[50]年之间的情况来看,可以推论出三种理由:直接思想灌输、卫斯理宗的群体意识以及反革命的心理

---

[49] 参见威尔伯福斯:《现实的基督教观点》,第437页:"记住,我们都是堕落的人,生而有罪,当然会堕落。基督教不承认**无罪或善心**。"

[50] 杰贝兹·邦廷及其同僚兴起并占主导地位正是在这些年代。1830年以后,在卫斯理宗内部出现了自由化的趋势,尽管邦廷对这个趋势进行了坚决和不懈的斗争;但是,到40年代卫斯理宗进入一个比较温和的新阶段。一方面,一些第二、第三代的工厂主和雇主脱离卫斯理宗,皈依尊贵的国教。另一方面,卫斯理教派成为一些小店主、小职员和低级经理人员的正宗世界观。在这种世界观里,某种尚未确切表明的激进思想和"自助"的意识结合起来了。参见E.R.泰勒前引书,第5、6章;W.J.沃纳前引书,第122—135页。

后果。

第一个理由，即思想灌输，不宜夸大。福音教派的主日学校一直非常活跃，尽管很难估计它们的活动究竟在多大程度上属于“教育”活动。卫斯理宗的信徒从创立者那里继承了一种特别强烈的信念，即认为儿童生而有罪。这种信念表现得如此强烈——在卫斯理的例子中——甚至使一些耶稣会士也逊色了：

> 必须及时制服他们的意志。在他们能够独立行走之前，会说一些简单的话之前，或在会说话之前就必须加以驯服。不管多么痛苦，你若不愿糟蹋孩子，就应制服他们的意志。孩子从1岁多起就要教他们害怕体罚，轻声哭泣。从那样的年纪开始就要叫他们听话，即使要打他10次才能达到这样的效果……现在就要制服他的意志、他的灵魂将一直存在，他会祝福你直到永远。[51]

在卫斯理创办的金斯伍德学校里，只允许进行严格的功能性质的“消遣”——例如劈木材，挖土，等等——因为“基督的儿童不屑于”游戏和玩耍。（卫斯理很少说言不由衷的话，他曾说：“我要么杀人要么挽救人，非此即彼——要么办一所基督的学校，要么什么也不做”。）只要看看19世纪新主日学校通用的“教材”就 376
会发现其真正目的。卫斯理为成人祈祷用的凄凉的圣歌被艾萨克·瓦茨的《儿童圣歌》或后来作者写的道德教训文章抄本所取代。牙牙学语的儿童学着唱歌，说他们“无论从天性还是从实际

---

[51] 骚塞前引书，第561页。我们从班福德18世纪90年代写的回忆录和托马斯·库帕的《生平》中可以看到18世纪末和19世纪新卫斯理的许多信徒把他的教导人道主义化（库帕在19世纪20年代担任卫斯理派的小学校长时，曾经认为不打学生是上帝的恩赐）的例子。此外，参见杰贝兹·邦廷在《描述一项伟大工作的布道》（1805）中所主张的正统的实用主义的说教。

中，都是罪恶的沉沦奴隶”。无所不见的上帝有“锐利的双眼”，注视着他们最“秘密的行为”：

> 我们犯的每个罪行，
>   我们说的每句脏话，
> 全都记录在你的可怕的簿子里，
>   到上帝最后的审判之日，必得报应。

当时有一个典型的道德说教故事宣扬这种“教育”的总趋势。[52] 约翰·外斯是个“穷人的儿子，他的父亲有许多孩子，他辛苦地劳动，都无法给他们赚来面包，他每天都拼命干活，但只靠燕麦饼和燕麦粥过日子”。他的父亲是个“常常祷告的人”，不停地因为上帝的保佑而感恩，例如他说：“我们一些人本来会死去，但全都活下来了。”约翰的母亲用艾萨克·瓦茨的圣歌来教育他，这是一首赞颂太阳遵守劳动纪律的圣歌：

> 从东方的居室
>   从早晨开始了奔跑，
> 他永不疲倦，永不驻足，
>   围绕着世界永放光芒。
>
> 我要像太阳那样完成
>   今天的责任，
> 我要及时开展我的工作，
>   在我神圣的路上永远继续前进。

父母教育约翰说安息日是神圣的，他们讲授种种教诲，要人们尽职、恭顺、勤劳。然后是关于约翰的坏妹妹贝蒂的可怕故事。她星期天出去散步，回家时弄得又湿又脏，还弄丢了一只鞋。父亲

---

[52] 《穷孩子约翰·外斯的故事：儿童教育资料》（哈里法克斯，1810）。

训斥她，对全家读起摩西的十诫，说在安息日拾柴的人应当被乱石打死，贝蒂的罪比那个人还要严重，不过这次她得到宽恕。但是，更严重的罪行发生了，有些儿童不去上主日学校，反而去踢 377
足球。第二个星期天，这些儿童受到警告，并对他们讲了一个故事，说42名儿童由于嘲弄年迈的以利亚，仁慈的上帝下令将他们撕碎。于是孩子们唱起了瓦茨的另一首圣歌：

一群嬉戏的孩童，
　　如此对待年迈的以利沙；
叫这位先知走开，
　　"滚吧！你这个秃头，滚吧！"

上帝立即制止了他们邪恶的喊叫，
　　派来两只狂怒的熊，
把他们撕成一片又一片，
　　鲜血淋淋，一片呻吟和眼泪。

最后，约翰和他的父亲的虔诚获得了报偿，他们由于耐心地安于贫困，深深地感动了一位外地人，让他们继承了一大笔财产。

人们也许会发笑，但是对儿童施加的心理暴行在他们看来却真实得可怕。人们可以怀疑不久前一位作者强调的说法，即清教徒使用（一种很紧的襁褓）均匀包扎婴儿并对婴儿进行便溺训练，这能造成抑制效果。对此，尽管怀疑，这种观点却是无法驳斥的。[53] 但不论在大多数教科书中为何重复着陈词滥调，作为这个时期教会的"教育启蒙"，主日学校确实是村庄女私塾令人敬畏的替代品。18世纪贫民教育的设施——尽管不充分，拼

---

[53] G.R.泰勒前引书。

拼凑凑——但毕竟还是某种教育设施，即使（如同申斯顿的女校教师所说的）这种学校只教给孩子认花草的名称。在反对法国革命时期，主导的福音派观点毒害了这种教育，教育的功能自始至终变成对穷人的孩子的“道德拯救”。[54] 不仅教儿童写作受到诘难，而且很多主日学校的教师听任学生们不会阅读。按照《旧约》的观点，认为如此开导至少是上帝的祝福。还有些孩子获得的知识不比一个小女孩对某个调查矿山童工问题的皇家特派员所说的更多：“我过去不知道，昨天他们在学校里才告诉我，如果我死的时候是个好姑娘，便会升天堂，倘若我是个坏姑娘，就会
378 在硫磺石上被火烧死。”[55] 儿童在青春期以前很久就已在主日学校或家中（如果他们的父母虔诚的话）受到某种最动感情的压制，要他们忏悔自己的罪过，获得一种得救感。许多儿童像托马斯·库珀小时候一样“每天 20 次去到某个秘密的地方，虔诚地祈祷以求得到宽恕……”。[56]

莱基所谓的“宗教恐怖”，对一个不向穷人儿童提供可选择的教育手段的社会来说，的确一点也不过分，至少在兰开郡慈善学校运动出现以前是不过分的。在兰开郡学校运动中，真正的教育目标以及用工业生产知识来训练儿童的功利主义倾向冲淡了“道德拯救”的观念。[57] 但是——现在讲我们的第二个理由——我们应当注意不要依据主日学校的初级读本的证据或邦廷一类人的传道而把各福音派教堂描述得太苍白太粗糙。正统的卫斯理宗牧师想要达到的目的是一回事，许多团体中所发生

---

[54] 参见雷蒙德·威廉斯：《漫长的革命》（1961），第 135—136 页。

[55] 摘自哈蒙德夫妇：《沙夫茨伯里勋爵》（企鹅版），第 74 页。

[56] 库帕：《生平》，第 37 页。

[57] 今天有些作者揭露商业化地滥用交流媒介造成了人的贬值。我认为他们由于忽视了早期那种群众灌输的性质及其程度，从而夸大了这方面。

的实际状况可能是另一回事。这里，我们就涉及了第二条理由。旧派的“阿明尼乌斯派”卫斯理教徒对主日学校的教学持有一种比较人道的态度，新教团的卫斯理宗比正统派的卫斯理宗信徒在方法上更为理智。我们已经提到(《设菲尔德彩虹报》的)詹姆斯·蒙哥马利领导了设菲尔德非国教徒的斗争，要求在主日学校的教学大纲中保留教儿童写作的课程。自愿提供服务的世俗教师不那么拘泥于宗教的教义，连续不断的紧张局面有时可能产生意外的结果。1798 年，博尔顿的一位牧师写信给波特公爵说：

> 即使我们的主日学校有时也会变成宗派的温床，我们已经发现有一个人在校长的名义下进行联合英格兰人的宣誓，这样的事例最少发生过一次。[58]

1817 到 1820 年间，约瑟夫·哈里森牧师和斯托克波特政治联盟掀起了激进派的主日学校运动。这些学校的成员中有些是 379
过去正统学校的教师和学者，于是，尤尔博士在 19 世纪 30 年代所竭力推荐的“静悄悄的堡垒”，即斯托克波特的主日学校，现在就被完全包围了(而且在一定程度上的确被取代)。[59]

这不仅应当从学校的内部，而且应当联系到卫斯理教堂普遍的影响来看待这个问题。作为一种说教，卫斯理宗表现为无情劳动的思想，但在实践中，这种说教根据它所处社会集团的要求、价值观和社会关系模式，而在不同的程度上被调和了、人道主义化了并且改变了形式。教会毕竟不仅仅是个教堂，也不仅仅是牧师的传教和讲道。教会还包含着小组集会、缝纫小组、筹

---

[58] 托马斯·班克罗夫特牧师 1798 年 2 月 12 日的信，枢密院档案，第 A. 152 号。

[59] 见 D. 里德：《彼得卢》(曼彻斯特，1957)，第 51 页起，亦见下文，第 717 页。

集捐款等等活动,地方传教士往往在工作之余步行数英里远的路程,来到牧师们足迹鲜到的边远村庄,参加那里的小型宗教仪式。卫斯理教徒们的团体景象通常被描述得太欢快了,它甚至强调得把教会的其他特征全都遗忘。[60] 但是,卫斯理宗打开教堂的大门,为工业革命中流离失所、无家可归的人提供了某种团体,以取代正在瓦解的旧社团模式。作为非国教的(虽然是不民主的)教会,劳动者觉得可以将它变成自己所有。在卫斯理宗扎根的地区(矿区、渔村和纺织村),社会联系交织越紧,这种情况就越如此。

在那些年代,卫斯理宗教会成员的"入场券"对于许多人来说的确非常重要,甚至达到了令人崇拜的程度。对于浪迹人间的工人来说,从一个城市到另一个城市,这是进入新群体的"入场券"。在这个宗教团体内(正如我们所见)有它自己的戏剧、自己的等级地位和个人重要性,有它自己的蜚短流长,和成员间许许多多的互相帮助。团体内甚至还有一定程度的社会流动,尽管教士们极少是出身贫困家庭。当这些男人和妇女在教会里面时,都感到自己在一个不那样敌对的世界里,有了一点某种**地位**。他们也许会因为自己的谨慎或贞洁,或虔诚而得到别人的
380 承认。除此以外还有其他一些积极方面,例如有助于家庭的稳定等等,关于这一点,我们将回过来讲一讲。说到清教徒,他们的身份不能看做仅仅是为教会和雇主服务的。一旦发生变化,人们扮演原来角色时的献身精神也照样在工会和汉普登俱乐部的干部们身上表现出来。他们自学到深夜,有指导工人阶级组织的责任感。在分析卫斯理宗的意识形态时,我们做出了一个

---

[60] 早年的教会团体的意识,见 L.F.丘奇以同情口吻写的著作《早期的卫斯理宗的人们》(1948),这类著作很多,亦可见韦尔默思博士的著作。

合理的概括。在社会生活之流中,简单的常识、同情心、旧的社会传统的顽固生命力等等全都融合在一起,调和它的禁区界限。

第三个原因是在拿破仑战争年代,劳动人民格外听任卫斯理宗的渗透。这也许是最有趣的原因,却很少被提及。为了便于探讨,最好是回忆一下卫斯理宗和浸礼派以及更小教派的信仰复兴运动的歇斯底里劲头。在工业革命最悲惨的那些年代里,多个工业地区都广泛地使用了真正的麻醉剂。查尔斯·金斯利所使用的"群众的鸦片"一语,使我们想起许多劳动人民皈依宗教是为了求得"安慰",尽管卫斯理宗的教义所鼓舞的梦想并不那么美妙。复兴派传教士们的激动的感情是他们吸引人们注意的方法:神情紧张的开场白;逼真地描述暴死和悲惨的结局;用泛泛的词藻谈论罪的深重;戏剧性地提供赎罪机会。于是户外的人群和早入卫斯理宗的会众,也因产生强烈的"热情"——神魂颠倒、呻吟、大叫、哭泣,陷入突然之间的发作而引人瞩目。骚塞曾经指出宗教复兴主义十分类似于催眠术:卫斯理"引起一种新疾病,他不是用医学理论而是用神学理论来说明这种疾病。"[61] 这些症状有时表现为剧烈的群众性歇斯底里,就像卫斯理在 1788 年 3 月的日记中记载的布里斯托尔的事件那样:"全体与会者迅如闪电般爆发出强烈的喊叫声":

> 恐怖和混乱不可名状。你可以把那想象为一座正在被
> 风暴袭击的城市,人们强烈地相互冲撞,长凳摔成了碎 381
> 片,十分之九的会众都因这种狂热而震惊。

1786 年的记载表明,在弗里恩河边教堂里,这种歇斯底里已经成了人们习以为常的形式:

> 其中一些人,也许是许多人,一起拼命高声嘶喊。有人

[61] 骚塞前引书,第 382 页起。

在祈祷时用词不当甚至鄙俗。几个人像死一样倒在地上，犹如尸体一样僵直，但俄顷又跳起来呼唤，赞美主，赞美主……。

卫斯理把这种过分的歇斯底里谴责为“把真正的礼拜变成了丢脸的事情”，[62] 但在整个工业革命期间，卫斯理宗的复兴运动包含着一种形式比较沉默的歇斯底里。狭小的社区、矿工、山区农民或织工起初也许会抵制在他们中间进行户外讲道和祈祷会的运动，然后在“干柴中出现微小的运动”，接着“火焰爆发，就像野地里的荆豆花放在火上，灿烂夺目。”[63]

这种例子取自于从1799至1801年在约克郡西区纺织村庄进行的宣传中，当时全体居民宣称他们都（至少是暂时地）“得救”了。人们很少注意到，在战争期间，卫斯理宗不仅极大地扩展，尤其是在北方工人阶级中的扩展；而且有新的事实证明随着扩展而来的还有歇斯底里。例如在1805至1806年，当时在布雷德福成群追随卫斯理宗的人，“在许多事例中，刚宣布圣经经句，人们就悲痛地哭喊，打断了牧师的话，立刻把牧师的祈祷……变成了一种全体诚挚的代人祷告。”[64] 1816年，德文的一位基督教圣经主义派的牧师在日记中洋洋得意地写道：“当我正在讲道时，3个人倒在地上。我们祈祷时，又有几个人倒下，我敢肯定有6个人找到了安宁。”这个教派在荒原的农民和农业工人中做礼拜时常常伴随着强烈的感情爆发，匍匐在地，“高呼赞美”以及“忏悔者大声而虔诚的恸哭。”[65]

卫斯理宗也许可以阻止革命；但是，我们可以肯定，它在战

---

[62] 见R.A.诺克斯前引书，有关“热情”的讨论，第520—535页。

[63] F.A.威斯特：《乔纳森·萨维尔回忆录》（哈里法克斯，1844）。

[64] W.M.斯坦普：《布雷德福卫斯理宗大事记》（1841），第85页。

[65] F.W.伯恩：《基督教圣经主义派》（1905），第36—42页。

争期间的迅速发展是反革命心理作用的一个组成部分。有一种看法认为,强调来世的任何宗教都是失败者和失望者的千年王国。卡尔·曼海姆在叙述另一种宗教运动时说过这样一番话:“乌托邦的幻想引出一种相反的幻想,革命者千年王国的乐观主义最终将导致顺从的保守态度的形成。……”他还给我们指出了解这种心理作用的线索: 382

> 千年王国总是伴随着革命的爆发而兴起,并为革命提供精神支柱。当这种精神消退并背离运动时,留在世上的就是赤裸裸的群众狂乱以及失去精神支柱的狂想。[66]

在18世纪90年代的英国,由于革命的推动力尚未达到“爆发”点就受阻了,所以当精神消退时,反动也就没有落到“狂乱”的程度,在这几十年里出现的许多现象大概也只能这样来解释。18世纪90年代末,随着英国雅各宾派的溃败,随着战争的爆发和理查德·布拉泽斯被关进疯人院,真正的千年至福说的道理也就终结了。但是,在此后的15年中,“新耶路撒冷派”的一些宗派却兴盛起来,[67] 出现了一个又一个预言家,像德比郡山区一个偏远村庄(哈克洛)的基督教的惟一神教派牧师埃本内泽·阿尔德雷德那样:

> 他在那里过着一种隐居的生活,陷入了梦幻和狂想,掌握了预言术,说在《启示录》中看到了拿破仑,最后,梦见他自命为先知,站在非陆地非水上的地方,宣告一个大城市将要毁灭。……

---

[66] K.曼海姆:《意识形态与乌托邦》(1960),第192—196页。

[67] 1801年3月,菲茨威廉伯爵调查了布拉泽斯在布雷德福的信徒的活动,其为首的是一个名叫扎克乔斯·罗宾逊的织工,他“长期以来就是卫斯理宗的中坚成员,即所谓的小组领导人”。见菲茨威廉文件,F.45(a)号。

他身穿白袍，白发垂肩，驶船泰晤士河上，散发传单，预言末日审判。[68] 他激进神秘，为竞争《启示录》中的〔长老的〕长袍而战斗；他在伯明翰和外滨找到了早已被湮没的以色列人部落；他所发现的“证据”说明：“大英帝国是弥赛亚的特别领地，是他所许诺的海上领地。”[69]

不过，能够证明“失去精神支柱的狂怒”的最令人吃惊的事例是围绕着——而且持久不衰——最大的女预言家乔安娜·索

383 思科特而展开的。1801年，她第一本古怪的预言小册子《信仰的奇怪效应》出版了。于是，出现了预想中的狂热气氛，这位德文的农家女儿和家庭女仆名声大噪，其声望在农村中迅速流传。她的感染力奇怪地混合着许多成分，其中包括对古代英国的生动的迷信想象，特别在她老家的西部地区印象尤强。1811年的《汤顿信使报》上写道：

> 对超自然力量的信仰普遍充斥于西部各郡，而几乎在所有的村庄，人们都依赖至少一个精通“地狱的黑色语法”的人。这个桑福德的妖女一度赢得了成千上万的信徒。……[70]

卫斯理宗圣餐式中有凄惨的想象和狂热（按照骚塞的说法），乔安娜“热烈地依附”在其中。[71] 乔安娜的文风是一种奇怪的混合，既有神秘的打油诗，又有机智而带文学色彩的自传体散文——如对童年回忆的记载，痛苦的爱情经历，以及倔犟的农家女儿与不虔诚的牧师和乡绅之间的冲突等等。尤其有那些年战

---

[68] T. A. 沃德前引书，第188—189页；伊本—伊泽：《小书》(1811)。

[69] R. 韦奇伍德：《回忆录》(1814)。

[70] 摘自《阿尔弗雷德报》，1811年8月24日。关于被魔鬼缠身的妇女以及一位“自称为基督”的妇女，亦可见F. W. 伯恩前引书，第55、64—65页。

[71] 骚塞《英国通信》(1808，第2版)，第3卷，第238页。

争带来的苦难以及对战争的厌倦，有对千年至福的期望；就是那个时代，布拉泽斯的信徒们整天生活在希望获得新启示的期待中，在那个时代：

> 一个疯子把他的梦幻印成书，另一个疯子刊登他的白日梦；一个人看见天使手持出鞘的宝剑从太阳里飞出来，另一个人看见恶龙在空中飞翔，而一群天使则排成战阵……下等人……开始相信，七玺即将开封……[72]

乔安娜不是圣女贞德，但她具有圣女贞德对穷人的一种感染力，即让他们感觉到，启示落到农民女儿的头上，与落到国王头上是同样地容易。她被人们看做是布拉泽斯真正的继承者，她在自己周围聚集了一批亲信，其中还包括几名受过教育的男女信徒。（如果说布莱克的那些预言性书籍可部分地视为极近于流行预言口气的一种风格独特的作品；他的一位熟人，过去的“雅各宾派”、雕刻工威廉·夏普，则是完全忠于乔安娜的信徒）。384
不过，乔安娜的感染力在西部和北部（布里斯托尔，兰开郡南部，约克郡西区和底斯河畔的斯托克顿）的工人当中表现得最为强烈。

> 啊，英格兰！啊，英格兰！英格兰！斧头砍在树上，树一定会被砍倒。你们不知道何日将获得天赐……深夜将要降临在你们大家的头上，将向你们发怒。我警告你们，危险迫在眉睫，一切即将实现。“他是谁？那从以东来的人，穿着波斯拉[73]的染色长袍，说着正义的言语，他威力无穷，能拯救一切信仰他的人。至于我的敌人，我要在愤怒中践踏他们，在我狂怒中蹂躏他们，复

[72] 同上书，第3卷，第232页。

[73] 以东和波斯拉是《圣经》中的地名。——译注

仇的日子已在我的心中，我的赎罪之年即将来临。”

乔安娜的预言不过是很含糊地表达启示录中恐怖场面的情景和灾难的预兆，所以易于用在拿破仑一世时代的欧洲那时的恐慌和动荡，而波拿巴自己就是野兽的形象。她的举止缺乏布拉泽斯的革命特色，但她的启示十分明确，犹如绵羊和山羊不可混同一群。上帝让乔安娜代他宣布：“大地将充满我的仁慈，地狱将充满我的恐怖……我的怒火将前去，我的爱和仁慈将尽力拯救一切追随我的人。”

醒来吧！醒来吧！啊，锡安山，穿上你那美丽的长袍，啊，耶路撒冷。我将立即降临……我将摧毁高贵者的骄傲，我将使温顺的人鼓起勇气……”

被得救的人将进入多荫的乌托邦：

当我的人获得拯救，
脱离了地狱和罪恶，
我将为你们建立新居，
宫殿将出现在你们眼前；
我贮藏着许多金矿，
汹涌的海水冲向岸边，
带来无数的珍宝：
金刚石矿将出现在眼前……
我有阿斐的金子，将用来
重建耶路撒冷，
那些首先获得拯救的人们
将会说，这些就是我们的保证……

385 这里听到潘恩关于“恶徒及其武装匪帮”的回声[74]，甚至暗示土

[74] 指国王与贵族。——译注

地将回到劳动人民的手中：

现在我要让继承者获得自由，
遣散一切受束缚的人，
真的继承者将不须怀疑；
我将剥夺这类恶徒，
让真正的继承者取而代之
为了拥有这片上地……

事情可能是这样：乔安娜·索思科特不是骗子，而是个简单和常常自疑的妇女，是她自己心理不平衡和轻信的牺牲品。(有人认为，在“怂恿”她的那个圈子中，有些人可能更加厉害。）她的“呼声”转换为文字表达时反映出一种哀切之情，上帝指示她传谕的长篇大论中充满了对乔安娜本人能力的最高褒奖：

大地上已出现新的事物，
自从大地的基石奠立我就告诉你在这儿，
如此非凡的女人从来就不卑贱，

在最优秀的信徒的如此奉承下，她能够对那些轻信的人施加心理恐吓术，比宣讲地狱之火的牧师们并不稍少恐怖。有一天，她在销售完毕打扫完屋子之后，“在主的同意下，似乎是偶然地发现了”一个普通的印章。从此以后，她的信徒——“乔安娜们”或索思科特派——可以从她那里获得一个特别的印信，这是一个获得承诺的记号，凡带有这种记号的人都可以“继承生命之树，成为主的继承人，同耶稣基督同为主的继承人。”千年至福的承诺只给那些“带有印信的人”，而藐视她的人将会受到更可怕的威胁：

如果敌人增加，我在这里要告诉你，
悲哀也将随他们很快地增加，

战祸连连，因她的激动他们永不休止
除非人们的心归向于我
才能摆脱对你粗暴的迫害。

成千上万的人（一种估计为10万人）就这样“带上了印信”。一时间，出现了一个印信的市场，堪与中世纪晚期的那种出售基督受难十字架遗留的残片的市场相比。感情的失衡不仅表现在“乔安娜们”的热忱上，而且表现在暴徒们相应的狂
386 暴感情上，乃至有时候会对她手下的那些预言家进行攻击。索思科特派决不是一种革命的千年王国，它决不会鼓励人们采取有效的社会行动，也决不会对现实的世界宣战。它对《启示录》的热情十分类似于卫斯理派的热情，它把对个人拯救的渴望发展到了歇斯底里的程度。但是，它无疑是崇拜穷人的，乔安娜的上帝诅咒了英格兰的假“牧人”（即地主和官员），他们密谋提高面包的价格：

> 假使他们在丰腴之中将穷人陷于饥馑，我就要严厉地惩罚他们。我的审判在这块土地上必将严厉……我对尼尼微、所多玛和蛾摩拉的诅咒，我对雅罗和西顿的诅咒[75]，我对加利利人的诅咒，现在都降临在英格兰牧人的头上。

“巴比伦淫妇”[76]的旧景象恢复了，带有享乐的迷乱，“全国的教士”都被揪出来，说他们全是耶洗别[77]的“情人和奸夫”，他“奸污

[75] 尼尼微、所多玛、蛾摩拉和西顿都是《圣经》中的城市，为上帝所毁。——译注

[76] 《圣经》中把巴比伦比作罪恶荒淫的代名词。巴比伦淫妇一词，亦影射骄奢淫逸终将灭亡之意。——译注

[77] 《旧约·列王纪下》载，公元前9世纪以色列王国亚哈王的异族妻耶洗别以无耻恶毒闻名，后被人从窗口扔下而死。——译注

了我的圣经[78],就像奸夫与淫妇私通一样”。同一切对穷人的歌颂者们一样,他们的痛苦与以色列儿童的苦难被直接地等同起来:“就像法老追杀以色列儿童一样,撒旦将追逐带有印信的人们,从内部去诱惑,从外部去镇压他们……”。有时一切微弱的鉴别意识都消灭在如此混乱的景象之中,而《旧约》中的词句与古代皮斯托尔的韵句交织在一起:

> 出来吧!出来吧!让所多玛感到末日的来临。罗德今在何方?在索亚很安全!她的妻子在何方?她不是全身变成盐柱吗?[79]墙上写着——你这个胆大妄为的人竟敢用上帝的金银器皿狂饮。[80]让巴力粉身碎骨吧![81]……圣徒现在审判世界。上帝在此掌握权力,发出圣灵的话——剑、白马、众王之王抽出了光芒四射的剑!欢呼吧;圣者们,欢呼吧!……伟大的噩王和亚甲王[82],你们在何方!你这耶利哥的城墙化为平地吧!约书亚的羊角,第七和第十二,越过了约旦

---

[78] “奸污我的圣经”句中的原文adulterate,亦作“掺假”解。——译注

[79] 《旧约·创世记》中的故事。所多玛,蛾摩拉,城中的居民恶罪大,最终遭上帝降天火毁灭,亚伯拉罕的侄子罗约住在所多玛,一天有两个天使到他家,所多玛的居民要害天使,罗约宁愿牺牲自己的两个女儿换得天使的安全但无效,天使便拉着罗的一家逃出该城,叫他们快逃命,不要回头看。天火下降焚烧该城,响声震天。罗约之妻未遂天使之嘱,回头一看,就变成了一根盐柱子。——译注

[80] 《旧约·但以理书》中故事。巴比伦王叫人把从耶路撒冷圣殿中掠夺来的金银器皿拿来作为酒器,大开千人宴会。忽见一只神秘的手在墙上写字,叫人来解释,乃上帝示警,是责备他们竟敢用这些金银器皿来饮酒。当夜,这位巴比伦王即被杀,波斯大利乌王夺取了巴比伦国。——译注

[81] 巴力,邪神、假神。——译注

[82] 噩王是《圣经》中的巴珊王,亚甲王是《圣经》中的亚玛力人国王。——译注

河[83]……救世主的统治——以法莲的家族或律法，十合而为一，维持在犹大支派的周围[84]。——人子统治了以色列——现在枯骨复生了[85]……新娘来了——新郎接受了婚姻的印记。律法和福音现在合为一体——月亮和太阳停在天际[86]——迦勒和约书亚胜利地渡河而恢复家园——汝等迦南人今又何在？汝等疯狂的乌合之众今又何在？——

387 赫梯人走开！休得再来招惹或骚扰；
以色列人之子已经赢得和平，迦南的
　　土地就得了安乐。
看哪！我出现在以东地，身着染血的
长袍：我的儿子们解放了，得救了，

---

[83] 《旧约·约书亚记》故事。约书亚率领以色列人攻打耶利哥城以渡过约旦河。第7天亦第7次绕城，祭司吹角，军民大呼，该城即塌陷，以色列人夺得城乃过河。——译注

[84] 《旧约·创世记》载，亚伯拉罕之孙雅各在归途中遇一人和他摔跤，那人无法取胜遂停手。雅各说“你不给我祝福，我不放你走”。雅各道了姓名后，那人说，“你不要再叫雅各，从此你叫以色列”（希伯来文以色列是“与神角力的人”）。雅各有12子，繁衍为以色列的12支派，成为以色列民族。12子有个叫犹大的。其子孙住在耶路撒冷以南的地区，为犹大国。犹大之弟叫约瑟。约瑟有两子名以法莲和玛拿西。此二人后来又各成一个支派。按：以色列民族其他支派以后都流散了，只有犹大国一直保持民族特色，今之犹太人的历史，基本上是犹大支派的历史。——译注

[85] 《旧约·以西结书》载，古以色列人久受亡国之苦，失望消沉。先知以西结受上帝感召，去骸骨遍野的平原，忽闻响声震动，见枯骨复生为人，成为一大支军队。——译注

[86] 《旧约·约书亚记》载，古希伯来人领袖约书亚率众进入迦南地区时，在基遍城郊击溃守敌，敌争相逃命。约书亚祷告上帝，要太阳停在基遍，月亮停在亚雅仑谷，以便全歼敌人。上帝恩准日月停留天上约有一天。——译注

沐浴在紫色的潮中[87]……

第一次这样狂热的歌颂与崇拜是在1801至1804年;1814年再度进入高潮,那一年,上了年纪的乔安娜病态地怀孕了,许愿要生下上帝之子"希罗"。在约克郡西区,"整个地区出现了一批留胡须的预言家",而兰开郡的艾什顿后来成为北方"乔安娜派"的"中心"。[88] 1814年的最后一个星期,这位女先知去世了,悲剧性地幻灭在她自己的"声音"中,但事实却证明其崇拜有特别的根基,一个又一个人声称自己有权继承这位女先知的衣钵,其中最著名的是布雷德福的一名梳毛工,名叫约翰·罗。索思科特派经历了一个又一个派生出来的变种,直到19世纪末以前,他们都在证明自己有能力突然闪现出救世主的活力。[89]

索思科特崇拜无疑在卫斯理宗阵营中造成一场大混乱,特别是在布里斯托尔、兰开郡和约克郡。乔安娜的一些神学论战文章的确是针对卫斯理宗的。她指责他们坚持"加尔文派"的信条,因而

---

[87] 最后一行话不是乔安娜写的,而是她的信徒即"一位极受尊敬的绅士思想中的一小部分"。其他的,全是乔安娜写的。见《信仰的奇怪效应》,第5卷,第235页;第6卷,第275页;《预言的连续性》(1802),第15、48—49页;《及时的劝告》(1803),第17页;《向聪明人进一言》(1803),第32页;《圣上发出了警告》(1804),第31、45页,《警世之言》(1804),第8页;《文集与文集选》(1804),第49页;《通信录》(1804),第44—45页;《答利兹信使报的五项指责》(1805),第20—21页;《上帝和心灵的交流》(1809),第20、39页。亦见G.R.巴尔兰:《发现过去》(1956),第1—7章;夏普:《对世界的回答》(1806)。

[88] 这种崇拜的信徒必须留胡子。关于索思科特派向北方的渗透,见J.克罗斯利:《J.科金牧师的讲道词质疑》(利兹,1806);G.特纳:《为上帝的荣耀辩护》(利兹,1807);W.库克·泰勒前引书,第230页;F.皮尔:《斯彭河谷的非国教派》,第187—188页。

[89] 见G.R.巴尔兰前引书,第8到14章;W.H.G.阿米塔奇:《人间天国》第274—276页;并见下文,第799—802页。

把众人的造物主与天父弄成如此残忍的一个形象，这种形象竟无言可以表达，无笔可以描绘，而他本来是把爱普及四方，把仁慈施于一切人的。[90]

卫斯理宗与索思科特派相比，当然有许多优势，他们有稳定的组织，有经费，还有政府当局对他们的宽厚态度。在索思科特
388 崇拜中失去的人，他们很快又能争取回来。但是，这决不意味着我们可以把这种崇拜看成仅仅是一种“反常行为，”与社会发展的麻木倾向毫无关系。相反，我们应当认为这个年代的“乔安娜们”与卫斯理宗的复兴运动有着极为密切的关系。战争是巡回俗人传教士的黄金时代，他们有“虔诚的精力爆发，渴望天国、像天使般销魂”[91] ——那种“彻头彻尾的胡言乱语”使科贝特怒火中烧，他说：

他们的天赋才华，他们的天命，他们的神灵启示，他们在内心感到的神恩以及他们其余的那些听不清楚的诉哀絮叨，都是对常情的粗劣而猖狂的凌辱，是国家的一大丑闻。只要这样一个教派还在日日发展，我们自夸为文明之国是没有用的[92]。

像正统的卫斯理宗一样地发达起来的还有“喧骚派教众”的一些分离出来的宗派团体——颤动派（传到美国叫“震教派”）、原教旨卫斯理派、“帐篷卫斯理派”、陷入恍惚之中或称为“幻觉派”的“魔力卫斯理派（活动于德莱米尔森林）、布赖恩派即圣经主义派、沃林顿的“贵格派卫斯理宗”以及麦克尔斯菲尔德的“独立卫斯理宗”。在战争期间和战后，英格兰的信仰复兴运动的使者们

---

[90] 《上帝和心灵的交流》(1809)，第33页。

[91] 哈里法克斯剧院皇家剧目单，1793年。

[92] 见《政治纪事报》，1813年6月12日。

穿街走巷地呼喊:“归心于上帝吧! 寻求拯救吧!”

人们感到吃惊的不仅是一种不平衡感,而且是改皈卫斯理宗现象的**不持久性**。教徒数的上升曲线是迷惑人的,我们知道的倒是复兴主义者人数的上升下降的变化,亦即希望时期与失望和心灵苦恼时期之间的一种摇摆现象。1795 年以后,穷人再次陷入屈辱的低谷。但是,他们不是心甘情愿的,而是带着对过去的眷恋。每当又有了希望时,宗教的复兴主义就被抛到一旁,只是在政治上获得解救的希望被推倒时,才在其废墟上重燃狂热。从这个意义上看,卫斯理派在 1790 至 1830 年的人数大增才可视为一种绝望的千年至福论的复兴。

我们这里不对这一时期作习惯上的解读,而是提出一种假设,需要更详细的考察。在法国革命前夕,卫斯理宗声称在大不列颠有 6 万名信徒。这说明它只不过在几个工业地区有立足点 389
罢了。嗣后,据称数字增加到:1795 年为 90347 人;1805 年为 10.7 人;1811 年为 15.4 万人;1827 年为 23.7 万人。[93] 复兴运动吸收新成员最快的年份是 1797 至 1800 年,1805 至 1807 年,1813 至 1818 年,1823 至 1824 年,1831 至 1834 年。这些年份与政治觉悟最高涨和政治活动最活跃的年份非常吻合,霍布斯鲍姆博士因此正确地指出,我们应当注意“宗教、社会与政治觉悟引人注目地平行发展”。[94] 不过,政治与宗教激奋之间的关系

---

[93] 这些数字包括新教团和一些较大的团体,但不包括北威尔士的加尔文式卫斯理宗。1815 年成员超过 1000 名的正统卫斯理宗巡回教区据说包括伦敦、布里斯托尔、雷德卢思、圣艾夫斯、伯明翰、伯斯莱姆、麦克尔斯菲尔德、曼彻斯特、博尔顿、利物浦、科恩、诺丁汉、设菲尔德、利兹、伯斯塔尔、布雷德福、哈里法克斯、马恩岛、桑德兰、威克菲尔德、杜斯伯里、埃普沃恩、约克·赫尔、达林顿、巴纳德堡、纽卡斯尔和希尔兹。见 M.E.爱德华兹:《拿破仑时期卫斯理宗的社会和政治影响》,(伦敦博士论文,1934),244 页。

[94] 《绿林好汉》,第 129—130 页。

之密切虽然显而易见,但这种关系的性质尚不清楚:那种所谓“卫斯理宗随着激进运动的发展而发展,随着激进主义的衰落而停止发展”[95] 的结论,却未必就能够顺理成章。可能的情况是哪里的“政治”亦即世俗的期望受到挫折,宗教复兴主义就恰恰在哪里得势。这样,我们差不多可以从与法国大革命及其《人权宣言》相关联的意义深远的感情激荡的局面着手提出一幅说明信仰问题的曲线图。18 世纪 90 年代早期出现了世俗的雅各宾主义以及理查德·布拉泽斯的千年至福派的期待;18 世纪 90 年代末和 19 世纪,有卫斯理宗的复兴运动以及“乔安娜们”的狂热。不止一个同时代的目击者证明他们同出一源并吸引了同一批听道的群众。[96] 卢德运动(1811 至 1812 年)以后一个宗教复兴主义的新浪潮,让位于 1816 至 1817 年冬天的政治复兴。在这最后的两年,原教旨卫斯理宗向诺丁汉郡、德比郡和莱斯特郡的织袜工人村庄渗透,宗教复兴运动与政治激进主义之间的关系就特别密切了。据说,在 1816 年的圣灵降临节,有 12000 人参加了诺丁汉森林的野营集会。从 1816 年秋至 1817 年夏,民众的热情似乎被激进派的鼓动所吸引,并在 1817 年 6 月的彭特
390 里奇的“起义”中达到顶点。在这次“起义”中,至少有一名地方教士起着领导作用。但是,1817 至 1818 年在这些郡发生的原教旨卫斯理宗大复兴(“所经历的……非凡的复兴运动之一”)似

[95] 见 E.J.霍布斯鲍姆:《卫斯理宗与革命的威胁》,载《今日历史》,第 7 卷,(1957),第 124 页。

[96] L.罕特前引书,前言,第 14 页。

乎是在彭特里奇的悲剧以后才爆发的。[97] 在战后的10年中，1819年是政治活动达到高峰的一年，在这一年里，复兴运动并不显著；然而，1831至1834年间宗教复兴运动的热情也许有一部分要归因于“最后的劳工起义”的后果所导致的南方和东方的农业各郡所发生的运动。[98]

这里只是一种推测。要想进一步了解，就不仅应当逐年地，而且应当逐月地了解复兴运动；不仅应当了解各个郡，而且应当了解市镇和村庄。此外，原教旨卫斯理宗或圣经基督教派与政治鼓动之间的关系与正统卫斯理宗有很大不同。对经历过复兴运动的教堂所做的一项详细的考察表明，它们的进展不是稳定向上的运动，(由几次因群众大皈依而突起的上升斜线来点缀，)其更多的是处于上下跳动的状态，每次信徒的猛增就有一次倒退相随。托马斯·库珀在19世纪20年代皈依，他所做的叙述可以视为一个典型。他说：“榜样具有巨大的感染力。数百人在(康斯博罗)镇和巡回区内开始为神圣的皈依而祈祷。……”在几个星期里，他感到自己在“神圣的人间天堂里”化为善人。但后来他又回到了人间，在他执教的学校里对学童发脾气，于是又失去善人感：

> 城里，巡回区的村庄里有几十个信徒的经历同我相似。教团各巡回区都有这种经历。所谓“复兴”往往始于某个或更多的人努力寻求圣人。这个话题点燃了他人的

---

[97] H.B.肯德尔：《原旨卫斯理宗史》(1919)，第7—8、31页。肯德尔记载过一个传说，可以肯定信仰复兴的作用，据说1817年有一名“卢德分子”正在思考暗杀行动而在他履行使命时被擒但却只把他带进了教堂而已。关于彭特里奇起义，参见下文，第659—669页。

[98] 相类似的是，阿米塔什教授也发现，19世纪80年代从工业地区向天国摩门教城移民人数最多的年份恰恰是宪章派最不活跃的年份，参见下文，第802页。

希望……有时一个巡回教区充满激情达数月之久。但是，退步却无一例外地开始了……[99]

库珀叙述了他的经历。但是，从社会过程的角度来看，我们可以把它与物理上的振幅相比拟，以宗教复兴为负极，以激进的
391 政治运动（带上了革命的千年至福派色彩）为正极。连结两极的则始终是“以色列的子孙”这样一种概念。在一极上，绝望的千年至福说把卫斯理宗劳动者降到人类最低下的地位上。牧师不断地告诫他们要反对改革派，因为他们都是“无赖”：“我们……应当静静地等候着上帝的拯救。时间一到，他就会救出自己最宠爱的子民”。[100] 当上这种“子民”，他的工具有时就会被捣毁，他们自己会被人们怀疑是雇主的“密探”，而被拒之于工会大门之外。科贝特进一步对卫斯理宗攻击说：“在北方的人们当中，他们充当了密探，是靠别人流血来挣钱的人。”[101]

另一方面，似乎是要否定这种说法，在 19 世纪，卫斯理宗的工人其实正是地方传教士——他们三三五五地分散多处——作为活跃的工人在工人阶级政界各领域不断地出现。有一些是卫斯理宗雅各宾分子，较多的是卫斯理宗卢德派分子，许多卫斯理宗的织工参加了彼得卢的示威，还有卫斯理宗工会主义分子和宪章派。他们几乎没有什么**创始者**（矿井工人中的工会主义及后来的农业工会主义例外）：创始者的角色往往由欧文主义分子和宗教自由派来充当，他们来自不同的道德根源。但是他们常被认为是热心的雄辩家和组织者，并且——即

---

[99] T. 库珀：《自传》，第 85—86 页。

[100] 这句话出自一篇激进派短文《卫斯理宗牧师与改革派对话》（纽卡斯尔，1819），指责从一位卫斯理宗牧师口中说出来的，但却真实地反映了当时卫斯理宗布道的语言。

[101] 《政治纪事报》，1824 年 1 月 3 日。

使在他们被赶出卫斯理教会之后——仍怀着对他们的团体的信心去说服人们。

这种情况的原因之一，在于卫斯理理论的核心中的许多张力。正如对性欲的压制一直有被引向反面之虞——要么引向典型的清教徒叛逆（劳伦斯的先驱者）的形式，要么引向唯信仰论形式；所以卫斯理宗的集权教义常常会培植出与意志自由论对立的理论。卫斯理宗（与福音派中相应的宗派一样）是很有政治意识的宗教，在1789年以前的100年里，反国教按其流行的理论有两大敌人：原罪和教皇。但是，到18世纪90年代，仇恨的指向发生急剧转变；教皇不再坐在遭受天谴威胁的位置上，取代 392
他的是拾级而上的汤姆·潘恩。邦廷宣布："卫斯理宗像仇恨罪恶一样仇恨民主"。但是，不断地进行反对雅各宾派的布道，也把这个问题放在了公众意识的前面。在处境困难的时候，或者在政治热情进入高潮的时候，"被抑制的敌对情绪"[102] 会在卫斯理宗的工人心中迸发出来；随着宗教复兴运动的迅速发展，雅各宾即激进思想就迅速传播开来，正是"野火烧不尽，春风吹又生"。

其次，我们应当记住作为路德教特征的宗教平等和世俗平等之间的冲突。劳动人民在《旧约》中找到的不仅是一个复仇心重而专权的上帝，也找到他们自己磨难的象征。正是这富有象征意义的文本（与《天路历程》一起）被千年至福派、"乔安娜"、"颤动派"和正统的卫斯理派所坚信。没有什么意识形态能为其信徒们完全理解：在实践时它们被感情用事的和经验的评判分解成千百个意向。工人阶级社区把自己的互相帮助、邻里关系和团结的价值观带进了教堂。此外，我们还必须

---

[102] 参见E.弗罗姆：《对自由的恐惧》（1960），第81—83页。

认识到，若把织工和矿工们日常的经历放在一边，那些希伯莱世系、咒语和编年史早就有如不可信的神秘而无意义的非洲神祇一般。圣经的经文总要跳入眼帘而且几乎适用于任何情况。看起来，他们既可以以阶级斗争的人物出现，也可以以宗教朝圣者的姿态出现。1801 年的“地下活动”就属于这种情况，根据可靠的报道，兰开郡的密谋者就是凭着《以西结书》宣誓的：

你这受死伤行恶的以色列王啊，罪恶的尽头到了，受报的日子已到。

主耶和华如是说，当除掉冠、摘下冕，景况必不再像生前。要使卑者升为高，使高者降为卑。

我要将这国倾覆、倾覆、而又倾覆，也必不再有，直等到那应得的人来到，我就赐给他……

有刀、有拔出来的刀，已经擦亮，为行杀戮，使它像闪电以行吞灭。[103]

393 我们也在纽卡斯尔区看到独立卫斯理宗那些不取薪俸的牧师之一所说的话(这个团体开除了那些激进的世俗牧师后，在 1819 年就瓦解了)：

不平等的法律和一个偏心的政府在人人胸中种植荆棘，把阴郁播在每张脸上……统治者就是这样，他们的藤是所多玛的藤，田地就是蛾摩拉的田地；他们的葡萄是恶毒的葡萄，他们那一串一串都是苦的。他们的酒是龙的毒，是毒蛇残忍的毒液。但是，在弥赛亚的王

[103] R.F. 韦尔默恩：《卫斯理宗与工人运动，1800—1850》，第 61 页；《圣经·以西结书》，第 21 章，第 25—28 节。有趣的是英国平等派也使用了这些章节，杰勒德·温斯坦莱：《丛林之火》(1650)中说：“你们这世上压迫人的权力……你们可还记得；你们将倾覆、倾覆、倾覆，这将降临在你们身上……”其他例子可见下文，第 512 页。

国，和平如河水流淌……上帝权力的力量来自天国，不是压迫的权力。[104]

在这方面，即使在主日学校的“堡垒”里，也可能滋长叛逆。19世纪托德莫登的一份筹款名单上罗列了为罢工而捐款者的姓名，都用假名进行登记，这份名单使我们了解那个时代的“感情”，在当时的工业危机时期，教堂和小酒店正在从事共同的事业：

	镑	先令	便士
一个遗憾地看到有人头戴时代元银冠并笃信所罗门之真理、箴言第27章第22节的人	0	2	6
带着笨蛋的老练家伙	0	0	2
坚持真理者	0	0	6
兔狗小酒店	0	0	6
爱慈悲、行正义者	0	0	4
该死的老家伙	0	0	2
塞进一个塔姆的老婆	0	0	2
法律顾问	0	1	0
皇家乔治小客栈	0	1	0
叫老罗伯特肖读一读《耶利米书》第22章第13节的人[105]	0	0	6
东伍德的织工们	0	5	4
如果乔斯的狄克夫人不让我们			

[104] H.凯利：《山上采出的石头》（纽卡斯尔，1821），第13页；凯利：《独立卫斯理宗信史》（纽卡斯尔，1824）。

[105] 作者拥有此单据。建议参阅“耶利米书”下列文句：“那行不义盖房，行不公造楼，白白使用人的手工不给工价的，有祸了”。

烧那些报告,老桑德堡、克劳格就会要她穿半个星期的裙腰垫	0	4	3.5
穿上衣的家伙	0	0	2
394 割下他的尾巴再缝上以示惩罚	0	0	4

但是,要把1790至1830年之间反叛的卫斯理宗世俗牧师及其他一些人参与极端的激进活动说成是“卫斯理宗”对工人运动的“贡献”,那就像把在极端的唯信仰论者之间实行两性同居无须履行结婚仪式说成是“清教徒对性解放的贡献”一样地荒谬可笑。两者都是反作用的文化方式。清教徒中间的性叛逆者(例如劳伦斯)对男女之间的“正当关系”深为关切,在这一点上他仍是一个“清教徒”。所以,卫斯理宗的政治叛逆者具有深厚的道德热诚、正义感和“天职”感,为维护组织的忠诚而具有的“循规”的能力,以及(在其最佳状态下)高度的个人责任感。我们在曾参加彭特里奇起义的卫斯理宗信徒身上看到了这一点。他们中有一名在德比以谋反罪被处死,他“一直是巡回教区中最能干的地方传教士”。[106] 我们在塞缪尔·班德福的优良品德以及他在1819年的示威中倡导自我约束的行为里也看到了这一点。我们还在洛夫莱斯、多彻斯特劳动人民和“托帕德尔蒙难者”身上看到了这一点。每当民众的骚动厉害起来之时,这种“离经叛道”就明显起来了。确实,到19世纪30年代(无视邦廷的旧卫道士们如何用诅咒和开除的手段以维护其地位),整个的地区,特别是织工和织袜工人的地区,都在把自己的卫斯理宗信仰与宪章运动结合起来。

另外一些因素也影响了这个过程。到19世纪初,领取薪俸的职业卫斯理宗牧师团和志愿的世俗传教士之间的关系明显紧

---

[106] 本杰明·格雷戈里:《自传回忆录》(1903),第126—129页。

张起来。许多俗人教徒对于把正统卫斯理宗的最高行政权交给一小批强行任命的牧师感到不满,基勒姆派新教团的退出并没有平息他们的不满。科贝特一再讽刺卫斯理宗大会是“选举教皇的秘密会议”。他说这是新的官僚制度,由“世上最忙碌和坚定的一班人”所组成,目的是维护他们的现世利益,永久实行新的世袭教职职位,靠穷人一便士一便士奉献的经费过舒适的生
活。他认为卫斯理办的学校,金斯伍德学校,是继续培植新贵族 395
的机构。[107] 科贝特就是把这些职业牧师而不是地方的传教士指责为“英格兰的自由的死敌”的:他们

> ……像国教教士一样仇恨自由。他们的刻骨仇恨是那些流氓习气的宗教派别的仇恨无法相比的……他们写了一本书又一本书,一篇文章又一篇文章。他们举行了一次又一次邪恶的讲道。他们确实嘲骂……西印度群岛的奴隶主,但你从他们那儿听不到一句反对兰开郡和爱尔兰的奴隶主们的话。相反,他们喋喋不休地告诉人们应当感谢上帝……不是因为他们取得了温饱,而是因为他们感受到上帝恩泽天下,而为此他们每星期仅仅交纳 1 个便士。[108]

科贝特的攻击并非完全没有私心。他曾经用相反的理由而以同样毫无顾忌的方式攻击卫斯理宗,那时他还属于托利党,他发现了德斯帕德中校的一些同伙正是卫

---

[107] 会议成员在“国王的林子里(与‘金斯伍德’谐音)有一所学校,他们的儿子(而不是普通信徒的儿子)在受教育……这也是靠普通信徒出钱维持的……这些儿子就是这样受了教育,时机一到,便冒了出来成为**绅士**,也就是说……成了地方税务官、收税员、职员和各类官员。”《政治纪事报》,1820 年 1 月 27 日。

[108] 《政治纪事报》,1824 年 1 月 3 日

斯理宗教徒。[109]这是他的长期偏见中的一个。19世纪20年代初，他不仅被邦廷的死硬托利派观点和“选举教皇的秘密会议”激怒了，而且被卫斯理宗教会向参加激进示威的每个教徒收取一便士罚金的做法所激怒。毫无疑问，许多世俗讲道者和小组领导人同他一样厌恶专职的牧师以及在教堂里让有钱人花钱买座位或取得特权的做法。科贝特则竭力激励这样的厌恶心。他写道：“整个星期都在做鞋子的人决不会在星期天去向处境更坏的人宣讲做鞋”：

> 成千上万的劳工、工匠和工厂工人决不愿意去传道，他们能比卫斯理宗大会成员更好地传道，这些人大部分一直是劳工和工匠，但他们成了讲道者，因为**讲道比劳动**更舒服。

396 “虔诚而没有私心”的不领取薪俸的地方传教士（在科贝特的描述中）被大会“傲慢的寡头集团”所“**压制**”：

> 大会中的先生们对他们蹙眉，把他们看做闯进来的没有资格的人，派他们去小村庄里向几个人或十几个人传道，他们自己却向上千的人传道。现在该是全王国的卫斯理宗的教徒只能去听这些公正的人传道的时候了，如果大会将这些人拒之教堂的大门之外，他们应当在自己家里听，随着他们到仓库里去，或者到树下去。

科贝特给卫斯理宗开出的另一个“药方”是“**拒绝交费**”，至少是只向改革派的牧师交费。[120]

---

[109] 1803年7月23日《政治纪事报》：“与德斯帕德一道处死的……有6名叛国者，3名是卫斯理宗信徒，还有1名卫斯理宗的牧师在最后一分钟也加进来……这个宗派的成员主要是大市镇和工业地区及其周围的卑恭屈膝的人。”参见T. E. 欧文：《卫斯理宗揭密》(1802)。

[120] 《政治纪事报》，1820年1月27日和1821年1月13日。

不清楚的是，许多卫斯理宗的教徒是否采纳了科贝特的建议；或者是否因为已经这样做了他才提出这样的建议。但是，他肯定有助于我们去理解19世纪头十年中许多分离出去的派别的特征，特别是原教旨卫斯理宗信徒和圣经主义派的特征。基勒姆派的分离表现了卫斯理宗内部领导层的裂痕，一些更理智的教徒脱离了该派，更重要的是在这个时期出现的其他分离运动则是信徒间普遍的分裂，世俗传道者及其教众割断了同专业牧师的关系。由于威廉·奥布赖恩这位热忱的世俗教徒发现卫斯理宗权力机构不承认他的天职，于是就造成了圣经主义基督教派的兴起。他在德文的北部举行免费的讲道，无视该教会的纪律约束，被当做“游丐”而开除出教会，他带走了皈依于他的教徒。读邦廷的传记并和休·伯恩的传记相比（伯恩是个诚实的机器安装工和细木工，他被叫到斯塔福德郡的矿里和“山区农场”去装修机械、修理木柱或做铁工活，并创立了原教旨卫斯理宗），其泾渭分明十分明显。伯恩回忆说：“我们的教堂就是煤井的井口区或随便什么地方，我们用会话的办法对一切人，好人和坏人，粗鲁的人或温顺的人，宣讲福音书”。[121] 卫斯理宗的地方权力机构对于伯恩和克洛斯在矿井和陶业城镇吸收的教徒很少感 397
兴趣。反国教的福音主义传道热情（于1807和1808年）导致草堆山顶的第一次野营集会，但很快就被否定了。

邦廷出于高傲的派别纠葛，蔑视工人。伯恩和克洛斯却是劳动人民的。邦廷意欲把卫斯理宗领上国教之下的第二把交椅；而原教旨卫斯理派仍然生活在卫斯理宗初创时的艰苦而受迫害的世间。我们很难把这两派教会混为一谈。原教旨卫斯理

---

[121] J. T. 威尔金森：《休·伯恩传，1721—1852》(1952)，第21—32页。参见威尔金森写的《威廉·克洛斯的生平》。

宗的讲道就同其教众的生活一样的艰苦;它需要的是霍布斯鲍姆博士曾说在"金子般纯真的得救与火狱烧黑的混蛋"之间最鲜明的对比。那不是**对穷人**的讲道,而是**由穷人**来讲道。在原教旨卫斯理宗和其他教派那里,地方的传教士把教会变成了自己的教会。正是由于这个原因,这些教派对于后来的工会运动和政治激进运动的贡献远比正统教派更为直接。[122]

另外还有一种环境,卫斯理宗的**任何一个**派系在这环境中,必然地采取更有阶级意识的方式:这就是在农村地区。乡村里的小教堂不可避免地要冒犯教区牧师和乡绅。小教堂是个中心,劳工在这个中心获得了独立和自尊。事实再一次证明正是原旨卫斯理宗的影响最明显,尤其在阿奇生活的约克郡东区。我们从一个愤怒的乡村牧师在1805年写的小册子里已经可以看到这种逻辑,那是原教旨卫斯理宗成立以前好几年的事。[123]皈依卫斯理宗的农业工人被指控为有各种各样骚乱治安的意图。他们说:"地上的玉米和各种果实都是按照上帝的意志生长的,既为富人也是为穷人"。他们对工资越来越不满,越来越不愿意去做"东家因农时极需而可能要求他们去做的加班加点的农活"。更糟的是,他们在星期天不是为下周的劳动恢复体力,而是消耗力气走几英里远去听人讲道。在每周工作日的夜晚,他们并不就去睡觉,而是花费柴火和蜡烛唱圣歌——这位牧师惊讶地看到这种情景:"在我们这里一些最贫穷的人的农舍里……冬夜还磨蹭到9点钟那么晚"。多年后,乔治·豪厄尔在
398 评论罗彻斯特的劳工时强调指出,这类看法在乡绅当中一直未

[122] E.J.霍布斯鲍姆:《绿林好汉》,第8章。原教旨卫斯理派在1811年只有200人,1820年有7842人,见H.B.肯德尔前引书,第31页。

[123] 《就卫斯理宗问题致一位乡村绅士的信》(伊普斯威奇,1805)。

变。卫斯理宗“在那些日子里,在许多村庄里,是最惊人的犯罪,尤其在罗彻斯特郡和其他西部数郡。真的,除偷猎外,这是一切犯罪中最严重的。

在一个其神学原则就是要劳工驯服和奉献的宗教的本质中,紧张关系就以这种种方式不断产生出来了。这种互动的辩证关系最充分的发现应归入后来矿工和农业工人的工会运动史和宪章运动史。但历史发现其根源在1810至1830的20年,那时是宪章运动的领袖如哈里法克斯的本·拉什顿和拉夫巴勒的约翰·斯克文顿完成他们草创事业的年份。拉什顿是一名手工织工,生于1785年,曾经是卫斯理新教团的地方传教士,在彼得卢时期激进的政治中积极活动,可能入过狱,在科贝特号召卫斯理宗教徒拒绝交纳会费之时,拉什顿不是被新教团逐出便是自己退了出来。19世纪30年代,他又在为济贫法的鼓动积极活动并是手工织工的代表。1839年,在宪章派第一批大规模的野营集会的一个野营中(这些与会者以原教旨卫斯理宗为榜样),拉什顿与其他几名传教士一道发表了演说。其中有一个传教士名叫威廉·桑顿,他用祷文宣布集会的议程说——让“邪恶者的邪恶结束吧”——费格斯·奥康诺拍着他的肩膀说:“干得好!桑顿,到我们赢得人民宪章的时候,我愿看到你成为约克大主教”。另一个人提出一项决议,规定会众“不得到管理做礼拜的机构对公民自由抱有敌意的任何地方”去聚会,“……将来则根据情况需要在各自的地点聚集。”本·拉什顿附议并宣布:“他本人从1821年起就从不向牧师纳费,下一次他们若收到他的钱就会对他们有好处。”另一位地方传教人汉森接着对教士进行了谴责:

> 他们宣讲基督,宣讲表面的、被动的服从和不反抗。人们啊,离开那些教会和教堂吧(“我们同意!”)。去听那些说基督就是吃饱肚子,基督就是穿好衣服,基督就是

住好房子,基督就是有普选权的人的传道吧。[124]

399 像拉什顿、桑顿和汉森这样一些人对宪章运动做出的贡献无论怎样评价,都不算溢美之辞。我们在野营集会的特征中理解了这一点,从他们的宪章派歌谣诸如“穷人集会歌”的热情中也理解了这一点,这首歌唱道:

看看勇敢的人吧,你这个意志消沉者,
　　他们坚持着你的正义事业,
谁不在高声反对他们?
　　他们像耶稣一样,
受着坏人以及邪恶法律的迫害

把他们从沉睡中唤醒,
　　打掉他们的骄傲;
壮大你们的队伍,增加你们的人数,
　　将宪章传播四方;
　　真理与我们同在,
上帝与我们同在。[125]

我们在活塞暴动者的身上也看到了这一点,他们向哈里法克斯进军,高唱着“古老的百人村”。我们在拉什顿的家乡奥文登村织工们举行宪章派示威时高举的大旗上写的口号中看到了这一点,这口号是:“不要害怕他们,记着上帝是伟大而厉害的,为你的兄弟、子女、妻子和房子而战斗。”[126] 我们在宪章派的教

---

[124] B.威尔逊前引书,第3页;《哈里法克斯卫报》,1839年5月25日,汉森因为这次演讲而被卫斯理宗革出教门。

[125] 《全国宪章派诗歌集》。

[126] 《哈里法克斯卫报》,1848年4月21日。参见下文第693页所载1819年提出的口号。

堂里看到了这一点;这里是斯彭河谷,普里斯特利执事曾将小麦散发给"基督的贫民",约翰·纳尔逊曾看到撒旦在戈默索尔的山顶上,19世纪开初那里出现过索斯科特派、唯信仰派和卫斯理宗的卢德派;而现在,我们却看到这样一座小教堂,其中,在19世纪40年代,拉什顿在这里以经句"常有穷人和你们同在"为题进行传道。在他的心目中,穷人被划分为三类,一类是残疾人和盲人,他们是"上帝可怜的穷人";另一类是懒惰和轻率的,他们只顾自己管自己;

> 还有第三类,就是在别人不正当的做法和压迫下终生艰辛劳动,被弄成贫穷并摆脱不了贫穷的人……他然后用犀利的语言谴责那些拒绝将政治上的公正给予邻居并且把他们一直压制到他们仅仅为生存就不得不苦苦挣扎的人。

他的雄辩言词和义愤之情聚集了力量,"听众的情绪迸发出来,溢于言表……最后,拉什顿先生对压迫者的强烈谴责使其中的一个人忍不住地大叫:'啊,让他们下地狱!让他们下地狱!'"[127] 400

像拉什顿这样一些人在许多地区为运动带来了非同一般的道德热情,但是,如果因此就以为他们本来就倾向于宪章运动内部的"道义"力量(与"实力"相对),就大错而特错了。相反,他们为一个战斗的上帝效劳,新模范军的战士才会理解这位上帝,而且许多曾当过世俗传教士的人会乐于按经句说:"没有剑的要卖掉外衣换剑。"拉什顿如他的一位朋友所说是"坚定、无畏、正直的政治家,永远站在英国的讲台上",他愿意领导活塞暴动者(换句话说就是要进监狱),他60多岁时还作为欧内斯特·琼斯的代理人帮助他竞选。这位织工传教士一直到死都很受欢迎。我们

---

[127] F.皮尔:《斯彭河谷的过去和现在》(赫克蒙德威克,1893),第317—319页。

现在知道他穿着一套旧衣服和木底鞋在一个纺织村庄的纪念仪式上讲道,听众们穿着“他们最好的衣服,也就是木底鞋和工作服,包括长外衣和垫腰”。我们现在知道他每晚徒步数英里,努力使斗争中的宪章派支部保持活生生的锐气。(有一次,一位年轻的同伴提醒说他的木底鞋底破得露出袜底了。这位正在发表政论的老人只停顿了一下:“嘿,只要想想以后的报答就好啦”。)他于1853年去世,为他举行的是一个伟大的宪章主义者的葬礼。因为拉什顿曾留言,领取薪俸的教士不得担任司仪,因此葬礼就由甘米奇和欧内斯特·琼斯发表演说。[128]

杰贝兹·邦廷与本·拉什顿决不属于同一个世界,除非对想象肆意歪曲,我们实在难以认为这位宪章派织工会同那个集权的教士在同一个“运动”中有什么联系。拉什顿是什么人,难道他不是邦廷的上帝所诅咒的亚当吗?

---

[128] 《共和报》,1866年11月16日;《人民报》,1853年7月2日;《卢登堡副主教教堂的历史》(1928),第5页。拉夫巴勒的约翰·斯克文顿是原旨卫斯理宗中同他一样有力和完美的人,关于他可参见哈里森:《莱斯特的宪章运动》,载布里格斯:《宪章运动研究》(1959),第70页起。

第十二章　社　会

401

1. 闲暇与人际关系

卫斯理宗在战争年代的复兴促成了工业主义的劳动纪律，在一定程度上，它也反映了工人群众中存在着的绝望情绪。把卫斯理教义和功利主义加在一起，就构成了工业革命中起主导作用的意识形态。不过，从卫斯理宗方面我们看得最清楚的只是整个社会中各种起作用的过程的表面反映，它的许多主要特征还要由各种教派的福音运动以及一些功利主义和自然神论的社会教导来加以重现。同卫斯理一样，汉娜·莫尔也强烈地主张"把儿童看做天真纯朴的人是个根本的错误"，相反，他们"有腐败的天性和罪恶的本质"。[1] 18 世纪 90 年代和 19 世纪之初，英国国教教会在许多村庄里兴办了主日学校。在这些学校里，我们看到它们强调纪律和压制(尽管有时带有较多的家长口气)，就像我们曾经提到的在斯托克波特和哈里法克斯的主日学校里的情形一样。主日学校的功能有划一的规定，就是要在贫民的子女中培育"勤劳、节俭和虔诚的精神"。(林肯郡)凯斯特主日学校的教师得到指示，要

> ……驯化他们当中暴烈的桀骜不驯的脾气——压制他们过分粗野的举止——惩戒他们说讨厌的和不道德的下流话——驯服他们顽固的反抗心——把他们培养成

---

① H. 莫尔:《现代妇女教育制度的结构》(1799)，第 44 页。

> 诚实的、听话的、谦虚的、勤劳的、服从的、遵守纪律的人……②

实施纪律和秩序的压力一方面是从工厂，另一方面是从主日学校，扩展到人们生活的各个方面，包括闲暇
402 时间、人际关系、言论和举止。除了在工厂、教会、学校、地方政府和军队里设立了纪律的机构外，还设立了半官方的机构，以便强制推行秩序的道德行为。威尔伯福斯是皮特的高级助手，主管道德教化，他把卫斯理宗的精神和国教的宗教热情结合起来，在 1790 至 1810 年之间，非常活跃地推动着这项事业。1797 年他详细地陈述了“纲伦大法”，规定了管理贫民的条款：

> ……上帝之手赋予他们的是一条比较低的路途，他们份内之事是忠实地尽其义务，甘心忍受不自由与不方便。事物的现状是短暂的；世俗的人们围绕着各种目标激烈地相互冲突着；但这种竞争是不值得的……③

到 1809 年，明显的雅各宾派运动的危险已经没有了，他很满意。但是，从道德上无纪律的表现中他看到雅各宾危险的回复。他写道：“我们对政治上的不法行为非常敏感，但对道德上的犯罪我们似乎极其麻木。”

在这一点上，他似乎是太谦虚了，因为仅仅在 1801 至 1802 年，他自己组织的“恶习纠正会”就积累了 623 项对违反安息日

---

② R.C.拉塞尔：《内特尔顿和凯斯特的小学和成人教育的历史》（凯斯特，1960），第 5、7 页。

③ W.威尔伯福斯：《从实际的角度看当前流行的基督教宗教制度》（1797），第 405—406 页。

法的合格的起诉。④不过，他认定在下层阶级的道德轻浮与政治煽动之间有密切的相互关系，这倒是他的那个阶级的特征。对酗酒和淫猥行为的起诉增多了，布莱克的宿敌、兰达夫主教沃森于1804年主持了一次讲道，其中他发现通常告密者的角色“无论从宗教还是从政治的角度来看……都是一种高尚的安排。”宣传和立法都反对贫民的娱乐，甚至把最无害的娱乐也一直视为可怕可恶。“恶习纠正会”把干预的范围扩大到“两便士啤酒、姜饼义卖和淫秽画。”⑤ 裸体海浴被指控为犯罪，似乎那就是走向死囚车和断头台的前兆。约翰·鲍德勒曾含糊地写道：“按照犹太教的法律，通奸应处以极刑。一些人认为……我们也应该这样做。”福音教派劝诫上层阶级也要改善自己的举止，以便为贫 403
民树立榜样。在大革命之后的年代里，“协会”本身“的持重风格日益加强……对欢乐与幽默甚为不利。”⑥

推行社会纪律的过程并非没有对抗。鲍德勒博士的支持者要在下院通过监禁通奸者的新立法的企图失败了；针对通奸的立法和惩罚流浪者、补锅匠、舞女、杂技演员、民歌手、宗教自由论者和裸体海浴者与一般的违反安息日的人是不一样的；该项立法可能因对于富人和穷人的娱乐一概排斥而易于招致反对。企图对民众闲暇活动进行干预的其他立法提案，在下院也遭到微弱多数的否决，这部分人当中有自由放任惰性的人，有维护臣民自由的福克斯派，也有对“吃吃玩玩”持宽容态度并讨厌卫斯理宗“狂信”传统的托利党人。（最有讽刺意味的是当时的陆军

④ 参见L.拉奇诺维奇前引书，第3卷，第504—506页，及第3、4卷各处。又见G.R.泰勒前引书，第36页：“……道德上重大变化的时期不是维多利亚女王即位之际，甚至根本不是19世纪，而是……1790至1800年的十年中。”

⑤ 《女怪》，1819年4月24日。

⑥ T.莫尔：《谢里登传》（1825），第217页。

大臣温德姆针对福音派和改革派为斗牛所做的辩解,导致撒旦堡垒中一片欢呼:“温德姆和自由!”)

但是,如果说用立法强化社会纪律的人在几个立法的回合中失败了,他们在工业革命这场战斗中却胜利了。在此过程中,常被看做18世纪城镇乡村中英国贫民特色的“爱尔兰人”脾气,也被转化成为工业资本主义有条不紊的生活方式。在农村,这一胜利最明显地表现为货币经济战胜了农民半饥半饱状态中的随遇而安的、不经济的生活节奏。在工业地区,这一胜利可以在工厂的铃声和时钟所规定的纪律中看出来,它从工作时间扩展到闲暇时间,从工作日扩大到星期日,还侵袭着“皮匠的星期一”及传统的节日和集市。

尽管集市在18世纪仍具极重要的经济功能——一年一度“找雇工”、买卖牛马、出售多种商品等等——我们却不能忘记它在贫民的文化生活中同样具有重要的作用。在工业革命早期,劳动人民的岁月仍是由劣质的份食和不时有一些“快乐”的日子
404 形成的循环;而在那些“快乐”日子里,则有许多饮料和肉,给孩子买苹果和丝带之类的好东西;还有跳舞、求爱、快活的拜访和参加体育活动。直到19世纪末,整个农村都存在着一个集市网(当局试图限制和禁止其中的许多集市,但从未达到目的),有着熟人关系的商贩,玩纸牌的人,真真假假的吉卜赛人,民间歌手和叫卖小贩都来赶集。⑦ 1750年,诺森伯兰的一位日记作者记述了圣灵降临周星期一的情况:

……去参加卡尔顿赛会——带着马鞍、缰绳、马鞭等等,一切为了快跑……。许许多多的少男少女都对竞

⑦ 读者也许会回忆起哈代描写威塞克斯的小说。关于19世纪30年代的集市,参见《警事委员会的第一份报告》,第30—42页。

赛和娱乐如痴如狂，以致他们说忘了吃饭。……最后他们玩够了，来到酒店痛饮，男人亲吻情妇，整夜与她们玩耍……

3个星期以后，在莱伯斯顿举行了另一场赛会——“人们掷铁圈套铜盆……，还有一只打扮的漂漂亮亮的鸽子，身上拴着各色彩带和其他装饰品，乡村姑娘为赢取它跳舞……”[⑧] 1783年，博尔顿的一位地方长官抱怨说，在燕麦要卖两几尼一车的时候，

……这个镇里却没有一点匮乏的样子。有一天晚上，我遇见一大群年轻的男男女女，拿着小提琴、花环和其他一些农村的漂亮玩意儿，在大路上跳莫里斯舞，为的只是庆祝一个荒唐的节日，或按照他们这一两年来高兴的叫法，庆祝在邻近公地一家破草房小酒店里举办的一个集市。[⑨]

有一种解释认为，旧式的赛会与节庆之所以衰落，完全是因为“城市的”价值观念取代了“农村的”价值观念。但这是误解。在18世纪，伦敦和一些大城市同农村一样也经常举行比较粗野的娱乐活动，有时甚至次数更多，无论这些活动是难看的斗兽和拳击等，还是比较欢快的节日庆祝，各种形式都有。这些娱乐活动很活跃，一直延续到19世纪，让人们回想起都铎时代伦敦学徒那种不守规矩的传统，而且在那时伦敦也有很大一部分人是从农村迁移进来的。他们最重要的节庆是巴托罗缪集市，集市上有动物展览、扒手、丑角哑剧、玩牌的骗子，还有多种表演、野 405
人展览和马术表演等。《行业报》在1825年抱怨说：

几周以来，教堂讲坛和报刊一直在批评这种集市，它们

⑧ 见《斯威克手稿·日记》，摘自G.R.泰勒前引书，第16页。

⑨ B.T.巴顿：《博尔顿历史拾零》（博尔顿，1881），第1卷，第263页。

报道种种故事，说学徒变得不老实，各类女仆受蹂躏，
还有吵架打破头等等……[10]

10年以来，当局一直担心这种集市会变成"煽动性的大集会和骚动的信号。"[11]

另一方面，工业革命榨取了农村中的一些工业，破坏了农村生活和城市生活之间的平衡，也在我们的心中留下了农村是孤立的和"懒惰的"印象。(从习惯的含义上说，)18世纪英格兰的城市文化是比较有"农村气息"的，而农村文化又比我们想象的丰富得多。科贝特坚持说，"以为人总是居住在老地方就会变笨，这种想法是一个大错误。"大多数新工业城市成长得**超过了**农村时，并没有取代农村的多少东西。19世纪初，最常见的工业地区是商业或者制造业中心，为分散在其周围的工业村庄提供了活动的中枢。随着村庄变成郊区，农田被砖房覆盖，19世纪的具有卫星城的大都会就此形成。

但是，在这个过程中，并没有什么力量猖狂到能摧毁老传统。在兰开郡南部、陶瓷业地区、约克郡西区和黑乡地区，地方上的习俗、迷信和方言，既没有被割断，也没有被嫁接，农村和小镇的手工业者变成了产业工人。班福德在《早年岁月》一书中证实了世纪交接之时兰开郡纺织村庄的传统生气勃勃。那里有许多关于巫婆、招魂术、"鬼火"的故事；有热闹的拳击和斗鸡游戏，盛行"找鸡蛋"(在复活节)或"骑黑孩"的等习俗；还有带着他们传统的庆祝活动的节日——圣诞节、忏悔节、"鼓钹星期日"和8月份的"献堂纪念节"，那时米德尔顿、奥德姆或罗奇代尔有许多人跳莫里斯舞，他们唱道：

---

[10] 1825年9月11日。

[11] 《舍温每周政治纪事报》，1817年9月15日。

我的新鞋多漂亮， 406
我想去跳莫里斯舞。
要是戴了帽子又把好看的衬衫穿身上
我会把莫里斯舞跳得最最棒。

再说，5 月 1 日是“恶作剧节”，在这一天，小伙子们可以在村妇的门槛上留下多种记号：

> 一束荆豆表示这妇女不正派。一束冬青树枝表示一个人有私下的恋情。一只公羊角暗示这个男人或女人对婚姻不忠实。一束幼树苗表示忠于爱情。小小一枝白桦则表示这家有一位漂亮的姑娘。[12]

我们可以把班福德对 18 世纪 90 年代的情况的描述和约瑟夫·劳森对 19 世纪 20 年代的约克郡西区一座名叫帕德西的“落后”织布村庄的回忆作个对比。当时这个村庄正处在从旧的生活方式向新的生活方式转变的过程中。那里的房屋离乱分散，“就像随意撒下的种子长出来的”；没有路灯，也没有旗幡。一组一组的房子周围是蜿蜒曲折高低不平的小路。房间低矮，窗户很小，没有窗格：

> 人们根本不知道有什么环境卫生科学，医生来到一家有热病病人的家中，一走进房子就用手杖打破一个玻璃窗，他开的第一剂药就是新鲜的空气。

大多数的房屋里没有炉灶，只有烤面包用的“烤石”，石头地上铺着沙子，家具不多而且非常简单，“一些房子里有橡木匣子，是传家宝，或是拐角上吊着一个小橱和一个陶的容器用来放盘碟”。由于水源缺乏，一到洗涤日，二三十个人排队等在井边。煤和蜡烛都很贵，到了冬天，几家邻居全在一起取暖。烘烤面包、酿酒

---

⑫ 《早年岁月》，第 13—16 章。

是在家里做的,白面包和肉食被视为奢侈品。“燕麦饼、黑面包、稀布丁、脱脂牛奶、土豆,还有一种他们称做‘饮料’的家酿啤酒都是他们每天主要的食品”。

稀松的日常生活偶尔会被“节气”或所谓的宴饮所打破。这时他们会买“一块牛肉”,大家都去集市,那儿有姜饼、水果和玩具出售,有画着滑铁卢战役场面的西洋景,有滑稽戏表演、赌场、秋千,集市也向来是“爱情市场”,小伙子用“时
407 鲜的白兰地姜饼和核桃去取悦姑娘。能阅读报纸的劳动者人数极少,虽然在铁匠铺、理发店或一些酒店可以拿到报纸(并大声朗读)。大部分新闻靠书报小贩和街头歌手来传递。无论老少,都对古老的迷信感到恐怖,比如在杂货街,城外绞刑台和巫师巷常有鬼魂出现。父母为了哄吓孩子听话,常把他们“关进地窖或其他黑暗的地方,说要让巫师来抓他们”;“到处都流行着另一种最厉害,最吓人的迷信,相信孩子的死是上帝的意志,命该如此。”想改良环境卫生的人被看做“不信教”。斗狗和斗鸡是寻常之事,还有的寻常事是吃喝玩乐之时可以“看到几圈的人,男人们在圈子中赤膊打斗个把小时,这些勇武好斗之人都脸肿鼻青面目皆非……”。酗酒也非常普遍,尤其是在节日和“皮匠星期一”,织工、修布工和皮匠一直都庆祝这个节。不过,他们也有许多比较平和的娱乐,例如在大街上玩木球,“躲小球”或足球。每个村子都是内向性的小集团。有一些非常古老的传统被保留下来,例如有一种称做“骑斯登”的习俗,如果知道某个男人虐待妻子或怀疑某个女人淫荡,喧闹的人们便按这人的面目扎一个草人穿街过巷,然后在犯事者的家门口焚烧。[13]

---

[13] J.劳森:《帕德西的发展》,随处。

地方传统虽然并没有消失，但在工业革命初期，地区自豪感和自我意识也有可能在成长着。兰开郡南部和约克郡西区早在1780年以前已经不再是荒凉的农村，早从两个多世纪以来，已变成家庭工业的中心。随着新的工厂纪律渗入手工业工人的生活方式，随着公司街和典礼街在耶普福德、弗罗格、霍尔和托林斯的旧址上建立起来，因此自我意识也就在失落中明确起来。一种半民族主义的情绪和阶级感情在产业工人的文化中融为一体（比如新机器与旧习俗对立，伦敦暴政或“外来”资本与当地布商对立，爱尔兰劳工愿拿较低工钱而抢了本地织工的工作。）乔治·康迪是十小时工作制运动的主要评论家，他为罗比的《兰开郡传统》(1830)一书写过一篇前言：当时许多平民作家步18世 408
纪“蒂姆·鲍宾”之后尘，赞扬地方的习俗和方言，并把它们理想化，班福德就是其中的一个。

但这是对正在消失的老生活方式的一种有意识的对抗并经常和政治激进主义联系着。[14] 在老生活方式消失的过程中，不仅是公用地和“活动场地”等有形的丧失，同样重要的也表现为闲暇的消失，[15] 人们失去了玩耍，玩耍的兴致也受到压制。卫斯理说：“避开一切轻薄，如同你逃避地狱之火；避开一切休闲，如同你逃避赌咒和起誓。不要接触女人……。”班扬或巴克斯特的清教徒教义在卫斯理的这番话中得到了充分的表达。玩纸牌、穿花衣、个人的打扮、去剧院——全都在卫斯理宗的禁止之列。他们写了许多小册子，反对“渎神”的歌曲和

---

⑭ 这使我们想起了科贝特。不过，威廉·霍恩的《每日纪事》、《日常纪事》和《纪事》及斯特拉特的《体育运动和娱乐活动》都出版于19世纪20年代，对老习俗的记载更详细。

⑮ 见哈蒙德夫妇：《悲惨年代》，第4章。

舞蹈。[16]凡内容中没有宗教献身精神的文学和艺术都深受猜疑。早在维多利亚女王诞生以前，令人生畏的“维多利亚式”安息日制开始扩大其压迫，甚至在维多利亚出生以前已经开始。

一本特色鲜明的小册子说明卫斯理宗决心从工业地区清除工业革命前的旧习俗的程度。[17] 小册子提到 1799 年设菲尔德卫斯理宗季度大会一些成员“还没有完全从一年一度**大宴时互相**家访的应酬习俗中摆脱出来。”这样的饮宴在不同的地区各不相同,在德比郡和斯塔福德郡是“通宵礼拜节”,在兰开郡是“献堂纪念节”,在英格兰西部是“狂宴节”。它们起初也许是得到默许,但后来糟糕地“被滥用于最邪恶的目的。”时间都消磨在“无节制的吃喝、亵渎神灵的谈天上或至少是说笑打趣的无稽之谈、通奸或未婚而私通上……”。参与者至少是“暗中做无益之事的亲密伙伴”。穷人浪费了原可节省的钱,许多人甚至借债。凡混杂在这种饮宴中的卫斯理教徒就处于无法逃遁的世俗的道路
409 中——普遍的结局便是堕落。他们应当拒绝招待来访的朋友甚至亲戚(因为他们从不改信基督教的地方来,如果无法将这些来访者拒之门外,就应当用读《圣经》,讲道和唱赞美歌来招待他们:

> 啊,兄弟,我们在做些什么?酒罐里面是死亡,瘟疫就要降临,神灵将要惩罚无所事事的人们,罪恶正伏在我

---

⑯ 辩护士们对《旧约·传道书》中对“有时间跳舞”的依据是有些异议的。但既然“在圣经中找不到两性协同起舞的事例”,则正可论证为只能准许一性的(同异性隔离的)舞蹈者在平日而不是星期天的宗教圣事的白天跳舞。(此类事如今无记载)。见 A.扬:《跳舞的时间到了》(格拉斯哥,无发表日期);也可见骚塞前引书,546—549 页。

⑰ 詹姆斯·伍德牧师:《给卫斯理宗的教徒的一封公开信》(1799),随处。

们的头上……。

另一种残存的习俗，例如在为葬仪“守夜”时大吃大喝，也遭到一样的谴责。即使亲戚在平常的安息日相互拜访也不能宽恕，除非是去探望突然生病的亲戚。[18]

这种争论之热烈，说明在许多像班福德的米德尔顿一样的地方，旧的生活方式同新纪律之间的较量是尖锐而持久的。劳森对帕德西的描述说明“教堂里的人们”作为一个群体因不苟言笑的规矩而置身在社会整体之外。在虔诚的家庭中长大的许多人都强烈反抗他们所受的培养，如威廉·德维特所说：

……整个星期天不得不3次总去一个地方做礼拜，除了圣经和祈祷书，什么书都绝对禁读，除了上教堂之外，赏心散步是不允许的……这足以证明那些孩子气的感情。我可怜的母亲……以为天地间造成无数的欢乐、活泼歌唱的伟大力量必须首先在庄严的面孔、整洁的衣服、半醒半睡的言行举止中得到满足，她以为真实的宗教存在于倾听一次次重复的人类堕落的故事中……[19]

像洛维特那样战后的一代人，认为卫斯理宗是古怪而落后的。这使我们想起要对工业革命时期工人阶级整体的道德观点

---

[18] 守夜节是亲戚相聚的重要节日，城里人下乡去拜访亲戚，“出嫁的女儿带着孩子回娘家”。豪伊特把这种节日称做“不停运转的劳役机器的短暂休止”。他记载说，当他向乡村的老人提到那些在城里的儿子和女儿时，老人会说：“嗯，嗯，我们会在守夜节见到他们的。”即使主张强化纪律的韦奇伍德也对通宵宴饮的守夜节无可奈何，他说这样的节日“必须举行，尽管世界将同它一道毁灭”。见R.E.利德：《回忆过去的设菲尔德》（设菲尔德，1876），第200—202页，W.豪伊特，《英格兰的农村生活》（1838），第1卷，第59、245—254页；麦肯德里前引书，第46页。

[19] 洛维特前引书，第1卷，第8页。

410 和行为举止做一般化总结有多么困难。看得明白的是，在1780至1830年之间发生了许多重大的变化。"平均的"英国工人变得更守纪律，更加顺从于"时钟"的生产步调，较为谨慎，较为循规蹈矩；不那么粗暴，不那么随心所欲反复无常了。传统的体育活动换成了较为恬静的爱好：

> 抑或如兰开郡的一位作家在1823年所抱怨的那样，掷铁圈、摔跤、足球、抓俘虏游戏、长弓射击等竞技活动渐渐过时了，……他们现在是鸽子迷、养金丝雀和种郁金香。⑳

弗朗西斯·普雷斯看到并经常提到一种变化，他把这种变化看成是自尊的增长，"工人品质"的提高。在彼得卢事件发生1个月之后，他曾经写道：

> 就拿兰开郡来说，几年前，当一个陌生的行人经过他们的城镇时，便会引起"轰动"，那就是哄赶，有时用石头追打。"兰开郡的蛮子"是众所周知而名副其实的外号。直到不久以前，不论任何场合，只要有500人聚集在一起，都会是危险的事。至少是面包房和肉铺要遭到抢劫，而现在，哪怕10万人聚集在一起也不会发生骚动了……。㉑

正是在这一点上要作出评价是最为困难的。从科贝特到恩格斯，许多当时的著作家都在叹息英国旧习俗的消失。但是，仅仅从田园诗般的角度来看待这一变化却是可笑的。这些习俗并不都是无害的或富有奇趣的。

据报告，19世纪开头的一二十年卖妻之事在科恩、普利茅

---

⑳ 格斯特前引书，第38—39页。

㉑ 沃拉斯前引书，第145—146页。

斯、设菲尔德、史密斯菲尔德等市场广为发生。的确,那里的老百姓认为,只要妻子承认她曾经不忠实,丈夫就有权将她卖掉——(一位在普利茅斯牛马市场上出卖妻子的丈夫说:)“许多乡下人告诉他可以这样做”。[22] 凡是未婚而生育的母亲会在感化院里受罚,或从她可以有权领取救济金的教区里被驱逐出去,她是没有理由去赞美什么“快乐的英格兰”的。松子酒巷、刑场 411
买卖、狂饮酗酒、兽奸、穿上带铁钉的鞋为奖金而进行致命的打斗,所有这些的消失都不足以哀伤凭吊。尽管卫斯理宗的劳动纪律压制人性,残伤人体;但是,若没有某种形式的劳动纪律,也就不可能有工业革命。而旧的生活方式与新的生活方式之间的冲突,不管何种形式,都必定是痛苦的。

到底是支持还是反对传统的“娱乐活动”,其中的界限很难确定。例如,人们常常认为老派的托利党乡绅对旧习俗是宽容的,甚或积极地保护这类娱乐活动免受攻击。事实证明,农业郡的情况大约就是这样。但正是这些乡绅使用惩罚手段来维护自己的野外游乐狩猎权。他们住得离工业中心越近就越珍惜自己的隐居生活和特权。设菲尔德刀具匠的女儿再也不能在5月去拾核桃等坚果(因为街上贴了布告,警告说要对拾坚果的人起诉):

---

[22] 《关于卖妻情况的真实逐一的报告》(盖茨黑德,1822);J. 卡尔:《科恩纪事年鉴》(科恩,1876),第83页;《利兹信使报》,1802年8月28日;《行业报》,1825年8月14日;《泰晤士报》,1822年11月23日;G. C. 米勒:《布莱克本》,第92页;《布莱克本邮报》,1793年9月4日;平奇贝克前引书,第83页(描述克罗伊顿1815年的状况);H. W. V. 坦佩利:《1832年英格兰的卖妻》,载《历史教师集萃》(诺里季,1925),第3卷,第67页;(当然)还有哈代的《卡斯特桥市长》。某些实例说明卖妻的做法并不总是野蛮的,可能只是流行的一种离婚形式,是得到妻子同意的。她的情人象征性地花一笔钱把她“买”下来。在民间,公开市场上进行这样的转让属于合法的交易,因为当时还没有出现其他有效的离婚形式。

[1812 年,一本小册子的作者报怨说]:国家的大人物宣布……他们有权拥有所有的野兔、鹧鸪、山鹬和松鸡,等等,更不用说那里的鱼;而最后,他们又开始把注意力转向普通的坚果了。[23]

还可再举一例来说明。卫斯理宗和福音派袭击贫民在星期天的娱乐活动,他们的出发点往往是一种好管闲事的固执,或是想寻找与撒旦发生遭遇战的戏剧性的场面。[24] 但是,这里面有时还包含着更复杂的问题。30 年代,纽卡斯尔地区一场尖锐的争论是由福音主义的各派教徒要禁止夏天的"星期日雇工"的做法而挑起的,那里的农业工人被赌场、赛马和酒吸引到集市上去,农
412 场主则从集市上获得劳动力去收割庄稼。一些工会人士支持福音派,而宪章派、农场主、行商小贩、赌场老板和酒店老板却站在赞成星期日集市的这一边。[25]

卫斯理宗的历史学家倾向于以为,工人品行的转变至今为止可归因于卫斯理宗的教义的影响所致:但这种说法目前还不

---

[23] "一个同情被压迫者的人":《乞丐的抱怨》(设菲尔德,1812)。在大萧条时期,偷猎,在毗邻工业地区的附近往往具有内战的形式。一份有关诺丁汉卢德运动的报道(内政部档案,第 42.119 号,1811 年 12 月 24 日)下结论说:"一批绝望的偷猎者闯入了诺丁汉附近沃拉顿的米德尔顿勋爵的私人猎场,打死了至少 100 只野鸡。"亦见 E. W. 博维尔在《英国农村生活,1780—1830》(1962)一书中对"偷猎战争"的精彩叙述,第 12 章。

[24] 1808 年,原旨卫斯理宗的创始人休·伯恩听说每年 5 月的第一个星期天"雷金节"高潮时有举行狂饮的习俗,"我立即产生了一个念头,把传教士们叫来,在那里举办一个野营布道会。"有关他仇视诺顿的"守夜节"以及 1807 年在草堆山顶举行第一次野营集会的由来,参见 J. T. 威尔金森:《休·伯恩传》,第 43—47、58—59 页。

[25] 见 J. 埃弗雷特:《星期日雇工》(纽卡斯尔,1837);《纽卡斯尔安息日》期刊,1838 年 6 月 16 日及以后几期。

能肯定。[26] 毫无疑问，福音运动在一般意义上，主日学校在具体的意义上极大地推动了19世纪工匠身上清教徒性格的形成，他甚至在当时（像洛维特）还谴责他的培养方式的狭隘性，并且成为一个自由宗教论者。在托德莫顿斗牛场的旧址上建立起来的卫斯理宗教堂，当然可以看做是这些变化的标志。但是，这些证据往往失之片面。如果一些老迷信消失了，新歇斯底里幻觉却成倍地增加着。卫斯理本人就坚持无知和野蛮的迷信，例如用圣经算卦，相信魔鬼附体，认为18世纪的医药治疗危险而又残酷等等。我们已经提到过卫斯理宗喧嚣派和索思科特派的错乱；更有甚者，在福音派小商贩或工匠的固执外表底下，可能萦回着搜捕巫婆和蒙昧主义的无情而卑劣的做法。此外，还有用宿命论的观点看待儿童的夭折，对待"无神论者"和宗教自由论者极端地偏执等等。

确实，处在老的迷信和新的固执之间，当遇到福音派自称一直是思想启蒙运动的推动力时，最好是持谨慎的态度。我们已经提到，卫斯理宗的倾向是使自己这个宗派坚强，不许他们的信徒和不愿皈依过来的人接触，并且要他们认为自己是处在同酒店及投向撒旦城堡的人的战争状态中。卫斯理宗在其人数少的地方，双方都持强硬的态度；都自称信守道德并振振有词地反对罪恶，但同他们表现的深刻仇视相比，其真实风格却并不多见。此外，在19世纪初的气氛中充满了立论和反立论，413
特别是手工工人和工厂工人的价值观念相互冲突，反对童工制和主张童工制的价值观念相互冲突。批评工厂制的人认为它

[26] 例如可参见J.卫斯理·布鲁迪：《卫斯理以前和以后的英格兰》（1938）；J.H.怀特利：《卫斯理的英格兰》（1938），以及韦尔默斯博士的著作。关于激进派的严谨道德，见下文，第737—743页。

破坏了家庭生活，不断把工厂说成是最下流的性行为的伤风败俗中心；兰开郡工厂女工的下流语言以及她们无视任何约束的举止使许多目击者瞠目结舌。加斯克尔把家庭工人田园生活式的质朴同工厂里混乱的男女杂交行为作了对比。家庭工人的青年时代在异神教的自由中度过，只有怀孕以后才承担婚姻的义务；而在工厂里，有些雇主们和女工们混杂淫乱的热闹场面，

> 连罗马人淫荡的农神节，印度宝塔女的仪式和奥斯曼帝国最淫逸的后宫生活都自叹不如。[27]

这些生动的描述自然使雇主们感到不快，就连工厂的工人也十分不快。他们指出，许多农村地区私生率比工厂市镇的私生率高。许多工厂里规矩很大而严格。工厂主当中若有一些“奥斯曼”的话，那么也有搞家长制的统治者，一旦发现任何女工道德堕落便予以开除。

这场讨论不会产生什么结果，这倒不是因为有关家庭生活和性行为方面的证据太少而是因为这些证据不足以说明父母与孩子之间以及男人和女人之间的本质关系。教会无疑会在那些亲眼看到酗酒或无责任心的父母给孩子带来痛苦的人们当中赢得皈依宗教的人众。但是，没有什么证据可以说明抑制性行为的规矩和家长式的家庭关系增进了幸福和爱情。即使是无情而野蛮的举止也比冷酷有罪的性行为好；19 世纪初，性行为受约束更多，并变得更加隐密，而在大城市中卖淫业也发展了。我们也无法设想教徒的身份甚或婚姻的形式和家庭忠诚两者之间的直接的因果联系。梅休后来发现叫卖小贩等社会群体中有信奉异教和纳妾的习俗，但却表现得如同虔诚的基督教徒一样相互

---

[27] 《英国的工业人口》，第 64 页。

忠诚。

工人在工业革命中发现道德语汇是真挚而深刻地表达他们 414
集体的不满和愿望的;但当用到个人间的关系上的时候却显得牵强附会和言之过甚了。然而,在工业革命期间,坚贞的家庭忠诚支撑着许多人,这种例子很多。在主要的激进主义者和宗教自由论者当中,为数不多的男男女女在有意识地寻找在18世纪的工人群众中尚未发觉的同志关系和平等关系。细木工威廉·洛维特的婚约中断了一年,因为他的未婚妻(一位夫人的侍女)发现他的宗教观点离经叛道;但他们结婚以后洛维特让她一起自学,"向她朗读并解释摆在我们面前的各门功课",这可以看做是一个例子。

在这方面很难找出四平八稳的结论。一方面,有人认为工业革命提高了妇女的地位,不过,若是一旦把这种说法与长时间的劳动,拥挤的住房,过多地生儿育女以及惊人之高的儿童死亡率等记录加以对照,就显得并无意义了。另一方面,纺织业地区给妇女以充分的就业机会,使之取得了独立的工资收入者的地位。老处女或寡妇摆脱了对亲戚的依赖,也摆脱了对教区救济金的依赖。多亏许多工厂"道德纪律"松弛,即使未婚而生育的母亲,也有可能获得过去闻所未闻的独立性。麦克尔斯菲尔德最大的一家丝织厂中,正直的雇主以女工一次"失足"就予以开除而感到自豪。一位目击者将这种做法同曼彻斯特散漫的行为做了对比,他的话引起道德家们的深切不安:

> 我发现很普遍的……情形是,如果纺织厂和工厂里几乎没有私生子女的母亲存在,那么街上就会有许多妓女。相反,如果允许女工生了孩子后再回厂工作,那里的街道上这些不幸的人就会相对地没

有了。[28]

这个时期到处是这样的尴尬情况。战争年代出现了大量传道和劝诫性的传单,主张限制甚至否定妇女的权利,他们把这种
415 权利同"雅各宾主义"联系在一起。他们使用最明白无误的话表述妇女在婚姻关系中的从属地位。佩利说:"基督教圣经以断然的、绝对的方式"规定妻子在婚姻关系中唯有服从,"这种要求似乎扩展到只要是不犯罪,不与妇女的幸福相违背的一切事情上。"[29] 但是,就在这同一个时期主要在大城市的自由职业者和激进工匠中间顽强的少数人也有一种说法,他们提出的要求与法国革命以前所出现的要求相比,其意义更为深远。玛丽·沃尔斯通克拉夫特、威廉·布莱克和托马斯·斯彭斯在18世纪90年代提出的要求从未被完全放弃。战后,这些要求不仅在雪莱的文人圈子中,而且在激进派的出版物中也反复出现。在《黑矮人》报上以自我贬责的口气予以表述;在理查德·卡莱尔的报刊上则咄咄逼人;而在安娜·惠勒、威廉·汤普逊和欧文主义运动中则表达得最为有力。[30] 其实,还是在纺织业地区,妇女经济地位的改变引起劳动妇女最早广泛地参加政治和社会运动。18世纪末的妇女互济会和卫斯理宗妇女小组可能为她们提供了经验和自信心——由妇女来充当地方宣讲师的主张被看做是卫斯理宗一贯的"异端表现"。战争期间劳动力日益紧缺,不仅纺纱工

---

[28] W. 多德:《工厂制解析》,第194页。马格丽特·休伊特的《维多利亚工业中的妻子和母亲》(1958)一书,主要以1840年以后的一些材料为依据对一些事例进行讨论,尤见第5章。

[29] W. 佩利:《青年劝诫简篇》(1809),第68页。亦见T. 吉斯本:《女性职责之研究》(1797),第226—229页。

[30] 《黑矮人报》,1818年9月9日和30日。关于卡莱尔和欧文运动,见下文第16章。

厂而且手工织机都是这样，这种情况也加速了这一过程。[31] 1818 和 1819 年，在布莱克本、普雷斯顿、博尔顿、曼彻斯特和莱恩河畔的阿什顿先后成立了最早的妇女改革协会。塞缪尔·班福德的叙述——如果我们可以信赖的话——说明在觉悟方面突然发生飞跃。在兰开郡和约克郡交界的萨德尔沃恩地区的一次集会上，班福德发表了一次演说：

> 在这篇讲话的始终，我坚持凡参加这类集会的女性对各项决议都有权利举手表示同意还是反对，坚持这样做是合适的这是一种新的思想，大量的妇女参加会议，站在阴冷的山脊上，她们强烈地为这种新思想而高兴。当妇女们举起手在许多笑声中赞同这些决议时，男人们没有反对意见。从此以后，妇女在激进派的会议上同男人们一道进行表决……。妇女政治联盟成立了，
> 他们有自己的女主席、委员会和工作人员；这已经成为 416
> 现实。宗教和慈善机构很快就……从我们这里学会了这种做法。[32]

（与此同时，在纽卡斯尔，有一个杰贝兹·邦廷的通讯员正在痛惜"虔诚的姐妹们"正在绣改革派的旗帜而不参加活动。）在 1815 至 1835 年的 20 年间，第一次在女工当中也有独立的工会的活动迹象。约翰·韦德评述 1835 年约克郡西区有 1500 名梳毛机植齿女工罢工，并指出其寓意："杞人忧天者之辈可能把妇女独立的这些迹象看做是一种威胁，比'下层民众教育'对现存机构的威胁更大。"[33]

---

[31] 关于战争时期妇女织工人数的增长，见艾维·平奇贝克：《女工与工业革命》（1930），第 164—166 页。

[32] 《一个激进派的生平》（1893），第 141—142 页。

[33] J. 韦德：《中等阶级和工人阶级的历史》（1855），第 570—571 页。

但是,在这种进步中甚至也存在矛盾的感情。交织在北方劳动妇女的激进运动中的,是对丧失的地位的怀念和对新奠定的权利的维护。当时的常规坚信妇女的地位有赖于她们在家庭经济中能否成功地充当主妇,未雨绸缪地安排家庭生活,烤面包、酿酒、洗洗扫扫、带孩子等。妇女在纺织厂或在织布机旁全天工作而获得的新的独立,使她们有可能提出新的要求,但同时她们又感到失去了地位和个人的独立性。劳动妇女变得更加依赖于雇主和劳动市场,这使她们更加向往过去的“黄金时代”。在那个时代,她们只要在家门口就可以靠纺织和养家禽等手段取得家庭的收入。年份好时,家庭经济像农民经济一样,是集中支持着一家一户的一种生活方式,在家庭内部的任性和强迫比表面的教养更为显而易见。在工业分工和专门化的每一个阶段上,家庭经济都遭到了冲击,打乱了男人与妻子之间以及父母与孩子们之间那种习以为常的关系,而且“劳动”与“生活”之间的区分更是明显。以后要花足足100年,这样的分工才带着节省劳动的家用设备把好处带向劳动妇女的家庭。在这种时期到来之前,每当早晨工厂的钟声响时,硬把一家分开,而也是靠工资生活的母亲就常觉得自己不论在家还是在工厂里都是处境最糟的。

417 “从前,我们可以欢迎你,用我们殷勤供给的食品在你的桌上摆满英国风格的热情款待的饮宴。”博尔顿的妇女改革协会在1819年对威廉·科贝特说,“从前,我们可以面带英国女性欢乐的表情来迎接你……带你去参观我们住的房子,拿它的洁净和安置与王宫相比”。布莱克本妇女改革协会也说起住房的事——她们的“房子里的摆设全被抢光了”,她们的床“被没有感情的包税商人无情的手拆散了”,而她们全家只能睡在草铺上。她们最关心的是为孩子们呼吁:“我们每天看到他们狼吞虎咽地吞下这些粗糙的食品，心如刀绞，而这种食品，有些人几乎都不给猪吃”。科贝特立即在《农舍经济》中对她们表示支持，奥斯特勒则非常重视“家庭”，因而他们自然得到妇女的响应。无论是科贝特还是奥斯特勒都不支持妇女选举权的主张，连妇女改革协会也没有为她们自己提出这样的要求。她们的作用只局限于给予男人以道义上的支持：为他们制造旗帜和自由小帽，让他们拿出去参加改革派的游行示威活动；通过决议和宣言，扩大集会的人数。[34] 然而，就是这种形式的参与也招来了反对者的谩骂。《信使报》把曼彻斯特的“衬裙改革派”说成是“道德败坏的女性”，犯了“最坏的卖淫、灵魂卖淫”之罪，“擅离她们的职守”，把妻子和母亲的“神圣天性”抛在一旁，而去“进行煽动暴乱和亵渎上帝的骚乱罪恶勾当”。无论科贝特对妇女选举权持何种态度，这里暂且不谈，但他从未犹豫过要对妇女改革派进行支援：

> 难道女人只能烧燕麦饭和打扫房间吗？难道女人没有头脑吗？难道汉娜·莫尔和写传单的大人先生们不是把英国妇女降低到非洲黑人妇女的水平上吗？难道英国从来就没有女王吗？[35]

2. 互助之风 418

人们一再忽视对“古老英国的消逝”进行分析。如果我们想起，工业革命并不是一个定型的社会，而是两种生活方式之间的过渡阶段，我们就更清楚地看明白了变化的线索。我们必须想

---

[34] 一名告密者在 1819 年 11 月 17 日写的关于曼彻斯特政治同盟的报告中提到了另一个传统的兴起：“这个同盟**极其贫穷**，他们想去请求妇女同盟给予援助，因为他们穷得不敢借债—怕无力还债”。内政部档案，第 42.198 号。

[35] 《政治纪事报》，1819 年 10 月 23 日、12 月 29 日；《信使报》，1819 年 7 月 15 日。

到，不是一个“典型的”地区（例如米德尔顿或帕德西），而是许多不同地区相互共存着。仅仅在兰开郡的东南部就建立了许多地区，相距都不过几英里，其中有曼彻斯特这样的四通八达的都会，聚集了来自本王国各地的移民；有从半封建制度崛起的采矿村庄（例如布里奇沃特公爵的煤矿）；有家长式类型的村庄（例如特顿）；有新的纺织厂市镇（例如博尔顿）；还有比较老的纺织村庄。所有这些地区都有一些共同的影响在起作用，全在趋向于强化纪律，以及推动工人阶级意识的成长。

19 世纪初的工人群体既非家长制亦非卫斯理宗，而是高度的有意识的工人阶级共同努力获得的成果。在纽卡斯尔或曼彻斯特，工会和互助会的传统可以追溯到 18 世纪，他们强调自我约束和团体的共同目标。18 世纪 50 年代曼彻斯特细布纺织工人的一些规定保留到现在，证明早就对工作程序和机构的规则予以精心地注意维护。委员会的成员必须按确定的次序就坐，大门必须关牢。这里有周全的规定用来保护“保险箱”的安全。成员被提醒：“酗酒、仇恨和亵渎上帝都是瘟疫和害虫，会腐蚀整个协会的灵魂。”

> 如果我们认为这个协会不是男人们聚在一起高兴地喝酒抽雪茄烟和漫无边际谈天说地的一群伙伴；而是大家坐在一起来保护这个数百人以此为生的行业的权利和特权……那么，看到协会的成员乱七八糟地混杂在一起谈起一切主要问题时都冷漠以对，那又是多么不像话啊……

“体面与规矩”是他们的口号。他们甚至希望“绅士和行政长官”看到了这样的秩序以后“不但不会惩罚这样的协会，而且会表示尊敬”。[36]

这些规定反映了自尊的工匠们的规则，尽管他们希望这样的节制会取得当局的同意，但结果使他们大失所望。哈迪和普雷斯等人就是在伦敦接受了这一类学说的教育的。随着工业革命的进展，这种规则（有时采用标准规章的形式）广为扩大到工人的各行各业之中。小手艺人、工匠和劳工都竞相加入“保险箱俱乐部”即互助会为其成员，以求在生病、失业或举行葬仪的花费上有所保障。[37]但是，为了管好基金，为了开好会和对有争议的议案做出决定，纪律就是至关重要的，这就要求与新的劳动纪律一样需要在自我约束方面做出巨大的努力。我们找到一本拿破仑战争时期纽卡斯尔地区互助会的章程制度，其中有一本罚款和惩戒册，其记载比博尔顿的棉纺织厂的登记簿更为完整明确。任何成员只要“非难”别的成员领取疾病补助，在安息日喝酒、打人，“互相叫彼此的诨名”，带醉走进俱乐部，轻慢地议论上帝，总会就要对他罚款。麦芽制造工互助会除了上述的罚款外，对于在任何时候酗酒或不参加本会兄弟或其妻的葬礼的人都要课以罚款。玻璃制造工互助会（建于1755年）还对不参加会议，不肯轮班当干部，不肯按要求安静下来，几个人同时发言，与办事员顶嘴，在会内打赌，或（这是一个常见的制度）将互助会的秘密泄露出去的人课以罚款。此外， 419

名声不好的人，品质恶劣的人，爱吵架的人或不守规矩的人，不得加入本会……井下工人、煤矿工人、凿矿井

---

[36] 华兹华斯和曼前引书，第345—347页。

[37] 工人群众认为葬礼特别重要，清贫的葬礼被认为是最丢面子的事。葬礼在民俗中占有重要地位，临死的人特别重视。一位被宣判死刑的卢德派分子写道：“我希望约翰·劳森、约翰·罗伯兹和约翰·罗帕为我抬棺；亲爱的妻子啊，另外3个抬棺人可由你来选择。”见《“卢德将军”……传奇史》（诺丁汉，无出版日期），第239页。

> 工人或船工不得加入本会……。

船工协会不甘落后，他们也有一条规定：“凡是同不洁的女人睡觉而得了淋病或梅毒的人”，不得享受本会补助。相互嘲弄或挑
420 拨是非也要罚款。同心互助会规定，领取疾病救济金的会员一经发现“在酒店喝酒，赌博或喝醉”，一律取消领取资格。为了维持全体的一致，凡是提出“对政治或宗教事务或对政府和政府官员的问题进行讨论或争论的人”都要被罚款。各业互助会都有一种规定同下棋的“吃子”相似；“假若一经发现任何成员碰上了应罚兄弟的款之事而不去罚”，该成员亦被罚款。鞋匠互助会另有一条规定，凡未得到办事员的准许就招呼大家饮酒或抽烟的人，应当罚款。家具木工和细木工互助会还规定禁止“发牢骚”或唱“政治歌曲”。[38]

诸如禁止讨论政治问题或唱政治歌曲的规定很可能只是说说而已。有些互助会不过是二三十名经过选择的工匠组成的疾病救济会，他们在一家小酒店里聚会聚会。而另一些互助会则很可能是工会活动的掩蔽所。在纽卡斯尔和设菲尔德，“两项法案”颁布以后成立的互助会，大概是用来掩护雅各宾派的组织的。（1816 年，某“公司”的互助会证实了纽卡斯尔许多互助会有“忠诚、爱国与爱好和平的规章”，但是，它抱怨说这些规定往往不足以防止“热烈的辩论和激烈的语言”）。[39] 在战争时期，当

---

[38] 《在威廉·福斯特先生家中集会的互助会的章程和秩序……》（北希尔兹，1795），第 11 页；《麦芽制造工互助会的规定和秩序》（纽卡斯尔，1796），第 6 页；《玻璃制造工互助会条例与规章制度》（纽卡斯尔，1800），第 5、11、15 页；《船工互助会……条例》（纽卡斯尔，1804），第 11 页；《万众互助会条例》（纽卡斯尔，1824），第 11 页；《各业互助会……条例》（纽卡斯尔，1804），第 9 页；《鞋匠互助会……条例》（赫克萨姆，1806），第 8 页；《家具木工和细木工慈善协会章程》（纽卡斯尔，1812），第 7 页；《矿工协会……条例》（纽卡斯尔，1817）。

[39] 《安格斯先生工厂里的……慈善协会简况》（纽卡斯尔，1816）。

局对互助会深为怀疑,制定章程的目的之一就是保证在地方长官那里进行登记注册。熟悉现在的工会和工人俱乐部的活动程序和规矩的人,都能认得出在若干规章中保留至今的惯例之来源。总之,这表明自我约束已经产生一种实在令人难忘的秩序,作为经验已经传播开来了。[40]

据估计,互助会的人数在 1793 年有 648000 人,1803 年有 704305 人,1815 年有 925429 人。按照 1793 年的第一个互助会法令规定,在地方长官处登记注册的互助会的经费因主管干部拖欠不付而诉讼时,经费能受法律的保护,但仍有不知多少大批互助会没有注册,若非出于对当局的对立及狭隘的惰性,便是出于严格的保密性。霍兰德医生在 19 世纪 80 年代初期感到这种保密性仍旧强烈得足以阻碍他在设菲尔德的调查研究。在 1815 年以前,几乎所有的互助会都有十分严格的地方的和自治的性质,它们把疾病保险的功能和夜餐欢聚及每年一次的“远足”即宴饮活动结合在一起。1805 年,马特洛克附近有人观察到: 421

……在大约 50 名妇女组成的队伍前面有一个独奏小提琴手,奏着欢乐的曲调。这是一个妇女互济会,她们在埃亚姆听过讲道之后,正准备去聚餐。这种乐趣是我们设菲尔德的妇女慈善协会所不愿放纵自己去为之的,我们只有茶喝,一般说来,只是唱歌、跳舞、抽烟、喝尼古斯混合酒。[41]

---

[40] 关于那个时期互助会的法律地位,参见 P.H.J. 戈斯登:《英国的互助会》(曼彻斯特,1961),第 5 页。关于设菲尔德互助会的社会成分,参见 G.C. 霍兰前引书,第 17 章。

[41] T.A. 沃德前引书,第 78 页。亦见 J.H. 普里斯特:《里彭登妇女协会》,载《哈里法克斯考古学会通讯》(1943)。

互助会的会员在社会地位上很少有高出职员或小手艺人之上的;他们大多数是工匠。每个成员都在会中存一笔钱,从而保证会员的稳定,保证他们积极地参与协会自治。他们当中几乎没有中等阶级会员,虽然有些雇主很尊重他们。但他们在实际行动中却不给家长式的控制留下丝毫余地。由于缺乏实际经验,它们常常失败,不履行职责的职员也不时出现,但是,这些互助会发展到了全国各地,成了聚积经验(常常是令人心碎的经验)的学校。

在有很秘密色彩的互助会中,在上层阶级不透明的复查之下,我们有可靠的证据,证明独立的工人阶级的文化和组织在成长着。这是亚文化群,少数的稳定的工会从其中成长出来了,工会干部也在其中得到了训练。[42] 工会的规章,在许多事例中,是按疾病救济协会一样的管理规则加以详尽修订成章的。有时,如在梳毛工的例子中,是按秘密的共济会规章的做法加以补充的:

422 陌生人,我们一切支部的意图就是爱和统一,
结合着建立在公平法律之上的自我保护,
等你通晓了我们全部的神秘权利,
我们的全部秘密将向你公开。[43]

18 世纪 90 年代以后,在雅各宾派鼓动的影响下,互助会规章的前言出现了一个新的回应;富有哲理性的启蒙运动使用的"社会的人"一词最新奇的后果之一,便是在工业的英格兰那些

---

[42] 政府当局不断抱怨互助会允许会员在罢工时提取基金。1812 年的麦克尔斯菲尔德被说成是"非法协会的窠穴","统统都是疾病丧葬互助会,它们是革命的策源地",C.S. 戴维斯:《麦克尔斯菲尔德史》(曼彻斯特,1961),第 180 页。

[43] [E.C. 塔夫内尔:]《工会的性质、目标和影响》(1834 年,1934 年重印),第 42 页起。

小酒店或叫“黑店”中开会的一些无名的俱乐部之规章中,一再使用“社会的人”一词。泰恩河畔的“社会协会”和“慈善协会”用广告式的警句表达他们的抱负,包括“一个巩固的持久的和爱的社会”,“促进友谊和真正基督徒的博爱”,“人不仅是为自己而生”等,直到更响亮的富有哲理的诺言:

> 人,由其健壮之体魄,心灵之所向,乃是为社会而形成之“人”也……。
>
> 我辈皆本协会之成员,均应认真深思,人既成为社会的一分子……恒需互相帮助与支持;对于任何同胞兄弟之不幸,我辈感同身受,则人道之理同情之心油然发自肺腑矣……。[44]

在不同地区出现的互助会,发挥着统一的文化影响。虽然由于财务和法律上的原因,它们自己之间的联合要慢慢来,但却方便了地区性的和全国性的工会组织的形成。他们用“社会的人”这个词也推动了工人阶级意识的成长。它把基督教的博爱的语言和卫斯理宗(还有摩拉维亚教派)传统中冥思的“四海之内皆兄弟”的意象,以及欧文社会主义中的社会的承诺融合在一起。许多早期欧文派的协会和商店都在其规章的前言中引用圣经中的《以赛亚书》(第 41 章第 6 节)中的一句话:“他们各人帮助邻居,各人对弟兄说,壮胆吧。”19 世纪 30 年代,流传着几十首互助会和工会的歌谣,详尽地表达了这一主题。

雷蒙德·威廉斯先生曾表示:“自从工业革命以来,英国生活 423
中最关键的特点就……表现在有关社会关系本质的不同观点

---

[44] 《联谊会……规章》(纽卡斯尔,1812);《西博尔顿互助会……条例》(桑德兰,1811 年);《善意协会章程》(纽卡斯尔,1815);《同心互助会条例》(纽卡斯尔,1804);亦见 H.J. 马尔比:《布雷德福早期的互助会》,载《布雷德福古典学》,第 7 卷(1933),其中例举了卫斯里宗对章程的影响。

中”。与中等阶级个人主义思想或(在最好的情形下)有关服务的思想不同,“‘工人阶级文化’一词所表达的意思……基本上是集体主义的思想,以及由此派生出来的组织机构,行为举止,思维习惯和目的意图”。[45] 互助会并不是从某一个思想中“派生”出来的,思想和组织都产生于对某种共同经验的反应。但是这种区别是重要的。在互助会这种简单的细胞状结构中含有日常的相互援助之风,我们可以在工会、合作社、汉普登俱乐部、政治同盟以及宪章派各个分会中看到,它的许多特征正以更有经验和复杂的形式在重现着。与此同时,也可见这种协会正在把非常广泛地普及在“浓厚”而“具体”的工人相互关系细节中的互助风气提炼出来,无论在家还是在工作中。19 世纪上半叶的各种证人,包括教士、工厂监察员和激进的出版者,都论述过在最贫困的地区存在着广泛的互助关系。只要出现紧急情况,如失业、罢工、疾病、生孩子等等,就总是穷人在“帮助他邻居的每个人”。在普雷斯对兰开郡生活方式的变迁发表评论的 20 年之后,库克·泰勒对兰开郡工人忍受的“最可怜”的状况感到吃惊。他说:

> 情操高雅,举止适度,体面、整洁、秩序,……这些都与我亲眼看到的最可怜的状况不相称。我看到这个国家和天下任何国家最高尚最有价值的一部分人正逐渐变成牺牲品。

“我在曼彻斯特北部遇见的每一个受苦受难的工人……几乎都特别害怕被迫去接受教区救济。”[46]

如果把这看做是惟一有效的“工人阶级”伦理,那是错误的。

---

[45] 《文化与社会》(企鹅版),第 312—314 页。

[46] 库克·泰勒前引书,第 37—39 页。泰勒写作这本书对正处在 1842 年棉纺业萧条的时代。

工匠和技师对"贵族气派"的向往,"自助"的价值观,以及罪恶和堕落,也都广为蔓延过。两种生活方式之间的冲突不仅发生在中等阶级和工人阶级之间,也发生在工人阶级整体内部。但是, 424
到19世纪早期,可以说,集体主义的价值观念在许多工业地区是最主要的观念,它有一套明确的道德法则,如对工贼、雇主的"工具"和出卖邻居的人进行制裁,对不同心同德或个人主义的人不予以宽容等。集体主义的价值观念被自觉地遵守着,而且在政治理论、工会活动和道德词汇中尽皆推广普及。的确,正是这种集体主义的自觉意识以及相应的理论、机构、纪律和团体价值才使得19世纪的**工人阶级**不同于18世纪的**暴民**。

政治激进主义和欧文主义都吸收并丰富了这种"基本的集体主义思想"。弗朗西斯·普雷斯把1819年兰开郡的群众在行为方式上的变化,归因于"自从1792年宪法会和通讯会积极活动以来"政治意识上的进步"正传播到全国各地",普雷斯的观点应该是正确的。他说:

> 现在,为什么10万人能聚集在一起而没有骚动呢?……人民有了目标,追求这个目标使他们认识到自己的重要性,提高了自我认识,于是正是这些人物以前也许是骚动的领袖,如今却是社会秩序的维护者。[47]

另一位观察者却认为兰开郡的变化归因于科贝特和主日学校的影响,并指出各劳工阶级的品质发生了"普遍而急剧的变化":

> 穷人在受苦受难和不满的时候不再制造骚乱,而是举行集会——不是攻击他们的邻居,而是责难内阁大

㊼ 沃莱斯前引书,第146页。

臣。[48]

自尊和政治意识的成长是工业革命的真正大收获。它消除了一些迷信和顺从的精神，再也不愿容忍种种压迫。我们能找
425 出足够的证据来证明：互助之风的稳定成长，是工会和行业俱乐部的力量和真正的自豪感的表现。这些工会和行业俱乐部，是在结社法废除后，从半合法的状态中崛起的。[49] 在纽卡斯尔，互助会有很深的根基，当布雷德福的梳毛工在1825年举行罢工的时候，纽卡斯尔的工会为这次罢工捐赠了基金，捐钱的人当中有铁匠、机器安装工、造船工、锯木工、裁缝、梳毛工、制帽工、鞣革工、织工、陶瓷工匠和矿工。[50]此外，互助会还助长了对纪念活动的爱好，提高了对工匠行会地位的自豪感，并把这些带进了工会运动。确实，直到19世纪初，这些传统在一些老板和技工师傅的老式特许商会或行会中仍有明显的活力，他们定期举办纪念活动，表达了“本行业”的老板们及其帮工们的自豪感。例如，在1802年，普雷斯顿的“行会”举行50周年大庆。在长达一周的纪念活动和展览会中有贵族、绅士、商人、店主和工厂主来参加，[51] 庆祝活动还给予帮工以某种显赫的地位：

> 在梳毛工和棉纺织工的队伍之前……有24名年轻漂亮的妇女为前导，每人都拿着一根棉枝，跟在后面的是几个男人，肩抬着一架纺纱机，然后是一辆撬车拉着一架织布机，每台机器上都有工人在忙碌地工作……

---

[48] 曼彻斯特“1819年8月16日受害者救济委员会”成员[J.E.泰勒]：《评与当前国内形势有关的文件并作解释……》(1820)。

[49] 参见前文，第239页。

[50] 《行业报》，1825年9月11日

[51] 到场的商社有鞣革业、皮毛业、手套业、制鞋业、木器业、屠宰业、葡萄酒业、成衣业、铁匠行业、绸缎业和布匹业。见《利兹信使报》，1802年9月4日。

在布雷德福1825年大罢工前夜，梳毛工举行了极其壮观的活动来祝布莱兹主教节：

一名擎大纛的开路先锋

24名羊毛商骑马的队列，马匹都以羊毛织物披挂在身

38名细毛精纺工和制造商骑马的队列，身穿白色呢马甲，肩披细毛条，腰系白色呢带，马匹的颈上全都覆盖厚羊毛线网。

如此等等，一直到我们看见： 426

布莱兹主教

牧羊人与牧羊人之妻。

牧羊的小伙子。

160名选毛工骑马列队头戴装饰

美丽的及色彩缤纷的细毛条。

30名梳机制造工。

烧炭工

梳毛工的旗帜。

乐队。

470名带羊毛假发的梳毛工，等等。

乐队。

40名染匠、帽佩红帽章，

腰系蓝围裙，红蓝双色

交叉相编的细毛条。[52]

大罢工结束后，这种庆祝活动竟再也不能举行了。

---

[52] J.詹姆斯：《布雷德福史》(1866)，第164—167页；J.伯恩利：《约克郡史》(利兹，无出版年月)，第165—175页。

从“行业”的旧面目演变到一端是雇主的组织，一端是工会。这一双重演变把我们带进了工业革命经历的中心。[53] 互助会和工会至少和雇主组织一样想维持庆祝活动和旧传统的自豪感。由于工匠们(他们仍被称做生意人)感到自己是**生产者**，雇主是依靠他们的技能的寄生虫，因此他们确实更重视传统。结社法一经废除，他们的旗帜就在各条街上公开飘扬了。1825 年，伦敦泰晤士河船舶塞缝工工会(成立于 1794 年)亮出了他们的〔用法文书写的〕标语：“手和心”，“主动、诚实、融洽、及时”，表达了他们对中世纪手工技艺的自豪感。绳索工会举行的游行高举一面白色旗帜，上面画着围绕着蜂箱的一群蜜蜂，写着“工业之子！工会赐与力量！”(当游行到答应给他们加工资的雇主家门口时，他们停下来，表示敬意)。约翰·加斯特的泰晤士船舶制造工节俭会是伦敦“行业”工会领头的，做得最出色，用一面蓝绸大旗，写着“橡树之心[54]保护老年人”，6 匹栗色马拉着一只漂亮的船，3 名驭者身穿蓝茄克，后面跟着一支乐队，然后是委员会，其成员
427 们各持大小不等的旗，以及来自谢尔兹，桑德兰和纽卡斯尔同一个行业的代表们。工会会员佩带着蓝色的玫瑰结和橡树枝，船中是一些老年的船工，他们居住在斯特普尼工会的养老院里。[55] 1832 年，南蒂奇的制鞋工人以他们的旗帜，“全套秘密的等级徽章，白色法袍，整洁的围裙……还有鞋匠之王克里斯宾的王冠和王袍”，来保持手艺工匠工会的社会地位感。1833 年，这位王爷

---

[53] 关于“中等阶级意识”在 1780 至 1846 年间的形式，见布里格斯教授在《过去和现在》杂志 1956 年 4 月号上发表的以此为标题的文章。关于卢德运动中“行业”观念的重要性，见后文，第 453—550 页。

[54] Hearts of Oak，其寓意为“军舰和水兵”。——译注

[55] 《行业报》，1825 年 8 月 14 日、21 日、28 日。船舶塞缝工工会有 300 名会员，绳索工会有 200 名会员，船舶制造工会有 1500 名会员。

骑马穿过全镇，他后面跟着一班随行人员，官员，带着特许状、圣经、一双大手套，还有各种各式和女式靴和鞋的漂亮样品”：

> 大约有500人参加了这次游行，每人腰围整洁的白围裙。一名工人殿后，背着整套工具，持手杖，正步行走。[56]

工人群众举止行为变化之明显，讲起来真是一言难尽。[57]我们也不应当夸大这个变化的程度。酗酒和喧闹仍然时时充斥于市井。但是，事实上，战后的20年以来，在工人最热心维护他们的权利时，常显得最认真最守纪律。所以我们不能同意所谓认真乃是福音教派宣传的结果，或其主要成绩的论调。此外，如果我们把整个事情翻过来看看它的反面，也可以看到这一点。到1830年，在大多数工人阶级集中地区，不仅英国国教，还有卫斯理派的复兴运动，都受到宗教自由论者、欧文派以及无教派的基督教徒针锋相对的抵抗。在伦敦、伯明翰、兰开郡的东南部地区、纽卡斯尔、利兹以及其他城市，卡莱尔或欧文派的无神论中坚分子有大批的追随者。卫斯理宗确实巩固了自己的地位，但越来越倾向于代表小商贩和享有特权的工人团体，而在道德上便与工人群体生活隔离了。原来一些宗教复兴运动的中心又回到了“不信教”的地步。19世纪40年代，在纽卡斯尔的那个“以祈祷也和嗜烈酒一样地出名，以唱赞美诗也和骂人一样地出名”
的砂门地区，卫斯理宗在穷人当中失去了所有的信徒。在兰开 428
郡部分纺织地区工厂的工人同样地大批脱离教会，卷入了欧文主义和自由思想的潮流中去：

---

[56] W. H. 查洛纳编：《托马斯·邓宁的回忆》，载《兰开郡和切郡考古学会通讯》，第59卷(1947)。在这次壮观地炫耀力量之后，紧接着就是1834年对工会的全面进攻，南蒂奇工会领导被逮捕。

[57] 关于工匠文化的进一步讨论，见下文，第711—746页。

如果没有主日学校，社会在这之前早就陷入可怕的状况之下了……不信奉宗教的思想正以令人惊异的速度传播着，人们读卡莱尔、泰勒和其他不信宗教的人的著作而不是读圣经或别的书……我看到织工们一周又一周地聚集在一间可以容纳 400 人的房子里向坚信和论证根本不存在上帝的人鼓掌。我曾经到我做礼拜的那个教堂周围的农舍里，发现有 20 个人在一起阅读不信奉宗教的出版物……。[58]

像过去宗教复兴运动那样，欧文主义和世俗运动常常像“荒原野草”着火燃烧一样。

1844 年恩格斯根据他在兰开郡的经历写道：除了爱尔兰人、“少数老年人、半资产阶级、监工和工头等人”以外，“工人不信奉宗教，也不去教堂”。“群众中普遍流行着一种对宗教完全淡漠的情绪，最多也只有一些自然神论的踪迹”。恩格斯的言过其实削弱了他的说服力，但是，多德从斯托克波特一家工厂的情况引证说，10 个工人就有 9 个不去教堂；而 1842 年，库克·泰勒对于兰开郡与基督教正统教义论争的工人们生气勃勃又有圣经知识感到惊讶。一个工人曾对卫斯理传教士说：“如果我想到是上帝造成了我周围的苦难，我就不再去做礼拜，并且说他不是我所希望的那个上帝。”同样，在宪章运动的那几年里，纽卡斯尔有成千上万的工匠和机工自认是自由思想者。在一家有 2 万个雇工的工厂里，“去做礼拜的人不超过六七人”。一个工人说：

工人阶级正在积累知识。他们积累的知识越多，他们与各种宗教派别之间的距离就越大。这并不是因为他

[58] 博尔顿一个雇主的证词，《下院特别委员会关于手工织工请愿的报告》(1834)，第 419 页。

> 们不了解圣经。我自己是尊敬圣经的……当我细读圣经的时候……就发现先知是站在压迫者和被压迫者之间，谴责做错事的人，不论他是多么的有钱有势……如果牧师回过头去使用旧经文，我就会回过头去听他讲道，但只有到那时才去……

主日学校结出了意想不到的果实。[59] 429

教会的控制之软弱无力并不意味着阶级的自尊和纪律的松弛。相反，在工业组织和政治组织方面具有悠久传统的曼彻斯特和纽卡斯尔，在宪章运动的年代里都以群众游行的纪律而著名。那里的市民和店主以前曾惊恐万状地害怕“可怕而野蛮的井下矿工”用某种力量闯入纽卡斯尔，而现在，煤矿主必须寻遍城里的贫民窟，找来“下流坯”和拾垃圾的人去驱赶举行罢工的矿工。在1838和1839年，成千上万的工匠、矿工和劳工一周接一周地游行，穿过街道，秩序井然，常在经过咫尺之遥的军队之时，则避免一切的挑衅。他们的一名领导人回忆说：“我们的人民已经受到良好的教育，因为我们需要的不是暴乱，而是革命”。[60]

3. 爱尔兰人

在工人阶级的新的集体里，一定漏掉了对一个组成部分——爱尔兰移民——的分析。据估计，在1841年，40万以上大不列颠的居民是出生于爱尔兰的；父母为爱尔兰人但出生在

---

[59] 恩格斯前引书，第125—126页；库克·泰勒前引书，第153—155页；《纽卡斯尔编年史：贫民状况考查》（纽卡斯尔，1850），第32、56页。又见多德前引书，第181、186页。

[60] 法因斯，前引书，第19页。托马斯·伯特：《自传》（1924），第34页；T. A. 德维尔：《19世纪珍本书籍》（纽约，1882），第184—185页。

不列颠的人何止几万。大多数爱尔兰移民是天主教徒，是收入最低的劳工，主要住在伦敦和工业市镇里。在利物浦和曼彻斯特，大约有1/5到1/3的工人是爱尔兰人。

这里没有篇幅重述19世纪上半叶爱尔兰民族的悲惨经历那骇人的故事了。折磨爱尔兰的悲惨灾难，主要不是马铃薯疫病，而是紧接着(1798)联合爱尔兰人起义被残酷镇压后出现的一种反革命的后果。这次镇压比英格兰所经历的任何一次都更野蛮。另一个原因是1800年的合并法造成的政治的、经济的和社会的后果。有一位爱尔兰教会的教士，名叫威廉·杰克逊，是联合爱尔兰人组织的威廉·汉密尔顿·罗恩与法国人之间的接头
430 人。1794年他在都柏林被捕，随身带着一份文件，简述了爱尔兰的形势以及法国人入侵时如何给以支援的计划。按这份文件的估计(未必准确)爱尔兰的人口有450万，[61] 其中的45万人可能是英国圣公会教徒，90万是不信国教者，350万是天主教徒。按该文件的说法，不信国教者("本国最开化的一个群体")

> 是坚定的共和主义者，献身于自由。他们在法国革命的各个阶段都热情地支持革命。天主教徒人数最多，最无知，最贫困。他们欢迎任何变革，没有什么变革能把他们的处境变得更糟，因为作为天主教徒的爱尔兰的全体农民可以说是欧洲最受压迫，最命苦的人。

如果英国人反对高卢人的偏见，在任何地方"都能把各阶层人团结起来反对入侵者"，那么，反过来说在爱尔兰，"这一被征服被压迫被凌辱的国家里，英格兰的名字及其权力是所有人都憎恶的……"。

> 非国教徒是通过理性和思考成为英国政权的敌人的，

---

[61] 根据1821年的第一次人口普查，爱尔兰人口的数字为685.3万人。

天主教徒却出于对英吉利这个名称的憎恶……

总之，由于思考、利益、偏见、崇尚变革的精神、浩瀚的民族苦难，特别是近7个世纪以来遭受暴君的凌辱而对英吉利名称的仇恨，任何入侵无疑都会得到人民的支持。[62]

有一种有争议的说法，说法国人不是在莫斯科城下失去欧洲的，而是早在1797年，有一支哗变的海军出现在他们和即将起事的爱尔兰之间时，就已失去了欧洲。[63] 但是，当入侵真正来临时，却是另一种入侵，是爱尔兰的穷人对英格兰和苏格兰的入侵。杰克逊的简述提醒我们，爱尔兰移民中的芥蒂之深比人们通常想象的大。在1798年前后的几年里，爱尔兰最为工业化的省份厄尔斯特（北爱尔兰）的非国教徒并不忠诚，他们是爱尔兰人当中雅各宾思想最强烈的一批人；那只是在叛乱被镇压之后，都柏林当局为了维护自己的权力，才有意识地煽动“奥兰治派”和“天主教派”之间的对立。爱尔兰人移民中有康诺特的季节收割工，有韦克斯福德离乡背井的小自耕农，有厄尔斯特的工匠，他们之间的不和就像康瓦尔郡的农工与曼彻斯特的棉纺纱工人之间的不和一样。（周末晚上讨厌的吵架，在爱尔兰人之间发生 431
的次数多于他们同英国人的吵架，这些争吵并不都涉及宗教问题，在普雷斯顿和巴特利的同一信仰的教徒中和短巷院子中，伦斯特、蒙斯特和康诺特三地区间的对立也重又出现了。）移民的浪潮一个接着一个。[64] 在1790到1810年之间，新教徒和厄尔

---

[62] 财政部司法处档案，第11.3510A(2)号；《威廉·杰克逊牧师审判案》(1795)，第80—81页。

[63] E.H.S.见琼斯：《失败的入侵》（牛津，1950）。

[64] 关于18世纪伦敦颇具规模的爱尔兰移民居住区，见M.D.乔治：《18世纪伦敦的生活》，第113页起。

斯特人仍杂居在一起，其中有许多小商人、工匠、织工和棉纺厂工人，有些人是《人权论》一书的信仰者。由于合并后经济不平等竞争的影响已是人人可以感觉到的，丝织工人、亚麻纺织工人和棉纺织工人就离开那些正在衰退的行业，而到曼彻斯特、格拉斯哥、巴恩斯利、博尔顿和麦克尔斯菲尔德去。约翰·多尔蒂就是随着这股浪潮而来的，他十几岁时曾在米思的一家棉纺织厂里劳动，战争快结束时到达曼彻斯特，几年后成为兰开郡棉纺织工人最重要的领导人。

从这个时期起，又有一个天主教徒和农民的大移民。1811年，一家地方报纸提到，林肯郡的自耕农"几年以来一直公开用广告吸引他们到这里来"。这里所指的是季节性的移民，即收割庄稼的工人。他们的"勤劳精神"受到称赞，与林肯郡"贪心的"劳工形成了鲜明的对比：

> 他们知道农场主必须依靠他们，因此想过分地抬高工资，在农忙季节一天给他们半个几尼还嫌少，

他们还因妒忌"爱尔兰辅助工人"而受到谴责。[65] 移民的道路走畅通了以后，更多的移民来到这里居住。马铃薯的连年遭灾，尤其是1821至1822年的饥荒，更加推动了移民的浪潮。

在1828和1830年之间，大批"保有世袭地的农民"被驱逐（那时他们的人数从19.1万下降到14200人），挤满了开往利物浦和布里斯托尔的船。但是，英格兰"不是他们心目中的麦加，却是他们最不想去的地方"。一些比较幸运的人才能积蓄经费
432 而移居美国和加拿大。移居英国的是他们当中最穷的人。他们来到这里，一旦有机会就异常勤奋地工作，以便向爱尔兰汇款，

---

[65] 《波士顿公报》，载《阿尔弗雷德报》，1811年9月21日。

也常筹措一小笔钱帮助亲戚们渡过海峡到英格兰来，让全家团圆。[66]

绝大多数战争结束以后移居的移民以前在爱尔兰的生活状况（用蓝皮书的话来说）不足以应付“最普通的生活需要”：

> 他们住在肮脏破烂的棚屋里，一家好几个人挤在一起，睡在草铺上，或睡在地上……他们吃的常常是土豆干，而这种东西他们还要每天限制只吃一餐。……他们有时也有一块鲱鱼或一点点牛奶，但是，只有在圣诞节、复活节和忏悔节才能有肉吃。[67]

他们是西欧最廉价的劳动力，关于这方面的情节是人们熟悉的。蓝皮书逐页记载他们的卫生状况、犯罪、住房、手工织工的情况，连篇累牍地叙述爱尔兰人带到英国来的不卫生状况：他们住在地窖里，没有家具也没有床铺，垃圾堆在门口，过分拥挤，愿意拿低工资与英国劳工抢饭碗。他们的用处对雇主的最后目的来说，是毋庸赘言的。曼彻斯特一家丝绸厂主说：“一旦我遇上工人罢工，急需劳力的时候，我就派人到爱尔兰去带 10 个、15 个或 20 个家庭来这里……”。[68]

不过，爱尔兰移民的影响比这更为矛盾而且更加有趣。正是要有压力来顺利地实现英国工人整体性格的改变，才提出需要一支未被工业劳动纪律改造过的辅助劳力，这真是自相矛盾！433
就像我们已经知道的，这种纪律要求沉稳而有条不紊的勤勉工作，有内心认真的动力，有事先的考虑和对合同一丝不苟的遵

[66] 关于移民的一般状况，见雷德福前引书，第 114 页起；有关移民的经济和社会原因的出色概括，见 E. 斯特劳斯：《爱尔兰的民族主义与英国的民主》（1951），尤见第 9—10 章。

[67] 《调查爱尔兰穷苦阶级委员会第三份报告》（1836），第 3 页。

[68] 《英国的爱尔兰穷人状况的报告》（1836），第 7 页。

守。简而言之,这种纪律就是在技术工作和半技术工作中需要有控制地付出精力。相比之下,在工业社会底层的重体力工作需要毫不吝啬地消费纯粹的体力——需要前工业化工作节奏中高强度劳动和疯狂放松间的交替轮换,而这种状况是体力较弱又有清教徒习性的英国工匠或织工无法适应的。

因此,爱尔兰劳工是工业革命不可缺少的因素,这不仅——可能并非主要——是因为爱尔兰劳工是"廉价"的(英国织工和农场工人的劳动无论从哪个方面来考虑都已经足够廉价了),而且因为爱尔兰农民没有受到巴克斯特和卫斯理的影响。在半饥半饱的生活状况下,由于实行土地分租制度(在这种制度下,爱尔兰农民为了得到一小块种土豆的地,而沦为农场主的半奴隶),他们在爱尔兰已经丧失了元气,因此以冷漠和无精打采而著名。当一个优秀的佃农因租金成倍加码大为吃亏之时,那么,在这块土地上,体力就不再是宝贵的财产了。在英国,他们有能力创造惊人的业绩,

> ……对最繁重、最讨厌和最没人愿意干的各种粗重的劳动都又情愿、又敏捷、又坚韧不拔地干,例如当石匠、砌砖工和水泥匠,在修建码头、船坞、运河和道路工程中当挖土工,当运输工和为船只当装卸工。

1835年,凯伊医生曾调查爱尔兰劳工对兰开郡雇主有什么价值,他发现,在各种技术工种中英国工人更受欢迎,具备"工厂工作所需要的那种特殊的刻苦耐劳"。"英国人比较可靠、干净、技术比较强,在完成主仆之间的合同上比较有信用"。虽然棉纺织业雇佣了上万的爱尔兰人,但他们"几乎都不在高级的工序中操作……而在鼓风房里劳动……"。虽然有些爱尔兰劳工"当上了纺纱工",但是都不在"受信任的位置上"。另一方面,在非技术的劳动职位中情况恰恰相反,1836年,伯明翰的一名雇主提供

的证据是：

> 爱尔兰劳工愿意在任何时候工作……我认为他们是很有价值的劳动力，没有他们就不行。只要好好地对待他们，他们什么事情都愿意给你做。……英国人做不了他们做的活，当你催促他们时，他们愿意服从，英国人可不愿意。只要不挨打，他们宁可累死；为了不让别人超过他，他会不停地辛苦工作直到倒下……。

"他们需要更多的监视；他们在工作时喜欢说话"——人际关系 434
的刺激常常比经济刺激对他们更有效。他们自己很幽默，也会很好地为鼓励他们互相竞赛的很幽默的雇主工作。"爱尔兰人暴躁易怒，但不像英国人那样固执、绷脸和任性。"他们的宽厚和冲动的性格，容易被人利用。确实，"只要不挨打，他们宁愿累死。""他们在自己的国家是出名地懒惰和马虎；渡过海峡之后，他们成了勤劳和进取的模范。"他们在码头或在挖土工地领取计件工资或分组工资。他们都想超负荷劳动，几年之内就损坏了健康和体格。这些就是搬运工、挑煤工和许多普通工人在伦敦的情况"，其中有很大一批是爱尔兰人。有人在利物浦码头上看到工人用这样的方式把燕麦装上船：

> 这些人（主要是爱尔兰人）从起重机的钩子上接过装满东西的袋子，扛在肩上，人就像突然矮了半截，然后扛袋穿过道路。逢到夏天，在整个白天的劳动时间里，他们以统一和不间断的步子干着这样沉重的工作，以每小时至少 5 英里的速度小跑，仓库到轮船之间足有 50 码之距……一个健壮的工人干这样的工作，每 100 袋可赚到 16 便士，一天可赚到 10 先令。因此，他们每天要走 750 趟，……有一半的路程要肩扛满袋的燕麦，因此，这要……走 43 英里长的路程。……

到19世纪30年代，这一类的劳动全都落到爱尔兰人身上，因为英国人要么不肯做这种下等的讨厌的工作，要么就是跟不上步子。[69]

这样，在惊人的程度上，雇主们从前工业化和已工业化的世界都获得了最佳的劳动力。被纪律束缚的工人的内心讨厌他的工作，这样的性格结构有利于勤勉有利于技艺，却同时造成自尊的障碍，使他们不愿从事肮脏或下等的劳动，建筑业的一位雇主
435 提供的证词解释了苦力的角色全由爱尔兰人来承担的理由，他说：

> 他们从来很少成为好机械匠；他们不认真琢磨要加工的东西，他们懂事快但懂得肤浅；成不了好的机器安装工或机械工或做不好任何需要思考的事。……如果给爱尔兰工人一张机械设计图，他需要不停地关照：否则就会出错，或者根本不往下干"。

这不是"天资不足"而是"勤奋不够"；不是"知识"的缺乏，而是"道德"的缺憾：

> 一个不管明天而只为眼前过日子的人不愿意忍受严格的纪律，无法养成一个机械工所需的那种耐心和艰苦的努力。[70]

在30年代的各种蓝皮书中，《英国的爱尔兰穷人状况的报告》是一份最生动的社会学作品，它得出了这样的结论：

---

[69] 《英国的爱尔兰穷人状况的报告》(1836)，第5、7—9、30—31页；斯特劳斯前引书，第14章："英国的爱尔兰人"；《济贫法委员会的第一份年度报告》(1836)，第305—306页；G. C. 刘易斯：《评调查爱尔兰贫民状况的皇家委员会第三份报告》(1837)，第24页；约翰·韦德：《中等阶级和工人阶级的历史》，第242—243页；G. 黑德爵士：《英国国内游记》(1835)，第190—191页。

[70] 《英国的爱尔兰穷人状况的报告》，第9、30—31页。

> 爱尔兰向英国的移民，是文明程度较低的社会的下层人口向文明程度较高的社会的底层扩张蔓延的事例之一。他们在任何工业部门都无法取胜，只能在初级的体力劳动部门里获取位置。

陶瓷业的一位雇主指出，雇主们发现这一点对他们“非常有利”，“因为本民族的民众在更有创造性和更需要技能的工作中得到完全的就业”。但许多雇主认为移民的“好处还不止一端”。因为爱尔兰人在休息时和在工作时一样都表现得精力充沛，无拘无束。“在制造业城镇的爱尔兰劳工大多是这样花钱的”：

> 星期六晚上，他们领到了工资，先还掉欠商店的帐，……交清房租，……把债还清以后，他们就去喝烈酒，直到把钱花光。到了星期一早上，他们就一文不名了……。

他们维持着一种“一成不变的生活水平，一点也不高于他们在自己国家里的那种生活”。他们没有清教徒的节俭和自制的品德，就像他们没有勤勉和远见的素质一样。在曼彻斯特、利物浦和其他工业城镇里，每个星期六的晚上，成百上千的醉醺醺和吵吵闹闹的爱尔兰人填满街巷。

此外，爱尔兰人的善恶标准在许多方面都与受纪律束缚的 436
英国工匠相反。爱尔兰人有时粗暴地，有时又幽默地蔑视英国当局。统治者的法律、宗教的歧视和社区的惩罚制裁都不会让他们感到在英国的法庭上受指控是一件耻辱的事。一位雇主说，只要友善地对待他们，他们就值得信任，“如果他们当中有一个人被发现偷了点小东西，别人就不再理睬他”。但是，偷窃不得人心的雇主或农场主的东西或拒绝支付房租，这种行动不仅得到同胞的认可，而且得到集体力量的支持。曼彻斯特一位棉纺织业的雇主宣称，“他们时常做出一些不顾后果的事情”。他们自己不停地打架斗殴,但是,他们当中的任何一个人如果受到敌人的攻击,他们又会团结起来,就像一个人一样。争夺私酒酿制所会导致用短刀或砖块进行的战争,在这样的战争中,爱尔兰妇女不会落在男人后面。在曼彻斯特的小爱尔兰区,采取法律行动去收房租、债款和收税,就像是采取一次小型的军事行动去对付英勇善战的人群。1836 年,曼彻斯特的副保安长官说:“到一家雇了许多爱尔兰人的工厂去逮捕人是非常危险的,当警官上楼的时候,爱尔兰人就向他们头上扔砖头和石块……。”曼彻斯特警卫队的警监证明说:

> ……在本城的爱尔兰人居住区逮捕一名爱尔兰人,我们需要出动 10 个、20 个,甚至更多的警卫。他的左邻右舍全会拿着武器跑出来,就连妇女都会半裸着身体,把砖块石头送给男人们去投掷。一个人也会抵抗,打人和挣扎,以便争取时间等他的朋友集合起来救他……[71]

这些爱尔兰人既不愚蠢,也不野蛮。梅休经常谈起他们的慷慨,有“说话的能力和敏捷的理解能力”。他们坚持一个与英国工匠不同的价值体系,而且在冲击英国人的礼仪方面,人们觉得他们常常自得其乐,旁若无人。博尔顿的一名律师回忆说,他们往往欺骗法庭,把一大堆同乡带来作为“有资格的证人”,从他
437 们支吾搪塞之言中显出他们对法律程序知识之精通,治安法庭的法官被他们的花言巧语哄骗得都糊涂了。同样,由于他们不在乎说谎,许多人成了花言巧语的乞丐。他们彼此之间是非常慷慨的。如果他们存钱,那是为了一些明确的大计划——移居

---

[71] 《英国的爱尔兰穷人状况》,第 10、16—17 页。《治安委员会的第一份报告》(1839),第 167—169 页。

加拿大或结婚。为了把妻子儿女和兄弟姐妹带到英国来，他们可以几年内“半个便士半个便士地积累”，但是，“他们却不愿意省下钱来保证自己或儿女不至被送到济贫院去……”。作为街头小贩，他们沿街叫卖，收购破烂，总是最穷的小贩。梅休干巴巴地说，他们的脾气不适于“在最廉价的市场上买东西和在最昂贵的市场上卖东西”。对英国的济贫法，他们采取高高兴兴的态度去沾光。他们使过时的定居法对他们有利，用教区的费用在全国四处周游（谁知道曼彻斯特是不是张三李四的出生地呢?），只要看停靠的地点适合，他们就从济贫法督察的马车里溜出来。他们会“毫不羞愧地接受”教区的救济。[72]

这是已经形成的工人阶级中一个未确定的因素，就像是一支源源不断的援兵在为撒旦城堡的城垛补充兵员。在有些市镇，一部分爱尔兰人被隔开居住在他们自己的街区。在1850年，梅休看见他们在伦敦的罗丝玛丽巷周围如迷宫一般的小巷子里居住。在层层叠叠的小屋内，可以看到“头发蓬乱的小淘气赤脚在水洼子里跑来跑去，不戴帽子的小姑娘们裹着披肩，懒洋洋地靠在门框上”。在曼彻斯特和利兹的地窖里也有类似的隔离爱尔兰人的居住区。也有宗教的隔离。到1800年，信奉天主教的当地工人人数已经很少。在爱尔兰的移民中，天主教教会看到了在英格兰恢复信仰天主教的神圣计划的一种迹象；无论爱尔兰人到哪里，神父们都紧跟其后。再说，爱尔兰的全体教士是欧洲较穷的较接近农民的。据估计，他们每年的薪俸平均为65英镑，事实上，他们要靠教徒来养活他们，他们在教区居民的 438
家中吃饭，依赖教徒的善良意愿。沃特福德的新教主教说：

---

[72] H. M. 理查德森：《博尔顿40年之回忆》（博尔顿，1885），第129、131页；梅休前引书，第1卷，第109、121页。

> 教士们必须紧跟民众的浪潮冲击，否则就要流落在海滩上消亡……爱尔兰的农场雇工对教士……这样说："同我一道生活，像我一样生活；不要用你那高深的学问和修养来压迫我，怀着感激之情接受我给你的东西，靠顺着我的政治信念或行动来当我们的神父吧"。

1797年，沃特福德的天主教主教猛烈地批评他手下的教士，也证实了这种情况。他说：

> 不要让你们成为这个世界上富人的工具，……他们试图把你们当作压迫穷人的工具，来达到他们自己世俗的目的。……穷人永远是你们的朋友，即使在最坏的处境下，他们也会毫不动摇地忠于你们，忠于他们的宗教。他们同你们分享少得可怜的饮食，与你们的前辈分享这些饮食。……如果他们……像富人那样做，那就不仅会对你们关上大门，还会常像野兽一样追捕你们。我就没有可能以教会权威的名义站在这里对你们这些可尊敬的教士们讲话了……。

这个教会曾找出一位教士去充当韦克斯福德起义的领袖，找出另一位被送上英国的断头台(奥·科伊格里)；这样一个教会与全国的农民必然有共同的愿望和要求。1810年以后的30年里，丹尼尔·奥康内尔一直在设法(主要通过天主教同盟)让教士来充当辅助的政治鼓动者。当爱尔兰的穷人到英格兰之后，教士们采取各种手段控制自己的教徒，使用的手段有：忠于教士的职守(爱尔兰教士对其教区居民的思想活动的了解程度，是英国教士所无法相比的)、心理恐吓、经济接济、财政讹诈、对亲戚施加压力、在有难时给以安慰，等等。他们相信要在新教的英国取得胜利，只有一种福音主义形式，即高生育率。英国的卸煤工、挖土工和叫卖水果或鱼等的小贩中有许多人"不信神"，而他们的爱尔兰同事却去参加弥撒。教士是惟一的权威,爱尔兰劳工只对他们表示尊重和服从。一个天主教的教规能平息博尔顿星期六夜晚的骚动而地方长官却不能。梅休曾随一位教士巡视他的信徒,他看见:

> 到处都有人出来迎接他……妇女拥挤在门口的台阶上或从地窖的活板门里爬出来,不过是向他屈膝行 439
> 礼……当这位牧师走过街道时,孩子们也快步跑来,让他停下来摸摸他们的头发……。[73]

因为这样的移民有许多,教士的权力的确增强了。他们已经离开了自己成长的家乡,教士成了他们与旧的生活方式之间的最后一点情结。教士们有文化,而且在社会等级方面又与他们相距不远,在身份方面不受英国雇主和官方的干涉,有时甚至懂得盖尔语,经常往来于英格兰和爱尔兰之间,带来家乡的消息,有时是亲人的消息;人们信任教士,托教士办汇款、积蓄和送信。因此必然的后果便是爱尔兰农民带到英国来的最持久的文化传统——传到第三代和第四代——是一个半封建的民族主义的教会。在最肮脏的地窖里面,人们也许会看到一些罗马天主教的玩艺儿,如烛台,钉在十字架上的耶稣,“色彩艳丽的圣徒像和殉道者像”,并且与“解放者”奥康内尔的像一道挂在墙上。相比之下,丰富的爱尔兰民谣和民间故事的大批遗产却往往同第一代移民一道消失了。移民们在一段时间里还会继续遵守村民的习俗,访问彼此的住处,并在那里“狂烈地跳起快步舞和旋转舞”。但是,到了他们的孩儿那里,小提琴、烟斗和盖尔语都抛到一旁去了。

---

[73] 同上书,第1卷,第12页;E.韦克菲尔德:《爱尔兰叙事》(1812),第2卷,第577页;哈勒维前引书,第3卷,第93—95页;赫西法师:《牧师给天主教教士的信》(沃特福德,1797)。

尽管在某些城镇里，爱尔兰人有自己的居住区而不与外界杂处；但也从来没有因社会压力而落到像犹太人聚居的种族隔离区的地步。要把操着共同语言而在合并法通过之后已成为英国公民的一个民族变成处于从属地位的少数民族，本来就是困难的。相互通婚的现象很普遍。在爱尔兰人被工人阶级整体所吸引时，值得注意的不是冲突，而是这个过程相对的轻易。当然，骚动时有发生，特别是在建筑业或码头上，爱尔兰和英国的非技术工人处于直接的竞争中。19 世纪 30 和 40 年代，在修建铁路的掘土工人当中发生了对阵的搏斗，并且造成伤亡。敌视天主教和敌视爱尔兰人的感情在伦敦尤其强烈。议会在 1800 至 1829 年间为天主教解放运动而进行的长期较量中，每个阶段
440 上都出现用下流传单和歌谣谩骂天主教徒的现象。迟至 1850 年，当天主教主教得到任命时，还导致人们焚烧他们的模拟像，引起一片“天主教入侵”的呼声。梅休发现，“打油诗”和“赞美歌”的作者认为一首敌视天主教的好打油诗就是投向天主教的匕首。有一首打油诗写道：

修士、修女和笨蛋四处串联，
教皇的训令堵不住我们的嘴，
振作起来，喝退教皇，
连同他的枢机主教韦斯曼。

但是，梅休所记载的赞美歌和连祷文都没有提到爱尔兰人。大多数词句来源于史密斯菲尔德大火的传说以及民族感情，例如这样的句子出现在“古老的英国约翰牛吞罗马的教皇牛”等传单中。住在罗丝玛丽巷附近地窖里的居民们很难被有关外族入侵的民谣所同化。[74]

---

[74] 梅休前引书，第 1 卷，第 243、252—253 页。

相反，倒是有许许多多的理由说明为什么英国的激进主义或宪章运动应当和爱尔兰的民族主义共同战斗，尽管这种同盟关系难免存在紧张和对立。在陆军、海军和北方的纺织城镇里，他们之间的对立很少以种族主义的形式出现，因为在这些地方，爱尔兰人与英国人同是受害者，他们并肩劳动，并肩斗争。自从联合爱尔兰人创建，爱尔兰人持棒参加保卫托马斯·哈迪的住宅以来，就存在着一种有意识的政治联盟。英国的改革派一般都支持天主教解放运动，弗朗西斯·伯德特爵士多年来在议会里争取天主教解放。科贝特不仅通过《政治纪事报》，而且写了一本《英国的新教改革》(1823)来推动这项使命。他在这本书里编造了一些神话，把"腐败的旧制度"和"那东西"归因于都铎王朝时期对修道院和慈善机构的掠夺。激进的宣传家让人们始终牢记着1789年的野蛮镇压，霍恩、克鲁克香克和伍勒无情地控诉卡斯尔雷("德里—唐—三角同盟")参与拷打和鞭笞的行为。费格斯·奥康诺的父亲罗杰·奥康诺是伯德特的密友，曾经被提名为伯德特竞选威斯敏斯特议员的伙伴。1828年，伦敦反对奥康内尔的激进派爱尔兰人组织了公民政治自由同盟，得到了亨特和 441
科贝特的支持，这个组织与英国先进的激进派密切合作，是1830年成立的工人阶级全国同盟的发起者之一，后来在1836年又成为宪章派伦敦工人协会的先驱。[75]

---

[75] 可参考舍温的《政治纪事》，1817年7月19日、26日；霍恩的《改革派纪事报》，1817年7月19日；科贝特的《政治纪事》，1818年1月17日；《自由帽》，1819年9月8日；科尔：《威廉·科贝特传》(1924)，第308—309页；D. 里德和E. 格拉斯哥：《费格斯·奥康诺传》(1961)，第12—14、19页。罗杰·奥康诺声称自己是合法的爱尔兰国王(费格斯也继承了同样的要求)，结果使他与英国激进运动的关系复杂化了。罗杰建议在威斯敏斯特竞选议员，遭到科贝特的反对，理由是："不行，我们不要那么多的王族；我们有一个王族就足以让还没有完全失去良知的民族感到满意了"。

显然，在1790至1850年之间，爱尔兰民族主义与英国的激进主义保持着连续不断的联盟，这种关系不时因奥康诺家族的命运而稳固或松弛。但是，爱尔兰移民问题的影响在中西部和北部地区不那么明显。1798年以后的20多年里，爱尔兰各个郡连连发生农民骚动，秘密会社采用恐怖手段来保卫佃农的权利，阻止地租和物价的上升，拒绝交纳什一税，把英国地主驱逐出去。在这些秘密会社中，有打谷会、卡拉瓦特会、萨纳维斯特会、唐郡的托米会、卡片会、绿带会以及后来的莫利·马基尔派。[76]打谷会在1806年实际上已经控制了康诺特，长期结怨的卡拉瓦特会和萨纳维斯特会于1810年活跃于蒂帕雷里，克里以及沃特福德。1813年，骚动蔓延到米思、王室直属郡和利默里克等地。在1821至1822年的土豆大饥荒时期，动乱遍及芒斯特、伦斯特和康诺特的一部分地区。持枪勒索，劫持人质互相滥杀，地方仇杀，抢劫枪支，用武力征收费用等——长期受压的农民的仇恨之爆发，有如洪水刚被堤坝拦住（用处死和流放的手段），立刻又在另一处决堤。1811年，爱尔兰总检察长慨叹说："武装的农民和非武装的乡绅这样一种现象已经产生可怕的结果。"首席法官将一个几乎还是十几岁的偷武器的小孩处以死刑，他宣布：

> 我们能不能再忍受这种情况：让人们白天劳动晚间立法；白天耕地晚间来执行法律、治理国家？

多尼戈尔的托马斯·德维尔是爱尔兰移民，后来成为宪章派北方
442 政治同盟的书记，他从小就听惯了武装的男人"排成半军事队

[76] 莫利·马基尔，相传是一寡妇，19世纪40年代曾领导爱尔兰人反对土地所有者。20年后，成为美国矿工的秘密组织，称为莫利社。——译注

列”晚间在村庄的街道上通过时“沉重的脚步声”,[77] 像他这样的爱尔兰移民不在少数。

我们无法在某本传记中找到具体的事例(哪个爱尔兰人会在英国法庭上承认自己过去是卡片会或“平均派”的成员呢?),但是,毫无疑问,一些爱尔兰的移民带来了这些秘密组织的传统。他们的影响在1800至1802年以及在卢德运动期间明显地表现出来了。[78] 他们在晚上涂黑面孔,行动迅速,他们持枪抢劫,偷窃马匹和牲畜,许多爱尔兰人都曾沿袭使用这种方法。其次,在各个工业城镇都有爱尔兰人的聚居区,从而使消息的传递灵通而迅速。这些有助于失去祖辈产业的人们自然地结合成秘密会社。如果爱尔兰人是好争吵的,他们也是爱急公好义的。

假使许多爱尔兰的农民带来了革命的遗风,但教士们却不。爱尔兰教会并不打算叫人们注意居于少数地位的天主教力量在英国不断壮大,也不想使它受到进一步打击。在19世纪30年代,教士们在政治上仅仅是对奥康内尔表示忠诚。奥康内尔这时已经抛弃了爱尔兰的40先令不动产自由持有农,以此去交换天主教的解放;他还投票反对十小时工作制法案;他的夜郎自大,他那花言巧语的忠君言论,他与辉格党人一会和好一会闹翻,这些都使他的爱尔兰同胞们感到疑惑,造成混乱。这说明爱尔兰民族主义与英国激进主义之间的联盟现在到了最低点。因此,在英国的各种教会中,只有天主教会不产生有“倾向”的教士,他们把自己同工人运动视为一体。爱尔兰劳工虽然很快加

---

[77] 哈勒维前引书,第2卷,第28—30页;韦克菲尔德前引书,第2卷,第763页起;斯特劳斯前引书,第88—89页;关于对卡拉瓦特会和萨纳维斯特会的审判,见豪厄尔:《国家审判集》(1823),第31卷,第419、423、464页;德维尔前引书,第93、101页。

[78] 参见下文,尤见第596—599页。

入了结社组织，但他们大多数都在非技术行业中工作，那里的工会主义是最弱的。因此，他们很少产生英国工人运动中明显的领袖（约翰·多尔蒂是个例外，他始终不懈地关注着工会组织，有意识地对奥康内尔的组织方法进行改造，以适应1829年成立的全国劳工保护协会的需要）。爱尔兰人的影响，在地区和他们劳
443 动的处所，在他们的叛逆的秉性中最为明显，他们好向政府当局挑战，好用“实力”威胁别人和不怕所谓中止宪政的恫吓。一位天主教教士在1836年承认，爱尔兰人“与英国人相比，更愿意加入工会、结社和秘密会社”。另一位证人说，“在任何情况下，他们都是大喊大叫和带头闹事的人”。恩格斯把“爱尔兰人热情而活泼的性格”看成是使遵守纪律又矜持稳重的英国工人去采取政治行动的催化剂，他说：

> ……将爱尔兰人之易于同人相处、敏感和暴躁的性格同英国人的稳定、好推理和不折不挠的性格混合在一起，在长期内，必定对双方都有好处。如果爱尔兰人的宽容、重感情的天性没有经过种族的杂处和日常的生活接触以融合冷漠而理性的英国性格的话，无礼的、利己主义的英国资产阶级将会更牢固地把工人阶级掌握在自己手中。[79]

对于恩格斯所使用的“天性”和“种族”这两个词我们可以质疑。但是，只要把这两个词换掉，我们就会发现他的判断依然是正确的。当精密的机械工程与用铁铲和钉镐挖沟的劳动同时并存的时候，对雇主大为有利，因为他们可以雇佣两类不同的劳

---

[79] 《英国的爱尔兰穷人状况的报告》，第23页；斯特劳斯前引书，第125—130页；恩格斯前引书，第124页；亦见雷切尔·奥希金斯：《爱尔兰人对宪章运动的影响》，载《过去和现在》，第20卷（1961年11月），第84—85页。

动。但是,他们必须付出的代价是把老练的政治激进主义和比较幼稚而敏感的革命情绪汇合起来。这一汇合表现在宪章运动中,而当费格斯·奥康诺与奥康内尔发生决裂,布朗台尔·奥布莱恩根据英国的条件提出社会主义的土地国有时,造成的危险就更大了。过去有一个时候,即18世纪90年代,当费格斯的叔叔亚瑟·奥康诺与奥科伊格里以及宾斯一道在梅德斯通被捕时,似乎英国的雅各宾主义与爱尔兰的民族主义有可能采取共同的革命策略。要是奥康诺能像带动英国北方那样带动爱尔兰,那么,宪章派和"青年爱尔兰"运动就有可能发展到共同起义的地步。但是,因为一面是宪章运动中"道义派"的保留态度,另一面是奥康内尔的以及教士们的影响,还要加上"大饥荒"造成了严重的 444
士气衰落,才阻碍了起义的爆发。不过,这个问题已经超出了本书的研究范围。

4. 永世万代

即使我们现在已经更清楚地看到了构成19世纪初工人阶级整体的许多组成成分,我们对"生活水平"的争论必然还不能做出一个明确的回答。因为在"水平"一词的下面,我们总要遇到一个事实的问题和一个对价值的判断问题。我们希望说明,那些价值不是"不可测量的东西",历史学家也许会谨慎地搁置此事,因为他们考虑到,既然这些价值无法衡量,那么没有谁的观点会比别人更正确。但是,恰恰相反,价值涉及到人类的满足,涉及到社会变化的方向,如果历史学想要在人文学科中占有重要的一席,历史学家就必须对价值进行测量。

历史学家,或社会历史学家,实际上对两种形式的价值判断必须加以关心。他们所关心的第一位的是生活在整个工业革命期间的人们**实际上所具有的**价值。新旧两种不同的生产方式各自支持着完全不同的社会群体，它们有各自特点不同的生活方式。人类满足有两种不同的常规和观点，它们在两类群体中实际上是相互冲突的，如果我们想对这种继之而来的紧张关系进行研究，证据并不缺乏。

历史学家必须关心的第二位的是对工业革命以来的整个过程进行某种价值判断，而我们本身就是这个过程的一种终极产品。正是我们自己的参与才使判断变得困难了。但是，我们不得不采取某种不偏不倚的态度。因为一是工业主义从其本身的一部分经历出发作出的“浪漫主义”的评判；一是面临这种经历的手工织工、工匠或乡村手艺人进行顽强抵制的记录；他们牢牢地坚持着他们所要的那种文化。我们看到了这些人的变化，所以我们只好持这种态度。我们更清楚地了解到失去了什么，什么转到了“地下”，什么还没有解决。

要对生活质量作出评价，就必须对有关的人们的全部生活经历，以及对文化和物质上多方面的满足或剥夺作出估价。从这种观点出发，就必须接受过去提出的有关工业革命是一场“灾
445 变”的旧观点。在1780至1840年之间，英国人民经受了苦难的经历，虽说从统计数字来看，物质条件有可能略有改善。查尔斯·斯诺爵士告诉我们，“穷人离开了土地，按照工厂能够接纳他们的速度进入了工厂，这一点是毫无异议的……”，对此，我们必须和利维斯博士一样回答说：“整个人类问题的真实历史不知要比这种说法复杂与痛切多少倍！”[80] 有些人在工业城镇灿烂工资的引诱下离开了农村，而旧的村庄经济在他们背后崩溃了。他们离开农村主要的并不是因为他们自己想要离开农村，而是

---

[80] C.P.斯诺：《两种文化》(1959)；F.R.利维斯：《C.P.斯诺的含义》，载《观察家报》，1962年3月9日。

受外部推动力的支配，例如圈地、战争、济贫法、农村工业的衰落、统治者的反革命立场等等。

工业化的过程必然是痛苦的。它必定会导致传统生活方式的消逝。但是，这个过程在英国伴随着异乎寻常的暴力。暴力在英国没有被缓和；不像经过全国革命的国家有国民共同努力的意识去缓和暴力。英国工业化时期的意识形态只是雇主的意识形态，它的救世主般的先知是安德鲁·尤尔博士。尤尔认为，工厂制是“地球文明的伟大执行者”，它将“科学和宗教这种生命之血输给那些还躺在死域的阴影下的……芸芸众生”。[81] 不过，那血液的输出者没有**感觉到**这是在输血，“芸芸众生”更没有**感觉到**是在接受血液。苦难的经历以成百种形式压在他们的身上，对农田劳工来说是失去公地使用权利、村社民主制；对工匠来说是失去手工业工匠师傅的社会地位；对织工来说是失去生计和独立性；对儿童来说是失去在家中的劳动和玩耍。对实际收入有所提高的各类工人来说，他们失去的是安全保障和闲暇生活，而且城市的环境在不断地恶化。R. M. 马丁于1834年向议会手工织工委员提供了一份证词，他当时离开欧洲已十多年，刚刚从国外回到英格兰，他对于物质和精神方面退化的事实感到惊愕，他说：

> 我不仅在这个国家的工业区看到了这一点，在农业区也看到了这一点。他们似乎已经失去了活泼生动的精神、野外的竞技和村庄的体育活动。他们变成了肮脏、 446
> 不满、悲惨、忧心忡忡和竭力挣扎的人，没有健康，没有欢乐，也没有幸福。

艾什顿曾经把人类与“自然”或“土地”相“脱离”这一类说法

---

[81] 《工业哲学》，第18—19页。

恰当地形容为“单调乏味”,但要想到这些词句中去寻求解释则会误入歧途。“最后一次农工起义”之后,与“自然”足够接近的威尔特郡农工堕落的程度远远大于兰开郡的纺织厂女工。这是施于人性之上的暴力。从某种角度来看,这是追逐利润造成的后果,生产资料所有者的贪心既摆脱了旧的制裁,又不受新的社会控制的制约。从这个意义上讲,我们可以像马克思一样认为这是资本家阶级的暴力。从另一个角度来看,它也是技术所引起的劳动和生活之间强横的分隔。

给工业革命的年代笼罩上最黑暗的阴影的并不是疾病和贫穷,而是劳动本身。手工业者出身的布莱克对我们叙述了这样的经历:

> 于是,给尤里森的儿子们留下了犁耙、织机、锤与凿、直尺与圆规……
>
> 他们把谋生的手艺变成了死亡的手艺。
>
> 计时的沙漏被看不起,因为它的简单的工作方法像耕夫的工作方法那样简单。
>
> 把水戽进水塘的木轮水车的木轮被劈开投入火中烧掉,
>
> 因为它戽水像赶羊那样简单。
>
> 巧妙的水车发明了,是没有轮子的水车,为的是使年轻人花不起这笔钱,把那些永世万代的人
>
> 束缚在抛光铜和铁那极累的手艺活中,
>
> 叫他们无法知道,把他们本应学习智慧的时光,消耗在伤心和劳累之中,以得到一小片面包,
>
> 他们不知道举一反三,也不知道推论,这就是示范,对一切简单的生活惯例都茫然无知。
>
> 在无知中,他们看到一小片,便以为是全部,并称之为

示范。他们对一切生活的简单规则一无所知。

这些“永世万代的人”似乎被囚禁在劳动中，有时就好像被关在墓穴里一样。他们终生付出最大的努力，并且还得到互助会的帮助，也不能保证他们得到如此受民众重视的东西——一个“体面的葬礼”。新的工艺正在出现着，旧的喜好仍然保持着，但在所有这一切中，我们感觉到令人讨厌的漫长劳动的全面压力，而这样的劳动是在为某种异己目标而建立的严格纪律下进行的。447
D.H.劳伦斯写道，这就是“丑恶”的本源，它“违背了 19 世纪人类的精神”。[82] 当一切其他的印象都淡去之后，这一点却留下来了；留下的还有一切有形的社会凝聚力已经丧失的印象，惟一没有失去的，是工人群众在与他们自己的劳动及雇主对立的过程中，为自己制造的凝聚力。

[82] 《诺丁汉与矿区》，载《选集》（企鹅版），第 119、122 页。